Erinnerungen für HEUTE und MORGEN

Inge Auerbacher · Roswitha Weber ·
Bianca Christina Weber-Lewerenz
Hrsg.

Erinnerungen für HEUTE und MORGEN

Gedenken - Lernen - Handeln in der Grundschule

Hrsg.
Inge Auerbacher
New York, USA

Roswitha Weber
Kenzingen, Deutschland

Bianca Christina Weber-Lewerenz
Aichtal, Deutschland

ISBN 978-3-658-48389-0   ISBN 978-3-658-48390-6 (eBook)
https://doi.org/10.1007/978-3-658-48390-6

Die Deutsche Nationalbibliothek verzeichnet diese Publikation in der Deutschen Nationalbibliografie; detaillierte bibliografische Daten sind im Internet über https://portal.dnb.de abrufbar.

© Der/die Herausgeber bzw. der/die Autor(en), exklusiv lizenziert an Springer Fachmedien Wiesbaden GmbH, ein Teil von Springer Nature 2025

Das Werk einschließlich aller seiner Teile ist urheberrechtlich geschützt. Jede Verwertung, die nicht ausdrücklich vom Urheberrechtsgesetz zugelassen ist, bedarf der vorherigen Zustimmung des Verlags. Das gilt insbesondere für Vervielfältigungen, Bearbeitungen, Übersetzungen, Mikroverfilmungen und die Einspeicherung und Verarbeitung in elektronischen Systemen.
Die Wiedergabe von allgemein beschreibenden Bezeichnungen, Marken, Unternehmensnamen etc. in diesem Werk bedeutet nicht, dass diese frei durch jede Person benutzt werden dürfen. Die Berechtigung zur Benutzung unterliegt, auch ohne gesonderten Hinweis hierzu, den Regeln des Markenrechts. Die Rechte des/der jeweiligen Zeicheninhaber*in sind zu beachten.
Der Verlag, die Autor*innen und die Herausgeber*innen gehen davon aus, dass die Angaben und Informationen in diesem Werk zum Zeitpunkt der Veröffentlichung vollständig und korrekt sind. Weder der Verlag noch die Autor*innen oder die Herausgeber*innen übernehmen, ausdrücklich oder implizit, Gewähr für den Inhalt des Werkes, etwaige Fehler oder Äußerungen. Der Verlag bleibt im Hinblick auf geografische Zuordnungen und Gebietsbezeichnungen in veröffentlichten Karten und Institutionsadressen neutral.

Planung/Lektorat: Frank Schindler
Springer ist ein Imprint der eingetragenen Gesellschaft Springer Fachmedien Wiesbaden GmbH und ist ein Teil von Springer Nature.
Die Anschrift der Gesellschaft ist: Abraham-Lincoln-Str. 46, 65189 Wiesbaden, Germany

Wenn Sie dieses Produkt entsorgen, geben Sie das Papier bitte zum Recycling.

*„Geh' 1000 Schritte in den Mokassins
eines anderen,
wenn du ihn verstehen willst."*

Indianische Weisheit

Buch-Gruß

In Erinnerung an Dr. Wolfgang Schäuble
Bundestagspräsident a.D. Dr. Wolfgang Schäuble stand dem Buchprojekt nahe, das vereinbarte Grußwort konnte er selbst nicht mehr beisteuern. Er ist am 26. Dezember 2023 gestorben.

Originäre Zitate[1] von Herrn Dr. Schäuble bekräftigen aber seinen steten Appell an die Bedeutung des Erinnerns und der Zeitzeugenschaft. Das folgende Grußwort, das die Herausgeberinnen in Abstimmung mit seinem Umfeld formulierten, gibt Ausdruck davon.

„*Die deutsch-jüdische Geschichte (…) ist Teil der deutschen Geschichte (…) lange bevor es Deutschland gab (…) kennt Phasen der Toleranz und Zeiten der Ausgrenzung, Wellen der Verfolgung genauso wie Erfolge in Kunst und Kultur, in Wissenschaft und Wirtschaft.*", so Wolfgang Schäuble in seiner Rede zum Gedenken an die Opfer des Nationalsozialismus anlässlich der Gedenkstunde am 27. Januar 2021. Inge Auerbacher sprach genau ein Jahr später, am 27.Januar 2022, an gleicher Stelle und die beiden trafen sich kurz danach in ihrem Geburtsort Kippenheim in Baden. Dort fand am 02. Februar 2022 eine festliche Zeremonie in der Synagoge Kippenheim statt, bei der die Verleihung der Ehrenbürgerschaft an Inge Auerbacher im Fokus stand (Abb. 1). Wolfgang Schäuble erinnert sich daran folgendermaßen:

„*In der Welt eines Kindes gibt es wenig Raum für Zwischentöne, kein Grau. Es gibt hell und dunkel, gut und böse. (…) Im Alltag gab es keine Juden. (…) Deshalb*

---

[1] Rede von Bundestagspräsident Dr. Wolfgang Schäuble zum Gedenken an die Opfer des Nationalsozialismus anlässlich der Gedenkstunde am 27. Januar 2021. Verfügbar unter: https://www.bundestag.de/parlament/praesidium/reden/2021/20210127-818708.

Abb. 1 Wolfgang Schäuble und Inge Auerbacher bei der Verleihung der Ehrenbürgerwürde an Inge Auerbacher, Synagoge Kippenheim, 02. Februar 2022. (*Quelle: Bianca Weber-Lewerenz*)

hat mich 2022 bei der Gedenkstunde des Deutschen Bundestages für die Opfer des Nationalsozialismus sehr ergriffen, als die Zeitzeugin Inge Auerbacher von ihrer Kindheit in dem badischen Dorf Kippenheim erzählte. Ich habe sie kurz darauf noch einmal in unserer gemeinsamen badischen Heimat zum Gespräch getroffen. Auerbacher blieb lange das letzte jüdische Kind, das dort geboren wurde. Als Vierjährige erlebte sie die Pogromnacht vom 9. auf den 10. November 1938, und ihre noch halbwegs heile Kinderwelt brach zusammen.

(…) Das Dilemma nach 1945 bestand in der *„Unfähigkeit zu trauern", „im kommunikativen Beschweigen", „Täter und Mitläufer konnten nicht darüber reden", „Kriegsheimkehrer konnten es meist nicht, weil sie im Krieg zu viel Entmenschlichung erlebt hatten. (…) Wissen ist das eine, das Empfinden an den Orten der Verbrechen etwas völlig anderes. (…) schon der erste Besuch in Yad Vashem hat mich nicht mehr losgelassen. (…) Zum zentralen Ort für das Bekenntnis zu unserer besonderen Verantwortung sind seit 1996 die Gedenkstunden im Deutschen Bundestag geworden.*

Demgegenüber erscheint mir zwingend, politisches Handeln in seiner jeweiligen Epoche nachzuvollziehen, sich die Spielräume und Alternativen zu vergegenwärtigen, die es damals realistisch gegeben hat. (…) was mir im Laufe meines Lebens bewusst geworden ist. Dass beides einander ergänzen muss: nüchterne Ob-

jektivierung durch wissenschaftliche Erkenntnis und Emotionalisierung. Denn es braucht Empathie, um mehr wissen zu wollen und zu verstehen. Dass wir dies als Aufgabe künftigen Generationen vermitteln wollen (...) Zeitgleich zeigt sich im Verhältnis der Bundesrepublik zu Frankreich, dass zwischen jahrelangen erbitterten Feinden Aussöhnung möglich ist. (...) Für mich gehört es zu den unbestreitbaren Verdiensten der Achtundsechziger-Bewegung (...) um einen Prozess der Aufarbeitung in den Familien und in der Breite der Gesellschaft anzustoßen."[2]

Für eine gute Stunde zuvor spann sich ein neuer Bogen, nunmehr konnte gemeinsam mit einem ausgewählten Multiplikatoren-Kreis eine umfängliche Diskussion zu verschiedenen bestehenden und künftigen Ansätzen in der Erinnerungs- und Zeitzeugenarbeit geführt und neue Herangehensweisen, Rahmenbedingungen und der Austausch mit dafür wichtigen Schlüsselrollenträgern ausgearbeitet werden. Gesprächsgrundlage bildete die über 30-jährige Zusammenarbeit von Inge Auerbacher und Roswitha Weber, um bereits im Grundschulalter Erinnerungskultur und Zeitzeugenarbeit umzusetzen. Das Projekt „Inge Auerbacher Tag: Tag des Friedens und der Toleranz gegenüber anderen"[3] an der Grundschule an der Kleinen Elz Kenzingen gehört zum dortigen Schulprofil. Es ist als Leuchtturmprojekt Vorbild über die nationalen und europäischen Grenzen hinweg entgegen dem immer wieder virulenten Versuch, *„die jüdische Geschichte nicht nur aus der deutschen, sondern aus der Weltgeschichte zu tilgen"*, der in der Zeit der Barbarei der Nationalsozialisten seinen furchtbaren Höhepunkt fand. Dieses und so viele Engagements, oft ehrenamtlich erbracht, können nicht zu hoch wertgeschätzt werden, denn die vielerorts wieder stark zunehmenden antisemitischen Haltungen steigerten schon einmal *„(...) den Antisemitismus in nie Dagewesenes: Sie sprachen den Juden das Mensch-Sein ab."* Umso mehr bedarf es einer gezielten Wissens- und Herzensbildung in allen Bereichen unserer Gesellschaft, Politik und Wissenschaft. Nicht nur um dem Andenken der Millionen Menschen, die dem Holocaust zum Opfer fielen, gerecht zu werden, sondern Mensch-sein, Toleranz, Respekt, Empathie als inneren Kompass zu kräftigen. *„(...) Menschen, die entrechtet, ihrer Würde, ihres Besitzes und schließlich ihres Lebens beraubt wurden"*, werden es auch heute noch und wir alle dürfen nicht wegsehen. Nie wieder bedeutet im Alltag eine klare Haltung, klar und bewusst Stellung zu beziehen, respektvoll miteinander umzugehen, aus der Vergangenheit zu lernen, Vertriebenen, Überlebenden und Folgegenerationen Heimat zu schenken, *„(...) jüdisches Leben in Deutschland vor*

---

[2] Schäuble, Wolfgang (2024). Erinnerungen. Mein Leben in der Politik. S. 9–63. Klett-Cotta Verlag, Stuttgart.
[3] https://www.kenzingen.de/grundschule/soziales/inge-auerbacher/inge-auerbacher-zu-besuch-in-kenzingen-id_3315/.

Angriffen zu schützen; (…)", denn sie sind *„selbstverständlicher Teil unseres gemeinsamen vielfältigen Landes."* Heute gilt mehr denn je, wir wollen *„(…) ein vielfältiges deutsch-jüdisches Leben. Ein unglaubliches Glück für unser Land, das wir uns immer wieder neu verdienen müssen."*

„Die Geschichte ist gegenwärtig. Für die Nachfahren der Überlebenden. Und für alle anderen Deutschen. Sie geht uns alle an! An Gedenktagen wird stets Verantwortung angemahnt. Aber werden wir ihr eigentlich gerecht? (…) Als Roman Herzog vor 25 Jahren den 27. Januar zum Gedenktag erklärte, verband er damit die Hoffnung, (…) Formen des Erinnerns (zu) finden, die zuverlässig in die Zukunft wirken."

Das in Ihren Händen, liebe LeserInnen, liegende Buch ist hierfür ein Ansatz und *„(…) heute dringende Notwendigkeit"*, aus den langen Linien unserer Geschichte die für die Zukunft richtigen Schlüsse zu ziehen.

Im April 2024

Das Grußwort wurde am 7. Dezember 2023 angefragt. Finalisiert wurde es im April 2024 mit freundlicher Unterstützung von Herrn David Dodt, damaliger Büroleiter des Abgeordnetenbüros von Dr. Wolfgang Schäuble.

Erweiterte Bildunterschrift für ein Buch mit Inge Auerbacher

Dieses Straßenschild ist ein Geschenk des Deutschen Bundestages, das ich Inge Auerbacher vor der Gedenkstunde für die Opfer des Nationalsozialismus im Jahr 2022 überreicht habe (Abb. 2). Die Straße in Berlin-Grunewald war seit dem Jahr 1898 nach einem ihrer Vorfahren benannt: dem jüdischen Schriftsteller Berthold Auerbach. Die Nationalsozialisten wollten die Erinnerung an ihn auslöschen und machten im Jahr 1938 aus der Auerbachstraße die Auerbacher Straße – die nicht

Abb. 2 Bärbel Bas und Inge Auerbacher. (*Bildquelle: Bärbel Bas*)

mehr nach Berthold Auerbach benannt war, sondern nach der Stadt im Vogtland. Erst 2013 wurde dieser Akt der Geschichtsklitterung rückgängig gemacht.

In der Gedenkstunde am 27. Januar 2022 schilderte Inge Auerbacher im Deutschen Bundestag ihre Erlebnisse als jüdisches Mädchen in der Zeit des Nationalsozialismus. Ihre Rede wird für mich immer ein besonderer Moment bleiben. Sie hat eindrücklich gezeigt, dass Zeitzeugen für unsere Erinnerungskultur unverzichtbar sind: Erst ihre Berichte lassen uns erahnen, welches unvorstellbare Leid die Verfolgung durch die Nationalsozialisten über die Opfer brachte.

Ich bin zutiefst dankbar, Inge Auerbacher persönlich kennengelernt zu haben. Trotz des Unrechts, das ihr widerfahren ist, hat sie sich Güte und Warmherzigkeit bewahrt. Sie ist zu einem Vorbild an Toleranz und Herzensbildung geworden. Zugleich mahnt uns ihr Schicksal eindringlich, Antisemitismus und jeglicher Form von Menschenfeindlichkeit entschieden entgegenzutreten.

Dieses Buch ist ein inspirierender Beitrag zur Zeitzeugenarbeit. Ich unterstütze es gern und wünsche ihm viele Leserinnen und Leser.

Bärbel Bas

Vorwort

Begegnung braucht Wege. Roswitha Weber hat sich bewusst aufgemacht und die Begegnung mit Inge Auerbacher gesucht. Die Lebenslinien der beiden Frauen haben sich gekreuzt und daraus entstand eine langjährige und intensive Zusammenarbeit. Hinter jeder Zeitzeugin, jedem Zeitzeugen steht ein Name, eine Biografie und ein persönliches Schicksal. Seit 2006 gibt es an der Grundschule an der Kleinen Elz Kenzingen den „Inge-Auerbacher-Tag". Inge Auerbacher wurde vor mehr als neunzig Jahren als letztes jüdisches Mädel – wie sie sich selbst bezeichnet – im nahen Nachbarort Kippenheim geboren.

Es gibt immer weniger Menschen, die uns aus persönlicher Erfahrung von den Verbrechen der Shoah berichten können, und wir verlieren damit eine wichtige Verbindung zur Vergangenheit. Denn niemand berichtet eindringlicher und nachvollziehbarer von dem Leid, das der Nationalsozialismus anrichtete. Niemandem sonst gelingt es so zuverlässig, auch junge Menschen emotional zu erreichen. Niemand vermittelt die Dringlichkeit des Kampfes gegen Antisemitismus überzeugender. Zeitzeugen sind moralische Autoritäten, ihre Botschaften werden gehört. Erinnerung ist die Voraussetzung für eine friedliche, freie Zukunft. Denn Erinnerung bedeutet auch, sich bewusst zu machen, wie fragil unsere Zivilisation ist und was Menschen einander antun können.

Vor einem erneuten Rückfall in die Unmenschlichkeit und jene fatalen Denkmuster, die zu einer breiten Akzeptanz und Befürwortung von Ausgrenzung, Hass und Gewalt führen, müssen wir unsere Zivilisation, unsere Demokratien aktiv schützen. Das ist eine der Kernbotschaften der Geschichte. Jede und jeder Einzelne kann einen Unterschied machen. Das beginnt schon im Kindesalter. Kinder im Alter von sechs bis zehn Jahren haben bereits einen ausgeprägten Gerechtigkeitssinn. Dort anzuknüpfen, unter aktiver Einbindung des familiären Umfelds, ist der Ansatz dieses Buches.

Roswitha Weber hat als Grundschullehrerin Pionierarbeit geleistet, wenn es um die Vermittlung des Themas Holocaust an Grundschulen geht.

Ich selbst bin sehr froh, dass ich Frau Inge Auerbacher persönlich kennenlernen durfte. Ich habe sie auch am 27. Januar 2022 von der Besuchertribüne des Deutschen Bundestages gesehen und durfte ihren bedrückenden Ausführungen über ihr Leben unter der nationalsozialistischen Gewaltherrschaft folgen. Inge Auerbacher hat in ihrer Jugend das Schlimmste erlebt und unter für uns heute unvorstellbaren Bedingungen im Konzentrationslager Theresienstadt, dem – wie sie es ausdrückte – „Vorzimmer von Auschwitz" gemeinsam mit ihren Eltern gelebt. Die Folgen haben sie ein Leben lang begleitet. Wer Inge Auerbacher zuhört, der wird sie und ihre Berichte nicht vergessen können: Von ihrer Puppe Marlene, von Theresienstadt, von ihrer Freundin Ruth, die sie dort kennengelernt hat. Wer die eindrücklichen Erfahrungen von Frau Auerbacher einmal gehört und auch wirklich verinnerlicht hat, der sollte endgültig immun sein gegen Antisemitismus.

Leider ist unsere Gesellschaft bis heute nicht frei davon. Antisemitismus, so meine Wahrnehmung, tritt sogar zunehmend unverhohlener zu Tage. Ihn in allen seinen Formen zu bekämpfen, hat für die Bundesregierung höchste Priorität. Anfang 2023 hat das Bundeskabinett daher die von mir vorgelegte „Nationale Strategie für jüdisches Leben und den Kampf gegen Antisemitismus", kurz NASAS, verabschiedet. In unserer Strategie heißt es: *„Für die Bildungs- und Erinnerungsarbeit müssen neue Formen und Vermittlungsformate gefunden werden, die Alternativen zu den persönlichen Berichten der Zeitzeuginnen und Zeitzeugen bilden."* Und weiter: *„Eine gemeinsame Zukunft braucht gemeinsames Erinnern: Das Ziel einer lebendigen Erinnerungskultur erfordert in unserer vielfältigen Einwanderungsgesellschaft, individuelle Bezugnahmen auf die Shoah zu ermöglichen. Das Ziel der Bildung von Geschichtsbewusstsein ist damit direkt verbunden: Denn Erinnern bedeutet auch Erkenntnis für das Hier und Jetzt."*

Erinnern bedeutet auch Erkenntnis für das Heute und Morgen. Für viele Menschen ist es bis heute immer noch unbegreiflich, was in der Zeit des Nationalsozialismus, mit Jüdinnen und Juden, mit Sozialdemokraten, mit Homosexuellen, mit Sinti und Roma passiert ist. Wer Inge Auerbacher zuhört, wird so leichtfertig nichts mehr von einem Schlussstrich erzählen.

Das Leben findet natürlich auch noch im analogen Raum statt: Etwa in der ehemaligen Synagoge Kippenheim, wo Inge Auerbacher mit ihren Eltern gemeinsam die jüdischen Feste feierte. In der Nacht vom 9. auf den 10. November 1938 wurde die Synagoge zerstört. Als Inge Auerbacher sie 1966 erstmals wieder besuchte, diente sie als Lagerhaus für Tierfutter. Dank des Engagements von vielen Ehrenamtlichen finden in den Räumen seit einigen Jahren Ausstellungen, Lesungen und viele andere Veranstaltungen statt. Ich habe das ehemalige Gotteshaus im

Jahr 2021 besucht und war sehr beeindruckt. Dass Frau Auerbacher auch immer wieder dorthin zurückkehrt, zeigt, wie wichtig das Engagement der vielen Ehrenamtlichen ist. Trotz der schrecklichen Erlebnisse in ihrem und dem Leben ihrer Familie, hat sie die Kraft und den Mut gefunden, sich mit aller Entschiedenheit für den Kampf gegen Hass und Intoleranz einzusetzen.

Auch im analogen Raum findet die Lektüre Ihres Buches „Ich bin ein Stern" statt. Ich habe es sehr gerne gelesen und war bewegt von ihrem Leben. Es ist wichtig und richtig, dass, anhand dieses Buches, den Kindern und Jugendlichen an vielen Schulen die aus entgegengesetzten Perspektiven jeweils dunkelsten Kapitel der deutschen und der jüdischen Geschichte nähergebracht wird. Das Buch endet mit der Ankunft von Inge Auerbacher in New York, wo sie eine neue Heimat fand. Dennoch prägt nicht Verbitterung ihr Leben – im Gegenteil: Inge Auerbacher engagiert sich gegen Diskriminierung, ob nun Antisemitismus oder Rassismus; und das in ihrer neuen Heimat, aber auch in Deutschland.

Mit dem hier vorliegenden Buch, wird besonders Grundschulpädagoginnen und -pädagogen ein Werkzeug zur Vermittlung des Themas in die Hand gegeben und somit diese wertvolle Erinnerungsarbeit in die zukünftigen Generationen weitergetragen.

Für diese Arbeit danke ich Ihnen und wünsche viel Erfolg!

Dr. Felix Klein

Beauftragter für jüdisches Leben in Deutschland und den Kampf gegen Antisemitismus

Dr. Felix Klein

Vorwort: Ihr Thema ist auch unser Thema

Die Bedeutung des Buches von Inge Auerbacher im Rahmen unseres schulischen Leitbildes
Birgit Beck, Schulleiterin der Grundschule an der Kleinen Elz Kenzingen
Bereits beim Besuch von Inge Auerbacher im Jahr 2006 sprang der „Funke" im Kollegium und bei den SchülerInnen über, dass das Thema Frieden, Versöhnung unter den Menschen und Toleranz ein ganz zentrales Thema, auch oder gerade ganz besonders in einer Schule sein sollte. Der Besuch von Inge Auerbacher, als Zeitzeugin einer geschichtlichen Epoche, in der in beispielloser Weise gegen Menschenrechte verstoßen wurde, war für alle Beteiligten tief beeindruckend und auch die Grundschulkinder merkten, dass das persönliche Kennenlernen einer solchen Zeitzeugin etwas ganz Besonderes und vielleicht auch Einmaliges war.

Wir entschlossen uns nach dieser Begegnung, den **Inge-Auerbacher-Tag** an unserer Schule alljährlich durchzuführen. Das Buch „Ich bin ein Stern" wurde fester **Lektürestoff** der Viertklässler, die parallel dazu das **Thema „Judentum"** im Religionsunterricht **projektartig** erarbeiteten (Abb. 3).

Die **„Goldene Regel"** wurde Leitziel unserer Schulregeln, ein soziales Heft, das **„Kompassheft"**, wurde eingeführt und die ersten Kinder zu **Streitschlichtern** ausgebildet.

Im laufenden Schuljahr wird der erste Jahrgang am Gesundheits- und Gewaltpräventionsprogramm **„Klasse 2000"** teilnehmen.

Sozialer und wertschätzender Umgang miteinander sind somit ein wichtiger Bestandteil unseres erzieherischen Auftrages.

Der Kontakt mit Inge Auerbacher, ihren Büchern und vor allem den persönlichen Besuchen an unserer Schule stellen in diesem Rahmen eine große Bereicherung dar.

Abb. 3 Abschied nach 27 Jahren Grundschule. (*Quelle: „Abschied nach 27 Jahren Grundschule", Zeitungsbericht Breisgauer Wochenbericht von Dennis Özkan am 12.08.2015*)

Abschied nach 27 Jahren Grundschule

Kenzingen (dö). In einer privaten Feier wurde Roswitha Weber am letzten Schultag von Grundschulleiterin Birgit Beck und dem Kollegium nach 27 Jahren an der Grundschule Kenzingen in den Ruhestand verabschiedet. Auch viele ehemalige Kollegen und der frühere Schulleiter Detlef-Herbert Freßle erinnerten an Begebenheiten während dieser langen Zeit. Überaus engagiert agierte Roswitha Weber bei Kindergottesdiensten, Religionsprojekten, Begegnungen mit französischen Partnern und Zeitzeugenbesuchen. In den vergangenen drei Jahren ihrer Schulzeit drehte sie gemeinsam mit Bodo Alaze einen Film über die Arbeit der Grundschule und dokumentierte somit ein Stück Schulgeschichte. „Sie hinterlässt Meilensteine pädagogischer Arbeit und war wertvolle Ansprechpartnerin", sagte Birgit Beck.

Foto: Dennis Özkan

Grußwort

Liebe Leserinnen und Leser,

während ich dieses Grußwort schreibe, schaue ich auf den Kalender. Es ist der 27. Januar 2025. Ein Tag, des Erinnerns und der Verantwortung. Genau heute vor zwei Jahren, durfte ich Inge Auerbachers beeindruckende Rede vor dem Deutschen Bundestag verfolgen. Inmitten dieses ehrwürdigen und geschichtsträchtigen Plenarsaals, umgeben von Stille, sprach sie mit einer Klarheit und Wärme, die den Raum erfüllte. Ihre Worte hallen noch nach: „Die Kinder dieser Welt sind auch meine Kinder". In einem einzigen Satz verdichtet sich ihre Botschaft – universelle Liebe, Mitgefühl und Verantwortung, die keine Grenzen kennt.

Mit diesem Satz hat sie nicht nur unsere Herzen erreicht, sondern auch unser Gewissen. Denn was bedeutet es, alle Kinder dieser Welt zu unseren eigenen zu machen? Es bedeutet, Verantwortung zu übernehmen – für ihre Zukunft, für ihre Träume und für eine Welt, die ihnen Raum gibt, diese zu verwirklichen.

Manchmal begegnen wir Menschen, die mit ihrer Geschichte und ihrer Haltung mehr bewirken als ganze Bibliotheken voller Theorien und Konzepte. Inge Auerbacher ist eine solche Persönlichkeit. Sie hat das Schlimmste erlebt, was Menschen anderen Menschen antun können – und sie hat die unvorstellbare Größe, uns trotzdem den Weg zu einem besseren Miteinander zu zeigen.

Als Kind überlebte sie den Holocaust – eine Erfahrung, die die meisten von uns nicht einmal im Ansatz begreifen können. Doch Inge Auerbacher lässt die Vergangenheit nicht nur in uns nachhallen. Sie geht einen Schritt weiter: Sie spricht nicht nur über das, was war, sondern über das, was sein sollte. Dazu gehört auch, dass Inge Auerbacher die Ehrenbürgerwürde unserer Stadt angenommen hat. Dies mag nur eine kleine Notiz der Geschichte sein doch sie bedeutet unermesslich viel. Ihre Bereitschaft, die Ehrung einer Stadt anzunehmen, in der sie einst zu einer Nummer degradiert wurde, zeigt eine menschliche Größe, die über das Begreifbare hinausgeht. Sie hat Göppingen nicht nur vergeben – sie hat es zu einem Teil ihrer Botschaft gemacht. Deshalb, ist die Ehrenbürgerwürde von Inge Auerbacher eine größere Ehre für unsere Stadt als für die geehrte Person.

Wenn wir heute an Inge Auerbacher denken, dann denken wir nicht nur an das kleine Mädchen, das Theresienstadt überlebte. Das Kind, dem die Kindheit geraubt wurde. Wir denken an eine Frau, die aus den Scherben der Vergangenheit ein Mosaik der Zukunft geformt hat. Eine Frau, die uns zeigt, dass Erinnern nicht Stillstand bedeutet, sondern Bewegung – hin zu einem besseren Morgen. Die uns zeigt, dass Erinnern nicht das Ende ist, sondern der Anfang: ein Anfang, der uns einlädt, aus der Vergangenheit zu lernen und die Zukunft mit Taten des Mitgefühls zu gestalten. Sie verkörpert die Hoffnung, dass aus dem Schrecklichsten etwas Gutes erwachsen kann, wenn wir uns dazu entscheiden.

Denn, es sind nicht die leeren Worte, die die Welt verändern, sondern die kleinen Taten, die jeder von uns beizutragen hat.

Liebe Leserinnen und Leser,

lassen Sie uns mitnehmen, was Inge Auerbacher uns schenkt: die Einsicht, dass wir gemeinsam stärker sind als die Kräfte, die uns spalten wollen. Denn die Kinder dieser Welt sind unser aller Kinder.

Mit größtem Respekt und tiefer Dankbarkeit,

Alex Maier

Oberbürgermeister der Stadt Göppingen

Im Januar 2025

Alex Maier

Grußwort

Liebe Leserinnen und Leser,

der 27. Januar 2022 bleibt den Menschen aus Kippenheim noch lange in Erinnerung. Inge Auerbacher, im Jahr 1934 in Kippenheim geboren, hält am Tag des Gedenkens eine beeindruckende Rede im Deutschen Bundestag. Diese Rede war ein wichtiger Beitrag zum Gedenken an das unvorstellbare Leid und die furchtbare Schreckensherrschaft der Nationalsozialisten. Über 6 Mio. Menschen jüdischen Glaubens wurden auf bestialische Art ermordet. Inge Auerbacher hat dieses Leid miterleben müssen. Und trotz dieser unvorstellbaren Erfahrungen steht für Inge Auerbacher seit jeher die Erinnerungsarbeit und besonders der Begriff der „Versöhnung" im Mittelpunkt ihres Wirkens.

Auch ich durfte dies bei unserem ersten Treffen in Kippenheim vor rund 15 Jahren erleben und es hat mich tief beeindruckt. Wer Inge Auerbacher persönlich erleben darf, lernt einen Menschen kennen, der mit großer Zuversicht und Offenheit den Menschen begegnet: „Menschenhass ist etwas Schreckliches. Wir sind alle als Brüder und Schwestern geboren. Mein innigster Wunsch ist die Versöhnung aller Menschen", so hat es Frau Auerbacher, im Bundestag gesagt. Gerade in der heutigen Zeit ist diese Erinnerungsarbeit noch wertvoller und wichtiger geworden – gerade in der heutigen Zeit haben Inge Auerbachers Worte noch mehr an Bedeutung gewonnen.

Dieses Engagement für die Erinnerung und für die Versöhnung kann man nicht genug würdigen. Die Gemeinde Kippenheim hat es dennoch versucht und Frau Auerbacher im Jahr 2022 mit der Ehrenbürgerwürde für ihre besonderen Verdienste für die Erinnerungsarbeit ausgezeichnet. Hierfür sage ich Inge Auerbacher nochmals herzlichen Dank und wünsche ihr alles erdenklich Gute!

Matthias Gutbrod, Bürgermeister Gemeinde Kippenheim
Im Februar 2025

Matthias Gutbrod

Inhaltsverzeichnis

1 Kurzintro für Schnell-LeserInnen (Deutsch/Englisch/Französisch) 1
Roswitha Weber und Bianca Christina Weber-Lewerenz
   1.1 Inge-Auerbacher-Tag – Ein Projekt von 1993–2025 6
   1.2 Projektflyer: „Der jährliche Inge-Auerbacher-Tag der Grundschule an der Kleinen Elz Kenzingen. Schritt für Schritt in eine Zukunft – miteinander.". 9
   1.3 Kurzdoku: Fächerübergreifendes Projekt zur Friedenserziehung (1993–2025) initiiert von Roswitha Weber, Lehrerin i. R. an der Grundschule an der Kleinen Elz Kenzingen.................. 16

2 Einführung 21
Inge Auerbacher, Roswitha Weber und Bianca Christina Weber-Lewerenz

3 Wenn Wege sich kreuzen – We are one......................... 27
Inge Auerbacher, Roswitha Weber und Bianca Christina Weber-Lewerenz
   3.1 Lebenslinie Inge Liese Auerbacher......................... 27
       3.1.1 Wer bin ich?...................................... 27
       3.1.2 Meine Lebenslinie beginnt in Kippenheim 28
       3.1.3 Umzug zu meinen Großeltern nach Jebenhausen......... 30
       3.1.4 Umzug nach Göppingen............................ 31
       3.1.5 Deportation nach Theresienstadt 33
       3.1.6 Befreiung durch die Sowjetarmee 37

	3.1.7	Umzug nach New York.................................	38
		3.1.7.1 Tuberkulose – Mein Lebensbegleiter	38
	3.1.8	High School und Studium	39
	3.1.9	Beruf und Leben......................................	40
		3.1.9.1 Mein Refugium und Zuhause in Jamaica	40
	3.1.10	Ein Jahr Kalifornien – The best time of my life.........	42
	3.1.11	Familie, die Liebe und das Reisen	42
	3.1.12	Zurück zu meinen Wurzeln – Besuche in meinem Geburtsort Kippenheim	44
	3.1.13	Beruf und Berufung	54
		3.1.13.1 Der Beginn einer Freundschaft – Meine Begegnung mit Roswitha und der „Inge-Auerbacher-Tag" an der Grundschule an der Kleinen Elz Kenzingen	54
		3.1.13.2 Botschafterin für Freundschaft, Toleranz und Frieden: Meine Zeitzeugenarbeit.....	57
		3.1.13.3 Die Weltzusammenkunft in Jerusalem aller jüdischen Überlebenden des Holocaust....	62
		3.1.13.4 Höhepunkte und Schaffenswerke	63
		3.1.13.5 Auszeichnungen und Würdigungen...........	65
	3.1.14	Im Interview mit Inge am 24. November 2024	71
3.2	Lebenslinie Roswitha Weber...........................		73
	3.2.1	Kindheit – Fenster zur Welt	73
	3.2.2	Schloßidylle und Nazi-Onkel.......................	82
	3.2.3	Schule und Studium	88
	3.2.4	Beruf und Familie................................	90
3.3	Der Funke, wenn Wege sich kreuzen		98
	3.3.1	Ich bin ein Stern.................................	98
	3.3.2	Sagen sie einfach „hallo Inge"	99
	3.3.3	Lehrerin sein – Profilsuche – Netzwerk	100
	3.3.4	Durchhalten	102
3.4	Verdichtung der Thematik..............................		104
	3.4.1	Robert Krais – Versuch einer Würdigung als Mentor.....	105
	3.4.2	Herausgabe Pforte 2014–2016 Städtepartnerschaft Kenzingen-Vinkovci.............................	108
	3.4.3	Herausgabe Pforte 2019 über die jüdische Geschichte Kenzingens	108
	3.4.4	Berlin wird wichtig – Lernfortschritte	109
	3.4.5	Pandemie und Inge's Wunsch......................	111

		3.4.6	Vorbereitung der Berlinreise Inges und zurück zu ihren Wurzeln Kippenheim – Jebenhausen – Göppingen	112
		3.4.7	Erstes Multiplikatoren Netzwerktreffen – Würdigung Inges Lebensleistung – Perspektive einer Erinnerungskultur der Zukunft.	120
			3.4.7.1 Erinnerungsbuch für Inge Auerbacher.	123
		3.4.8	Modell per Zufall – 3 Schultypen vernetzt.	165
		3.4.9	Der private Nachmittag „bei Webers"	167
		3.4.10	Festlich-innovatives Nachmittagstreffen in Kippenheim mit Ehrengast Dr. Wolfgang Schäuble und Willkommensabend als 1. „Ehrenbürgerin" ihres Geburtsortes	169
	3.5	Lebensstationen Jebenhausen und Göppingen	171

4 Ich und die Gemeinschaft 173
Alice Goldstein, Bianca Christina Weber-Lewerenz, Klaus Weber, Michael Blume und Yannick Bury

	4.1	Ich und die Gemeinschaft	173
	4.2	Gastbeitrag	180
	4.3	„Inge" und „Geschichtsarbeit"	181
	4.4	Erinnerungsarbeit als gesellschaftliche Verantwortung	182
	4.5	Alice Goldstein	186
	4.6	Irene de Cou Epstein und Piedade Grinberg.	195

5 Erinnerungskultur – Shoah in der Grundschule. 199
Roswitha Weber, Julia Brandts, Benjamin Kleinstück, Renate Günter-Bächle, Regina Eppler und Denise Rogalski

	5.1	Rahmenbedingungen – Schritte – Erfahrungen	200
	5.2	Ganzheitlicher, fächerübergreifender Ansatz – vernetzt und demokratiebildend	201
	5.3	Das Miteinander von Eltern und Lehrer in einem Haus des Lernens – Förderverein.	203
		5.3.1 Methodenhaus	206
	5.4	Goldene Regel – Schulschiff und Kompassheft	207
	5.5	Konzeption des Arbeitsheftes „Mein Inge-Auerbacher-Heft" . . .	210
	5.6	Der jährliche Inge-Auerbacher-Tag für alle	214
		5.6.1 Chronik der Zeitzeugenarbeit mit Inge Auerbacher – Grundschule an der Kleinen Elz Kenzingen ab 1992.	220
	5.7	Der Erinnerungskoffer und der Raum der Stille	222

5.8	Authentische Begegnungen mit Menschen – Orten und Dingen	224
5.9	Die Fächer Religion und Deutsch – Ansätze ökumenischer Zusammenarbeit und Kommunikation	225
5.10	Französisch und Partnerschaften – Sport – Musik – Bildende Kunst – Sachunterricht und Kooperationen über Grenzen hinweg – Wir brauchen Europa.	231
5.11	Impulse für Klassen 1/2 im Fächerkanon	233
5.12	Schule im Blickfeld von Gemeinde/Stadt/ Region – Öffentlichkeitsarbeit und Presse	238
5.13	Zeitzeugen- und Erinnerungsarbeit an der GHSE UNESCO Projektschule mit der jüdischen Zeitzeugin Inge Auerbacher: Interview, Dokumentation, Filmarbeit, ZOOM Live-Stream	241
5.14	Literatur- und Referenzangaben zu den Einzelkapiteln	247
5.15	Anhang	249
	5.15.1 Fach Religion	249
	5.15.2 Fach Deutsch	258
	5.15.2.1 Ein Beispiel zum Projekterfolg: „Wunderkind"-Schülerin	258
	5.15.2.2 Inge Auerbacher's erste Deutsch-Stunde an einer Grundschule, 1998	260
	5.15.3 Fächerübergreifendes Kooperationsprojekt Fach Sport und Fach Musik	276
	5.15.4 Fach BildendeKunst	280
	5.15.5 „L'Atelier" – Fach Französisch	282
	5.15.6 Beispiel für den Ablauf eines Inge-Auerbacher-Tages	286
	5.15.6.1 Bewertung/Evaluierung: Rückblick auf Inge-Auerbacher-Tag	286
	5.15.7 Interkulturelle Willkommenskultur: Wir sind Kenzingen – Andere Kulturen – Andere Kuchen	291
	5.15.8 Einbinden der Eltern und des familiären Umfeldes	293
	5.15.9 Lerngang: Auf den Spuren von Inge Auerbacher in Kippenheim	296
	5.15.9.1 Kippenheim: Ein Blick auf nächstgelegene Gedenk-, Lern- und Begegnungsstätten im Umkreis	297
	5.15.9.2 Emmendingen	297
	5.15.9.3 Gedächtnisstätten	298

6	**Zukunftswerkstatt**		301
	Roswitha Weber		
	6.1	Momentaufnahmen Geschichte und Gegenwart	302
	6.2	Inspiration und Impulse für Jugendliche/Erwachsenen/Familien aber auch Initiativen	303
	6.3	Impulse für die Persönlichkeitsbildung in Familie – Kindergarten – Schulen – Berufsausbildung	304
		6.3.1 Beginn in der Familie	304
		6.3.2 Persönlichkeitsbildung in den Kindergärten/Schulen	304
		6.3.3 Berufsbildung, Schulen, Firmen	305
		6.3.4 Kirchliche Einrichtungen	306
		6.3.5 Verwaltung	307
7	**….kommt zu Wort**		309
	Toby Axelrod, Joel Obermayer, Matthias Guderjan, Birgit Beck, Lara Rückriem, Bodo Alaze, Karen Jungblut, Hansjörg Deng und Bianca Christina Weber-Lewerenz		
	7.1	Die Obermayer Stiftung kommt zu Wort	309
	7.2	Ein Bürgermeister kommt zu Wort	317
	7.3	Eine Schulleiterin kommt zu Wort	320
	7.4	Eine Schülerin kommt zu Wort	322
	7.5	Ein Vater kommt zu Wort	323
	7.6	Im Interview mit Karen Jungblut im Februar 2025	326
	7.7	Im Interview mit Hansjörg Deng im Dezember 2024	331
	7.8	Erfahrungen als Zweitzeugin	335
8	**Wie lassen sich Holocaust-Erlebnisse in Musik und Theater übertragen?**		341
	Franz Schindler, Walter Willaredt, Andreas Vetter, Tristan Römer, Dennis Droll, Thilo Feucht, Julian Burmeister, Aisha Hellberg, Martin Ries, Bianca Christina Weber-Lewerenz und Inge Auerbacher		
	8.1	Uraufführung von Inge Auerbacher's Buch „Ich bin ein Stern": Kenzingen Musikorchester	341
		8.1.1 Uraufführung: Ein neues Musikstück würdigt das Leben von Inge Auerbacher	342
		8.1.2 Wie ein junger Komponist ein Stück nach dem Buch „Ich bin ein Stern" von Inge Auerbacher schrieb . . .	345
		8.1.3 „Alle Menschen sind Sterne"	347

	8.2	Offene Bühne, Gymnasium Kenzingen: Vielfalt verbindet – 100. Offene Bühne	352
	8.3	Kooperation der Kompositions-AG Clara-Schumann-Gymnasium, Lahr, mit der Theater-AG des Max-Planck-Gymnasiums, Lahr: „Sterne in der Finsternis" – Theateraufführung über die Geschichte von Inge Auerbacher.	356
	8.4	New Yorker Kinderchor „PS22 Chorus".	363
9	**Besondere Highlights**		365

Inge Auerbacher, Bianca Christina Weber-Lewerenz, Roswitha Weber und Klaus Weber

	9.1	Rede Inge Auerbacher zum offiziellen Gedenken an den Holocaust vor den Vereinten Nationen (UN) in New York 2019	366
	9.2	Rede von Inge Auerbacher zum Tag des Gedenkens an die Opfer des Nationalsozialismus am 27. Januar 2022 vor dem Dt. Bundestag Berlin.	368
	9.3	Inge's 2-wöchige Deutschlandreise und Facharbeit an Schulen 2022.	373
	9.4	Redebeiträge zum Nationalen Gedenktag des Endes des Zweiten Weltkrieges, in Pirou, Normandie, Frankreich, am 8.Mai 2022	380
	9.4.1	Redebeitrag Roswitha Weber	381
	9.4.2	Redebeitrag Klaus Weber	382
10	**Erfahrung als Modell**		385

Roswitha Weber, Bianca Christina Weber-Lewerenz, Norbert Giovannini, Lena Senoner, Alexander Schoch, Johannes Fechner, Peter Weiß und Robert Krais

	10.1	Zusammenarbeit und Erfahrung als Modell	385
	10.1.1	Friedenslicht von Sarajewo	387
	10.2	Geschichte der „Erinnerungsarbeit" hin zur Erkenntnis „Erinnerungskultur im Alltag" – Lernfortschritte (Rolle der Lehrerin/des Lehrers).	388
	10.3	Impulsmöglichkeiten in der Rolle der Lehrerin/des Lehrers	391
	10.4	Umgang mit Zeitzeugen	393
	10.5	Umgang mit Geschichte: Denk-mal!	394
	10.6	Globale Sicht durch Netzwerk	396
	10.7	Besondere Herausforderungen	397
	10.8	Wirkung und Nachhaltigkeit	400

		10.8.1	Stimmen zum Engagement	402
			10.8.1.1 Grußwort zur Bedeutung der Erinnerungskultur und den Herausforderungen für die Politik	405
			10.8.1.2 Stimme zum Engagement	407
			10.8.1.3 Stimme zum Engagement	408
			10.8.1.4 Stimmen zum Engagement	411
		10.8.2	Erfahrung als Modell – Kindertagesstätten als Startrampe	413
11	**Forever present**			417

Bianca Christina Weber-Lewerenz

11.1 **Interaktives Zeitzeugnis von Inge Auerbacher in der Ausstellung „Frag nach!"** ... 417

12 **Der Sauerbraten** ... 425
Roswitha Weber

13 **Ausblick – allgemein und persönlich** ... 429
Roswitha Weber

14 **Schlussworte** ... 433
Inge Auerbacher, Roswitha Weber und Bianca Christina Weber-Lewerenz
   14.1 Schlusswort ... 433
   14.2 Schlusswort ... 435
   14.3 Schlusswort ... 437

15 **Danksagung** ... 439
Inge Auerbacher, Roswitha Weber und Bianca Christina Weber-Lewerenz

16 **Auf dem Weg zum Buch ...** ... 443
Inge Auerbacher, Roswitha Weber und Bianca Christina Weber-Lewerenz

Glossar ... 453

Literaturempfehlungen ... 467

Profile der Herausgeberinnen

Dr. hc. Inge Auerbacher New York City, USA * 31. Dezember 1934 in Kippenheim, Ortenau. Nach der Befreiung des Lagers durch die Rote Armee am 8. Mai 1945 kam die Familie zunächst in ein DP-Flüchtlingslager in Stuttgart und kehrte dann für kurze Zeit nach Göppingen zurück. Im Mai 1946 wanderte die Familie an Bord eines US- Truppentransportschiffs in die Vereinigten Staaten aus und ließ sich in New York nieder. 1953 wurde Auerbacher die US-amerikanische Staatsbürgerschaft zuerkannt. US-amerikanische Chemikerin (B.Sc. am Queens College, New York im Juni 1958) deutscher Herkunft. Ihre Erfahrungen als Überlebende des Holocaust verarbeitete sie in mehreren Büchern, die in verschiedene Sprachen übersetzt wurden.

Preisträgerin der Ellis Island Medal of Honor 1999, Verdienstorden der Bundesrepublik Deutschland, Verdienstorden des Landes Baden-Württemberg 2013, Ehrendoktortitel der Long Island University und der University of Sioux Falls (USA), Ehrenbürgerin der Stadt Göppingen und der Stadt Kippenheim. Der Senat von New York verlieh 2009 den Women of Distinction Award, Inge erhielt eine Proklamation vom Rat der Stadt New York. Das Department of Education würdigte mit dem Louis E. Yavner Citizen Award.

Autorin, Referentin. Mensch, Frau, Weltbürgerin, Menschenfreundin, Visionärin.

Roswitha Weber, Kenzingen, Deutschland *04. April 1952 in Müllheim, Baden. Pädagogin aus Leidenschaft, Grundschullehrerin i.R., Preisträgerin des Obermayer Awards 2023, Mitglied bei Widen the Circle, bei der Arbeitsgemeinschaft für Geschichte und Landeskunde in Kenzingen e.V., bei der AgGL Autorin und Lektorin des Jahrbuches DIE PFORTE, Mitglied Förderverein Grundschule an der Kleinen Elz Kenzingen, Alemannia Judaica, Zeitzeugen- und Erinnerungskulturarbeit. Mensch, Frau, kritische Katholikin, Deutsche Europäerin, Mutter dreier Töchter, Netzwerkerin.

Dr.-Ing. Dipl.-Ing.(FH) Bianca Christina Weber-Lewerenz Aichtal, Deutschland *07. April 1975 in Müllheim, Baden. Selbständige Bauingenieurin und freie wissenschaftliche Forscherin zum unternehmerisch verantwortungsvollen Umgang mit Digitalisierung und KI im Bauwesen, 2024 Promotion an der RWTH Aachen Universität. Gründerin der „Exzellenzinitiative für nachhaltige, menschgeführte KI im Bauwesen" (2020). Internationale Arbeitsstationen u.a. 2007-2014 Lebens- und Arbeitsmittelpunkt in Peking, China. Buchherausgeberin, Autorin, Referentin, Gutachterin für wissenschaftliche Publikationen. Engagiert sich als europäische Deutsche für Werte, Inklusion und Diversität, Respekt und Toleranz.

Kurzintro für SchnellLeserInnen (Deutsch/Englisch/Französisch)

Roswitha Weber und Bianca Christina Weber-Lewerenz

Mit einer umfassenden Dokumentation des Projektes über 30 Jahre, der Entstehung des Inge-Auerbacher-Tages, mit ausgewählten Materialien für den Unterricht zielt dieses Buch auf die nachhaltige Gestaltung der Anwendungsfelder in der Pflege einer zeitgemäßen, innovativen Ausrichtung der Erinnerungs- und Willkommenskultur und einer möglichst breitflächigen Wirkung. Das Buch schenkt Einblicke tief hinter die Kulissen eines Grundschulprojektes mit 6–10-Jährigen zur Zeitzeugenarbeit.

Möglich, und darauf sind die MacherInnen und Visionäre/Innen dieses Buches besonders stolz und dankbar, ist solch ein Projekt nur durch die Motivation, Stärkung und stets zugewandte Unterstützung von Multiplikatoren, Experten und Engagierten in einem sich ständig erweiternden Netzwerk.

So ist es möglich, Geschichte der „Erinnerungsarbeit" hin zur Erkenntnis „Erinnerungskultur im Alltag" mit den jeweiligen Lernfortschritten zu erfassen. Neue Möglichkeiten und Herausforderungen werden definiert. Der Umgang mit Zeitzeugen, mit Geschichte, mit der Übertragung in die Zukunft macht diese Erfahrung zu einem Modell. Von einem **Leuchtturmprojekt** kann man auch deshalb sprechen, weil diese Bildungsarbeit und Wissensvermittlung in vielfältige Formen der

---

R. Weber (✉)
Kenzingen, Deutschland

B. C. Weber-Lewerenz
Aichtal, Deutschland
E-Mail: bianca.christina@gmx.de

Geschichtsarchivierung- und Dokumentation in Pionierarbeit entstand und erweitert wurde in Theater, Musik, Kunst, das Komponieren neuer Musik- und Chorstücke dank anderer Personen eines wachsenden Netzwerkes.

Die Bedeutung und nachhaltige Wirkung der Obermayer Awards, verliehen durch die Obermayer Foundation in den USA, bekräftigt den internationalen Wirkungsgrad. Die globale Sicht, zu dem solch ein Projekt geradezu auffordert und das fachübergreifende Netzwerk ausmacht, ist insbesondere dem persönlichen Netzwerk bis Bagdad, Frankreich, USA, Israel geschuldet.

Das Buch dient als vertiefende Literaturquelle. Es dient als Erweiterung des Curriculums, als Lektüre für Lehrkräfte, die das Thema und Wissen in ihren Unterricht einbetten wollen. Es ist Roswitha, Inge, allen Mitwirkenden und Engagierten großes Anliegen, diese Gedanken und Ansätze in europäische Länder und rund um den Globus zu tragen. Dort, wo gleiche oder ähnliche Gedanken und Fragestellungen sind, wie, was ist Erinnerungskultur, wie gehe ich mit Zeitzeugen im Bildungsbereich um, wie bette ich dies in den Unterricht ein, ab welchem Alter ist das möglich und wie erreiche ich dabei Schüler und deren Familien, in denen Großeltern noch Kriegserfahrung in sich tragen und oft keine Worte dafür finden. Das Buch will deshalb Orientierung bieten, Bewusstsein bilden und helfen, das Thema zugänglich machen und in der Form „Schule als Lebensbegleiter" einbetten.

Von einer Erfahrung als Modell kann man deshalb sprechen, da diese auf dieser Primärstudie, diesem Projekt, vor wissenschaftlichem Hintergrund, aufbaut. Deshalb sei auf die dringend notwendige, zu vertiefende wissenschaftliche Forschung in diesem Feld sowie allen angrenzenden fachübergreifenden Bereichen hingewiesen.

Das Buch vereint biographische Ausschnitte sowohl der Zeitzeugin bzw. Holocaust-Überlebenden wie auch der Zweitzeugin. Diese zeigen, welche Einflüsse und Voraussetzungen den „Funken" des gemeinsamen Projektes ermöglichten. „Ich bin ein Stern" ist bis heute in der ganzen Region das meistgelesene Buch wurde.

So konnte sich das Projekt über die Eltern- und Öffentlichkeitsarbeit, Mentoring und Coaching, in der gesamten Region verbreiten. Dadurch entstand ein bis heute wachsendes internationales Netzwerk mit entscheidendem „Schub" durch die Begegnungen mit Widen the Circle, dem Netzwerk der Obermayer Stiftung.

Gemeinsam Visionen und konkrete „Versuchsprojekte" (greenfield) sind entstanden. Was schafft Empathie, später Zivilcourage und Handeln gegen Antisemitismus und andere Ressentiments? Was muss der Mensch in sich tragen, um Vielfalt zuzulassen und zu unterstützen?

1 Kurzintro für Schnell-LeserInnen (Deutsch/Englisch/Französisch)

Im Nachgehen und Beantworten solcher Fragestellungen liegt die Verantwortung aller. Es geht uns alle an, dafür tragen wir nach der Schoah besondere Verantwortung.

Das Buch bietet dazu ein Fundament und Kaleidoskop an Möglichkeiten und ad-hoc Aktivitäten für die Arbeit von LehrerInnen, ProfessorInnen und ehrenamtlich Engagierten. Direkte Zugriffe im Buch zu Büchern, Filmen, Theater- und Chor-Aufführungen und vertiefendes Wissen bieten die QR-Codes.

Aufgrund der Profile der dargestellten Persönlichkeiten und seiner europäischen und internationalen Ausrichtung bietet das Buch Kernzusammenfassungen in deutsch, englisch und französisch.

Short Intro for quick readers

With comprehensive documentation of the project over 30 years, the creation of the Inge Auerbacher Day, with selected materials for teaching, this book aims at the sustainable design of the fields of application in the cultivation of a contemporary, innovative orientation of the culture of remembrance and welcome and the broadest possible impact. The book provides insights deep behind the scenes of a primary school project with 6–10-year-olds on contemporary witness work.

Such a project is only possible, and the creators and visionaries of this book are particularly proud and grateful of this, through the motivation, strengthening and constant support of multipliers, experts and committed people in an ever-expanding network.

This makes it possible to capture the history of "remembrance work" through to the knowledge of "remembrance culture in everyday life" with the respective learning progress. New opportunities and challenges are defined. Dealing with contemporary witnesses, with history, with the transfer into the future makes this experience a model. One can also speak of a lighthouse project because this educational work and knowledge transfer in various forms of historical archiving and documentation was created in pioneering work and was expanded into theater, music, art, and the composing of new music and choral pieces thanks to other people in a growing network.

The significance and lasting impact of the Obermayer Awards, presented by the Obermayer Foundation in the USA, confirms the international impact. The global view that such a project encourages and that constitutes the interdisciplinary network is due in particular to the personal network to Baghdad, France, USA and Israel.

The book serves as an in-depth literature source. It serves as an extension of the curriculum, as reading material for teachers who want to embed the topic and knowledge into their lessons. It is very important to Roswitha, Inge, and all participants and committed people to bring these ideas and approaches to European countries and around the globe. Where there are the same or similar thoughts and questions, such as what is a culture of remembrance, how do I deal with contemporary witnesses in the educational sector, how do I embed this in lessons, at what age is this possible and how do I reach students and their families where grandparents still have war experience and often cannot find words for it. The book therefore aims to offer orientation, raise awareness and help, make the topic accessible and embed it in the form of "school as a life companion".

One can speak of an experience as a model because it is based on this primary study, this project, against a scientific background. We should therefore point out that there is an urgent need for in-depth scientific research in this field and all related interdisciplinary areas.

The book combines biographical excerpts from both the contemporary witness or Holocaust survivor and the second witness. These show which influences and conditions enabled the "spark" of the joint project. To date, "I am a star" is the most widely read book in the entire region.

This enabled the project to spread throughout the region through parent and public relations work, mentoring and coaching. This created an international network that is still growing today, with a decisive "boost" from encounters with Widen the Circle, the network of the Obermayer Foundation.

Visions and concrete "test projects" (greenfield) were created together. What creates empathy, later moral courage and action against anti-Semitism and other resentments? What does a person have to have within themselves to allow and support diversity?

It is everyone's responsibility to investigate and answer such questions. It concerns us all, and we have a special responsibility for it after the Shoah.

The book offers a foundation and kaleidoscope of possibilities and ad-hoc activities for the work of teachers, professors and volunteers. The QR codes offer direct access to books, films, theater and choir performances and in-depth knowledge.

Due to the profiles of the personalities portrayed and its European and international orientation, the book offers core summaries in German, English and French.

1 Kurzintro für Schnell-LeserInnen (Deutsch/Englisch/Französisch)

Brève introduction pour les lecteurs rapides

Avec une documentation complète du projet sur 30 ans, la création de la Journée Inge Auerbacher et du matériel pédagogique sélectionné, ce livre vise la conception durable des domaines d'application dans la culture d'une orientation contemporaine et innovante de la culture du souvenir et de l'accueil et l'impact le plus large possible. Le livre donne un aperçu des coulisses d'un projet d'école primaire avec des enfants de 6 à 10 ans sur le travail de témoignage contemporain.

Un tel projet n'est possible, et les créateurs et visionnaires de ce livre en sont particulièrement fiers et reconnaissants, que grâce à la motivation, au renforcement et au soutien constant de multiplicateurs, d'experts et de personnes engagées dans un réseau en constante expansion.

Cela permet de saisir l'histoire du « travail de mémoire » jusqu'à la connaissance de la « culture de la mémoire au quotidien » avec les progrès d'apprentissage correspondants. De nouvelles opportunités et défis sont définis. Aborder les témoins contemporains, l'histoire, le transfert vers le futur fait de cette expérience un modèle. On peut aussi parler d'un projet phare car ce travail éducatif et de transfert de connaissances dans diverses formes d'archivage et de documentation historiques a été créé dans un travail pionnier et s'est étendu au théâtre, à la musique, à l'art et à la composition de nouvelles musiques et pièces chorales grâce à d'autres personnes dans un réseau croissant.

L'importance et l'impact durable des Obermayer Awards, décernés par la Fondation Obermayer aux États-Unis, confirment leur impact international. La vision globale qu'un tel projet encourage et qui constitue le réseau interdisciplinaire est due notamment au réseau personnel à Bagdad, en France, aux USA et en Israël.

Le livre constitue une source documentaire approfondie. Il sert d'extension du programme, de matériel de lecture pour les enseignants qui souhaitent intégrer le sujet et les connaissances dans leurs cours. Il est très important pour Roswitha, Inge et tous les participants et personnes engagées de transmettre ces idées et approches aux pays européens et dans le monde entier. Là où il y a des pensées et des questions identiques ou similaires, comme par exemple qu'est-ce qu'une culture du souvenir, comment puis-je traiter les témoins contemporains dans le secteur éducatif, comment puis-je intégrer cela dans les cours, à quel âge est-ce possible et comment puis-je atteindre les élèves et leurs familles dont les grands-parents ont encore l'expérience de la guerre et ne trouvent souvent pas de mots pour l'exprimer. Le livre vise donc à orienter, sensibiliser et aider, à rendre le sujet accessible et à l'inscrire sous la forme de « l'école comme compagnon de vie ».

On peut parler d'une expérience comme d'un modèle parce qu'elle s'appuie sur cette étude primaire, ce projet, sur un fond scientifique. Il convient donc de souligner qu'il existe un besoin urgent de recherches scientifiques approfondies dans ce domaine et dans tous les domaines interdisciplinaires qui y sont liés.

Le livre combine des extraits biographiques du témoin contemporain ou survivant de l'Holocauste et du deuxième témoin. Ceux-ci montrent quelles influences et conditions ont permis « l'étincelle » du projet commun. À ce jour, « Je suis une star » est le livre le plus lu dans toute la région.

Cela a permis au projet de se propager dans toute la région grâce au travail de relations avec les parents et au public, au mentorat et au coaching. Cela a donné naissance à un réseau international qui s'agrandit encore aujourd'hui, avec un « élan » décisif grâce aux rencontres avec Widen the Circle, le réseau de la Fondation Obermayer.

Des visions et des « projets tests » concrets (greenfield) ont été créés ensemble. Qu'est-ce qui crée l'empathie, puis le courage moral et l'action contre l'antisémitisme et autres ressentiments ? Que doit avoir en soi une personne pour permettre et soutenir la diversité ?

Il est de la responsabilité de chacun d'enquêter et de répondre à ces questions. Cela nous concerne tous et nous avons une responsabilité particulière à cet égard après la Shoah.

Le livre offre une base et un kaléidoscope de possibilités et d'activités ad hoc pour le travail des enseignants, des professeurs et des bénévoles. Les codes QR offrent un accès direct à des livres, des films, des représentations de théâtre et de chorale et des connaissances approfondies.

En raison des profils des personnalités représentées et de son orientation européenne et internationale, l'ouvrage propose des résumés de base en allemand, anglais et français.

1.1 Inge-Auerbacher-Tag – Ein Projekt von 1993–2025

- Ein Klassenprojekt wird zu einem ganzheitlichen Schulprojekt mit Elternarbeit (2006) an der Grundschule an der Kleinen Elz Kenzingen (für 6–11-jährige)
  - Initiative für regionale, ökumenische ReligionslehrerInnen-Treffen
  - Entwicklung von und Erweiterung des regionalen, nationalen und internationalen Netzwerkes
  - Partnerschaft mit Frankreich

- Öffentliche Zusammenarbeit mit
  - Arbeitsgemeinschaft für Geschichte und Landeskunde in Kenzingen e. V. (AgGL)
  - Herausgeberin der „DIE PFORTE" in 2019 mit einem Sonderdruck zum Umgang mit Jüdischem Leben in Kenzingen
  - Coaching, Multiplikatorenarbeit
- Initiative zur Rede von Inge Auerbacher zum Holocaust-Gedenktag vor dem Deutschen Bundestag in Berlin 2022
  - Mit einer 2-wöchigen Deutschlandreise: Berlin-Kenzingen-Kippenheim-Göppingen
  - Inge wird mit der Ehrenbürgerschaft der Stadt Kippenheim und der Stadt Göppingen ausgezeichnet
  - Interviews mit Igal Avidan/SWR2 Radio: Die Juden in Kippenheim
- Initiatorin des ersten Multiplikatoren Netzwerktreffens
  - Gemeinsam mit Vertretern der Pädagogischen Hochschule Freiburg, Schulen der Region, Gedenkstätten und Politik
  - Wertschätzung von Inge's Lebenswerk
  - Impulse an die nächste Generation der Zeitzeugen- und Erinnerungsarbeit:
    - Die Rolle des Lehrers/der Lehrerin – Impulse zur Aktualisierung

Inge-Auerbacher-Day – A Project from 1993 to 2025
- A class project becomes a holistic school project with parent work (2006) at the elementary school at Kleine Elz Kenzingen (for 6–11 year olds)
  - Initiative for local, Ecumenical religious teachers meeting
  - Development and expansion of the regional, national and international network
  - Partnership with France
- Public Cooperation with
  - Arbeitsgemeinschaft für Geschichte und Landeskunde in Kenzingen e. V. (AgGL)
  - Editors of „DIE PFORTE" in 2019 with a special print edition about dealing with Jewish Life in Kenzingen
  - Coaching, Multiplicator Networking

- Initiative for the speech of Inge Auerbacher at the Holocaust Rememberance Day in front of the German Bundestag in Berlin 2022
  - With a 2-week journey through Germany: Berlin-Kenzingen-Kippenheim-Göppingen
  - Inge is awarded honorary citizenship of the city of Kippenheim and the city of Göppingen
  - Interviews with Igal Avidan / SWR2 Radio: The Jews in Kippenheim
- Initiator of the first Multiplicator Networking Meeting
  - Together with representatives of the Freiburg University of Education, schools in the region, memorial sites and politics
  - Appreciation of Inge's life's work
  - Impulses for the next generation of contemporary witness and remembrance work:
    - The Role of the teacher – Impulses for updating

Journée Inge Auerbacher – Un projet de 1993 à 2025
- Un projet de classe devient un projet scolaire global avec le travail des parents (2006) à l'école primaire de Kleine Elz Kenzingen (pour les 6 à 11 ans)
  - Initiative pour des réunions régionales et œcuméniques de professeurs de religion
  - Développement et expansion du réseau régional, national et international
  - Partenariat avec la France
- Cooperation publique avec
  - Arbeitsgemeinschaft für Geschichte und Landeskunde in Kenzingen e. V. (AgGL)
  - Rédacteur en chef de « DIE PFORTE » en 2019 avec une edition spéciale sur la vie juive à Kenzingen
  - Coaching, Travail multiplicateur
- Initiative pour le discours d'Inge Auerbacher à l'occasion de la Journée de commémoration de l'Holocauste devant le Bundestag allemand à Berlin 2022
  - Avec un voyage de 2 semaines en Allemagne: Berlin-Kenzingen-Kippenheim-Göppingen
  - Inge reçoit la citoyenneté d'honneur de la ville de Kippenheim et de la ville de Göppingen
  - Interviews avec Igal Avidan / SWR2 Radio: Les Juifs à Kippenheim

- Initiateur de la première réunion multiplicatrice
  - En collaboration avec des représentants de la Haute école pédagogique de Fribourg, des écoles de la région, des lieux de mémoire et de la politique
  - Appréciation du travail de toute une vie d'Inge
  - Impulsions pour la prochaine génération de travaux contemporains de témoignage et de mémoire:
    - Le rôle de l'enseignant – impulsions pour la mise à jour

1.2 Projektflyer: „Der jährliche Inge-Auerbacher-Tag der Grundschule an der Kleinen Elz Kenzingen. Schritt für Schritt in eine Zukunft – miteinander."

(Abb. 1.1 und 1.2)

Project flyer: "The annual Inge Auerbacher Day at the elementary school at Kleine Elz Kenzingen. Step by step into a future – together." Page 1 and page 2. (Source: Roswitha Weber)
(Figs. 1.3 und 1.4)
  (Figs. 1.5 und 1.6)

Der jährliche	Verankerung im Schulprofil (D, Rel, Mensch Natur und Kultur, Sp, Mus, F, BK)
INGE AUERBACHER - Tag (seit 2006)	
an der Grundschule an der Kleinen Elz Kenzingen	- Haus des Lernens
Balgerstr.4, 79341 Kenzingen	- Regeln, Goldene Regel
	- Streitschlichtung, Pausenengel
Homepage:	- Sozial- und Arbeitsformen
www.gs-kenzingen.em.schule-bw.de	- Steuergruppe (z.B. Fachschaft ev.k.Rel)
	- Basiswissen über Religionen sollte zum Allgemeinwissen zählen

Blick in die Vergangenheit

Miteinander

„Der jährliche Inge- Auerbacher- Tag der Grundschule an der Kleinen Elz Kenzingen"
Fächerübergreifendes Projekt
zur Toleranz- und Friedenserziehung im
Grundschulalter (Beginn 1993)
(Stand 05/2024)

Kooperationen / Partner / Netzwerk	Der Erzählkoffer
- Eltern, versch. Generationen	- Präsentationsmittel in Vorbereitung von Inge-Auerbacher-Tag, Unterricht, Schulfest, Projektarbeit und Öffentlichkeitsarbeit
- Örtliche Arbeitsgemeinschaft für Geschichte und Landeskunde in Kenzingen e. V. (AgGL)	
- DIA (Deutsch-Israelischer AK), LpB Landeszentrale für polit. Bildung	- History Telling
- Örtliche Buchhandlung	- Hörstation
- Zeitzeugen und Angehörige	- Entsprechende Klassenlektüre
- Stadtverwaltung/Bürgermeister	- Besuche authentischer Orte
- Verein „Nazi-Terror gegen Kinder und Jugendliche"	- Kindgerechte Stadtführung
- Jüdisches Museum Emmendingen	
- Authentische Orte	
- Förderverein der GS	
- Blaues Haus Breisach	
- Verein Ehem. Synagoge Kippenheim	
- Widen the Circle	

Abb. 1.1 und 1.2 Projektflyer „Der jährliche Inge-Auerbacher-Tag der Grundschule an der Kleinen Elz Kenzingen. Schritt für Schritt in eine Zukunft – miteinander." Seite 1 und Seite 2. (Quelle: Roswitha Weber)

1 Kurzintro für Schnell-LeserInnen (Deutsch/Englisch/Französisch)

Kontaktpflege

- der Zeitzeugen und der nächsten Generationen (Mails, Tel, Besuche)
- durch Interviews, Bilder, Erinnerungsstücke, Dokumentationen, Publikationen
- durch Gastlichkeit und gemeinsames Erleben

Schulhausgestaltung

- Haus des Lernens
- W I R – Pädagogik
- Inge-Auerbacher-Infowand
- Soziales Miteinander wird zusätzlich optisch „spürbar", Willkommen, Regeln
- Organigramm und Verhalten
- Film (Evaluation) z. B. Diashow

Schritt für Schritt in eine Zukunft – miteinander

Roswitha Weber, Lehrerin i.R., Initiatorin

Schritte in die Zukunft

Miteinander

Öffentlichkeitsarbeit – Ausstrahlung

- 1-2 KollegInnen verpflichtet, aber gesamtes Kollegium mit Basiswissen
- Elterninfos (einbeziehen)
- Projekttage (Europa, Welt-Religionen etc.), Schulfeste
- Entspr. Buchangebote
- Schaufenstergestaltung
- Ausstellungen
- Jahrbuch der Schule
- Publikationen wie DIE PFORTE
- Berichterstattung, Homepage Grundschule
- Flyer
- Pressearbeit
- Sichtbarmachen „Schule"

Daueraufgabe für das Kollegium

- Coaching neuer KollegInnen
- Fortbildungen müssen verpflichtend sein! (z.B. mind. 2 KollegInnen)
- Weitergabe von Infos am Jour Fix
- Referendare einbeziehen
- Kontakt mit Pädagogischer Hochschule und Gedächtnisstätten
- Informiert sein über gesellschaftliche Themen, damit man auch politischen Diskussionen begegnen kann (z.B. mit Eltern)

Abb. 1.1 und 1.2 (Fortsetzung)

The yearly **INGE AUERBACHER - Day (since 2006)** At the elementary school Kleinen Elz Kenzingen Balgerstr.4, 79341 Kenzingen Homepage: www.gs-kenzingen.em.schule-bw.de	**Anchoring in the school profile (German, Religion, Human Nature and Culture, Sport, Music, French, Arts)** - House of Learning - Rules, Golden Rule - Dispute resolution, Break Angel - Social and work forms - Steering group (e.g. Council for Protestant Catholic religion) - Basic knowledge about religions should be part of general knowledge

Look into the past  Together	**„The annual Inge Auerbacher Day the elementary school at Kleine Elz Kenzingen"** **Interdisciplinary project** **on tolerance and peace education in primary school age (Start 1993)** (Status 05/2024)

Cooperations / Partners / Networks - Parents, diverse Generations - Local Arbeitsgemeinschaft für Geschichte und Landeskunde in Kenzingen e. V. (AgGL) - DIA (German-Israel Working group), LpB State Center for Political Education - Local Bookstore - Contemporary witnesses and relatives - City administration/mayor - Association "Nazi Terror against Children and Young People" - Jewish Museum Emmendingen - Authentic Locations - Primary school support association - Blaues Haus Breisach - Former Association synagogue Kippenheim - Widen the Circle	**The Narrative Suitcase** - Presentation materials in preparation for Inge Auerbacher Day, lessons, school festivals, project work and public relations - History Telling - Listening Station - Appropriate class reading - Visiting authentic Locations - Child-friendly city tour

Figs. 1.3 und 1.4 Project flyer page 1 and page 2. (Source: Roswitha Weber)

1 Kurzintro für Schnell-LeserInnen (Deutsch/Englisch/Französisch)

Maintaining Contacts

- With contemporary witnesses and future generations (emails, telephone calls, visits)
- by Interviews, Photos, Memorabilia, Documentation, Publications
- by Hospitality and shared experience

Schoolhouse design

- House of Learning
- W E – Pedagogy
- Inge-Auerbacher-Information wall
- Social interaction becomes visually "noticeable", welcome, rule
- Organigram and Behavior
- Film (Evaluation) e.g. slideshow

Step by step into a future – together

Roswitha Weber, Retired Teacher, Initiator

Steps into the future

Together

Public relations – Setting signals

- 1-2 colleagues committed, but the entire staff with basic knowledge
- Information to parents (Inclusion)
- Project days (Europe, World-Religions), School celebrations
- Corresponding Book deals
- Shop window design
- Exhibitions
- School Year book
- Publications e.g. DIE PFORTE
- Reporting, primary school homepage
- Flyer
- Media work
- Making "school" visible

Permanent task for the college team

- Coaching new colleges
- Further training must be mandatory! (e.g. at least 2 colleagues)
- Transfer Information at Jour Fix
- Involve trainees
- Contact with teacher training colleges and memorial sites
- Be informed about social issues so that you can also engage in political discussions (e.g. with parents)

Figs. 1.3 und 1.4 (Fortsetzung)

L'annuel **INGE AUERBACHER - Journée (depuis 2006)** **à l'école primaire de Kleine Elz Kenzingen** *Balgerstr.4, 79341 Kenzingen* Site Internet: *www.gs-kenzingen.em.schule-bw.de*	Ancrage dans le profil de l'école (Allemand, Réligion, Humain Nature et Culture, Sport, Musique, Francais, Art) <ul><li>Maison de l'apprentissage</li><li>Règles, règle d'or</li><li>Résolution des litiges, break angel</li><li>Formes sociales et de travail</li><li>Groupe de pilotage (par exemple conseil étudiant pour la religion protestante et catholique)</li><li>Les connaissances de base sur les religions doivent faire partie des connaissances générales</li></ul>

Regardez dans le passé  Ensemble	«La Journée annuelle Inge Auerbacher l'école primaire de Kleine Elz Kenzingen" Projet interdisciplinaire sur l'éducation à la tolérance et à la paix à l'âge de l'école primaire (lancé en 1993) (Status 05/2024)

Cooperations / Partenariats / Réseaux <ul><li>Parents, Générations diverses</li><li>Locale: Arbeitsgemeinschaft für Geschichte und Landeskunde in Kenzingen e. V. (AgGL)</li><li>DIA (Groupe de travail germano-israélien), LpB Centre d'État pour l'éducation politique</li><li>Librairie locale</li><li>Témoins et proches contemporains</li><li>Administration municipale/Maire</li><li>Association « Terreur nazie contre les enfants et les jeunes »</li><li>Musée Juif Emmendingen</li><li>Lieux authentiques</li><li>Association de soutien à l'école primaire</li><li>Blaues Haus Breisach</li><li>Association Ancienne synagogue Kippenheim</li><li>Widen the Circle</li></ul>	La valise narrative <ul><li>Matériel de présentation en préparation pour la journée Inge Auerbacher, les cours, les festivals scolaires, le travail de projet et les relations publiques</li><li>History Telling</li><li>Poste d'écoute</li><li>Lecture appropriée en classe</li><li>Visites de lieux authentiques</li><li>Visite de la ville adaptée aux enfants</li></ul>

Figs. 1.5 und 1.6 Dépliant du projet : « La Journée annuelle Inge Auerbacher à l'école primaire Kleine Elz de Kenzingen. Pas à pas vers l'avenir – ensemble. »Dépliant du projet page 1 et page 2. (Source: Roswitha Weber)

1 Kurzintro für Schnell-LeserInnen (Deutsch/Englisch/Französisch)

Maintenir les contacts

- avec les témoins contemporains et les prochaines générations (mails, appels téléphoniques, visites)
- par des Interviews, Photos, Souvenirs, documentation, publications
- par l'hospitalité et les expériences partagées

Conception d'une école

- Maison de l'apprentissage
- NOUS – Pédagogie
- Inge-Auerbacher- Mur d'information
- L'interaction sociale devient visuellement « remarquable », bienvenue, règles
- Organigramme et comportement
- Film (Evaluation) par example Diaporama

Pas à pas vers un futur – Ensemble

Roswitha Weber, Enseignante retraitée, initiateur

Pas à pas ver un futur

Ensemble

Relations publiques – impact externe

- 1-2 collègues engagés, mais l'ensemble du personnel ayant des connaissances de base
- Informations sur les parents (Inclusion)
- Journées projets (Europe, religions du monde, etc.), fêtes scolaires
- Correspondant Offres de livres
- Conception de vitrines
- Expositions
- Annuaire scolaire
- Publication comme DIE PFORTE
- Reporting, page d'accueil de l'école primaire
- Flyer
- Travail de presse et Média
- Rendre visible « l'école »

Tâche permanente pour le team des collègues

- Coaching de nouveaux collègues
- La formation continue doit être obligatoire ! (par exemple au moins 2 collègues)
- Transmission d'informations sur Jour Fix
- Impliquer les stagiaires
- Contact avec les écoles normales et les lieux de mémoire
- Être informé des questions sociales afin de pouvoir également participer à des discussions politiques (par exemple avec les parents)

Figs. 1.5 und 1.6 (Fortsetzung)

1.3 Kurzdoku: Fächerübergreifendes Projekt zur Friedenserziehung (1993–2025) initiiert von Roswitha Weber, Lehrerin i. R. an der Grundschule an der Kleinen Elz Kenzingen

Als junge Lehrerin der Grundschule an der Kleinen Elz Kenzingen (GS) lernte ich 1992 das Buch „Ich bin ein Stern" von Inge Auerbacher kennen – und etwas später auch die Autorin persönlich selbst.

Mit ihr als Zeitzeugin entstand mein Klassenlehrerprojekt zur Toleranzerziehung. Daraus wurde ein Schulprojekt, der jährliche „Inge-Auerbacher-Tag" ab 2006. Ab 1998 orientierten wir unser Schulprofil völlig an der Maxime einer fächerübergreifenden Erziehung zu Toleranz und Respekt (siehe mein 2020 entwickelter Flyer im „Die PRORTE" - Sonderdruck S. 19/20 als Modell für andere Grundschulen).

Das Alleinstellungsmerkmal des Projektes ist

- die Behandlung der Thematik Holocaust/Erziehung zu Toleranz, Respekt und Frieden für die Altersstufe 6–10 ab 1993!
- Fächerübergreifend. Lange vor der Verankerung im Bildungsplan 2004.
- Ich baute ein regionales Netzwerk auf (Religions-Lehrertreff, gemeinsame Unterrichtspläne),
- Vernetzung mit Eltern und Stadt im Haus des Lernens.

Der Glücksfall „Inge Auerbacher" als Zeitzeugin zu haben:

Nach meiner persönlichen Einschätzung trug (v. a. in den Jahren 1998 bis heute) Inges weltweite Friedensarbeit – in ihrer besonders offenen Art, auch kindgerechten Sprache, ihre pädagogischen Fähigkeiten, ihre große Energie dazu bei, dass man die Erinnerungskultur des nur – Erinnerns weiterentwickeln konnte zu Erinnern-Verantwortung übernehmen – erweitern zur Willkommenskultur in die Zukunft.

Für mich muss Erinnerungskultur dauernd „geschehen" – im Unterricht wie in der elterlichen Erziehung – wie an der Bushaltestelle.

LehrerInnen haben besondere Verantwortung für das Thema, eine neue Rolle und Chance. Und viel Arbeit.

Weil sie viel Arbeit insgesamt haben, sollten 1 bis 2 Kollegen für das Thema Führung übernehmen. Unterstützt werden könnten sie dabei regional von der PH und Gedächtnisstätten.

Deshalb erprobte ich immer regionale Strukturen (siehe Multiplikatoren Netzwerktreffen am 01.02.2022).

Inge war seitdem 10-mal an der GS zu Gast, zuletzt 2022.

Inzwischen durfte ich auf Einladung zum Obermayer-Forum vom 25. bis 27.01.2020 in Berlin das Projekt vor deren Netzwerk vorstellen, bin seither Mitglied bei Widen the Circle und wurde von Inge Auerbacher, von Robert Krais/

Ehrenvorsitzender Deutsch Israelischer Arbeitskreis Südlicher Oberrhein (DIA) u. a. zum Obermayer Award 2021 nominiert und erhielt den Preis 2023. Seit 2015 i. R., unterstütze ich im Projekt weiterhin meine ehemalige Schule und bin in deren Förderverein; außerdem seit 2016 Schriftleiterin der Buchreihe Die Pforte, hrsg. von der Arbeitsgemeinschaft für Geschichte und Landeskunde in Kenzingen e. V.

Ich kenne Inge inzwischen recht gut und sie nannte mir auf Nachfrage, was ihr großer Lebenswunsch sei: „Einmal im Deutschen Bundestag reden zu dürfen, so wie vor der UNO am 27.01.2019 – als letztes jüdisches Kind in Süddeutschland geboren, Theresienstadt überlebt." Diesem Wunsch wollen mein Mann Klaus Weber und ich nachkommen! Es ist uns eine große Ehre, dass diese Initiative dank des Bundestagsabgeordneten Peter Weiß nun erfolgreich war.

Inge, die weltweit unermüdlich als Friedensbotschafterin vorwiegend zu Schülern/Jugendlichen spricht – weil sie auch eine hervorragende Pädagogin für die Altersstufe 6–12 Jahre ist – kann sich jeder Situation gut anpassen. Sie spricht gerne Inhalte etc./Schwerpunkte der Veranstaltung mit deren Organisatoren ab und ihre große Gabe besteht darin, dass jegliche Rede dem Ziel der Integration dient, der Völkerverbindung und dem Blick in die Zukunft. Sie ist PC-technisch recht versiert und auf persönliche Nachfrage sicher gerne bereit für eine Videokonferenz oder podcast von New York aus. Dort lebt sie in dem Stadtviertel Jamaica mit Menschen verschiedenster Religionszugehörigkeiten Tür an Tür zusammen und nicht nach strengen jüdischen Regeln. Sie hat viel zu sagen zur Lage unserer Gesellschaft und was sie unter aktueller Erinnerungskultur versteht. Sie wünscht jedem Kind, „aufzuwachsen ohne Hass und Hunger, in Frieden, egal welche Hautfarbe und Religion."

Short documentary: Interdisciplinary project on peace education (1993 – 2025) initiated by Roswitha Weber, retired teacher at the elementary school at Kleine Elz Kenzingen

As a young primary school teacher at Kleine Elz Kenzingen (GS), I got to know the book "I am a star" by Inge Auerbacher in 1992 – and a little later also the author herself.

With her as a contemporary witness, my class teacher project on tolerance education was born. This became a school project, the annual "Inge Auerbacher Day" starting in 2006. From 1998 onwards, we based our school profile entirely on the maxim of interdisciplinary education on tolerance and respect (Reference is made to my flyer, developed in 2020 as a special edition for the book „Die PFORTE", p. 19/20 as a model for other primary schools).

The unique selling point of the project is

- the treatment of the topic of the Holocaust/education on tolerance, respect and peace for ages 6 – 10 from 1993!
- Interdisciplinary. Long before it was anchored in the 2004 education plan.

- I built a regional network (religious teachers' meeting, joint lesson plans,
- Networking with parents and the city in the House of Learning.

The stroke of luck to have "Inge Auerbacher" as a contemporary witness:

In my personal opinion, Inge's worldwide peace work (especially between 1998 and the present day) – in her particularly open style, including child-friendly language, her pedagogical skills, her great energy – contributed to the fact that the culture of remembrance was only able to be further developed – to take on the responsibility of remembering – to expand the culture of welcome into the future.

For me, the culture of remembrance has to "happen" all the time – in lessons and in parental education – like at the bus stop.

Teachers have special responsibility for the topic, a new role and opportunity. And a lot of work.

Because they have a lot of work to do overall, 1 or 2 colleagues should be responsible for leadership. They could receive regional support from the PH and memorial sites.

That's why I always tried out regional structures (see multiplier meeting on February 1st, 2022).

Since then, Inge has been a guest at the GS 10 times, most recently in 2022.

In the meantime, I was invited to the Obermayer Forum from January 25th to 27th, 2020 in Berlin and was able to present the project to their network. Since then, I have been a member of Widen the Circle and was nominated for the Obermayer Award 2021 by Inge Auerbacher, Robert Krais/Honorary Chairman of the German Israeli Working Group Southern Upper Rhine (DIA), among others, and received the 2023 prize.

Since 2015, I have continued to support my former school in the project and am a member of its support association; also since 2016 editor of the book series Die Pforte, ed. from the Working Group for History and Regional Studies in Kenzingen e.V.

I know Inge quite well now and when asked, she told me what her greatest wish in life was: "To be able to speak in the German Bundestag one day, like in front of the UN on January 27th, 2019 – being the last Jewish child born in southern Germany, surviving Theresienstadt." My husband Klaus Weber and I want to fulfill this wish! It is a great honor for us that this initiative has now been successful thanks to Bundestag member Peter Weiß.

Inge, who tirelessly speaks worldwide as a peace ambassador, primarily to students/young people – because she is also an excellent teacher for ages 6 – 12 – can adapt well to any situation. She likes to discuss the content, etc./focus of the event with the organizers and her great gift is that every speech serves the goal of integration, connecting people and looking into the future. She is quite experienced with PC technology and would be happy to do a video conference or podcast from New York if asked personally. There she lives next door to people of various religious affiliations in the Jamaica district and not according to strict Jewish rules. She has a lot to say about the situation in our society and what she understands by current culture of remembrance. She wishes every child "to grow up without hate and hunger, in peace, regardless of skin color or religion."

Court documentaire : Projet interdisciplinaire sur l'éducation à la paix (1993 – 2025) initié par Roswitha Weber, enseignante à la retraite. à l'école primaire de Kleine Elz Kenzingen
En tant que jeune institutrice à la Kleine Elz Kenzingen (GS), j'ai découvert le livre « Je suis une star » d'Inge Auerbacher en 1992 – et un peu plus tard aussi l'auteur elle-même.

Avec elle comme témoin contemporain, mon projet de professeur sur l'éducation à la tolérance est né. C'est devenu un projet scolaire, la « Journée Inge Auerbacher » annuelle à partir de 2006. À partir de 1998, nous avons entièrement basé notre profil scolaire sur la maxime de l'éducation interdisciplinaire sur la tolérance et le respect (voir mon dépliant élaboré en 2020 dans le tirage spécial dans le livre „Die PFORTE" p. 19/20 comme modèle pour d'autres écoles primaires).

L'argument de vente unique du projet est

- le traitement du thème de l'Holocauste/éducation à la tolérance, au respect et à la paix pour les 6 – 10 ans à partir de 1993 !
- Interdisciplinaire. Bien avant qu'il ne soit ancré dans le plan d'éducation de 2004.
- J'ai construit un réseau régional (réunion des professeurs de religion, plans de cours communs,
- Mise en réseau avec les parents et la ville dans la Maison d`Apprentisage.

Le coup de chance d'avoir « Inge Auerbacher » comme témoin contemporain :
À mon avis, le travail de paix d'Inge dans le monde entier (surtout entre 1998 et aujourd'hui) – dans son style particulièrement ouvert, y compris son langage adapté aux enfants, ses compétences pédagogiques, sa grande énergie – a contribué au fait que la culture de la mémoire n'a pu que se développer davantage – pour assumer la responsabilité de se souvenir – pour élargir la culture de l'accueil dans l'avenir.

Pour moi, la culture du souvenir doit « se produire » à tout moment – dans les cours et dans l'éducation parentale – comme à l'arrêt de bus.

Les enseignants ont une responsabilité particulière sur le sujet, un nouveau rôle et une nouvelle opportunité. Et beaucoup de travail.

Parce qu'ils ont globalement beaucoup de travail à faire, 1 ou 2 collègues devraient être responsables du leadership. Ils pourraient bénéficier d'un soutien régional de la part des PH et des lieux de mémoire.

C'est pourquoi j'ai toujours essayé les structures régionales (voir réunion multiplicatrice le 1er février 2022).

Depuis, Inge a été invitée au GS 10 fois, la dernière fois en 2022.

Entre-temps, j'ai été invité au Forum Obermayer du 25 au 27 janvier 2020 à Berlin et j'ai pu présenter le projet à leur réseau. Depuis, je suis membre de Widen the Circle et j'ai été nominé pour l'Obermayer Award 2021 par Inge Auerbacher, Robert Krais/président honoraire du groupe de travail germano-israélien Rhin supérieur sud (DIA), entre autres, et j'ai reçu le prix 2023.

Depuis 2015, je continue à soutenir mon ancienne école dans le projet et suis membre de son association de soutien ; également depuis 2016 éditeur de la série de livres Die Pforte, éd. du groupe de travail pour l'histoire et les études régionales de Kenzingen e.V.

Je connais assez bien Inge maintenant et lorsqu'on lui a demandé, elle m'a dit quel était son plus grand souhait dans la vie : « Pouvoir un jour parler au Bundestag allemand, comme devant l'ONU le 27 janvier 2019 – être le dernier enfant juif né dans le sud de l'Allemagne, survivant à Theresienstadt. » Mon mari Klaus Weber et moi voulons réaliser ce souhait ! C'est un grand honneur pour nous que cette initiative soit désormais couronnée de succès grâce au député du Bundestag Peter Weiß.

Inge, qui s'exprime inlassablement dans le monde entier en tant qu'ambassadrice de la paix, principalement auprès des étudiants et des jeunes – car elle est également une excellente enseignante pour les 6 à 12 ans – peut s'adapter à toutes les situations. Elle aime discuter du contenu, etc./de l'objectif de l'événement avec les organisateurs et son grand don est que chaque discours sert l'objectif d'intégration, de connexion des peuples et de vision vers l'avenir. Elle est assez expérimentée avec la technologie PC et serait heureuse de faire une vidéoconférence ou un podcast depuis New York si on lui le demandait personnellement. Là, elle vit à côté de personnes de diverses confessions religieuses dans le quartier de Jamaïque et non selon les règles juives strictes. Elle a beaucoup à dire sur la situation de notre société et sur ce qu'elle entend par culture actuelle du souvenir. Elle souhaite que chaque enfant « grandisse sans haine ni faim, en paix, quelle que soit la couleur de sa peau ou sa religion ».

Internetadressen zur Vertiefung / Internet addresses for further information / Adresses Internet pour plus d'informations:

www.alemannia-judaica.de
www.alemannia-judaica.de/Kenzingen_juedgeschichte.htm
www.kleine-elz-grundschule.de
www.kenzingen.de/stadtleben/schulen/grundschule-an-der-kleinen-elz-kenzingen-id_280/
www.aggl-kenzingen.org (reference is made to the E-book)

Einführung

2

Inge Auerbacher, Roswitha Weber und Bianca Christina Weber-Lewerenz

Dies ist kein Buch unter Büchern, das man eben mal so schnell zur Entspannung liest.

Es wurde ein Fachbuch mit biografischen Teilen, die ganz unterschiedliche Perspektivwechsel zwischen Zeitgeschichte, Erlebtem und der Gestaltung des HIER und JETZT erlauben. Im Sinne von Gedenken – Lernen – Handeln werden Erinnerungen für HEUTE und MORGEN geschaffen, mit denen eine Vermittlung des Themas Erinnerungs- und Willkommenskultur in Grundschulen gelingen kann.

Das Buch bindet eine Projektdokumentation mit Anhang aus ausgewählten Materialien und einer umfassenden Evaluation der Projekterfahrungen ein. Grußwort- und Gastbeiträge von Aktiven im Netzwerk der Herausgeberinnen unterstützen und weiten das Anliegen des Buches aus.

Es spiegelt Visionen, Impulse und Rahmenbedingungen, Schwierigkeiten und Erfolge des Projektes „Inge-Auerbacher-Tag" an der Grundschule an der Kleinen Elz Kenzingen. Es stellt an praktischen Beispielen den Umgang mit bzw. die Wirkung auf Eltern, Stadt, Region und deren gesellschaftlichen Gestaltern dar. Es zeigt die Facettenvielfalt der Erinnerungskultur und vor allem, dass diese im Alltag geschieht, an vielen unscheinbaren Orten und in vielerlei Situationen. Beiträge

---

I. Auerbacher (✉)
New York, USA

R. Weber
Kenzingen, Deutschland

B. C. Weber-Lewerenz
Aichtal, Deutschland
E-Mail: bianca.christina@gmx.de

verschiedener Persönlichkeiten, LehrerInnen und VertreterInnen der Fachwelt, Eltern, ehemalige SchülerInnen erweitern den Blickwinkel auf Probleme und Chancen.

Das in Ihren Händen liegende Buch lässt sich als wissenschaftlicher Teil von Geschichte & Oral History zuordnen. Durch seinen modernen Ansatz, Geschichte und Kulturgut neu und digital zu denken, seine Breite und Tragweite tut sich eine Nische mit der Aufbereitung eines solchen Themenfeldes auf und verbindet sie mit den sozial-gesellschaftlichen Herausforderungen: von der Herangehensweise, über den definierten Bildungsansatz, unter Berücksichtigung und – wo notwendig – neu zu schaffenden Rahmenbedingungen, mit der erforderlichen Grundlagenarbeit, die nur in einem breit aufgestellten, fachlich versierten Netzwerk gelingt und dabei Nachhaltigkeit im Bildungswesen schafft, die 17 Nachhaltigkeitsziele der UN (SDGs) erfüllt sowie die ESG-Kriterien berücksichtigt.

Das Buch soll zeigen, dass wirklich Jede/r ein/e BotschafterIn für Respekt und Frieden sein kann oder – wie Inge zu den Kindern sagt: *„Ihr seid alle Sterne und könnt leuchten, z. B. durch ein Lächeln, oder die Hand reichen. Ihr könnt es selbst entscheiden."* Wir fragen uns: Wie konnte der Holocaust geschehen? Das Thema betrifft jeden Menschen und es beherrscht unsere gesellschaftliche Diskussion in hohem Maße, weil es die Basis für das Gelingen und den Erhalt unserer Demokratie bildet. Man sucht Ansätze und nach neuen Wegen, die zu dieser Kreuzung führen und man hat zum Glück nach Jahren des Schweigens, Zögerns und Suchens nach pädagogischen Lösungen festgestellt – und dazu trug dieses Projekt bei – dass die Begegnung mit Werten, mit Empathie, mit der Basis von Kompetenzen und selbständigen Entscheidungen bzw. Handeln im Sinne von Zivilcourage in einem demokratischen Rahmen im Kindesalter beginnen muss. Hier werden die Weichen und Voraussetzungen gelegt.

Das Buch schenkt Einblicke tief hinter die Kulissen eines Grundschulprojektes mit 6–10-Jährigen zur Zeitzeugenarbeit, um gezielt den Wirkungen des bisherigen Erarbeiteten und Umsetzens auf die Spur zu gehen. Dazu werden konkrete Ansätze und Strategien für grundschulgerechte Erinnerungskultur- und Zeitzeugenarbeit – unter Einbindung des familiären Umfeldes jedes/r Schülers/in – angeboten. Mit einer umfassenden Dokumentation, zeitgemäßen Schulungsunterlagen für Unterricht und akademische Bildung zielt dieses Buch auf die nachhaltige Gestaltung der Anwendungsfelder in Erinnerungs- und Zeitzeugenarbeit und einer möglichst breitflächigen Wirkung.

Möglich, und darauf sind die Herausgeberinnen dieses Buches besonders dankbar und stolz, ist solch ein Projekt nur durch die Motivation, die Stärkung und stets zugewandte Unterstützung von Multiplikatoren, Experten und Engagierten in einem sich ständig erweiternden Netzwerk.

So ist es möglich, Geschichte der „Erinnerungs**kultur**" hin zur Erkenntnis „Erinnerungsarbeit im Alltag" mit den jeweiligen Lernfortschritten zu erfassen. Neue Möglichkeiten und Herausforderungen – insbesondere mengenmäßig – werden definiert und es kristallisiert sich einmal mehr heraus, ein Gefühl und ein Verständnis davon zu bekommen, was eine Person in einem bestimmten Berufs- und Wirkungsfeld, wie zum Beispiel Schule, in nunmehr 30 Jahren nachhaltig verankern kann. Der Umgang mit Zeitzeugen, mit Geschichte, mit der Übertragung in die Zukunft macht diese Erfahrung zu einem einmaligen Modell. Von einem Leuchtturmprojekt kann man auch deshalb sprechen, weil diese Bildungsarbeit in vielfältige Formen der Geschichtsarchivierung- und -dokumentation, Theater, Musik, Kunst, des Komponierens neuer Musik- und Chorstücke überführt wurden und weitere Felder als Teil dieser erstmals ganzheitlichen thematischen Bearbeitung – und mithilfe eines wachsenden Netzwerkes an Experten und Multiplikatoren – und mit dem Ziel der gesellschaftlichen, inklusiven Teilhabe kontinuierlich ausgebaut werden. Die Nutzung verschiedener Medien (Digital, KI, Metaverse, Virtual Reality), Plattformen (Kunst, Musik, Theater, Film, Museumspädagogik, Politik, Wissenschaft) und interdisziplinärer Schnittstellenarbeit (Fachbereiche, alle gesellschaftlichen und politischen Fachebenen) ist nicht nur Ermöglicher sondern ein Guide, der Orientierung im Umgang mit Zeitzeugen und Erinnerungsarbeit ganz konkret und am praktischen Beispiel bietet.

Weil der Themenkomplex in alle Lebensbereiche hineinreicht, wagten die drei Herausgeberinnen ein Buchprojekt, das Interdisziplinäres vereinen soll. Das Buch dient der Erweiterung des Curriculums, als Schullektüre, als vertiefende Literaturquelle, als Information für Lehrkräfte und für Sie, liebe Leserin, lieber Leser. Es ist Roswitha, Inge, Bianca als Zeitzeugin dieser beiden Frauen, allen Mitwirkenden und Engagierten großes Anliegen, diese Gedanken und Ansätze in europäische Länder zu tragen. Nämlich in Länder, in denen gleiche oder ähnliche Gedanken und Fragestellungen sind.

Das Buch bietet dafür Orientierung, hilft zu einem ganzheitlichen Verständnis und Bewusstsein, macht das Thema zugänglich und bettet es in der Form „Schule als Lebensbegleiter" ein.

Die Bedeutung und nachhaltige Wirkung der Obermayer Awards an Roswitha, verliehen durch die Obermayer Stiftung in den USA, bekräftigt den internationalen Wirkungsgrad. Die globale Sicht ist insbesondere dem persönlichen Netzwerk Bagdad, Frankreich, USA bis Israel geschuldet.

Die Herausgeberinnen dürfen sich vom Netzwerk getragen fühlen, bereichert, inspiriert, auch kritisch hinterfragt und korrigiert, nicht zuletzt in Zweifelmomenten ermuntert.

Das Netzwerk ist für die Projektinitiatorin auch Übungsfeld durch den Austausch der Strategien und Erfahrungen. Und sie hatte das große Glück, auf eine der großen Persönlichkeiten von ZeitzeugInnen und Holocaust-Überlebenden zu treffen.

Dank der Vision Inges von Frieden und Miteinander der Menschen, dank ihrer Offenheit für Formen der Vermittlung in die Zukunft ließ sich eben genau dieses Projekt so verwirklichen und es konnte Kreise ziehen. Das Projekt konnte ein Beispiel werden unter den vielfältigen Aktivitäten in Deutschland, die im Ehrenamt, im Bildungsbereich, in Vereinen, Gedächtnisstätten, Jugendtreffs, in Musik, Kunst, Theater, Literatur, Gesundheitsbereich und darüber hinaus geleistet werden.

Das Netzwerk Widen The Circle ermöglicht seit kurzem sogar offiziell die Vernetzung und Kooperation mit den USA und zahlreiche Verknüpfungen mit Frankreich und anderen europäischen Ländern, die noch Impulse brauchen bzw. nach strategischen Ansätzen suchen. Das Netzwerk bietet finanzielle Fördermöglichkeiten bei geplanten Projekten und ermöglicht das Miteinander, im Gegensatz zum vorherigen Nebeneinander. Es ergänzt Vorhaben, denn nicht jede/r Aktive kann sich zeitlich und persönlich auch noch mit anderen Schwerpunkten beschäftigen wie z. B. was kann ich zur Lösung des Nahostkonfliktes aktiv beitragen.

Das inter- und multidisziplinäre Multiplikatoren Netzwerk dieses Projektes, insbesondere das persönliche, wie Widen the Circle, inspiriert, korrigiert, trägt und ermöglicht effektives und nachhaltiges Arbeiten und Wirken.

Die Erfahrungen und Informationen sollen vor allem LehrerInnen aller Bildungseinrichtungen ermutigen, sich auf das Thema einzulassen. Mit am wichtigsten ist dabei, dass es Impulse setzen soll, die Ausbildung von Lehrkräften zu überdenken.

Das Thema Holocaust, eingebettet in Erinnerung- und Willkommenskultur muss in Vorlesungen über jüdisches Leben, über Weltreligionen, Traditionen eine eigehende Basis legen. Die Inhalte und Zeit des Referendariats muss Begegnungen in Schulen, Gedächtnisstätten, Institutionen praktischer Art schaffen. JunglehrerInnen müssen Gelegenheit haben, zum Beispiel erfahrene KollegInnen, LehrerInnen in Rente, Zweitzeugen als Coach zu haben. Fortbildungen zum Thema und dessen Vermittlung dürfen nicht dem Zufall überlassen bleiben. Und, ökumenische Religion oder Ethikunterricht müssen überhaupt stattfinden.

Vor einer Erfahrung als Modell kann man deshalb sprechen, da diese auf dieser Primärstudie, diesem Projekt, vor wissenschaftlichem Hintergrund, aufbaut. Deshalb sei auf die dringend notwendige, zu vertiefende wissenschaftliche Forschung in diesem Feld sowie allen angrenzenden fachübergreifenden Bereichen hingewiesen.

Das Buch bietet dazu ein Fundament und Kaleidoskop an wissenschaftlichen Möglichkeiten zur weiteren Vertiefung und ad-hoc Aktivitäten für die Arbeit von LehrerInnen, ProfessorInnen und ehrenamtlich Engagierten. Das Sachbuch schenkt praktische Impulse zum methodischen Handeln im Rahmen einer zeitgemäßen Lehre: gemeinsam mit Sozial-, Human-, Erziehungs-, Musik-, Theater-, Geschichts-, Informationswissenschaften, Philosophie, Gesellschaft, Bildung, Pädagogik, Medien, Science.

Die auch mit diesem Buch vorliegende gedruckte und in den Händen greifbare Buchform lässt die wichtige Zeit zum Nachdenken. Links und QR-Codes unterstützen Studienarbeiten und weitergehende wissenschaftliche Forschungsarbeiten.

Das authentische Erzählen und die Begegnung mit Orten durch Zweitzeugen, Bildungseinrichtungen oder Gedächtnisstätten sind durch nichts zu ersetzen. Interaktive Interviews dokumentieren, halten fest und sichern die Erinnerung und Abrufmöglichkeit für die Zukunft. Das Sprechen, Diskutieren, Kritisieren und Hinterfragen und Weiterentwickeln über die Impulse dieses Buches sind gewollt, damit Menschen miteinander Lösungen finden.

Die Lebenslinie eines Menschen reicht für einen Schwerpunkt wie diesen.

Nahost-Konflikt, Kriege, Macht und Hass verschwinden dadurch nicht aus der Welt, aber sie verlieren die breite Basis.

Wer jetzt neugierig geworden ist, darf gespannt den Fragen nachgehen: Wer sind diese beiden Frauen (Abb. 2.1 und 2.2)? Welche Geschichte trägt jede in sich? Was macht sie aus? Wie haben sie sich gefunden? Und worin liegt ihrer beide gemeinsame Sprengkraft, die dieses Buch ausmacht? Möglich gemacht haben es Inge und Roswitha, als beide mit ihren einzigartigen Lebensläufen, Erfahrungen, Arbeitsfeldern und Umgebungen aufeinandertrafen.

Abb. 2.1 und 2.2 Wiedersehen von Roswitha und Inge und Arbeitsgespräche für dieses Buch im Oktober 2024 in Frankfurt. (Bildquelle: Karen Jungblut)

Aufgrund der dargestellten Persönlichkeitsprofile und der europäischen und internationalen Ausrichtung und Leserschaft, bietet das Buch Kernzusammenfassungen in deutsch, englisch und französisch gleich zu Beginn des Buches und wird in diesen Sprachauflagen publiziert.

Wenn Wege sich kreuzen – We are one

Inge Auerbacher, Roswitha Weber
und Bianca Christina Weber-Lewerenz

3.1 Lebenslinie Inge Liese Auerbacher

Inge Auernbacher

3.1.1 Wer bin ich?

Dieses Gedicht schrieb ich um 1990:

> *Wer bin ich?*
> *Aus der Asche bin ich geboren*
> *Meine Familie habe ich verloren.*
> *Bin in der zerbrochnen Kette ein neues Glied*
> *Bin alle Freude, alles Leid, das geschieht.*
>
> *Bin alle Hoffnung, alles Glück, alle Sorgen*
> *Ich bin das Gestern, das Heute, das Morgen.*
> *Ich trage die Namen all der Unbekannten*
> *Aus fremden Orten, aus fernen Landen.*

I. Auerbacher (✉)
New York, USA

R. Weber
Kenzingen, Deutschland

B. C. Weber-Lewerenz
Aichtal, Deutschland

© Der/die Autor(en), exklusiv lizenziert an Springer Fachmedien
Wiesbaden GmbH, ein Teil von Springer Nature 2025
I. Auerbacher et al. (Hrsg.), *Erinnerungen für HEUTE und MORGEN*,
https://doi.org/10.1007/978-3-658-48390-6_3

Ich bin das nie zuvor gehörte Lied
Ich bin der Geist, der vogelgleich fliegt.
Ich bin das frühere Leben unserer Lieben.
Als ihr erfüllter Traum bin ich geblieben.

Ich bin so vieler Kinder stummes Leben
Wurde geboren, ihnen eine Stimme zu geben.
Ich bin ein Baum und zwischen Himmel und Erde
Wachsen mir Zweige, die ich niemals kennen werde.

Wer bin ich?

Ich bin! Ich bin!

3.1.2 Meine Lebenslinie beginnt in Kippenheim

Ich, Inge Liese Auerbacher, wurde am 31. Dezember 1934 in einer religiösjüdischen Mittelstandsfamilie in Kippenheim geboren; ein Dorf im Ortenaukreis, in Südwestdeutschland.[1] Meine Eltern waren seit 1928 verheiratet. Meine Vorfahren väterlicherseits lebten seit Generationen dort. Die Großeltern väterlicherseits lebten nicht mehr, als ich geboren wurde.

Als Tochter von Berthold Auerbacher und Regina Auerbacher, geb. Lauchheimer, (Abb. 3.1 und 3.2, 3.4) verbrachte ich meine Kindheit in Kippenheim, Je-

Abb. 3.1 und 3.2 Meine Großeltern aus Jebenhausen zu Besuch bei uns in Kippenheim, ich war damals 4 Jahre alt. (Quelle: Inge Auerbacher)

---

[1] Inge Auerbacher (2003). Beyond the Yellow Star to America. Royal Fireworks Publishing.

3 Wenn Wege sich kreuzen – We are one

Abb. 3.3 Verwüstetes Innere der Kippenheimer Synagoge im Novemberprogrom 1938. (Quelle: Förderverein ehemalige Synagoge Kippenheim)

benhausen und Göppingen. Nach eigenem Wissen war ich das letzte jüdische Kind, das in Kippenheim geboren wurde. Ich blieb ein Einzelkind. Wir Auerbachers gehörten mit einem eigenen Auto und einer Hausangestellten zur Mittelklasse.

In der Pogromnacht auf den 10. November 1938, kurz vor meinem 4. Geburtstag, wurde die Synagoge Kippenheim im Innern vollständig zerstört (Abb. 3.3) und die Synagoge in Göppingen niedergebrannt.

Meine Erinnerungen sind sehr lebendig. Die jüdischen Männer ab einem Alter von 16 Jahren, wurden verhaftet – mein Großvater, er und meine Großmutter waren aus Jebenhausen kommend bei uns zu Besuch – wurde in der Synagoge verhaftet, als er sein Morgengebet sprach – am Rathaus wurden alle Männer gesammelt und ins KZ Dachau verschleppt, darunter auch mein Vater und mein zweiter Großvater.[2] Nach der Freilassung von Vater und Großvater aus dem KZ Dachau nach ein paar Wochen, allein dies grenzte an ein Wunder, wollte meine Familie Deutschland verlassen und fliehen, zum Beispiel Amerika oder Brasilien waren eine Option, aber der Plan ging nicht auf.

---

[2] Inge Auerbacher's Mutter Regina berichtet über ihre Erlebnisse im Interview unter www.youtube.com/watch?v=sY_BWbx1xqI&t=12s.

3.1.3 Umzug zu meinen Großeltern nach Jebenhausen

Meine Familie verkaufte unser Haus in Kippenheim und wir zogen zu den Großeltern nach Jebenhausen, in ein Nachbardorf von Göppingen. Mein Großvater starb kurze Zeit später – die Enttäuschung über die Gewalt in dem Land, das er so liebte, hatte er nicht überwinden können und er war herzkrank. Ich habe als Kind erlebt, wie der Antisemitismus der Nationalsozialisten gegen die jüdische Bevölkerung immer schlimmer wurde, wie am 10. November 1938 Steine durch die Fenster in unser Haus flogen, wie Geschäfte zerstört wurden, wie wir uns im Haus, im Innenhof, verstecken mussten, und in der Reichspogromnacht mein Vater und Großvater in das KZ Dachau verschleppt wurden (Abb. 3.4).

Nach dem Verkauf unseres Kippenheimer Hause ging ich 1939 zusammen mit meinen Eltern zu meinen Großeltern nach Jebenhausen (Abb. 3.8), einem ca. 1200 EinwohnerInnen großen Dorf bei Göppingen. Der Aufenthalt in Jebenhausen sollte nur vorübergehend sein, dauerte aber doch insgesamt 2 Jahre (Abb. 3.5).

Abb. 3.4 Mein Papa Berthold Auerbacher als deutscher Soldat im 1. Weltkrieg. (Quelle: Inge Auerbacher)

3 Wenn Wege sich kreuzen – We are one

Abb. 3.5 Meine glücklichsten Kindheitserinnerungen: Nach unserem Umzug zu meinen Großeltern nach Jebenhausen, Anfang 1939. (Quelle: Inge Auerbacher)

Papa hatte im Ersten Weltkrieg in der deutschen Armee gedient; wurde schwer verwundet und mit dem Eisernen Kreuz ausgezeichnet. Später wurde er Stoff-Aufschneider bei der Textil-Korsett-Fabrik Schnabel und meine Mutter war Hausfrau. Mein Vater arbeitete als Zuschneider, und meine Mutter musste als Näherin zwangsarbeiten (Abb. 3.6). Am Arbeitsplatz waren Juden von ihrem Arbeitsplatz getrennt zu den anderen, nicht-jüdischen Arbeitenden, so erzählte mir meine Mutter.

In Jebenhausen spürte ich wenig Antisemitismus und die nichtjüdischen Kinder waren freundlich zu mir. Wir spielten zusammen (Abb. 3.7). Manchmal zogen wir durch die Straßen und sangen deutsche, für die damalige Zeit typische Lieder, die unter den Nationalsozialisten komponiert wurden (Abb. 3.8).

3.1.4 Umzug nach Göppingen

1941 musste meine Familie in ein „Judenhaus" in Göppingen umziehen; dort steckte man die verstreut lebenden jüdischen Familien aus der Gegend an einem Ort zusammen. Von den jüdischen Kindern, die darauf zu sehen sind, habe nur ich (mit der gestreiften Mütze) die Verfolgung und den Krieg überlebt.

Abb. 3.6 Ich mit meiner Mutter Regina in Göppingen 1939. (Quelle: Inge Auerbacher)

Ich durfte nicht in die allgemeine Grundschule in Göppingen gehen, sondern musste in Stuttgart die erste Klasse in der dortigen jüdischen Schule der jüdischen Gemeinde besuchen. Mein dortiger Lehrer, Theodor Rothschild, förderte das Schreiben und Interesse für Literatur. Dies war somit der zündende Moment für mich, der Start meiner Leidenschaft zum Lesen und Schreiben.

Die lange Fahrt von Göppingen nach Stuttgart bedeutete für mich die tägliche einstündige Zugfahrt – anfangs durfte mein Vater mich noch begleiten. Als auch ich den Gelben Stern sichtbar tragen musste und wir Juden immer noch mehr Drohungen, Beschimpfungen, Hass und Übergriffen in der Öffentlichkeit ausgesetzt waren, drehte ich mich im Zugabteil so hin, dass der aufgenähte Stern wenig sichtbar war. Ich erinnere mich auch an eine Situation, in der mir eine Frau, die mit mir im gleichen Zugabteil saß, etwas zu Essen neben mich stellte; sprechen durfte sie mit Juden nicht (Abb. 3.9).

Als Siebenjährige wurde ich am 22. August 1942 mit meinen Eltern deportiert.[3] Den Transportschein bewahre ich bis heute auf (Abb. 3.10).

---

[3] Stuttgart – Theresienstadt. Deportation in den Tod. Dokumentation der Deportation 22. August 1942; aus Anlass der Gedenkveranstaltung 21. August 2022 (mit vollständigem Abdruck der Deportationsliste) herausgegeben von Zeichen der Erinnerung e. V., Redaktion und Gestaltung: Andreas Keller; Stuttgart 2023.

Abb. 3.7 Ich mit einer Freundin in Göppingen 1940. (Quelle: Inge Auerbacher)

3.1.5 Deportation nach Theresienstadt

Bei der Durchsuchung in einer Turnhalle in Göppingen konnte ich meine Puppe Marlene verteidigen und bei mir behalten. Die Familie wurde ins Sammellager auf dem Stuttgarter Killesberg gebracht. Meine hölzerne Brosche nahmen die Nazis mir weg mit den Worten: „*Dort, wo Du hingehst, brauchst Du das nicht.*" Der Deportationszug verließ am 22. August 1942 mit 1078 Jüdinnen und Juden den Inneren Nordbahnhof in Stuttgart. Am 23. August erreichte er den Bahnhof Bohusovice. Von dort mussten wir Deportierten zu Fuß fast zwei Kilometer bis zum KZ-Ghetto Theresienstadt laufen.

Unsere Welt ist zusammengebrochen, als meine Eltern und ich in diesem Transport vom Stuttgarter Nordbahnhof in das Ghetto Theresienstadt, Deutsches Konzentrationslager in der Tschechoslowakei, deportiert wurden.

Abb. 3.8 Haus meiner Großeltern in Jebenhausen. (Quelle: Stadtarchiv Göppingen)

3 Wenn Wege sich kreuzen – We are one

Abb. 3.9 Ich mit meinen Eltern. (Quelle: Inge Auerbacher, https://ev.imedana.de/archiv/frauengeschichte/tuwas/060526_inge_ohm/lebenslauf.html)

Ich war 7 Jahre alt, die jüngste unter 1100 Gefangenen, und trug einen Gelben Stern mit der Nummer XIII-1-408 versehen. Ich bin mit wenigen Habseligkeiten und meiner geliebten Puppe Marlene – den Namen hatte ich ihr in Ehren von Marlene Dietrich geschenkt – in meinen Armen angekommen. Unsere Köffer sahen wir nie wieder, man sagte uns, diese kämen später nach. Theresienstadt war eine alte, umgebaute Festungsstadt, ein Ghetto, heute als Konzentrationslager bezeichnet. Ich will und kann die schrecklichen Erlebnisse, Tod, Hunger und Angst, Krankheiten ohne jegliche Behandlung, der Umgang mit den menschlichen Überresten, medizinische Tests an uns Menschen, Inspektionen ohne Menschenwürde, unmenschliches Verhalten und den – wie von Millionen von Jüdinnen und Juden – selbst durchlebten Albtraum nicht in Details schildern. Es übersteigt jegliche menschliche Vorstellungskraft und es ist schwer nachvollziehbar für all die, die es nicht selbst er- und durchleben mussten. Wenn das Wort „unmenschlich" richtig platziert ist, dann an dieser Stelle. 20 Mitglieder meiner Familie wurden von den Nationalsozialisten ermordet, darunter meine geliebte Großmutter Betty Lauchheimer.

Der Angst begegneten wir im Lager mit harter körperlicher Arbeit, Wäsche waschen, putzen, Gebeten und Erinnerungen und Hoffnung, dem Halt unserer Eltern und Kartoffelschalen und verfaulte Rüben, die wir unter Gefahr suchten, denn das ausgeteilte Essen reichte nicht aus. Nie ein Stück Fleisch, wenn überhaupt dann

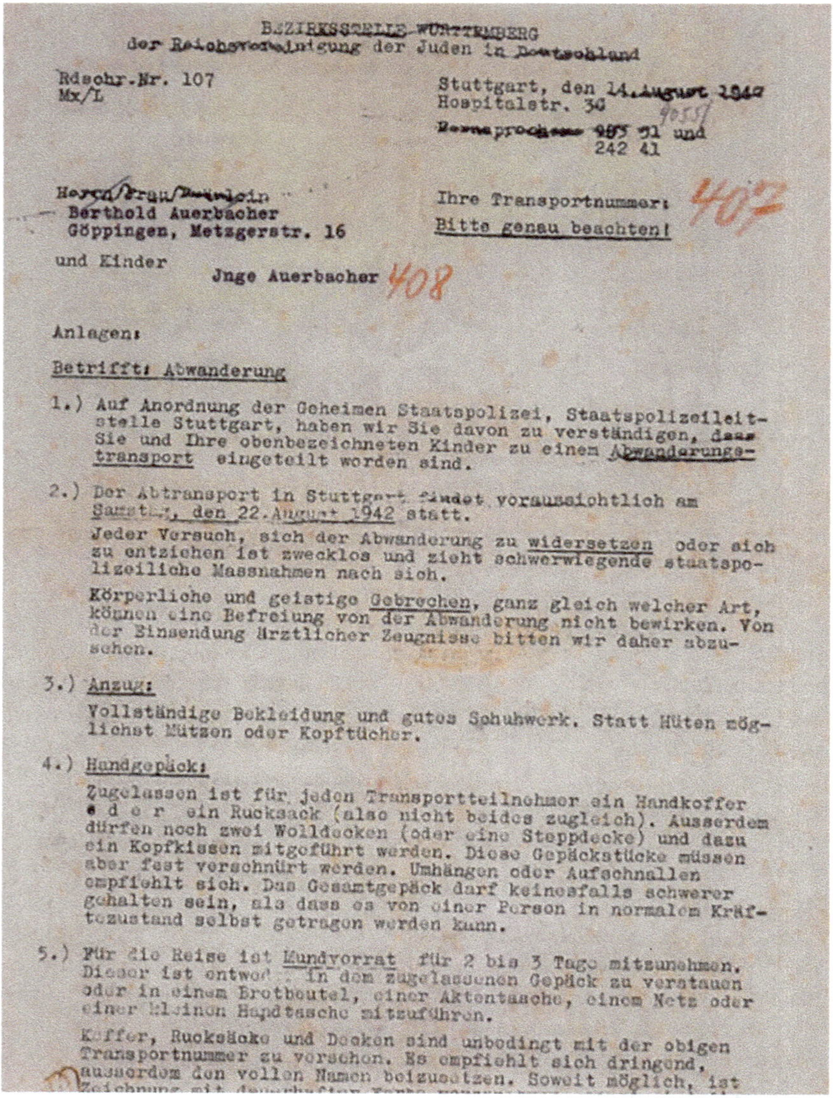

BEZIRKSSTELLE WÜRTTEMBERG
der Reichsvereinigung der Juden in Deutschland

Rdschr.Nr. 107
Mx/L

Stuttgart, den 14.August 1942
Hospitalstr. 36
Fernsprecher 905 51 und
242 41

Herrn/Frau/Fräulein
Berthold Auerbacher
Göppingen, Metzgerstr. 16

Ihre Transportnummer: 407
Bitte genau beachten!

und Kinder
Jnge Auerbacher 408

Anlagen:

Betrifft: Abwanderung

1.) Auf Anordnung der Geheimen Staatspolizei, Staatspolizeileitstelle Stuttgart, haben wir Sie davon zu verständigen, dass Sie und Ihre obenbezeichneten Kinder zu einem Abwanderungstransport eingeteilt worden sind.

2.) Der Abtransport in Stuttgart findet voraussichtlich am Samstag, den 22.August 1942 statt.
Jeder Versuch, sich der Abwanderung zu widersetzen oder sich zu entziehen ist zwecklos und zieht schwerwiegende staatspolizeiliche Massnahmen nach sich.
Körperliche und geistige Gebrechen, ganz gleich welcher Art, können eine Befreiung von der Abwanderung nicht bewirken. Von der Einsendung ärztlicher Zeugnisse bitten wir daher abzusehen.

3.) Anzug:
Vollständige Bekleidung und gutes Schuhwerk. Statt Hüten möglichst Mützen oder Kopftücher.

4.) Handgepäck:
Zugelassen ist für jeden Transportteilnehmer ein Handkoffer o d e r ein Rucksack (also nicht beides zugleich). Ausserdem dürfen noch zwei Wolldecken (oder eine Steppdecke) und dazu ein Kopfkissen mitgeführt werden. Diese Gepäckstücke müssen aber fest verschnürt werden. Umhängen oder Aufschnallen empfiehlt sich. Das Gesamtgepäck darf keinesfalls schwerer gehalten sein, als dass es von einer Person in normalem Kräftezustand selbst getragen werden kann.

5.) Für die Reise ist Mundvorrat für 2 bis 3 Tage mitzunehmen. Dieser ist entweder in dem zugelassenen Gepäck zu verstauen oder in einem Brotbeutel, einer Aktentasche, einem Netz oder einer kleinen Handtasche mitzuführen.
Koffer, Rucksäcke und Decken sind unbedingt mit der obigen Transportnummer zu versehen. Es empfiehlt sich dringend, ausserdem den vollen Namen beizusetzen. Soweit möglich, ist

Abb. 3.10 Schreiben der Bezirksstelle Württemberg der Reichsvereinigung der Juden in Deutschland vom 14. August 1942 mit dem Transportbescheid. Für mich wurde die Transportnummer 408 ausgewiesen. (Quelle: Inge Auerbacher, www.piecesofmemory.com/de/biographies/inge-auerbacher/page-10)

Knorpel vom Pferdefleisch. Menschen standen zu Hunderten in Schlangen mit ihrem Blechgeschirr, um an etwas Trink- oder Essbares zu kommen. Nie ein Ei, nie ein Kaffee, nur dunkelflüssigen Ersatz. Hoffnung schenkte uns das Vertrauen darauf, dass dieser Albtraum irgendwann enden würde. Und natürlich meiner Puppe Marlene.

Mein Großvater Max Lauchheimer starb am 29. Mai 1939 an den Folgen der KZ-Haft in Dachau: „*Großvater starb bald an gebrochenem Herzen. Seine Krankheit und die Enttäuschung über das Land, das er liebte, waren zu viel für ihn.*" Großmutter Betty Lauchheimer wurde Ende November 1941 nach Riga deportiert. Sie kehrte nie zurück, von dem Ort, im Hochwald Wald von Biķernieki,[4] ein Wald östlich von Riga, wo sie alle der Tod durch Erschießung erwartete. Andere Verwandte wurden nach Polen gesendet, von wo man nie wieder ein Lebenszeichen von ihnen erhielt.

3.1.6 Befreiung durch die Sowjetarmee

Am 8. Mai 1945 wurden wir schließlich von der Sowjetarmee befreit. Ich war 10 Jahre alt. Ich hatte 3 Jahre meiner gesamten Kindheits- und Lebensjahre zwischen 7 und 10 Jahren in dieser Hölle verbracht. Etwa 144.000 Menschen wurden nach Theresienstadt geschickt. Davon wurden 88.000 hauptsächlich nach Auschwitz gesendet und getötet und 33.000 starben an Hunger und Krankheiten. Von 15.000 Kindern wurden sehr viele nach Theresienstadt geschickt, nur wenige überlebten. Die meisten wurden in den Tod nach Auschwitz geschickt; einschließlich meiner besten Freundin und Schlafgenossin Ruth in 1944. (*Anmerkung: Im Rahmen meiner Rede vor dem Deutschen Bundestag 2022 begleitete mich die Bundestagspräsidentin Bärbel Bas zu meinem Besuch mit Gedenkminute vor Ruth's ehemaligem Wohnhaus in Berlin.*)

Anfang Juli 1945 brachte ein Bus die 13 Überlebenden aus Württemberg – ich war eine davon – nach Stuttgart. Meine Eltern und ich mussten aus dem großelterlichen Haus in das sogenannte „Judenhaus" in Göppingen in der Metzgerstraße 16 umziehen (Abb. 3.9 und 3.11).

Wir kehrten für weniger als ein Jahr nach Deutschland zurück und wanderten im Mai 1946 nach Amerika aus. Wir hatten 20 Familienmitglieder verloren; einschließlich meiner geliebten Oma. Von unserem Transport nach Theresienstadt hatte nur eine Handvoll überlebt; einschließlich meiner Eltern und mir. Soweit es mir bekannt ist, war ich das einzige Kind aus den Abtransporten aus Stuttgart, das wieder in diese Stadt zurückkehrte. Wie durch ein Wunder konnten wir wieder nach Jebenhausen zurückkehren. Ich war damals 10 Jahre alt.

---

[4] Verfügbar unter https://de.wikipedia.org/wiki/Wald_von_Biķernieki.

Abb. 3.11 Nach der Befreiung Theresienstadts: unsere Rückkehr nach Süddeutschland, das noch von US-Truppen besetzt war. (Quelle: Inge Auerbacher)

3.1.7 Umzug nach New York

Unser Ziel war New York. Im Mai 1946 wanderten meine Familie und ich an Bord eines amerikanischen Truppentransportschiffs in die Vereinigten Staaten aus und wir ließen uns in New York nieder.

Als der Truppentransporter „Marine Perch" im Mai 1946 nach zehntägiger stürmischer Überfahrt von Bremen aus New York erreichte, begann mein drittes Leben.[5] Die Freiheitsstatue war das erste bei unserer Ankunft, was in unser Blickfeld kam.

3.1.7.1 Tuberkulose – Mein Lebensbegleiter

Leider war meine neu gewonnene Freiheit nur von kurzer Dauer. Durch die Folgen meines Lebens in Theresienstadt wurde ich sehr krank. Ich litt gesundheitlich schwer unter den Folgen des von Hunger und Krankheiten geprägten Lageraufent-

---

[5] https://www.spiegel.de/geschichte/holocaust-ueberlebende-inge-auerbacher-fuer-hass-bin-ich-nicht-am-leben-geblieben-a-63a95898-d6d6-4f0a-a04c-6f9e07d31bc4.

halts und war vier Jahre lang bettlägerig. Bei mir wurde eine schwere Tuberkulose beider Lungen diagnostiziert. Jahre von Krankenhausaufenthalt und vollständige Bettruhe sowie schmerzhafte Eingriffe folgten. Schließlich wurden Medikamente entdeckt und gaben mir ein Heilmittel. Das von Dr. Albrecht Schatz – ja, ihm habe ich mit „Finding Dr. Schatz" ein eigenes Buch gewidmet[6] – entdeckte Antibiotikum Streptomycin rettete mir das Leben. Während meiner langen Krankheit fand ich Trost im Schreiben, das mir einen Sinn im Leben gab und nahm mir die Einsamkeit, die ich fühlte.

3.1.8 High School und Studium

Im Alter von 15 Jahren kehrte ich an eine richtige Schule zurück und vollendete meinen High School Schulabschluss dort, nachdem ich acht Jahre der Schulbildung verloren hatte und weiterhin unter gesundheitlichen Rückschlägen noch lange litt.

Ich schloss die High School mit großem Erfolg ab. Danach begann ich mein Chemiestudium (Abb. 3.12) und absolvierte meinen Hochschulabschluss in Chemie, den B.Sc. am Queens College, New York im Juni 1958.

Ich lebte mit meinen Eltern zusammen, bei Ankunft in Amerika zuerst bei einem Onkel untergekommen und meine Eltern hatten in einem reichen Haushalt Arbeit, zu dieser Zeit kam ich für 2 Jahre ins Krankenhaus. Meine Eltern hatten nur sonntags die Gelegenheit, mich im Krankenhaus zu besuchen. Da die Arbeitgeber meiner Eltern sie jedoch nicht gehen lassen wollten, kündigten sie ihnen. In dieser Zeit zogen meine Eltern um in eine Kellerwohnung in Manhattan, wo auch ihr Arbeitgeber ihnen Arbeit gab; später dann 5 Jahre in einer Wohnung in Brooklyn – mein Vater als Kaufmann im Textilhandel, meine Mutter als Haushälterin und zeitweise in einem Alten- und Pflegeheim – tätig. Meine Mutter lernte bei ihrer Arbeit im Pflegeheim eine Dame näher kennen, deren Mutter an Demenz litt. Wir nahmen diese freundschaftlich in unserem Apartment auf. Hier nahm ich im Erdgeschoss die von der Dame bestellte Literatur entgegen, um sie in unsere 3. Etage zu bringen. Ich las Unmengen an Bücher, es war ein weiterer zündender Moment für mich zum späteren Bücher-Schreiben.

---

[6] Inge Auerbacher und Albert Schatz (2006). FINDING DR. SCHATZ: The Discovery of Streptomycin and A Life it Saved. iUniverse Publishing. Mehr dazu unter www.amazon.de/ FINDING-DR-SCHATZ-Discovery-Streptomycin/dp/0595379974.

Abb. 3.12 Chemiestudentin Inge in New York. (Quelle: https://www.dnb.de/DE/Ueber-uns/Presse/ArchivPM2023/_content/20230831FragnachDownload07_info.html)

3.1.9 Beruf und Leben

Insgesamt war ich 38 Jahre lang im medizinischen Bereich des New York City's Mount Sinai Health System tätig. Ich arbeitete dort als Chemikerin in der Medizinforschung im Labor, aber auch an Kliniken im Praxisalltag, mit Laborarbeiten. 1953 wurde mir die US-amerikanische Staatsbürgerschaft zuerkannt.

3.1.9.1 Mein Refugium und Zuhause in Jamaica

Meine Mutter lebte noch lange mit mir zusammen in unserem Haus in Jamaica (Abb. 3.13), in dem ich noch heute lebe. Mein Papa lebte bis zum 18. Mai 1987 mit uns zusammen. Und meine Mutter bis 01. Januar 1998, 1 Tag nach meinem Geburtstag.

Abb. 3.13 1995 zu Thanksgiving mit meiner Mutter (2.v.l.) und mit unseren indischen Nachbarn in Queens. (Quelle: Inge Auerbacher, www.piecesofmemory.com/de/biographies/inge-auerbacher/page-17)

Mein Vater hatte in Brooklyn – mit Unterstützung eines Onkels – als Kaufmann einen Textilhandel, meine Mutter half ihm in allen Dingen. Samstags war Schabbat und der Familie gewidmet, am Sonntag war an der Lower East Side der Großeinkauf für Wäsche. Alle Lieferungen liefen über die persönliche Aushändigung mit der U-Bahn, auch per Zug nach New Jersey.

Ich lebte mit meinen Eltern unter einem Dach. Ich genoss nebst Beruf meine private Freiheit, ging gerne aus, traf mich mit Freunden, meine Lieblingsbeschäftigung war Tanzen gehen.

Per Zufall beim Gebetsgang meines Vaters lernte dieser einen amerikanischen Mann kennen, so trafen dessen Tochter Louise und ich aufeinander. Mit dieser war ich bis zu deren Tod eng befreundet.

New York war damals bei unserer Ankunft wie ein Wunderland, volle Geschäfte, alles bunt, alles im Überfluss vorhanden. Ich erlebte die Stadt jedoch stets als eine, in der man sich stark unter Beweis stellen musste.

In unserem Häusle, in Jamaica, einem der ethnisch vielfältigsten Stadtteile von New York, fühlten wir uns von Anfang an pudelwohl: Mit unseren Nachbarn, einer hinduistischen und einer muslimischen Familie, verstehe ich mich bestens, ihre Kinder und Enkel und Urenkel sind auch meine family. Ich will diese friedliche Nachbarschaft als Modell für eine bessere Welt verstehen, jenseits aller religiösen oder ethnischen Zugehörigkeiten.

Das Leben mit meinen Eltern schenkte mir – das wertschätze ich bis heute als größtes Geschenk in meinem Leben – viel Liebe, Geborgenheit und Wärme, Vertrauen und Zuversicht in allem Tun und Handeln. Es gab mir auch die Möglichkeit – trotz der Intensität parallel zu meinem Berufsleben – mich bis zu ihrem Tod um meine Mutter zu kümmern, sie zu pflegen und für sie da zu sein. Genau so, wie sie für mich da war und mich umsorgte, auch in den allerschwersten Zeiten.

3.1.10 Ein Jahr Kalifornien – The best time of my life

Ein Jahr war ich mit einer Freundin in Kalifornien, weil ich etwas total anderes erleben wollte, weg von zuhause: San Francisco war der Ort an dem wir blieben. Ein berühmter US-amerikanischer Kardiologe Dr. Meyer („Mike") Friedman[7] hatte dort in einem Krankenhaus ein Institut. Er leitete das von ihm begründete Howard Brunn Institute for Cardiovascular Research in San Francisco. Er arbeitete auch eng mit dem dortigen Mount Zion Hospital und Medical Center zusammen. Und ich durfte dort arbeiten. Mich faszinierte Kalifornien, ein Traumland, eine unvergessliche Zeit zum Arbeiten und Leben. Wir hatten eine Wohnung geteilt, meine Freundin arbeitete als Sekretärin, ich als wissenschaftliche Forscherin. Ich musste mich um niemand kümmern, konnte das Ausgehen genießen, Freiheit pur. Jedes Wochenende war etwas besonderes, Ausflüge, viele Erlebnisse.

Bei unserer Rückkehr zog ich wieder zu meinen Eltern nach Jamaica, New York.

3.1.11 Familie, die Liebe und das Reisen

Wenn mich jemand frägt, vermisst Du einen Ehemann, dann hätte es ein Arzt sein sollen, denn „der sorgt für mich" und ist auf meiner wissenschaftlichen Wellen-

---

[7] Verfügbar unter https://de.wikipedia.org/wiki/Meyer_Friedman.

länge. Den ersten, er war Tierarzt, lernte ich beim Tanzen kennen, er kam aus Polen und hatte sich während dem Krieg mit seiner Familie in Sibirien versteckt. Und an meinem 21. Geburtstag gingen wir schön aus, im Restaurant „Balalaika", und ich erzählte ihm mein Leben und, da ich von Anfang an ehrlich sein wollte, insbesondere von meiner Tuberkulose Krankheit, die mich mein Leben begleitet, am nächsten Tag wollten wir uns zum Schlittschuhlaufen verabreden. Dazu kam es nie. Warum? Er war über meine Krankheit schockiert und hatte Angst davor. Trotzdem war diese Begegnung die erste seriöse.

Und es gibt da sicherlich die ein oder andere Erinnerung an eine vergangene Liebe.

Wenn ich je einen Sohn gehabt hätte, hätte ich ihn mit meinem Lieblingsname David getauft. Es lässt sich darauf zurückführen, weil ich einmal in jungen Jahren einen Crush zu einem David hatte.

Mit Kindern an Schulen umgeben zu sein, Rede und Antwort zu stehen, ihr Interesse bis ins Mark zu spüren, tagtäglich die spontanen Anrufe meiner Freunde aus aller Welt zu erhalten, der lebendige Austausch – trotz Ferne so nah, und ganz wann und wie man will – das ist meine Familie, das ist mein Gefühl von WIR. Es erfüllt mich sehr.

Mit zunehmendem Alter wurde mir immer bewusster, ein normales Leben zu führen, nicht alleine. Meine Freunde ringsherum hatten Familie.

Mein Leben führte mich in vielerlei andere Richtungen. Und ich bin ein sehr freiheitsliebender, unabhängiger, selbständiger Mensch. Ich wohne gerne in meinem Haus, bewege mich frei in allen Zimmern, lebe in meinem Rhythmus, muss niemanden fragen, ich störe niemand und keiner stört mich. Mein Haus ist ein Reihenmittelhaus zwischen einer religiösen muslimischen und einer Hindu-Familie (Abb. 3.14).

Ich liebe das Reisen in ferne Länder. Ich liebe es, die mir unbekannten Kulturen und Traditionen kennenzulernen, Religionen und Feste. Ich liebe es mit den verschiedensten Religionen gemeinsam unsere jeweiligen Feste zu feiern. Zu den Orten, an die ich gerne gereist bin, gehören Kalifornien, viele Plätze ich Deutschland bis hin nach Neuseeland.

Ich bin ein Menschenfreund und nicht gern allein, ich liebe die Kommunikation und das Miteinander.

Abb. 3.14 Inge mit ihren muslimischen und Hindu Nachbarn in Jamaica NYC. (Quelle: Inge Auerbacher)

3.1.12 Zurück zu meinen Wurzeln – Besuche in meinem Geburtsort Kippenheim

Ich kam erstmalig nach meiner Emigration im Jahr 1966 zurück nach Kippenheim. Als Zeitzeugin bin ich häufiger Gast in Kippenheim.[8]

---

[8] Uwe Schellinger (2022). Die Bedeutung der Zeitzeugen – Erinnerungen an die Synagoge. In: Uwe Schellinger (Hrsg.): Gedächtnis aus Stein. Die Synagoge in Kippenheim 1852–2002. Verlag Regionalkultur, Heidelberg-Ubstadt-Weiher-Basel.

Abb. 3.15 Inge beim Wiedersehen mit Familie Vogt in ihrem ehemaligen Elternhaus in Kippenheim, Mai 2006. (Bildquelle: Inge Auerbacher)

Insbesondere pflege ich einen regen Kontakt zu den jetzigen Eigentümern meines Kippenheimer Elternhauses, Familie Vogt (Abb. 3.15, 3.16, 3.17, 3.18 und 3.19).[9,10,11,12,13]

Heute wird die Synagoge als Kulturzentrum, Veranstaltungs- und Ausstellungszentrum genutzt (Abb. 3.20) und war besonderer Ort für meine Würdigung als Ehrenbürgerin der Gemeinde Kippenheim in 2022 (Abb. 3.21, 3.22, 3.23, 3.24, 3.25 und 3.26).

---

[9] www.goethe.de/ins/il/de/ver.cfm?event_id=24138938

[10] Regisseur Giora Gerzon produzierte in 2005 den Film „Die olympische Puppe". Der Filmemacher Giora Gerzon von Steven Spielbergs „Stiftung Erinnerung und Dokumentation" schuf einen einzigartigen, auf Inge Auerbachs Geschichten und Gedichten basierenden Film, der erzählt, wie Inge und ihre Puppe Marlene gemeinsam die grausame Leidenszeit in Theresienstadt überlebten.

[11] www.jweekly.com/2000/04/28/filmmaker-seeks-to-capture-voices-of-child-survivors/

[12] www.jpost.com/israel-news/culture/article-716343

[13] www.videolibrarian.com/reviews/documentary/the-olympic-doll/

Abb. 3.16 Inge mit Großfamilie Vogt im Innenhof ihres ehemaligen Elternhauses in Kippenheim, Mai 2016. (Bildquelle: Inge Auerbacher)

3 Wenn Wege sich kreuzen – We are one

Abb. 3.17 Inge bei Filmaufnahmen mit dem Filmemacher und Regisseur Giora Gerzon und ihrer angedeuteten Puppe Marlene im Innenhof ihres ehemaligen Elternhauses in Kippenheim, August 2011. (Bildquelle: Inge Auerbacher)

Abb. 3.18 Inge im Eingang ihres ehemaligen Elternhauses in Kippenheim, Februar 2022. (Bildquelle: Bianca Weber-Lewerenz)

Abb. 3.19 Geschichtsplakette mit Historie zu Inge's Geburtshaus über dem Eingang ihres ehemaligen Elternhauses in Kippenheim, Februar 2022. (Bildquelle: Bianca Weber-Lewerenz)

Abb. 3.20 Veranstaltung in der Synagoge Kippenheim. (Bildquelle: Förderverein ehemalige Synagoge Kippenheim)

Abb. 3.21 und 3.22 Feierlich beleuchtete Synagoge Kippenheim im Rahmen des Besuchs von Dr. Wolfgang Schäuble zur Verleihung der Ehrenbürgerschaft der Stadt Kippenheim an Inge Auerbacher im Februar 2022 mit kulturellem Rahmenprogramm mit der Theateraufführung „Sterne in der Finsternis" über die Geschichte von Inge Auerbacher, eine Kooperation der Kompositions-AG Clara-Schumann-Gymnasium, Lahr, mit der Theater-AG des Max-Planck-Gymnasiums, Lahr. (Bildquelle: Bianca Weber-Lewerenz)

Abb. 3.23 und 3.24 Verleihung der Ehrenbürgerschaft des Bürgermeisters Matthias Gutbrod der Stadt Kippenheim an Inge Auerbacher in Anwesenheit von Dr. Wolfgang Schäuble im Februar 2022, Synagoge Kippenheim. (Bildquelle: Bianca Weber-Lewerenz)

Abb. 3.25 Eintrag Inge ins Goldene Buch der Gemeinde Kippenheim im Februar 2022, Synagoge Kippenheim. (Bildquelle: Bianca Weber-Lewerenz)

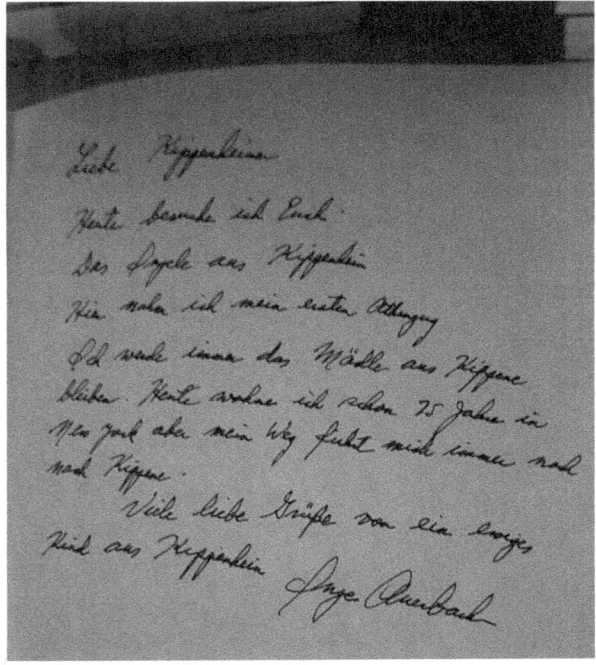

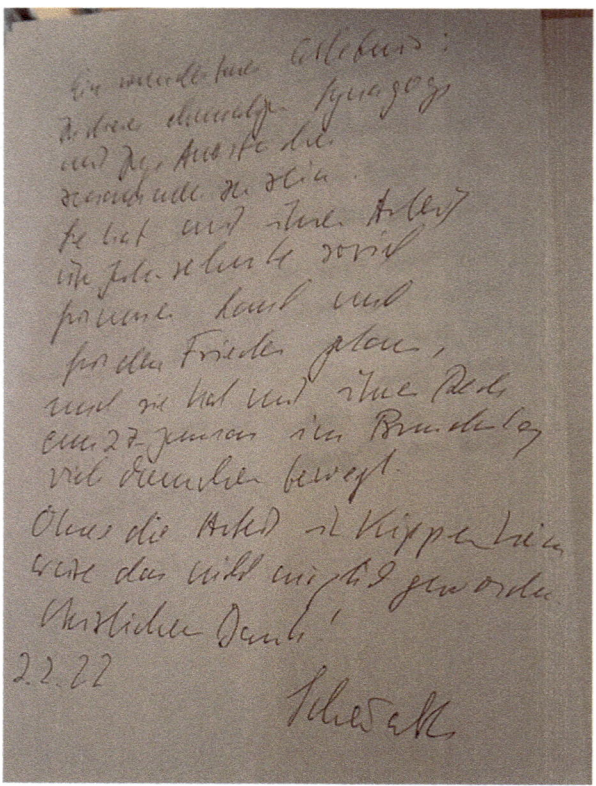

Abb. 3.26 Eintrag Dr. Wolfgang Schäuble ins Goldene Buch der Stadt Kippenheim im Februar 2022, Synagoge Kippenheim. (Bildquelle: Bianca Weber-Lewerenz)

3.1.13 Beruf und Berufung

3.1.13.1 Der Beginn einer Freundschaft – Meine Begegnung mit Roswitha und der „Inge-Auerbacher-Tag" an der Grundschule an der Kleinen Elz Kenzingen

Ganz besonders gerne und häufig war und bin ich im von Kippenheim mit dem Auto nur 20 min entfernt gelegenen Kenzingen, wo ich eine über 30 Jahre lange Freundschaft zu Roswitha, der Mitherausgeberin dieses Buches, pflege und wo wir gemeinsam den Grundstein für das Projekt „Inge-Auerbacher-Tag" an ihrer ehemaligen Grundschule an der Kleinen Elz Kenzingen legten (Abb. 3.27–3.30, 3.31).

Abb. 3.27–3.30 Inge en Elz Kenzingen im März 2015 und 2018. (Bildquelle: Bianca Weber-Lewerenz)

Abb. 3.31 Inge-Auerbacher-Tag 2015 an der Grundschule an der Kleinen Elz Kenzingen. (Bildquelle: Bianca Weber-Lewerenz)

Roswitha ist seit 2015 im beruflichen Ruhestand aber ansonsten im lebendigen und zielstrebigen Fortsetzen unserer gemeinsamen Arbeit und ihrem Ausbau der Aktivitäten auf vielerlei Ebenen von Politik, Gesellschaft, Kultur und Bildung. Denn *„Meine größte Freude ist es, ein Klassenzimmer oder eine Aula zu betreten, die voll von jungen Menschen und Lehrern ist."* Schon der vertraute Anblick der Grundschule, wenn ich auf sie zulaufe (Abb. 3.32), oder wenn wir mit allen Kindern im Schulhof singen und tanzen, ist Wonne und Inspiration pur für die Begegnungen und den Austausch.

3.1.13.2 Botschafterin für Freundschaft, Toleranz und Frieden: Meine Zeitzeugenarbeit

Bis heute reise ich um den Globus, um an und mit Schulen, Hochschulen und Bildungseinrichtungen altersgerecht[14,15,16] und entsprechend dem Bildungsfokus

---

[14] Hudemann, Katja (2008). „Ich bin ein Stern" im Unterricht. Lehrerhandreichung zur Erzählung von Inge Auerbacher (Klassenstufe 5–8, mit Kopiervorlagen). Beltz Verlag. Mehr dazu unter www.beltz.de/produkt_detailansicht/1829-ich-bin-ein-stern-im-unterricht.html.

[15] Die Beltz Verlagsgruppe beispielsweise bietet in ihrer Reihe „Lesen · Verstehen · Lernen" Unterrichtsmaterialien für einen handlungs- und produktionsorientierten Literaturunterricht in der Primar- und Sekundarstufe.

[16] Die Grundschule an der Kleinen Elz Kenzingen hat einen Unterrichtsleitfaden und Schulungsbuch zum Inge-Projekt ausgearbeitet, der speziell an die Schulung im Grundschulalter angepasst ist und „Ich bin ein Stern" als Unterrichtslektüre einbindet.

Abb. 3.32 Logo der Grundschule an der Kleinen Elz Kenzingen. (Quelle: Grundschule Homepage)

Abb. 3.33 und 3.34 Inge an Schulen und Bildungsstätten. (Bildquelle: Inge Auerbacher)

über meine Erfahrungen als Zeitzeugin des Holocaust, meine Einschätzungen in der heutigen Zeit offen zu diskutieren und Vorträge zu halten[17,18,19,20,21] (Abb. 3.33 und 3.34).

---

[17] https://hhrecny.org/holocaust-survivor-speakers/dr-moshe-avital-copy/.

[18] Vgl. University of Nebraska-Lincoln: https://newsroom.unl.edu/announce/civicengagement/7661/43203.

[19] Vgl. Gratz College: www.gratz.edu/news-and-events/event-calendar/inge-auerbacher-kristallnacht-event.

[20] Vgl. Podcasts, unter anderem The Pioneer, 27. Januar 2021 „#129 – Inge Auerbacher: Ich will, dass wir in Frieden und Schalom leben": www.thepioneer.de/originals/der-achte-tag/podcasts/129-inge-auerbacher-ich-will-dass-wir-in-frieden-und-shalom-leben.

[21] Vgl. Limestone University: www.limestone.edu/news/holocaust-survivor-speak-limestone-november-2.

QR-Code zum Gespräch mit der Shoah-Überlebenden Inge in NRW, 2019, (Quelle: https://www.land.nrw/media/video/gespraech-mit-shoah-ueberlebenden-inge-auerbacher) und in Reutlingen, 2018 (Quelle: https://www.youtube.com/watch?v=fdicAdCmca8)

QR-Code zum Gespräch mit der Shoah-Überlebenden Inge und der Friedrich-Naumann-Stiftung für die Freiheit „Ich bin ein Stern", 2021 (Quelle: https://www.youtube.com/watch?v=CSwcT0j0cTs)

QR-Code zum Gespräch von Inge mit dem Goethe Institut Prag, 2024. Zeitzeugenbegegnung mit der Holocaust-Überlebenden Inge Auerbacher für Schulen am Goethe-Institut in Prag am 25.09.2024 (Quelle: https://www.youtube.com/watch?v=QGyzYJ1SR1o)

3 Wenn Wege sich kreuzen – We are one

QR-Code zur Ausstellung „In Echt? – Virtuelle Begegnung mit NS-Zeitzeug:innen" der Brandenburgische Gesellschaft für Kultur und Geschichte und der Filumiversität Babelsberg KONRAD WOLF (Quelle: https://www.tiktok.com/@evzyoung/video/7272751908668951840)

Als Botschafterin für Freundschaft, Toleranz und Frieden (Abb. 3.35, 3.36, 3.37, 3.38, 3.39, 3.40 und 3.41). „*Denn es ist so wichtig, aus der Vergangenheit zu lernen, um die Zukunft zu schützen …. Mein Lebensmotto: Für Hass bin ich nicht am Leben geblieben. Menschen sind Menschen. Wir haben alle das gleiche rote Blut! Du hast immer eine Wahl!*"

Immer wieder besuchte ich Theresienstadt, erstmals 1966. „*Als ich eines Tages eine Fernsehsendung über eine Tschechin, die das Konzentrationslager Theresienstadt überlebt hatte, sah, hatte ich plötzlich das Bedürfnis, die Orte meiner Kindheit aufzusuchen. Der schlafende Vulkan brach aus.*"

3.1.13.3 Die Weltzusammenkunft in Jerusalem aller jüdischen Überlebenden des Holocaust

1981 war ein Wendepunkt, es gab eine Weltzusammenkunft, dem Jerusalem „World Gathering of Jewish Holocaust Survivors", zu der alle jüdischen Überlebenden des Holocaust nach Jerusalem geladen wurden. Dazu hatte ich mich vorbereitet und ein Gedicht geschrieben, in der Hoffnung, dass jemand dazu zur Vertonung ein Lied macht. Lustigerweise hörte ich, als ich mich in New York auf dieses Ereignis vorbereitete und mich bei meiner Arbeit im Krankenhaus frisch machte, Stimmen. Ich kam also ins Gespräch, und fragte, ob die Dame, Rosalie Commtucci O'Hara, sie war eine Italienerin, da sie gut singen konnte, auch mein Gedicht vertonen könne. Sie war positiv überrascht und nahm mein Angebot an. Aus dieser ersten Begegnung, einer frommen Katholikin und mir, einer Jüdin, wurde eine tiefe Freundschaft und war ein wichtiger Grundstock für das vertonte Gedicht, zumal durch das Aufeinandertreffen von diesen zwei Religionen. In Jerusalem zu sein, war etwas für mich völlig innerlich Berührendes. Gerade auch zu dieser Weltzusammenkunft, mehrere Tausend Menschen kamen zusammen. Alles Holocaust-Überlebende, die ihre Familien zum Teil vollständig verloren hatten.

Abb. 3.35 Kurt Maier und Inge Auerbacher stehen im Exilarchiv der Nationalbibliothek in Frankfurt interaktiv täglich zum Gespräch bereit. Hier bei der feierlichen Eröffnung der Ausstellung. (Bildquelle: © Rolf Oeser, Frankfurter Rundschau 2023)

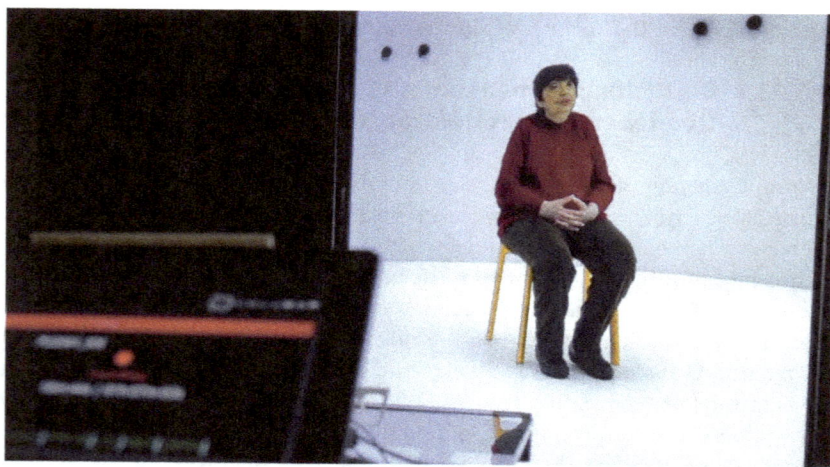

Abb. 3.36 Erinnerung in 3D an der Filmuniversität Babelsberg KONRAD WOLF, 2021. (Bildquelle: Volucap Studio by Merle Jothe)

3 Wenn Wege sich kreuzen – We are one

Abb. 3.37 und 3.38 (Bildquelle: Markus Lanz-Show, ZDF, 2022)

Abb. 3.39 Vortrag an der Limestone University am 2. November 2016. (Quelle: Limestone University)

Abb. 3.40 Inge mit Rachel Dror und Heinz Hirsch (Zeitzeugen) in 2001. (Quelle: Rachel Dror)

Abb. 3.41 „Meinen" Gelben Stern besitze ich noch heute. (Quelle: Inge Auerbacher)

Die second generation sang mein vertontes Stück.

Diese Weltzusammenkunft in Israel bot viele persönliche nachhaltige Begegnungen, und einige darunter bestärkten mich darin und bekräftigten unser gemeinsames Anliegen „Wir, die Überlebenden, müssen etwas zur Erinnerung tun, wir müssen es für die nachfolgenden Generationen bewahren!" Einige waren schon als Zeitzeugen in Schulen tätig.

Es war ein kompletter Wendepunkt für mich, denn bis zu diesem Moment hatte ich mich voll auf meine berufliche Tätigkeit konzentriert. Auf einmal öffnete sich für mich eine neue Welt. Sie gab den Anstoß zu meinem jetzigen Lebenswerk.

3.1.13.4 Höhepunkte und Schaffenswerke

2003 durfte ich eine große Delegation aus Baden-Württemberg durch das ehemalige Ghetto führen.

Meine Erfahrungen als Überlebende des Holocaust habe ich in mehreren Büchern, die in verschiedene Sprachen übersetzt wurden,[22,23,24,25] verarbeitet (Abb. 3.42

---

[22] Vgl. Katalog der Deutschen Nationalbibliothek unter https://portal.dnb.de/opac.htm?method=simpleSearch&query=119486482.

[23] Auerbacher, Inge (2005). Jenseits des gelben Sterns. Nach Theresienstadt ein neues Leben in Amerika für Versöhnung, Konstanz.

[24] Auerbacher, Inge (2000). Running Against the Wind: The True Story of Twin Sisters from Brooklyn Who Changed the Lives of Thousands of African-American Youngsters in New, Royal Fireworks.

[25] Inge Auerbacher und Bozenna Urbanowicz Gilbride (2009). Children of Terror. iUniverse Publishing.

3 Wenn Wege sich kreuzen – We are one

Abb. 3.42 Auswahl an Buchpublikationen. (Quelle: www.piecesofmemory.com/de/biographies/inge-auerbacher/page-16)

und 3.43). Sechs veröffentlichte Bücher folgten; darunter I AM A STAR – Kind des Holocaust.[26] 1986 veröffentlichte ich meine Kindheitserinnerungen in den Vereinigten Staaten, 1990 erschienen sie in deutscher Übersetzung.[27]

Meine Bücher wurden auch Grundlagen für Dokumentarfilme, Musik- Chor- und Theaterstücke. Einige meiner Gedichte werden zu Musikstücken komponiert. Ein Theaterstück wurde über mich geschrieben und aufgeführt zu „The Star on my Heart". Ein Hip-Hop – Stück wäre jetzt eine klasse Sache.

2007 und 2017 wurden für meine Großeltern vor dem Wohnhaus Vorderer Berg 23, in Jebenhausen, Stolpersteine gesetzt.

Am Holocaust-Gedenktag am 27. Januar 2022 sprach ich im Deutschen Bundestag in Berlin und appellierte an die Menschen, nicht nur in Deutschland, sich dem Antisemitismus entgegenzustellen.

---

[26] Auerbacher, Inge (1992). Ich bin ein Stern, Weinheim/Basel.

[27] Auerbacher, Inge (2006). Ich bin ein Stern. Erzählungen. Gulliver Verlag. Mehr dazu unter www.beltz.de/kinderbuch_jugendbuch/autor_innen/autorenseite/3280-inge-auerbacher.html.

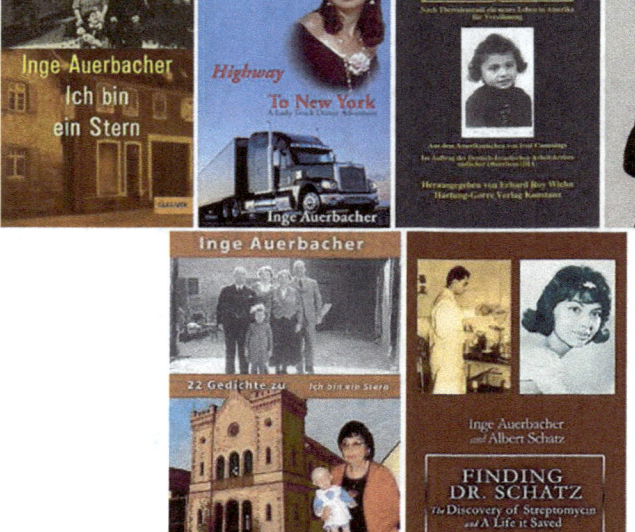

Abb. 3.43 Auswahl an Inge's Buchpublikationen. (Quelle: Inge Auerbacher)

Ein Höhepunkt meiner Aufklärungsarbeit ist meine Rede bei den Vereinten Nationen in New York im Jahr 2019[28,29] (Abb. 3.46).

Bei allen Möglichkeiten öffentlich zu sprechen (Abb. 3.44, 3.45 und 3.46), leitet mich folgender Gedanke: „*Kein Völkermord mehr, kein Holocaust mehr und kein Antisemitismus mehr. Mein Wunsch und Gebet ist, dass jedes Kind in Frieden aufwächst, ohne Hunger und Vorurteile. Ich will, dass wir in Frieden und Schalom leben.*"

Weg von der Unmenschlichkeit und abartigem Handeln, die ich durchleben musste, wende ich meine ganze Kraft vielmehr hin zu „*Wir müssen uns gegen das Böse und die Ungerechtigkeit aussprechen … …. Lasst uns Brücken des Verständ-*

---

[28] https://mediaspace.minnstate.edu/media/Clip+of+Holocaust+Memorial+Ceremony+2019+-+International+Day+of+Commemoration+in+memory+of+the+victims+of+the+Holocaust/1_3vdms50k.

[29] http://webtv.un.org/watch/player/5995522859001.

3 Wenn Wege sich kreuzen – We are one

Abb. 3.44 Konversation mit Inge Auerbacher am Goethe-Institut New York, Februar 2024. (Quelle: www.youtube.com/watch?v=EBYMqYrOLTQ)

Abb. 3.45 Inge Auerbacher 2017 bei der Einweihung des Erinnerungsweges in Jebenhausen. (Quelle: privat)

Abb. 3.46 Rede vor den Vereinten Nationen am 28. Januar 2019 zum Holocaust Gedenktag. (Quelle: United Nations Photo/Loey Felipe)

nisses und der Liebe bauen, um die Menschheit in jedem Land zu verbinden. Meine Hoffnung, mein Wunsch und mein Gebet sind, dass jedes Kind in Frieden ohne Hunger und Vorurteile aufwächst."

Bis heute schreibe ich sehr gerne, arbeite an eigenen Büchern (Abb. 3.47), publiziere, übersetze, kooperiere mit Schulpartnern und Bildungseinrichtungen, schreibe Beiträge als Buch-Co-Autorin, schreibe Gedichte, entdecke neue Netzwerke und Partner, um beispielsweise meine Arbeiten in neue Musikstücke zu „übersetzen".

Vom Kinderchor „P22 Chorus" (Abb. 3.48) bin ich so arg begeistert, dass ich ihn bei meiner Rede vor den Vereinten Nationen als Musikbeitrag mit eingebunden habe. Sie performten das Stück „Who am I", dessen Text ich selbst geschrieben habe, mit Musik von Madeline Stone.

3.1.13.5 Auszeichnungen und Würdigungen

Ich erhielt 1999 die Ellis Island Medal of Honor[30] (Abb. 3.49) und den Louis E. Yavner Citizen Award, in 2005 den Ehrendoktortitel – Doctor of Humane Let-

---

[30] Englisch für „Ellis-Island-Ehrenmedaille". Es handelt sich um eine US-amerikanische zivile Auszeichnung. Sie wurde von der National Ethnic Coalition of Organizations (NECO) 1986 gestiftet. Diese Auszeichnung hebt die Bedeutung von Einwanderern und die Beiträge, die Einwanderer und ihre Kinder zum Wohle der USA geleistet haben, hervor.

3 Wenn Wege sich kreuzen – We are one

Abb. 3.47 Dahoim mit d'r ganze Büchle, die i g'schriebe hab (Badischer Dialekt für: „Daheim mit den ganzen Buchpublikationen, die ich geschrieben habe …"), bei mir im Wohnzimmer in Jamaica. (Bild: Inge Auerbacher)

ters honoris causa – der Long Island University (USA)[31] und der University of Sioux Falls (USA), in 2013 den Verdienstorden der Bundesrepublik Deutschland[32] und den Verdienstorden des Landes Baden-Württemberg in 2013[33] (Abb. 3.50), und in 2022 die Ehrenbürgerschaft sowohl der Stadt Göppingen als auch meiner Geburtsstadt Kippenheim.

---

[31] https://www.piecesofmemory.com/de/biographies/inge-auerbacher/page-20.
[32] https://www.piecesofmemory.com/de/biographies/inge-auerbacher/page-20.
[33] Verdienstorden des Landes Baden-Württemberg – Liste der Ordensträgerinnen und Ordensträger 1975–2023. Staatsministerium Baden-Württemberg.

Abb. 3.48 PS22 Chorus performance of „A World Of Peace?" in January 2020, commemorating the 75th anniversary of the liberation of the concentration camps in Nazi Germany, of this beautiful song by Holocaust survivor, Inge Auerbacher, Madeline Stone and Alvin Love. (Quelle: www.youtube.com/watch?v=A_RtIu5uVZc)

Abb. 3.49 Ehrung mit der „Ellis Island Medal of Honor" in 1999. (Bild: Inge Auerbacher)

3 Wenn Wege sich kreuzen – We are one

Abb. 3.50 Ehrung mit dem Verdienstorden des Landes Baden-Württemberg in 2013. (Bild: Inge Auerbacher)

Es gab noch viele weitere Würdigungen und Auszeichnungen, die mir verliehen wurden. Hier nochmals auf einen Blick:

- Bundesverdienstkreuz der Bundesrepublik Deutschland (engl. Cross of the Order of Merit of the Federal Republic of Germany), höchste zivile Auszeichnung
- Verdienstorden des Landes Baden-Württemberg, Deutschland (engl. Medal of Merit of the State of Baden-Wuerttemberg, Germany)
- Ehrenplakette der Stadt Göppingen
- Ehrendoktor der Humanwissenschaften der Long Island University, N.Y.
- Ehrendoktor der Humanwissenschaften der University of Sioux Falls, S.D.
- „Woman of Distinction" des New York State Senats
- Ellis Island Medal of Honor (zusammen mit Hillary Clinton, John Glenn, dem ersten Astronauten, und anderen Prominenten)
- Louis E. Yavner Citizen Award vom Board of Regents des Staates New York
- „Alumni Star" des Queens College of the City University, New York

- Proklamation des Stadtrats von New York
- Proklamation des Stadtrats von Bayonne, New Jersey
- Senatorische Erwähnung durch Staatssenator Kenny Yuko aus Ohio
- Anerkennung durch das Repräsentantenhaus von Massachusetts
- Auszeichnung der Stadt Euclid, Ohio
- Bildungspreis der Boardman Center Middle School, Boardman, Ohio
- Dankesplakette für die Tätigkeit als Hauptredner bei der National Security Agency während der Holocaust-Gedenktage
- Anerkennungsplakette der Social Security Administration von den Northeastern Programmdiensten
- Ehrenmitglied der Blackfeet Nation of Montana
- Ehrenmitglied der Phi Theta Kappa Honor Society-Alpha Omicron Chapter am Tyler Jr. College, Tyler, Texas
- „Key to the City" in Kingsville, Texas
- „Erste Königin Esther" des Königin-Esther-Projekts zur Verhinderung menschlichen Leidens und Tyrannei – Lisa E. Benson, CEO
- Besondere Anerkennung in Deutschland, Polen, Brasilien, Mexiko, Schottland, Israel, in vielen Staaten der USA und als Redner auf vielen Donaukreuzfahrten in Europa
- Das Theaterstück über mein Leben DER STERN AUF MEINEM HERZEN wurde aufgeführt in verschiedenen Städten wie Ohio, New York City und bald auch in Sioux City, Iowa.

Literaturawards
- ICH BIN EIN STERN – Die deutsche Ausgabe war Finalist für die Deutsche Jugend Literaturpreis, außerdem Finalist für den Gustav-Heinemann-Preis in Deutschland
- Verdienst der Auszeichnung durch das Internationale Zentrum für Holocaust-Studien der B'nai B'rith Anti Defamation League
- ICH BIN EIN STERN wurde bereits in 8 Sprachen publiziert und in Englisch und Deutsch vertont
- Vier der Gedichte in ICH BIN EIN STERN wurden in eine CONTATA umgewandelt und gesungen und aufgenommen vom berühmten HAMILTON CHILDREN'S CHOIR Hamilton, Kanada
- Viele der Gedichte aus ICH BIN EIN STERN werden bei vielen Holocaust – Veranstaltungen und – Gedenkfeiern in Deutschland und in den USA rezitiert. Das Gedicht ICH BIN EIN STERN wird im Holocaust-Mahnmal in Stuttgart hervorgehoben (auf Deutsch)

3.1.14 Im Interview mit Inge am 24. November 2024

Mir werden in Begegnungen in der ganzen Welt immer wieder ähnliche Fragen zu meinem Leben, Familie und Beruf gestellt. Deshalb habe ich diese mit Bianca (Abb. 3.51) zu einem Interview geformt und in „Persönliches" und „Zeitzeugenarbeit" eingeteilt. Das Interview fand am Sonntagnachmittag, dem 24. November 2024, am Telefon zwischen meinem Zuhause in Jamaica, New York, und Aichtal statt. In kleinen Gesprächspausen konnte ich über die Handykamera einen Blick aufs winterliche Aichtal und den Garten werfen, ein Stückchen Nähe zur deutschen Ur-Heimat.

Persönliches
Was ist das A und O? *Herzensbildung haben, nicht den Bösen Dingen nur zuschauen, sondern aktiv werden, auch wenn es gefährlich ist.*

Wer ist für mich nach wie vor wichtig aus meiner Vergangenheit? *Therese, sie war unser Dienstmädchen in Jebenhausen. Sie half, wo sie konnte. Mit ihren Urenkeln halte ich bis dato einen guten Kontakt. Man darf nicht nur Zuschauer sein, und obwohl es zur damaligen Zeit höchst gefährlich war, unterstützte sie uns Juden.*

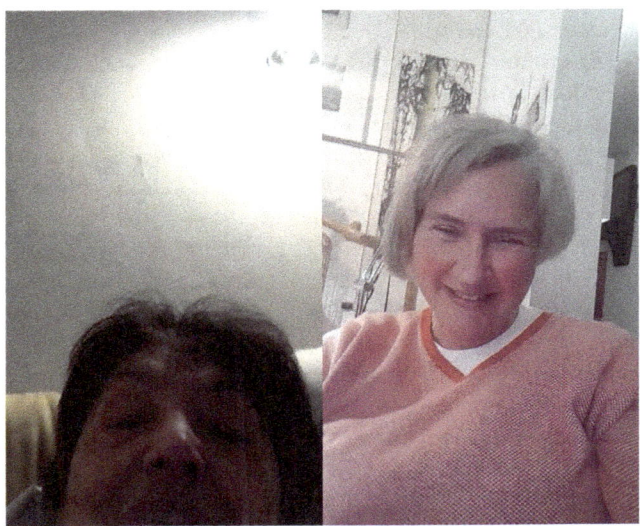

Abb. 3.51 In einem der Video-Gespräche von Inge und Bianca im Februar 2022. (Bildquelle: Bianca Weber-Lewerenz)

Was und wo ist für Dich Heimat? *Heimat ist da, wo ich wohne.*

Wer ist für Dich Familie im näheren Umkreis, gerade auch, wenn Du selber Hilfe brauchst? *Ich habe einen zweiten Vetter, er ist Rechtsanwalt und wohnt in Michigan. Familiäre Verwandtschaft, ganz nah, gibt es nicht mehr, weit entfernte gibt es in Brasilien. Und meine lieben Nachbarn hier in meinem Häusle in Jamaica, die mir im Alltag ab und zu helfen.*

Hast Du eine liebgewonnene Gewohnheit in Deinem Alltag? *Ich möchte gerne noch mehr Bücher schreiben ich liebe das Schreiben, neue Projekte machen, weiter an Einrichtungen sprechen.*

Wie kommst Du mit der neuen Technik, Handy, Laptop usw. klar? Welche Vorteile bieten sie Dir? *Mit meinem Handy und i-pad bin ich mit der Welt verbunden und in der Welt zuhause.*

Welche Gefühle hast Du, wenn Du – mit Blick auf Erlebtes und Vergangenes – zu Besuch in Deutschland bist? *Ich bin Amerikanerin, komme gerne nach Deutschland, habe viele Freunde dort, aber mein Zuhause ist Amerika, wo ich wohne.*

Zeitzeugenarbeit und Vernetzung um die Erdkugel

Wie kann ich mir Deine Verbindung zu anderen Zeitzeugen vorstellen? *Nicht mehr sehr viel, wir alle haben unsere vielen Engagements. Mein Leben ist nicht die alte Zeit, sondern die Zukunft, die Modernität.*

Was ist Dir größtes Anliegen bei Deinen Zeitzeugen Aktivitäten? *Wir sind Menschen, lasst uns unser Miteinander gestalten, in Frieden und in Toleranz.*

Gibt es ein highlight, eine ganz besondere Begegnung? *Ja, der größte Höhepunkt meiner ganzen Arbeit war, als ich meine Rede zum Holocaust Gedenktag 2022 vor dem Deutschen Bundestag halten durfte. An einem Ort, wo früher Unmenschliches geschehen ist und entschieden wurde. Der Moment für mich im Jahr 2022, war ein Gefühl des „Jetzt habe ich es geschafft!"*

Was würdest Du Deinen Enkel heutzutage ans Herz legen? *Habt offene Herzen, interessiert Euch für andere Religionen, für Menschen, die anders aussehen, die anders denken. Lernt andere Menschen und deren Gebräuche kennen.*

Für alle Kinder wünsche ich: *Meine Hoffnung, mein Wunsch und mein Gebet ist, dass jedes Kind in Friede aufwächst, ohne Hunger und ohne Vorurteil (Engl.: My hope, my wish and prayer is for every child to grow up in peace, without hunger and without prejudice).*

Warum Dein Engagement gerade bei jungen Menschen, insbesondere GrundschülerInnen? *Es ist sehr wichtig, dass man Hass frühzeitig begegnet und das Herzen bildet. Und zwar frühestmöglich, und gerade dort, wo man früh in der Schule aufeinandertrifft und zusammenkommt.*

3.2 Lebenslinie Roswitha Weber

Roswitha Weber

Wann und wodurch kann im Leben eines Menschen Sensibilität für ein Thema entstehen? Noch dazu einem Thema, das zwar die Menschen im Innersten trifft, sie völlig aus dem Leben werfen kann, weil vieles davon lebensgefährlich ist und eher verschwiegen wird. Weder cool, noch im live-stream, noch finanziell interessant.

Rückblickend stelle ich fest, dass ich seit früher Kindheit immer wieder verschiedenste Augenblicke, Begegnungen mit dem Themenkomplex „Judentum-Krieg-Frieden-Religionen" hatte. Sozusagen ein soziokulturelles Bad und Abtauchen. Aber erst viele Lebensjahre, Kindheit, Jugendzeit, die eigene Familie und das Lehrerinnendasein hatten wohl die Teile zu einem Mosaik geformt. So konnte ein mehr als 30-jähriges Projekt entstehen, das Kreise zog und mich für das Thema „brennen" ließ. Die gesamte Zeit war ich dabei die Lernende. Und für alle Zukunft werde ich es bleiben.

In dieser Zeit entstanden Freundschaften, tiefes Vertrauen und Nähe, andere Beziehungen zerbrachen daran. Diese Erfahrungen umfassen alle Emotionen.

Der Weltumsegler Boris Herrmann ist gut zu verstehen, wenn er bei Ankunft in Les Sables d'Olonnes sagt: *„Es ist wie wenn man aus der Fremde zurück kommt – ein Abenteuer – und das ist etwas, was dich macht!"*

3.2.1 Kindheit – Fenster zur Welt

Aber hin zum inneren Tagebuch: 1952 – als Babyboomer und Tochter einer Krankenschwester/Rot-Kreuz-Schwester und einem Schreiner geboren. Hinein in eine glückliche, kleine Familie in typischer Nachkriegs-Dachwohnung in einem kleinen, evangelisch geprägten Markgräfler Dorf namens Obereggenen, bekannt ist das Tal durch seine üppige Kirschblütenzeit.

Meine Mutter war glücklich, ihren Helferberuf zu haben, was konnten Mädchen in der Kriegszeit schon lernen? Man musste in der Rüstungsindustrie Rhodiasetta in Freiburg entweder Fallschirme herstellen oder war DRK-Schwester an der Front, diente irgendwo im Haushalt oder lernte Schneiderin wie meine Lieblingstante Berta, die auch noch Alleinerziehende war.

Mein Vater hatte zu Anfang im Ort Schreiner gelernt – von wegen auf höhere Schule zu wollen, war non conform und galt als Traum. Non conform war sicherlich auch die Brautwahl, denn meine Mutter kam aus einem „fremden" Ort.

Meine Mutter, hochschwanger beim Dachausbau helfend, mit Dauerwellen, wochentags keine Schürze mehr tragend – also modern – war die erste katholische Frau im Dorf und das im Haus der Schwiegermutter. Da mein Vater ein harmonieliebender Mensch war, kam die klare Haltung, dass meine Mutter freundlich und respektvoll in die Familie aufzunehmen sei, wohl zu kurz. Jedenfalls würde man heute von Mobbing sprechen, unter dem meine zu sanftmütige Mutter durch ihre Schwiegermutter (Abb. 3.52) und Vaters Schwester, die mit im Haus lebte, zu leiden hatte.

Das ging so weit, dass mir Nachbarn später erzählten, ich wäre vier Jahre alt gewesen, als ich bei einer Beschimpfung – sogar in Anwesenheit eben dieser Nachbarn – vor meine Oma gestanden wäre und gesagt hätte: Und jetzt lasst ihr meine Mama mal in Ruhe!

Und auch das erzählte man mir Jahrzehnte später: ich sei im halben Ort das „*kleine Katholikle*[34]" genannt worden, was ich zum Glück nie mitbekam. Ein

Abb. 3.52 und 3.53 Mit meiner Oma väterlicherseits, und mit meinem Vater auf dem Motorrad in Obereggenen, 1953. (Bildquelle: privat)

---

[34] Markgräfler Dialekt: Katholikin.

Machtwort meines Vaters sorgte oft für einige Wochen Frieden. Und für mich waren die Besuche, die Fahrten zur katholischen Kirche im Ort meiner Großeltern mütterlicherseits, im Münster Freiburg oder der Felsenkirche Maria Stein im Baselland, zu der wir sogar mit Motorrad hinfuhren (Abb. 3.53), schöne Ausflüge. Meine Kommunionfeier war dann das allererste Fest im eigenen neuen Haus in Schliengen. Meine neue Grundschulfreundin Margarete ist noch heute meine beste Freundin aus der Zeit vor dem Internat und unser aktueller „Chat" umfasst alle Lebens- und Zeitthemen.

In einem solchen, von außen idyllisch wirkende Ort gab es in der damaligen Zeit um 1955–1959 „arme Menschen". Es gab Tage (und wir blickten vom Elternhaus auf die Dorfstraße), da liefen „Heimkehrer" vom Krieg mühsam vorbei, entweder schon mit wiedererkannten Angehörigen oder gestützt von Helfern. Oma, neben mir am Fenster, erklärte mir, dass sie von weit herkämen und halbtot seien vom Krieg. Und auch ihr hätte der Krieg ihren jüngeren Sohn genommen, einige Brüder (sie waren 15 Geschwister) und eigentlich auch den Ehemann, weil er krank gewesen sei, und man hatte keine Medizin. Das verstand ich und fand es traurig. Denn im Haus lebte noch eine alte, feine Dame, eigentlich nur im Bett, „Uroma" nicht wirklich, nur verwandt. Sie hatte das landwirtschaftliche Anwesen mit kleinem Haus meinen Großeltern vererbt zu Nießbrauchrecht und mit lebenslanger Pflege.

Mama, mit Helfersyndrom, ver- und umsorgte viele dieser Menschen, wenn die Gemeindeschwester nicht da war. Dann beobachtete ich mit meiner Puppe, wie Mama in unserer kleinen Küche Wunden säuberte, Kopfgeschwüre abband und die Leute sich überschwänglich bedankten. Ich durfte auch mit, wenn meine Mutter in Häuser ging, um Prothesen anzulegen oder Frauen im Wochenbett zu besuchen. In einer Wohnung durfte ich dann immer ein wertvolles Etui mit Fundstücken, u. a. einen wertvollen Ring, anschauen, von einem „Jud". Immer wieder gab es im Ort einen Selbstmord, Liebeskummer, Schizophrenie und Vermutungen waren die Begründung. Es gab schwere Unfälle im Wald, die Kinderlähmung ließ Menschen zu Behinderten werden. Und scheinbar wussten die meisten Menschen im Ort nicht, wie ein Antrag auszufüllen war. Denn wochenends half mein Vater regelmäßig den gestandenen Bauern, ihre Steuer zu beantragen oder Schriftliches zu erledigen. Für so vielerlei Dinge wurden meine Eltern gebraucht und geschätzt. Als ich neun Jahre alt war, zogen meine Eltern und ich in ein eigenes Haus einige Orte weiter, denn mein Vater war der erste Grenzgänger in die Schweiz, wofür er später in Fernkursen auch noch den Beruf „Prokurist" lernte. Da verdiente mein Vater so gut, dass der Traum vom eigenen Hausbau Wirklichkeit werden konnte.

In diesem schwermütigen Ort und streitbaren Haus erlebte ich also jenes zeittypische Beobachten – auch beobachtet werden. Es wurde reagiert, aber nicht agiert. Von vielen Menschen wurde nichts analysiert, vor allem nicht hinterfragt. Armut, Krankheit – Kriegsleiden – Sorgen waren eben vorhanden. Kleine sorgenfreie Auszeiten an Wochenenden, Feste und Familienfeiern, Ausflüge waren wie Fensteröffnen, um frische Luft hereinzulassen.

Das zusätzliche Weihnachtsgeld war ein echtes Geschenk. Mein Spielzeug hatte auf 1 m^2 Platz, aber ich hatte ja Freundinnen, Tiere, das Dorf, die Forellen unter den Steinen des Blauenbaches.

Daneben gab es aber auch prägende Ereignisse, Förderung, Lachen, vielerlei ein- und ausgehende Menschen.

Da mein Vater wochentags in der Schweiz arbeitete, gestaltete sich mein Tag hauptsächlich mit Mama. Basteln, Vorlesen, gesund kochen nach Schweizer Rezepten (das war modern), mehrmals im Jahr mit Bus und Bahn und Kinderkoffer für 1–2 Wochen zu Oma und Opa mütterlicherseits nach Kirchhofen fahren, um beim Herbsten, Großputz oder Krankheit zu helfen, einen Tag in Müllheim zu bummeln und eine Freundin Mama's zu treffen, waren für mich herrlich. Der Alltag war Lern- und Spielplatz.

Früh spielte ich Lehrerin und übte Schreiben. Ich besaß mehrere Märchen und Kinderbücher – nicht selbstverständlich – und ab Klasse 2 verschlang ich alles Lesbare, von „Rotkäppchen" über „Readers Digest" zu historischen Romanen, wie „Königin Christine von Schweden" oder „Quo Vadis".

Mit 3 wunderbaren Freundinnen aus den Nachbarhäusern erlebten wir unsere Abenteuer – ohne Hubschraubereltern und ohne Hygienesyndrom! Es gab noch jährlich einmal Lebertran zur Stärkung des Immunsystems und parallel die ersten Schluckimpfungen gegen Pocken etc.

Das Großelternhaus mit Dorfbrunnen davor (ich höre das Plätschern der Ewigkeit) und Bachlauf am Ende des von meiner Mutter gestalteten Hanggartens, wo wir nach Forellen suchten, bot alles zum Spielen – von Dachspeichern, Fasskeller (ich lernte Fässer zu putzen und Kirschwasser zu brennen), bis Stall und Heuboden – ein landwirtschaftliches Anwesen mitten im Ort, ein Kinderparadies. Wochenends wurde gewandert, der Kurort Badenweiler mit römischer Badruine und Burg besucht, wo sich die Eltern im Lazarett kennengelernt hatten.

Die Kirschblütenromantik wartete auf den Tourismusboom der 90er-Jahre, die Neubaugebiete, Schulreform und Änderungen der Infrastruktur wuchsen. Und trotzdem lag über der Idylle eine Trägheit, ein Schweigen – oberflächlich fand aber Zukunft statt.

Die Familien der Freundinnen – Abbild der damaligen Gesellschaft: Großeltern aus Ostpreußen mit ewigen Fluchtgeschichten in slawischem Sing-Sang Dialekt, begleitet vom Kochen besonderer Mahlzeiten. Daneben eine „Alleinerziehende" unbekannter Herkunft, arm, „geduldet" im Ort. Wohlhabende Bauernfamilien mit „Ehrgefühl", d. h. Ortsvorsteher oder Förster oder ein Arzt als Vertreter „höherer Gesellschaft". Mehrere dieser Menschen erstaunten mich durch ihre Ansichten Frauen gegenüber, weil sie meinen Vater immer fragten, wann denn jetzt der Stammhalter käme. Oder ich erlebte Diskurse über Krieg und Fremde, Themen, bei denen mein Vater immer erzürnt war wegen der Engstirnigkeit der Menschen in seinem Dorf. Zeitlebens war mein Vater froh, früh im Krieg verwundet worden zu sein, auf dem Weg „nach Osten". Dabei war er im Jugendalter begeistert, wie die Jugend in der Nazizeit mit Gemeinschaftserlebnissen organisiert wurde. Bis zu den ersten Kriegserlebnissen. Da fiel es ihm schwer, noch an Gott zu glauben. Ich erinnere mich an die Angst wegen der Ungarnkrise 1956, sie umgab mich wochenlang. Genauso die Kubakrise. Die Leute wollten nur ihr alltägliches Leben besorgen können. Und wenn wir mal nach Freiburg fuhren – das war damals die Großstadt unserer Region – oder nach Basel, Straßburg, dann sah man in Freiburg noch die Krater der Bomben, die Schutthaufen, das recht unversehrte Münster und erste Autos.

Im Kontrast dazu hatte der Krieg meinen Ort der Kindheit vergessen.

Der Eichmann Prozess brachte das Dorf in Diskussionsrunden zum Kochen und das Thema Holocaust an die Oberfläche. Ich erinnere mich aber nie an das Wort, es wurde über „gesehen" oder „nicht gesehen" gesprochen. Meine älteren Cousinen hatten Fragen an die Tanten und Onkel.

In Obereggenen beschäftigten aber eigentlich andere Themen im Elternhaus: meine Eltern sparten für den Bau eines eigenen Hauses, dauernd hatten wir Besuch von einem „Wüstenrot"-Berater und Architekten, und wir waren deshalb eine Art Sensation im Ort.

Jedes zweite Jahr kam Frieda, die „Tante aus Amerika" (Abb. 3.54 und 3.55), eine Schwester meiner Oma, für sechs Wochen zu Besuch, sonst hätte sich die lange Schiffsfahrt, viel Gepäck, Kleider-Parfüm, Geschenke kaum gelohnt. Sie war eine gepflegte, schlanke Dame mit sanfter Stimme und übte mit mir erste Bitte-/Danke-Wörter in Englisch. Ihre Lebensgeschichte war so faszinierend wie beängstigend: kaum erwachsen, wegen Armut als Au-pair nach England geschickt, wohlhabend geheiratet und nach New York gezogen, Mann früh verstorben. Im Endeffekt trug sie schon die zukünftige Mode: hübsche Kleider, Stöckelschuhe, Samtpantoletten und Morgenmantel, Schmuck, Nagellack, Handtaschensyndrom. Sie hatte diese Aura „amerikanischer Freiheit" um sich.

Nur langsam änderte die deutsche Mode ihr Aussehen von schweren, schmalen Röcken, Mänteln der Frauen – die Männer immer noch eher strenger militärischer

Abb. 3.54 und 3.55 Mein Vater, Tante Frieda aus Amerika, meine Mutter und ich (v. li.n.re.) und ich mit Tante Frieda in Obereggenen. (Bildquellen: privat)

Look über Kniebundhosen, Jägerlook oder blauer Anton, hin zu lockeren Schnitten und bunteren Farben. Mindestens ein Koffer der Tante enthielt Kleidung für meine Mutter, weil sie dieselbe Figur hatte. Das erschütterte natürlich die Zuneigung Oma's zu meiner Mutter total. Das Mobbing unterblieb aber, da Frieda eine große Fürsprecherin meiner Mutter war. „*Du musch*[35] *viel lernen und studieren und in die Welt gehen*" impfte mir die Tante ein. Während ihres Aufenthaltes kamen plötzlich Geschwister von Oma zu Besuch: ein Masseur, ein Kunstmaler, ein Hirtenbub, eine Schwester mit Schweizer Bankier Ehemann, eine Apothekerin.

Ich erinnere mich an große Essenstafeln mit feinem Kaffeegeschirr, Schwarzwaldkirschtorte, Schweizer Kaffee, geschmuggeltem Enzianschnaps aus den Vogesen, abends Kartoffelsalat mit Schäufele. Fisch brachte 2-mal im Monat ein Elsässer, es waren Rheinfische. Berühmt war schon der bunte grüne Salat mit Tomaten, Paprika, Peperoni, Gurken, Sonnenblumenkernen – eingeführt von den zugezogenen Ungarn und Gastarbeitern aus Italien. Diese Gesellschaften erzählten

---

[35] Markgräfler Dialekt: musst.

3 Wenn Wege sich kreuzen – We are one

gerne vom Reisen, anderen Ländern, Chancen für Arbeit, Heilkräuter, Bergwandern und erste Fahrten ins Elsass nach dem Krieg. Natürlich gab es bei jedem neuen Besuch Sauerbraten oder Rouladen mit Spätzle und Rotkraut. Hochzeits- oder Nudelsuppe davor, Obst oder „Iles flottantes" zum Dessert, Schweizer Kaffee, ein Enzian als „trou normand" und oft 1 „Zigarettli".[36] Dass die Nudelsuppe in einer sogenannten „Nazi-Suppenterrine" – weiß, dick, rund und Nazisymbol auf der Unterseite – schwamm, wurde mir erst bewußt, als ich sie erbte. Dazu äußert der Autor und Publizist Michael Wolffsohn *„er würde nicht damit handeln, sie aber behalten, denn mitunter kann das eine Anregung sein, mehr über das Verhältnis der eigenen Familienangehörigen zum Nationalsozialismus zu erfahren."*[37] Tatsächlich wäre auch die Schüssel authentisch für den Unterricht, denn sie zeigt doch schockierend, wie weit die Hitlerzeit in die Familien hinein regierte.

Der Familiencode oder die Sprache dieser Tisch- oder Spielrunden oder während langer Spaziergänge rund um das Dorf umfasste Wortschatz und Klang von „Schwiezerdütsch", alemannischem Dialekt, hochdeutsch und englische Einlagen.

Frauen redeten mit und oft wurde sogar ich aufgefordert, von meinen Erlebnissen zu erzählen – von Frieda, meiner Mutter und der Apothekerin. Ansonsten stellte ich fest, dass das Wort meines Vaters und das der Schweizer Männer viel galt. Papa's Schwester hatte bei einer Stofffabrikantenfamilie „Nähfaden Gütermann" bei Freiburg (die Firma ist bis heute erfolgreich, sogar der Künstler Christo verwendete das Garn 1995 bei der Verhüllung des deutschen Reichstages, Abb. 3.56) und einer wohlhabenden Familie in Basel gearbeitet und war auch befreundet. Auch diese Leute kamen oft mit mehreren Personen zu Besuch wegen der „frischen" Art. Beide Gruppen waren sensationell luxuriös modern gekleidet, das Highlight war aber das Auto. Auch hatten wir manchmal lange Zeit den Hund der „von Baerles" aus Basel zu Gast, Pedro. Die Familie mit den Stoffen und Nähfaden hatte mehrmals Probleme (noch 1958), weil jemand jüdisch war. Diese Familie hatte wohl auch ein gutes besonderes Verhältnis mit den Mitarbeitern, jedenfalls rang man um gute Vorschläge zur Problemlösung bei den Ämtern.

Früh besuchten wir Basel mit Zoo und Kunstmuseum, beides waren Sensationen im sonst einfachen Leben. Der Schweizer Jura wollte selbständig sein, es gab Anschläge. Trotz allem war die Schweiz das Friedensparadies und reich, dank der „Konten".

---

[36] Markgräfler Dialekt: Zigarette.
[37] Stutte, Harald (2024). Die „Nazi-Gabel" meiner Großtante Liese. Neue Westfälische Zeitung, am 07. Dezember 2024.

Abb. 3.56 Moderner denn je: „Nähfaden Gütermann" liefert 1995 den Stoff für Christo's Verhüllung des Reichstages in Berlin, Ausschnitt Website. (Quelle: Bianca Weber-Lewerenz)

Neben Eigenbedarf Gemüse, Obst und Blumen war es damals „in", die Rose „Gloria Dei" im Garten zu haben. Nach und nach tauchte sie in allen Nachbars- und Freundinnengärten auf. Wir Kinder wussten, dass sie für Peace, Friede, stand, für Vereinte Nationen. 1976, als ich selbst schon die erste Tochter hatte, erinnerte ich mich wieder an all das: als sie zur Welt-Rose erklärt und laut Badische Zeitung 30.000-mal gekauft worden war, ein absoluter Rekord!

Wenn ich über all das nachdenke, wundere ich mich darüber, was ein Kind mit 4 bis 8 Jahren alles erfassen kann, es sammelt sich wie ein Archiv im Inneren, um bei Bedarf später zum Gesamtbild beizutragen. Deshalb hatte ich später als Lehrerin auch nie Bedenken, Grundschüler mit Inge's Buch zu überfordern.

An diesen Nachmittagen trafen in diesem Stimmengewirr verschiedenste Welten der Herkunft, Religionen, Ausbildungen, Werte aufeinander und vertrugen sich zu neuen Erlebnissen, alles geschah unauffällig nebeneinander!

Was mir dabei schon klar war: ich wollte so viel können und wissen, dass ich überall mitreden können würde. Und den Bekannten, die meine volle Kinderverachtung hatten, weil sie sagten, nur ein Stammhalter brauche eine gescheite Schule und ein flottes Auto, würde ich es zeigen – mit Schule und Führerschein.

Noch eine Selbstverständlichkeit finde ich in diesem meinem inneren Tagebuch dieser frühen Kindheit: Im Nachbarshaus lebte die Dichterin Lina Kromer. Sie war eine einfache, liebe, demütige Frau, ein „Grossili[38]" aber mit hellwachem Weltgeist und sensiblem Wortschatz im Markgräfler Dialekt. Ewig hätte ich ihr zuschauen und zuhören mögen, wenn sie „arbeitete" und erklärend erzählte: *„Weisch, die Menschen sin so verschieden, so seltsam, aber wenn man hinhört und schaut, kann man sie verschtoh.*[39] *Du musch*[40] *viiiiel lerne."*

Ja, mein Kindheitscosmos Dorf bot mir ein breites Fenster ins Leben:

Die Wärme meiner kleinen Familie (meine Mutter sollte wegen Kalkmangel kein zweites Kind bekommen), das pralle Leben vom Schlachten im gegenüberliegenden Haus (einmal rannte ein Hahn ohne Kopf die Dorfstraße hoch), Heimkehrer, Heuwagen mit Menschen obendrauf, fahrendes Volk mit Tanzbär, erste schicke Autos, fahrende Dorfläden, Hochzeiten und Trauerzüge, Selbstmorde und Eifersuchtsdramen, Scherenschleifer und erste Fernseher, Fastnacht und Maibaum-Stellen, Freundinnen und Schulkameraden. Kindergartenerlebnis hatte ich nur einen einzigen Tag, dann wollte ich nie mehr dahin; es machte mir Angst, nur schlafen, essen, auf dem Topf sitzen – und war langweilig.

Meine bunte Verwandtschaft väterlicherseits bildete die weite Welt ab, die ich hinter dem Waldhorizont vermutete, wenn ich aus dem Wohnzimmer schaute. Hochspannend ergänzte eine Vorliebe von Papa meine Vorstellung unseres blauen Planeten: er erklärte mir oft die Sterne und erzählte über das Universum, wenn wir mal am Abend draußen waren (seine Liebe zur Astrologie hielt zeit seines Lebens an).

Dass ich es war, die 2009 (mein Vater verstarb 2003) dieses Haus als Einzige der Erbengemeinschaft verwaltete, entrümpelte und verkaufte, hätte ich nie gedacht. Nicht, ohne ein halbes Jahr das leere Haus an vielen Tagen nochmals zu erleben, beim Streifen durch Zimmer, Flure und Garten mich zu erinnern, dem Haus mit viel Durchlüften, Kerzenleuchter und frischem Tür-Kranz eine gute Aura zu geben. Meine Mutter sagte, ich soll *„es in Ordnung bringen"*. Es war zuletzt nur ein Rest seiner Selbst, verscherbelt durch unachtsames Leben. Manchmal kamen alte Bekannte, klopften, riefen, schenkten uns etwas Selbstgemachtes oder luden zum Kaffee ein. Die Frau eines meiner Klassenkameraden pflegt bis heute die Gräber vor Ort und macht Marmelade für uns.

---

[38] Markgräfler Dialekt: Oma/Omi.
[39] Markgräfler Dialekt: verstehen.
[40] Markgräfler Dialekt: musst.

Damit schloss ich 2010 das Kapitel Großelternort Obereggenen väterlicherseits ab und verkaufte es an einen Nachbarn. Immer zur Kirschblütenzeit besuchen wir das Tal zu einem „Markgräfler Tag" und ich sehe hinter den neuen Häusern und Besitzern viel Vertrautes, höre den Markgräfler Dialekt und genieße das Sonnenlicht geprägt durch den Einfluss der Burgundischen Pforte.

3.2.2 Schloßidylle und Nazi-Onkel

Wenn meine Mutter und ich mit Koffer und Kinderköfferchen zu ihren Eltern (Abb. 3.57 und 3.58) nach Kirchhofen fuhren – die letzten 3 km mussten wir am Batzenberg entlanglaufen, dann am Friedhof vorbei, Ortseingang und Wallfahrtskirche – erreichten wir das ehemalige Lazarus-Schwendi-Schloss. Davon war einer der Schlosstürme das großelterliche Zuhause: behelfsmäßig ausgebaut mit einer kleinen Scheune, kleinem Stall für 1 Schwein und 2 Ziegen, Plumpsklo auch für Kinder. Das war wieder ein Kontrast zu meinem Dorfkosmos in Obereggenen!

Abb. 3.57 Oma und Opa mütterlicherseits beim Turm, Schlossgelände in Kirchhofen, bei ihrer Goldhochzeit. (Bildquellen: privat)

Abb. 3.58 Meine Mutter und ich bei Oma und Opa mütterlicherseits in Kirchhofen. (Bildquelle: privat)

Opa mit kräftiger Stimme, lustig, laut, mit Schnurrbart und Gamaschen, immer den Schäferhund an der Seite, war der Herr im Haus. Ich erinnere mich höchstens 10-mal auf seinem Schoß gesessen zu haben, ich hatte ziemlich Angst vor ihm. Und wie ich von Mama wusste, war er der strenge Vater seiner 5 Kinder – 2 Söhne und 3 Töchter – gewesen, der den Gürtel als Erziehungsinstrument für seine Söhne gebrauchte. Die Schwestern hatten sich oft genug dazwischengedrängt.

Er war Straßenarbeiter und hatte wegen seiner Stiefmutter eine schwere Kindheit gehabt. Das hieß, dass er oft zur Strafe kein Essen bekam oder auf dem eiskalten Speicher schlafen musste. Die Schulzeit verschlief er oft, weil er in der Wärme der Schulklassenzimmer den Schlaf nachholte. Er war in verschiedenen Vereinen und im Dorf wegen seines Humors und handwerklichen Geschicks sehr beliebt. Er hatte sowohl den ersten wie den zweiten Weltkrieg überlebt.

Opa Karl wäre ein Kandidat gewesen für meine Zulassungsarbeit zum Thema „Verhaltensstörungen". Seine laute, strenge und herrische Art war der Grund, weshalb er zu den Männern zählte, denen ich später als Frau und überhaupt etwas beweisen wollte.

Ich habe auch heute den Eindruck, er hielt mich für frech. Es könnte Unrecht sein – eventuell war er einfach noch ein Opa, wie sie damals typisch waren – Kinder hatten am Tisch ruhig zu sein (ich fragte oft „warum, Opa?") und sofort loszurennen, wenn er wollte, dass ich im Fasskeller Most holte. Dieser Keller war aber der absolute Horror für mich, denn die steile Holzstiege führte ins Dunkel, es gab nur eine schwache Lampe und man hörte die Ratten oft weghuschen. Ich bestand darauf, dass Cousin und Cousine zumindest mitgingen. Meine Mutter half mit, indem sie ihn belehrte, das sei keine Aufgabe für Kinder. Diesen Patriarchen-Opa in hohem Alter mehrere Tage tot aufgebahrt, von Kerzen und wechselnden Nachbarswachen umgeben zu sehen, das Dauergemurmel der Rosenkranzgebete ist auch solch ein ewiges Bild vor Augen. Denn es gab manchmal schon auch den fröhlichen Opa mit mir an der Hand, auf dem Schlossanwesen, Bärentatzen suchend für die Hasen (großblättriges, rauhes Kraut) – all dies einen Apfel aufschneidend und mir die Beerenarten erklärend.

Meist trafen wir dann Jacov (heute weiß ich, er war Zwangsarbeiter) mit polnischem Sprachgemisch – und dieser verbrachte dann oft auf der Innentreppe sitzend, singend und erzählend von seiner Welt – den Abend bei uns im Turm.

Oma – eine Lebenslinie besonderer Art. Sie war ursprünglich Hoferbin des Äckerlehofes in Horben/Geiersnest. Ihre Mutter und Vater hatte sie in Jugendjahren verloren. Sie hatte von ihrem Vormund, einer Tante, als Knecht den späteren Ehemann Karl verordnet bekommen. Und auch die Heirat wurde so „besprochen", obwohl sie – so würde man heute sagen – eine Beziehung mit einem Schmuckwarenhändler in Freiburg hatte. Sie war noch eine Bäuerin, die 2-mal pro Woche mit Korb auf dem Kopf den beschwerlichen Weg zum Münstermarkt hinunterlief, um dort Eier, Brot, Speck zu verkaufen. Karl wollte den Hof umbauen und verstand rein gar nichts von Planung und Finanzierung, das wurde zum Drama in der Ehe. Er lieh sich Geld bei einem jüdischen Händler. Natürlich, und es war sein gutes Recht, wollte dieser dies nach einer gewissen Zeit zurück und der Hof musste verkauft werden. Das Ehepaar mit ältester Tochter Berta zog nach Kirchhofen, wo sie später den Turm beziehen konnten. Oma ging 40 Jahre nie mehr zum Hof zurück und verzieh aber ihrem Karl. Sie verdrängte ihren Kummer, ihr Heimweh nach der Weitsicht über die ganze Oberrheinebene bis in die Vogesen. Und sie hatte auch keine Zeit, depressiv zu werden mit 5 Kindern. Ohne Elektroherd, Waschmaschine, Wäschetrockner, Bad, aber viel Arbeit im Haus, im Garten, dazu Arbeit in den Reben, Pilze und Beeren sammeln. Und den Turm – für sie ein kleines Ersatzparadies – durften sie auch nur auf Jahrzehnte bewohnen, weil sie die Schule nebenan heizte, putzte und bei den später dort einquartierten Franzosen nach dem Rechten schaute. Wann sie auch noch Zeit hatte zum Nähen, regelmäßig Kuchen backen, mal ein Tag in Freiburg bummelte, war mir ein Rätsel. Einmal machte sie sogar eine Wallfahrt nach Einsiedeln in der Schweiz und eine nach Lourdes, weil sie eine Lungenentzündung überstanden hatte. Da hatte sogar Opa gebetet und gelernt, einfaches Essen zu richten.

In diesem Turm waren das Lachen und das Singen zuhause und Besucher selbstverständlich. Die 5 Geschwister hatten sich hauptsächlich selbst erzogen, Opa wollte, dass sie alle lernten und Oma sah manchmal wirklich selbst nach. Die Schwestern halfen ihr früh und deshalb lernte ich nebenbei später von allen alles, vom Backen bis Kranke versorgen. Berta hatte Schneidern und Kochen gelernt. Meine Mutter und die Jüngste, Hilde, waren Krankenschwestern geworden. Albert, der Zweitälteste, Mechaniker.

Erwin, der Mittlere, hatte Bäcker gelernt, später Einzelhandelskaufmann und hatte mit seiner Frau Elsa später ein Feinkostgeschäft in Freiburg.

Der Alltag im Turm fand auf vier Ebenen statt: Erdgeschoss mit Flur, WC, Waschbecken und 2 kleinen Zimmern. 1. Obergeschoss mit Küche und großem Wohnzimmer, verbunden mit Kachelofen und Herdstelle. Die steile Treppe führte ins 2. Obergeschoss mit Flur und 2 Schlafzimmern. Die Brüder hatten sich den spitzen Speicher hergerichtet – in meiner Kindheit eine Wunderkammer.

Das Dorf war und ist ein frommer Wallfahrtsort mit vielen Traditionen wie Jahrmärkten an Himmelfahrt, Theatergruppen, in denen die Schwestern mitmachten. Die Gemeinden der Umgebung waren verfeindet, wenn es um Heirat ging.

Die Leute waren Bauern, Handwerker, Taglöhner, es hatte auch eine kleine, jüdische Gemeinde gegeben, die aber mehr zu Staufen/Sulzburg gehörte. Bis auf einige Großbauern waren die Leute arm, aber gesellig, freundlich – aber verschwiegen.

Oma Agathe war eine Art Caritas im Ort. Meine Mutter erzählte oft – und das waren auch zu meiner Kindheitszeit Geschichten beim Essen, meist mit vielen Leuten im Wohnzimmer – wenn sie vom Dienst heimgekommen sei, wäre es völlig normal gewesen, dass französische Gefangene, darunter manch guter Koch, miteinander gekocht und gegessen hätten. Wo immer die Rehbraten herkamen, blieb geheim.

In der Schule wurde damals gelehrt, dass „der Franzose" grundsätzlich der Feind sei. Oma Agathe erklärte aber, sie sei auch froh, wenn ihre Söhne im Krieg im Osten von fremden Müttern gut behandelt würden. Opa hörte auf dem Speicher gerne fremde Sender. Nach dem Verlust des elterlichen Hofes war der zweite große Schmerz für dieses Ehepaar, dass der ältere Sohn Albert sich freiwillig zum Militär gemeldet hatte und dies von der Kirchen-Kanzel herunter verkündet worden war. Das war die größte Schande ihres Lebens, sagte Oma noch mit 94! Und dabei half es nicht, dass Albert sowieso aufgrund blauer Augen, blonden Haaren und seiner Größe wohl in der SS gelandet wäre. Tante Hilde erzählte mir erst vor 10 Jahren, er hätte bei Heimaturlauben oft zu ihr gesagt, sie möchte wohl gar nicht wissen, was er alles gesehen hätte. Er fiel als „Held" bei einer Späh-Truppe irgendwo im polnischen Osten. Ich hatte mich ab 2012 näher erkundigt.

Es wurde in der Familie diskutiert, ob Albert absichtlich in den Späh-Trupp geschickt wurde, um sich ihm zu entledigen. Man glaubte der offiziellen Benachrichtigung nicht – er *„fiel durch besonders tapferes Vorgehen für das Vaterland"*. Die Familie war also ziemlich überzeugt von seiner „Unschuld", trotz SS!

Als Kind hatte ich durch die gehörten Schilderungen über die Verhaltensweisen dieses Onkels eher den Eindruck, dass er als Abenteurer, Herausforderer durchs Leben ging und durch die strenge Erziehung seines Vaters, meines Opas, nach Anerkennung buhlte, ohne die Wertvorstellungen der Gruppe näher zu prüfen. Wie sonst hätte er stolz sein können (Aussage Tante Hilde), bei einer Versteigerung von Möbeln (sicherlich jüdischer Herkunft) im nahegelegenen Staufen (Amtsstadt) den Eltern *„sehr günstig und dank seiner Beziehungen"* den Turm mit sehr hübschen Möbeln vollständig einzurichten. Ich erinnere mich an wunderbare Kommoden, Spiegelschrank, ein riesengroßer Esstisch, Sitzgruppe, riesengroßes Sofa, zwei vollständige Schlafzimmereinrichtungen und Eisen-Gartenmobilar.

Für die Leute war es anscheinend ein normaler Vorgang, als würde jemand vor seinem Wegzug seinen gesamten Hausstand verkaufen. Dass der Verkäufer schon der Staat war und wohin jüdische Bürger kamen – kein Hinterfragen! Jedenfalls erinnere ich mich nicht an Zweifel, erst bei den Fragen von uns Kindern und Jugendlichen. Der jüngere Bruder Erwin wurde bewundert, weil er so „leicht" durch den Krieg gekommen war. Nur kurz war er an der Front und wurde so schwer verletzt, dass er ewig dankbar war. Und das trotz des durch die Verletzung verursachten Glasauges. Er brachte es immer fertig, als Koch und Sanitäter, musikalischer Unterhalter und Psychologe für die Truppe eingesetzt zu werden. Er hatte eine besonders sonore Stimme, pfiff oder sang oder unterhielt mit humorvollen Späßen und Zaubereien. Stets wusste er das Neueste der Welt und besaß immer als Erster Auto – TV – Telefon – Lebensversicherung – Anzug – Hut – Geschenke für mich (1 Kinderstuhl, 1 Armbanduhr, später herrliche Tischwäsche als Aussteuer), jedem war klar, das konnte nur Erwin! Er verstand seinen Bruder Albert nie. Ansonsten lag auch in den 50er- bis 60er-Jahren das Schweigen darüber. Man wollte immer nur besser leben.

Die Mutter, Oma Agathe, wurde von allen „Kindern" sehr umsorgt in der Form, dass jede/r half bzw. sich um den „Turm" kümmerte. Klar, Oma, Opa, Ausgang des 19. JH noch geboren und mit der Wissensvermittlung um 1900 besaßen als „Büro" nur eine Schublade.

Auch deshalb erledigte alles Schriftliche mein Papa, solange ich denken kann. Und es war klar, dass Oma nach Opa's Tod 1965 in unseren Haushalt dazu kam. Bei diesem Anlass kam auch die „Kommode mit Spiegel" in mein Elternhaus nach Schliengen. Wenigstens bei dieser Gelegenheit wurden viele Möbelstücke noch ärmeren Familien überlassen, jeder Tochterfamilie wurde einiges geschenkt und der Rest blieb im Turm, der von Familienangehörigen weiter bewohnt wurde. 2013 erbte ich die Kommode mit Spiegel und frage mich und recherchiere seither, wie ich an eine/n Eigentümer/in komme, bis heute ohne Erfolg (Dass solch eine Forschung und Recherchearbeit bis heute ein emotional forderndes, nicht-loslassendes Thema mit Macht der Erinnerung ist, zeigte mir einmal mehr der diesbezügliche Gesprächsschwerpunkt bei einer virtuellen Seminarveranstaltung von Widen-the-Circle 2023).

Der Ehemann der ältesten Tochter Berta, Heinz, war der nächste, der den Krieg nicht überlebte. Er galt jahrelang als vermisst im Osten (Ukraine). Heute erkenne ich anhand der Auskünfte, dass er dort die Position hatte, Entscheidungen zu fällen. ... Die Antwort, was genau damit gemeint ist, bleibt offen. Berta arbeitete sich praktisch als Alleinerziehende mit 2 Kindern, meiner Cousine und Cousin, durch das Leben. Der Turm war deshalb immer wieder auch ein familiärer Zufluchtsort zum Wohnen. Diese Tante Berta wurde später im Ort gemobbt, weil sie halbtags arbeiten musste und ihre Kinder oft allein waren oder von Nachbarn, ein Jahr auch einmal von meiner Mutter, betreut wurden. Sie kochte und machte den Haushalt bei einem „Captain" und Familie, da unsere Region zur französischen Besatzungszone gehörte. Gerne hätte diese Familie meine Tante samt ihrer Kinder nach Frankreich mitgenommen, aber gerade zu dem Zeitpunkt wurde Heinz für tot erklärt und Berta bekam endlich eine (gute) Rente, da er als Polizist gehandelt wurde. Und bald danach hatte Berta einen neuen Lebensgefährten, einen Künstler und Architekten mit Auftrag im Vatikan, Franz Schröder. Dieser wurde gerade von seiner jüdischen Ehefrau geschieden; deren Ehe war ein Rettungsakt für diese Frau gewesen.

Aufgrund dieser Details und der vielen Umstände erlebte ich schon als Kind im Turm unvergessliche Feste und Festessen mit feinsten Zutaten aus Frankreich auch Jahre nach dem Krieg: ich durfte Avocado, Biskuit, Bûche de Noel, mehrmals einige Austern kennenlernen. Das brachte die Tante mit. Aber natürlich auch Heimisches: die beste Nudelsuppe der Welt, genauso Kartoffelsalat, Sauerbraten mit Spätzle und Rotkraut. Diese Traditionsessen vererben sich nun an meine Enkel! Und Tischwäsche, Kristallgläser, gefaltete Leinenstoff-Servietten zieren die Tische heutiger Großfamilien-Feste! Ich rieche noch die samstäglich frisch gewachsten Holzböden im Turm, sehe die festlichen Tafeln mit Kommode und Spiegel im Hintergrund des rundförmigen Wohnzimmers (Abb. 3.59), höre den prasselnden Kachelofen und Opas Geschnarche, weil er vor dem Besuch seiner Verwandten an Himmelfahrt noch ein kurzes Schläfchen machte. Am Ende jeglicher Tafelrunden wurde gesungen, die Gläser erhoben und – dank Erwin's Humor und seinen Erzäh-

Abb. 3.59 Essenstafel und Oma mütterlicherseits am Tischende in Kirchhofen. (Bildquellen: privat)

lungen, wer alles was erlebt hatte – theatralische Spiele veranstaltet und die großen Stoffservietten wurden zu Zaubertüchern. Unbekümmerte Stunden. In Lebensläufen mit vielen kargen, dramatischen, bestürzenden und schauervollen Erlebnissen …

1 Tag Kindergarten in Obereggenen.

1,5 Jahre Volksschule in Obereggenen als Familienklasse 1–8 in einem Raum mit Bullerofen und erhöhtem Pult, museumsreif!

Umzug von Obereggenen nach Schliengen ins neu gebaute Eigenheim.

3.2.3 Schule und Studium

5 Jahre Volksschule, 3.–7. Klasse in Schliengen. Das war in den Jahren 1958–1966 die normale Laufbahn auf dem Lande, und ohne Schulbus.

Schule war für mich immer selbstverständlich, eine schöne Sache, und ich hatte immer wieder vorbildliche Lehrpersonen.

Als 1965 eine Welle durch Deutschland schwappte, man brauche LehrerInnen, und dass es für ländliche Gegenden wie meiner die Möglichkeit eines Aufbau-Gymnasiums gab, hatte mich mein Lehrer sofort zur Aufnahmeprüfung angemeldet, nachdem meine Eltern einverstanden waren. Ich selbst wollte unbedingt dahin, obwohl ich ja keinerlei Ahnung hatte, wie das bis heute mein Leben in die Richtung lenkte, dass man zu etwas berufen ist, und es deshalb auch keinen Cut geben kann, wie zum Beispiel durch den Renteneintritt!

Das Interessante waren die Wirkungen meiner Entscheidung: die Verwandtschaft war fast durchgängig im Zweifel, ob ich das Heimweh und das, was im Internat verlangt würde, aushalten würde. Und als Mädchen? So viel lernen? Bekannte meinten, das kostet viel Geld und wir wären jetzt eingebildet geworden. Und ich wäre doch nur ein Mädchen!

Egal. Es wurde Ochsenhausen in Oberschwaben, ein Prachtbau von Kloster und ein Schuljahr – zwar voller Heimweh – aber auch toller Freundinnen, Ausflüge und mir unbekannter Dinge, Klavier, Konzerte, Kunstfahrten und frühmorgendliche Rorate-Messen. Gesellschaftlich lernte man mit Schülern des berühmten Royal Internats Salem zu parlieren. Die Familie einer Klassenkameradin wollte mich unbedingt bei Sonntagsspaziergängen mit einem Bruder verbandeln und man lockte mich mit Pferdehof und 65 ha großem Hof. Es wurde nichts. Die Größen der Literatur, die Künste interessierten mich mehr! Nach einem Schuljahr konnte ich nach Lahr wechseln, was näher an zuhause lag und noch tollere LehrerInnen hatte. Bis heute entscheidende Leitfiguren und Mentoren. Und noch heute sind wir „Aufbauschwestern" dank einer What's-App-Gruppe glücklich verbunden, treffen uns regelmäßig und inspirieren uns gegenseitig im Alltag. Ein Geschenk im Leben!

Zum Abitur 1972 hin waren wir richtige (brave) 13er-Revoluzzerinnen und 68er-Innen. Eigentlich wollten wir der Internatsleitung nur unsere manchmal andere Meinung sagen können, was wir schließlich von Brecht glaubten, tun zu müssen, aber auch, was wir über die alten Griechen und deren wissenschaftliche Theorien dachten. Vielleicht noch verrückte Kleidung tragen, sonnenbaden auf der Dachterrasse und mit 18 meinen Freund (Abb. 3.60) und heutigen Ehemann Klaus kennenlernen. Unvorstellbar und die Überraschung mittenrein ins Leben, diesen Mann auf der Hochzeit meiner Cousine mit seinem Cousin kennenzulernen! Er half mir ins Mathe-Abi (Mathe war nie meine Stärke), dafür bin ich heute Lektorin in „seinem/unserem" Geschichtsverein mit wissenschaftlichen Publikationen.

Die Zeit in Lahr, eine Schule für das Leben und alles Wichtige für das Studium, mein bisheriges und Fundament für mein heutiges Leben durfte ich dort lernen! Nicht nur Wissen sammeln, sondern durchdenken, hinterfragen, handeln, vor allem war man ständig gefordert – zu agieren und nicht nur zu reagieren. Kreativität, Flexibilität, Umsicht und Weitsicht, Offenheit und Empathie und vor allem Diszi-

Abb. 3.60 Klaus und ich.
(Bildquelle: Roswitha Weber)

plin, etwas zu erreichen. Spontan reden, organisieren, fördern und mit jedem Menschen umgehen – das alles war wie Atmen und ganz selbstverständlich. In Neuem kein Problem, sondern Aufgabe zu sehen und es zu erkunden. Das war das Höchste.

3.2.4 Beruf und Familie

Das Studium an der PH Lörrach mit Prüfung Musik in Freiburg lehrte mich noch das Instrumentarium der Pädagogik, ansonsten hatte ich genug Basis von Lahr. Im 6. Semester heiratete „der Freund und ich", das 7. Semester wurde angehängt, weil ich schwanger war mit unserer ältesten Tochter Bianca. Heute ist sie die Mitherausgeberin dieses Buches.

Es ist ein großes Lebensglück für mich, meinen Mann anlässlich der Hochzeit meiner Cousine und dem Cousin meines Mannes in Backnang als Tischherrn kennengelernt zu haben. Wir kamen so intensiv in Gespräche, dass wir beinahe das

Abb. 3.61 Klaus und ich, 2014. (Bildquelle: Roswitha Weber)

Festessen verpassten – und diese Gespräche sind heute noch intensiv. Dabei hatte er mit dem Studium der Allgemeinen Agrarwissenschaften – später kam der Weinbau und die Weinkultur hinzu, und als Autodidakt noch später die Regionalgeschichte und Verlagswesen – völlig andere Perspektiven auf das Leben als ich. Gerade das ist das Spannende in unserem Team (Abb. 3.61). Unsere familiären und beruflichen Netzwerke trafen inspirierend aufeinander, was nicht zusammenpasste, verlor sich mit der Zeit.

Mein Mann gab sehr viel Nachhilfe in naturwissenschaftlichen Fächern, dabei mir selbst in Mathematik, das mir überhaupt nicht lag – und ich war die Matheschülerin, die er dann heiratete. Ich stand ja noch vor dem Abi und meine Eltern empfanden die ganzen Zukunftspläne, das Kind sowieso – als zu früh.

So wie mein Mann und ich unsere gesamte Sicht auf das Leben und die Welt in Gesprächen teilten, spiegelten und gestalteten, so teilte er als „moderner" Vater alles außer das Bügeln mit mir, war bei den Geburten dabei und er ist immer besonnener Ratgeber, unermüdlich innovativ, der Zeit weit voraus im Fachlichen. Heute, mit 77 Jahren, noch Dozent, hochgeschätzte von „Ehemaligen". Ohne Launen – ein Lebenskünstler, in der Freizeit Wein- und Feigenkenner.

Baby Bianca immer integriert und neugierig. Unsere Sorgen waren nach dem Staatsexamen 1 Jahr Arbeitslosigkeit meines Mannes – ich nur mit Zeitverträgen, dabei blieben Ferien und Zwischenzeiten unbezahlt. Er verkaufte stattdessen Kochgeschirr, gab Nachhilfe, war Nebenlehrer an einer Realschule für Chemie, übernahm Arbeiten im Weinberg bei Winzern, arbeitete als freier Journalist und pflegte einen angepachteten, großen Garten mit Kinderspielplatz. Ich machte durch unseren Obst- und Gemüseanbau für Eigenbedarf Vorratshaltung wie meine Eltern. Wir lernten „das ganze" Leben kennen.

Es folgte 1975 der Umzug aus unserer herrlichen Studentenwohnung in einer Lörracher Villa heraus nach Kenzingen in eine vollmöblierte Wohnung, sehr günstig und zu unseren noch studentischen, beruflichen Verhältnissen passend. Mein Mann musste im Referendariat verschiedene Dienststellen an verschiedenen Orten durchlaufen und Kenzingen wurde Lebens-Mittelpunkt, wo auch ich mein Referendariat an einer Schule für Lernbehinderte machen konnte. Und dies mit viel Hilfe meiner Mutter und Schwiegermutter und – zu damaliger Zeit aufgrund des Ausbildungsweges möglich – mit über die Jahre wechselnden Hauswirtschaftsauszubildenden und fertig Ausgebildeten als Hilfe im Haushalt.

Diese Schule war für mich die zweite große Schule fürs Leben, wo ich alles Wichtige für die Rolle des Lehrers und den Lehrberuf praktisch erproben konnte – dank zweier wunderbarer Mentoren!

Zur Prüfungszeit der 2. Dienstprüfung bekamen wir unsere 2. Tochter Margaritha. Unsere Familie wurde 1982 mit unserer 3. Tochter Katharina „rund".

Tochter Margaritha, ein Pfingstsonntagskind, immer fröhlich und unkompliziert, aber besonderen Willen und Vorstellungen, sowie unser Sonnenkind Katharina, als Frühchen besondere Zuwendung genießend, aber auch gefordert. Beide lebten ebenfalls alles mit. Das bedeutete reiche Netzwerkerlebnisse von Kinderbetreuung, über leise und spielend bei den Gottesdienst- und Schulprojekte-Vorbereitungen dabei zu sein, früh selbständig sein zu dürfen. Das Netzwerken, Situationen und Menschen schnell zu erfassen – Handeln wurde ihnen in die Wiege gelegt. Wir Eltern sind dankbar. Sie sind in der Welt zuhause, brauchen aber ihre Werte-Eckpfeiler, geben es weiter und prägen.

Stets hatten unsere beiden Eltern (Abb. 3.62 und 3.63) uns die Wertschätzung von Menschen gelehrt und vorgelebt, aber auch das Schätzen besonderer Möbelstücke, Reisen zu besonderen Orten, Zusammenhalt der Familie und das Helfen. Stets hatten wir große Hilfe im Haushalt. So konnte ich meinen Beruf nebst Familie ausüben (Abb. 3.64).

Beste Lebenszeit – Sturm und Drang, Berufszeit – dazuhin in der Baby-Boomer-Generation 1952 geboren – im Nachhinein schreibt man dieser Generation viel Energie zu (Abb. 3.65) – und sie „bewegt" immer noch die Gesellschaft mit neuen

3 Wenn Wege sich kreuzen – We are one

Abb. 3.62 und 3.63 Meine Eltern Frieda und Ludwig bei ihrer Goldhochzeit 2001 (links), meine Schwiegereltern Gerda und Bert bei ihrer Goldhochzeit 1997 (rechts). (Bildquelle: Roswitha Weber)

Abb. 3.64 Mein letzter Arbeitstag vor Rente, Juli 2015. (Bildquelle: Bianca Weber-Lewerenz)

Abb. 3.65 Feierlichkeit zu meiner Verabschiedung in die Rente im Juli 2015: ich, meine französische Partnerschaftskollegin, Birgit Beck, Detlef-Herbert Fressle, Helga Dannecker, Anne Oettlin (v.li.n.re.). (Bildquelle: Bianca Weber-Lewerenz)

Modellen und Ideen, gibt ihre Erfahrung bewusst weiter. Zu meinen Abiturzeiten war es endlich möglich, als Frau „arbeiten" zu gehen, Teilzeit, Vollzeit, selbstentscheidend. Überhaupt war der Mädchenanteil an den Gymnasien noch gering, aber er stieg. Der Schultyp Aufbaugymnasium war in den 60er-Jahren geschaffen worden, um wegen Lehrermangel speziell Mädchen anzusprechen. Dazu zählte ich. Heute noch werde ich gefragt, weshalb „meine Eltern" mich „ins Internat gaben", ob ich schwierig gewesen sei. Die Bildungsmöglichkeiten auf dem Land waren schwierig in der Weise, dass es noch keine Schulbusse gab. Nicht ich war schwierig.

Das „Schlussstrich-ziehen" 1949 unter NS-Ereignisse hatte die Energie der 68er in Gang gesetzt, alles transparent wissen zu wollen – aufzuarbeiten – aber auch äußerlich neue Mode – Musik – die Beatles eine Sensation – Reisen – deutschfranzösische Freundschaft, Interrail, Wissensdurst, alles vereinbaren – Familie –

Beruf – Freizeit, antiautoritäre Erziehung, keine Tabus, Pille, irgendwann einen Aufbruch durch Martin Luther King.

Im Prinzip blieben wir brave SchülerInnen, aber die Denkfreiheit, gefördert von LehrerInnen durch die Lektüre von Camus, Brecht, Heisenberg, Adorno, Ahrend, Böll u. a., die Schicksale wie Rudi Dutschke u. a., die RAF, Krieg usw. waren eine Herausforderung für unsere Generation. Siegerjustiz, Kollektivschuld oder nicht – noch als 4-jährige hatte ich im Kurort Badenweiler 1956 dem damaligen Bundespräsidenten Theodor Heuss mit Frau die Hand gegeben und einen Knicks machen dürfen (ich fragte mich – warum ich das machen musste), das war System in einer Übergangszeit. Heute formuliert Steinmeier 2023 in seiner Rede nach einem Forschungsprojekt exakt: *„Demokratie ist kein Zustand, er muss immer erarbeitet werden.“*[41]

Es zeichnet sich heute, Mitte 2025, – Wahlen, Krieg in der Ukraine nach Überfall Putins, Hamas-Terror Oktober 2023 gegen Israel, Trump in den USA, steigender Antisemitismus und Rassismus – die Suche nach Strategien ab, dass Demokratie jederzeit im Alltag von Jederfrau und Jedermann erarbeitet werden muss! Dringend und endlich ernst zu nehmen!

Von Inge kenne ich Antworten wie *„Es gibt immer eine Lösung“* – aber zurzeit braucht auch sie ihren Glauben, um nicht zu verzagen.

Familie – 3 Töchter und eine Fehlgeburt – Pause, Wiedereinstieg 1988 in den Beruf Lehrerin und hochmotiviert, das Schulprofil zu prägen und vor allem den Grundschul-Kindern einen Unterricht für das Leben bieten zu wollen – diese viele Arbeit hielt mich kaum von diesen Zielen ab.

Im Gegenteil, das Festklammern älterer KollegInnen am Minimalfächerkanon (Wozu Französisch? Wozu Reli-Projekte? Wozu außerschulische Partner und Angebote wie Waldtag, Denk-mal-Unterrichtsgänge zur Stadtgeschichte oder gar Erziehung zur Toleranz und Respekt) bestärkten uns junge KollegInnen gerade um 1990 in der Haltung, an diesen neuen Profilsäulen zu arbeiten.

---

[41] Zitat: Das Bundespräsidialamt und der Nationalsozialismus 49′–94′.

Der Schlüssel liegt im WIR, deshalb gilt meine Danksagung:
Meiner Großfamilie, meinen Eltern sei Dank, dass sie mich das bunte Leben behutsam ertasten ließen, mich förderten und unterstützten mit Liebe und Verantwortung. Meinem Mann, mein Tandem, meine Familie, die Töchter, Schwiegersöhne, die alles fröhlich mittragen, ideell und praktisch fördern und jederzeit für Neues offen sind.

Enkelin Namika und Nino für das Interesse und Verständnis, wenn Mimi keine Zeit zu Spiel oder langem Telefon hatte. Sie lieben nicht nur Inge's New York-Tassen, sondern wissen von Inge's Wunsch für die Kinder dieser Welt, in Frieden und Liebe aufwachsen zu können.

Wildfremde Personen, die inspirierten, kräftig drücken für eine Idee, Lehrerinnen und Lehrer, langjährige Freundinnen und Freunde, Wegbegleiter von Projekten und Ideen, die immer erden und Mut mach(t)en.

Meinen französischen Kolleginnen und Kollegen für Freundschaft und gemeinsame Zielprojekte, den französischen FreundInnen, die für Europa stehen und uns durch Wohnungstausch gegenseitig eine Heimat bescherten, für deren großartige Kochkünste und Weltdiskussionen, das französische Landleben bei Tante Gretel (meines Mannes) nicht weit von Paris mit CousInnen.

Meinen außergewöhnlichen Mentoren und RektorIn, natürlich meinem Kollegium und treuen Weggefährten für das Mitgehen und Bewahren, Aktualisieren bis heute.

Den ZeitzeugInnen und MitgestalterInnen der Pforte 2019 über das Jüdische leben in Kenzingen. Besonders Alice und Familie, sowie Irène und deren Familie für ihre Freundschaft und Freude, in den Ort ihrer Familie zu kommen.

Meinen wunderbaren SchülerInnen, gerade wenn manche alles pädagogische Geschick herausforderten – danke, ich habe viel gelernt und bin stolz auf eure vielfältigen Leistungen.

Einigen Fachleuten für Herz und Hand, Gymnastik/Massage für klaren Kopf beim Schreiben, treuen HelferInnen in Haus und Garten!

Inge – für ihre ewige Freundschaft und Vertrauen und Erlebnisse – soll hier auch in der Textmitte stehen.

Den Persönlichkeiten, dem Team der Obermayer-Foundation. Ihre Ideale und Empathie, Hinhören und umsetzen durch deren internationalem Netzwerk Widen the Circle. Ihre Anerkennung ist Freude, Ehre, Verantwortung und sorgt für immer neue Energie wie gerade beim Jubiläum 2025. Den Persönlichkeiten in Politik und Institutionen, die sich für den politischen Rahmen und finanzielle Wertschätzung der Erinnerungskultur und des Ehrenamtes engagieren.

Speziell nochmals unseren Töchtern Margaritha und Katharina für das Weitertragen des Lebensmottos – jede voller Tatkraft in ihrem persönlichen Umkreis.

Bianca Dank für ihre digitale Unterstützung dieses Buchprojektes, Kommunikation und praktische Umsetzung mit Springer-Verlag und mit Co-Autoren, Förderern und dafür, selbst ihren Platz zu finden in diesem Thema.

Getragen von allen ist zu hoffen, dass die Erfahrungen Gehör finden, Mut machen, zum Dialog anregen und im gesellschaftlich-politischen Rahmen weiterentwickelt werden!

3.3 Der Funke, wenn Wege sich kreuzen

3.3.1 Ich bin ein Stern

Die Werbung im Kulturteil der Badischen Zeitung[42] zum neuesten Jugendbuch von Inge Auerbacher „Ich bin ein Stern" kam 1992 genau in diese Phase, Unterricht lebensnah zu machen. Endlich ein kleines Buch mit kindgerechtem Wortschatz für all die schrecklichen, unvorstellbaren Geschehnisse gegen Juden in der Nazizeit. Von einer Autorin, die das Ganze als Kind erlebt und überlebt hat: Die nicht um Mitleid wirbt, nicht polemisiert, sondern ihr Erlebtes schildert, das Leben ihrer Familie in der bis dahin friedlichen Welt des Dorfes Kippenheim, 20 Autominuten entfernt von meinem Schul- und Lebensort Kenzingen.

Da wurde mir zum ersten Mal bewusst, dass ich das Buch einer Frau las, die wegen ihres Jüdisch-Seins Unmenschliches (und das als Kind) hinter sich hatte, lange danach noch mit Krankheiten und der Erinnerung zu kämpfen hatte, ihren Beruf als Chemikerin fand und schließlich durch Ermunterung ihrer Freunde zu schreiben begann.

Inge hatte an wichtigen Stationen ihres Lebens sicher vielerlei Glück, helfende Menschen, glückliche Zufälle? Oder Fügungen. Aus meiner Sicht waren ihre unbeirrt optimistischen, einfallsreich praktischen Eltern das größte Glück. Beim Spießrutenlaufen nahmen sie Inge in die Mitte, lehrten sie Überlebensstrategien im Lager praktisch, mental[43] und „Nach dem gelben Stern". Das neue Leben in New York musste hart und in Armut erarbeitet werden. Und das nach der Zeit in Theresienstadt per Befreiung durch russische Truppen, nach Typhus, Entlausung, Wiedersehen mit der „Heimat"!? dem Bewusstwerden des Gefühls der Fremdheit genau in dieser Heimat – und einer zielunsicheren Überfahrt.

Der Atlantik ist nicht nur geologisch gesehen sehr tief, sondern es lagen und liegen Welten zwischen dem Leben in Kippenheim und New York. Aber die Zukunft konnte nur in New York weitergehen, neue Rollen, neue Nachbarn, neuer politischer Rahmen und neue wissenschaftliche Erkenntnisse, wie Dr. Schatz Entdeckung des Penicillins, was Inge das Leben rettete und ihr einen zweiten Geburtstag bescherte. Sie liebt die Lebensmöglichkeiten in den USA, lebt mitten im Melting-Pot der Religionen und Kulturen, schreibt an ihren Manuskripten sehr gerne in der vollen U-Bahn oder am Küchentisch, kennt durch ihre Reisen in alle Ecken der Welt unzählige Menschen, Taxifahrer und Stewardessen, Persönlichkeiten, Schulen, Festsäle für Lesungen, Empfänge und Ehrungen, Kinder, die Zukunft.

Sie hatte immer den Schmetterling bei sich als Zeichen für all die Millionen Kinder, die keine Zukunft hatten – und für ihre Freundin Ruth, deren Lebensort Berlin sie erst bei ihrem Berlinbesuch 2022 besuchen konnte.

---

[42] Überregionale Zeitung.
[43] Auerbacher, Inge: „Ich bin ein Stern".

Dies alles kannte ich noch nicht, als ich das Buch las – und auch nicht die vielen Lebensgeschichten, die Brutalität und menschenunwürdige Haltung des NS-Regimes, aber ich ahnte, dass ich dabei war, in ein riesiges, unglaubliches Thema einzusteigen. Als Jung-Lehrerin, Mutter von 3 Töchter, engagiert in Großfamilie, Kindergarten, Schule, Kirche und AgGL[44] führte ich einen vollen Alltag. Egal! Als Inge auf unseren Klassenbrief antwortete, war das eine Sensation. Sie war Autorin!

Parallel dazu berichtete mir eine Schüler-Mutter von Namen jüdischer Familien in Kenzingen und dass es in Ettenheim einen Verein DIA[45] gäbe mit einem Vorsitzenden Robert Kreis, der 1972 bei dem Attentat in München während der Olympiade dabei gewesen wäre, als sportlicher Betreuer, und der jetzt in Kippenheim Führungen mache „Auf den Spuren Inge Auerbacher".[46] Ich trat dem Verein bei, um alle Infos mitzubekommen und er wurde mein Mentor. Ihm verdanke ich Sternstunden an Führungen mit SchülerInnen, Inge-Auerbacher-Tage, lernte deren Organisation und wichtige Dinge im Umgang mit Thema Holocaust, Israel, und Umgang mit Überlebenden sowie Nachkommen, einem großen Netzwerk. Das ganze Thema wurde alltagsbegleitend für mich, ich konnte es nicht mehr trennen vom Familien- und Berufsleben. Die Infos, Telefonate und der Austausch mit Hr. Krais erfolgten beim Kochen, beim Unterricht vorbereiten, sie waren Tischgespräch oder wurden ans Kollegium weitergegeben. Mein Haushalt musste vereinfacht werden: weniger volle Vorratsregale und eine feste Hilfe im Haushalt! Bis heute ist das so und wir sind dankbar, seit 23 Jahren eine „ab und zu" Freundin/Haushaltshilfe zu haben, die sieht, was nötig ist und fest dazugehört. Noch kannte ich Inge nicht persönlich, hörte aber von ihren Reisen, auch nach Deutschland.

3.3.2 Sagen sie einfach „hallo Inge"

Es war 1996 bei einem Besuch meiner Klasse in der Synagoge Kippenheim, die gerade – nach jahrelanger Fremdnutzung durch Raiffeisen (!) als Lager einen Renovierungsplan erhielt.

Durch die kindgerechte Führung waren meine SchülerInnen sehr berührt und hatten viel über jüdische Glaubensregeln und Traditionen gelernt und fanden die Religion sehr anstrengend. Wir beobachteten gerade die Spätnachmittagssonne durch die wunderbare Maßwerkrosette, als das Handy (eines der ersten Nokias) Krais klingelte und Inge ihm berichtete, es gehe ihrer Mutter nicht gut.

---

[44] Arbeitsgemeinschaft für Geschichte und Landeskunde in Kenzingen e. V. (www.aggl-kenzingen.org). Die AG führt mein Mann seit seiner Gründung 1980.

[45] DIA (Deutsch-Israelischer Arbeitskreis).

[46] www.swr.de/swrkultur/leben-und-gesellschaft/in-kontakt-und-erinnerung-die-einstigen-juden-im-badischen-kippenheim-swr2-leben-2021-12-30-100.html.

Man hielt sich damals beim Telefonieren kurz, und so gab mir Krais plötzlich den Hörer und meinte – *„sagen Sie einfach Hallo Inge – sie ist unkompliziert"*. Ich sagte, wir seien die Schule, deren eine Klasse von ihr eine Antwort erhalten hätte. Sie fand alles wunderbar, dankte für die Arbeit und wünschte, uns bald besuchen zu können.

Wir waren alle still und berührt, es war der authentische Augenblick, der mir für alle Zeit klar machte, dass eine ganzheitliche Bildung zum Thema Toleranz, Respekt, Frieden nur mit solchen Momenten gelebt werden kann.

Sowohl für die Kinder wie auch für mich trugen wir ab da etwas mit uns im Herzen – einen Moment – so ist alles gut, so muss es sein. Heute noch bekomme ich Rückmeldungen von Schülern und Eltern und sie bedanken sich für die Erweiterung des Bewusstseins, für diese Dimension. Bei Inge-Auerbacher-Tagen in den folgenden Jahrzehnten gab es noch viele solch berührender, persönlicher Treffen, gemeinsames Musizieren, Projektarbeit und einfach Begegnungen, vor allem für Kolleginnen und Kollegen.

Diese Begegnungen mit der außergewöhnlichen Persönlichkeit Inges, das Zugewandtsein zu allen Generationen – die Sicht auf die Zukunft der Gesellschaft – ihr Humor, die offene Art zu kommunizieren, bewirkten über die Jahre, dass beinahe alle, die in Berührung kamen – auch die meisten Eltern und Familien – von der Bedeutung des Projektes überzeugt waren.

3.3.3 Lehrerin sein – Profilsuche – Netzwerk

In den 90er-Jahren erlebte ich längere Zeit Drohungen gegen unsere 3 Kinder, wenn ich nicht mit dieser Arbeit aufhöre, aber es „verlief" sich dann und mein Projekt etablierte sich über meine Religion-Lehrertreffs in die Umgebung, Regio und Stadtverwaltung durch deren Einbeziehen in die Projektarbeit. Die Teilnahme an großen Ausstellungen in der Katholischen Akademie Freiburg machte unser Grundschulprojekt noch „hoffähiger". Denn üblich war es keineswegs, mit 6–10-Jährigen überhaupt das Holocaustthema in Unterricht mit einzubeziehen.

Mit jedem Jahr gewann ich an Sicherheit im Umgang mit dem Thema, vor allem im Hinblick auf Eltern – und Öffentlichkeitsarbeit. Es war ein Glück, eine kreativökumenische Fachschaft zu sein, einen Rektor zu haben, der uns arbeiten ließ. Beide Pfarrer unterstützten, Eltern, Referendare und Praktikanten verkauften an bestimmten Festen Inges Bücher, wir machten Schaufensterausstellungen und die Presse nahm das Thema auf. Dazu waren allerdings Coach-Gespräche mit den Redaktionen nötig, um die Bedeutung für die Gesellschaft bewusst zu machen. Aber dem kam ich gerne nach.

Aber es war schon damals sichtbar, im Thema unsichere Lehrerinnen und Lehrer wurden gemobbt von Elterngruppen bis hin zu Stadtgespräch und Leserbriefen, was wir den Kindern in dem Alter zumuten würden. *„Das Kind könne nicht mehr schlafen."*

Das Kollegium antwortete darauf mit einem Abend über Umgang mit Medien und Kommunikation in der Familie. Ich denke, damit wurde einigen Eltern klar, dass sie nicht auf der einen Seite ihren Kindern das Konsumieren von Horrorfilmen zulassen konnten und uns hingegen Vorwürfe machten wegen kindgerechtem Umgang mit Schrecken und Wahrheit. Speziell Probleme mit wenigen muslimischen Eltern gab es eigentlich erst nach 2010. Und auch dies nicht massiv. Viele muslimische Eltern akzeptierten z. B. mein Argument, es würde zum Allgemeinwissen gehören, über die verschiedenen Länder und Menschen und deren Religionen ein gewisses Wissen zu haben. Und vor allem, jedem Menschen gebühre derselbe Respekt und Wert. „*Ja*" – meinten oft gerade Schülerinnen aus dem Kosovo und Weißrussland – „*genau deswegen muss ich viel lernen, damit ich später Richterin werden kann*". Um die vielen Eltern zu würdigen, ließ ich verschiedene Eltern – oder Großelternteile im Unterricht ihre Stadt oder ihr Land darstellen und sie brachten meist eine Spezialität zum Kosten mit. In Kooperation mit dem Gymnasium Kenzingen stellten Erasmusschüler z. B. auch die Türkei/England und Italien vor.

Die Tochter des evangelischen Pfarrers war damals so begeistert von einem Inge-Auerbacher- Tag, dass sie eine hervorragende Semesterarbeit schrieb (PH Heidelberg) über die Fragen, ob sich Erinnerungsarbeit für das Grundschul-Alter eignen würde. Eindeutiges „Ja" bei entsprechendem pädagogischen Rahmen! Im Laufe der Endneunziger Jahre siedelte ich schon für mich das Thema in D,[47] Rel,[48] Mu,[49] BK,[50] Sp[51] an, ganz einfach, weil es normal war, dass Fragen, Vergleiche zu Inge etc. zu jeder Stunde hochkommen konnten.

Mit der Festschreibung des Themas im Bildungsplan 2004 in Deutsch und Religion explodierten unsere Religion-Fachschaftsideen förmlich vor Kreativität und es entstand das ganzheitliche Konzept, fächerübergreifend, der Inge-Auerbacher-Tag als Gedenktag ab 2006 mit ca. 6 Wochen Vor-Nachbereitung und Projekten dazu. Die Hausaufgaben bestanden oft im Berichten an die Eltern und die Nachfrage nach „Infoabenden für Eltern" folgte unverzüglich. Ich bin überzeugt, das wäre in Einzelfällen auch heute möglich. Unsere Schulfeste damals waren der Willkommenskultur gewidmet mit „Leben in Peru", „Leben in Burundi", „Schule anderswo", große, aufwendig vorbereitete Feste, authentische Musik und Essen, viele Nationen vertreten. Mein Netzwerk wuchs in Misereor-Kreise und Urwaldärzte hinein. Dr. Ernst Eibach[52] kam barfuß und inspirierte mehrere Schüler, Arzt und Zahnarzt zu werden, Entwicklungsdienst zu machen.

---

[47] Deutsch.
[48] Religion.
[49] Musik.
[50] Bildende Kunst.
[51] Sport.
[52] www.pro-indigena.ch/verein#geschichte.

Danach, ab 2004, unterstützte eine neue Rektorin immens und hilft bis heute, das Thema zu koordinieren und aktuell zu halten. Sie ist bis heute die Garantie der Kontinuität des Profils der Schule, der Herzschlag des Hauses des Lernens und allzeit „da", auch für die vielen Kindersorgen.

Durch Robert Krais hatte ich in der Vorbereitung eines Deutschlandbesuchs von Inge alle Infos, wo sie wann in der Pfalz, in Kehl, Freiburg etc. in welcher Schule/Gedächtnisstätte etc. Vortrags- oder Ehrengast war. Ich stellte Förderanträge und machte Zeitpläne, instruierte Kolleginnen – auch benachbarter Schulen, organisierte Fahr- und Begleitdienste, Essen (1x Sauerbraten oder Rouladen!) und war immer glücklich, wenn die Unterbringung bei einer polnischen Freundin klappte, denn diese beiden Frauen befreundeten sich auch.

Bei allem war es Inge immer wichtig, bei uns privat einen Nachmittag bei Kaffee/Kuchen, Singen und privatem Austausch zu erleben. Sie wollte eintauchen in die Normalität familiärer Umtriebigkeit unseres Familienverständnisses – beide Eltern mit vielem beschäftigt, Haus- und Gartenfreuden, „Kinder" in verschiedenen Altersgruppen und entsprechend lebhaften Tischgesprächen, wechselnd auch Großeltern dabei. Und immer einige KollegInnen und Menschen aus dem Multiplikatorenkreis, meistens ergab sich die Kaffeezeit mit polnischer Torte. Das wurde zu einem beliebten kleinen Netzwerktreffen über die Jahre. Dabei wurden – wenn meine Mutter als Vertreterin der (NS-Generation) Generation Silent dabei war, über Situationen und Schuldbewusstsein gesprochen in einer Art und Weise von Respekt und Orientierung auf Zukunft.

Ich werde nicht vergessen, als Inge beim Besuch 2013 zuerst zu meiner Mutter (94) ins Pflegeheim wollte, um mich nach dem herzlichen Besuch zu trösten *„es wird nicht mehr lange dauern ..."* Meine Mutter starb einige Zeit später. Irgendwie gehörte Inge schon nach dem *„Hallo"* zur Familie, wenn die Nähe in den letzten Jahren sich auch durch gemeinsame großartige Chancen und Erlebnisse sehr verstärkte und heute ein Telefonat etc. alle paar Tage – auch mal 2 Wochen – normal sind.

3.3.4 Durchhalten

Es scheint eine Erfahrung – ein Gesetz zu geben, dass nach der Phase von Begeisterung für eine Thematik eine stillere Zeit folgt, in der man erprobt, evaluiert, in Frage stellt. Die immense Arbeit in den Fachschaften und dem Gesamtkollegium, den gesamten Lernstoff GS nach dem Bildungsplan 2004 neu zu ordnen nach Basiswissen, Kompetenzen und Zielen, um den Maximen der Aktualität der Zeit, der Gesellschaft, dem internationalen Vergleich und Können der Schüler bei Abschlüssen zu genügen, zog Evaluationen bis zum Erbrechen nach sich. Es bestand die Gefahr, zu wenig Zeit zu haben für ruhiges Arbeiten, stattdessen Studie nach Studie. Überall stiegen Ansprüche, kam Neues hinzu, wachsende Schülerzahlen, mehr Nationen – aber Lehrermangel. Der Lehrerberuf hatte mittleres bis minimales Ansehen. Dabei – wie heute – konnten Lehrer keine Wunder vollbringen. Die Gesellschaft, Arbeit, Werte änderten sich.

Man fand kaum noch Begleiteltern für Lerngänge und Landschulheimaufenthalte, geschweige für einen Tag Schülerbegegnung im Elsass. Persönlich hatte ich aber immer Glück. So gewann ich einen Schülervater, der mit mir über vier Jahre einen Film drehte über unser spezielles Profil mit der Zeitzeugin Inge. Einerseits war es Evaluation intern, andererseits wollte ich den Sinn dieses Konzeptes einfangen in Szenen des Schullebens.

Da genau dieser Schülervater viel Erfahrung im Drehen und Filmherstellung hatte, vom Thema ergriffen war, mehrmaliger Begleiter meiner Schullandheimaufenthalte und als Erlebnispädagoge sensible und „coole" Strategien hatte, die pädagogische Arbeit hervorragend zu unterstützen – war das eine einmalige Erfahrung sowohl bei Eltern wie im Kollegium. Solch einen Film zu drehen, sollte eigentlich eine Auftragssache sein – offiziell durch die Schule und finanziert im voraus. Letztendlich war unser Motto – wir machen diesen Film, ob sich jemand dafür interessiert oder nicht – er ist wichtig! Denn allzu oft kam die Frage auf – *„was – einen Film? Weshalb und für wen?"* So erhielt der Schülervater mehr einen Trostpreis und die Schulgemeinschaft hatte nach heutiger Einschätzung den Wert des Filmes nur bedingt begriffen. Aber wie gesagt, für meinen Lernfortschritt war es sehr wichtig. Es zeigte sich, dass Kinder der Klasse ¾ sehr wohl fähig sind, philosophische Fragestellungen zu bedenken, große Empathie zu entwickeln und ihre Gefühle und Gedanken auszudrücken mit allen Möglichkeiten.[53] Dieser Schülervater begleitet meine ehemalige Schule bis heute „digital" und meine Projektarbeit als Mitdenker, aktiv beim Multiplikatoren-Netzwerktreffen etc. Durch meine Gegenwart beim Zusammenschneiden des Filmes bekam ich nochmals eine wichtige neue Sicht auf die vielen notwendigen Schritte, bis eine Szene steht. Dinge, die beim Unterrichten bzw. Coachen wichtig oder störend sind. Wichtig für mich war auch, seine Sicht auf das Thema aus Elternsicht, als Pädagoge und Filmer zu hören.

Es waren Jahre, in denen Inge in unregelmäßigen Reisen in der ganzen Welt unterwegs war. Sie erhielt Ehrungen, schrieb weitere Bücher, Gedichte und Liedtexte. Sehr wohl kamen mir schon damals Gedanken auf, wer im Lehrerkollegium eines Tages den Antriebsmotor macht, wenn ich 2015, Herbst, meinen aktiven Schuldienst beende? Noch gab es unsere begeisterte Rel-Fachschaft und viele Kollegen standen aktiv hinter dem Profil. Nach und nach ergaben sich aber Änderungen im Team durch Teilzeit, Ruhestand und Versetzung.

Ich suchte neue Wege der „Weitergabe". Dabei erfand ich den „Erinnerungskoffer" (vgl. Abschn. 5.7), mein Archiv an Unterlagen, Büchern, Infomaterial, Adressen von Gedächtnisstätten/Ansprechpartnern verdichtete ich, gab Tipps für

---

[53] Zitat L. Rückriem Textbild SC-FR: „Fußball ist bunt, nicht braun".

Museumsbesuche, Literatur etc. – auch im Ausland und ermunterte Referendare/Praktikanten – sich auf das Thema einzulassen als unabdingbar.

Mit Robert Krais eruierte ich, wie man endlich auf höchster politischer und bildungspolitischer Ebene bewusst machen könnte, dass die Bildung zu Toleranz, Respekt und damit für eine Welt der Vielfalt im GS-Alter beginnen muss? Ja – für mich gilt: von klein auf, das ist Elternsache! Das aber war parteipolitisch ein schwieriges Thema, wollte doch keine Partei dadurch Wählerstimmen verhindern.

Ganz deutlich war es auch noch kein Ziel der Landeszentrale für politische Bildung, sich die Projektarbeit nur einmal anzusehen. Krais und ich luden ein, die stellvertretend Anwesende war zwar anwesend, äußerte sich aber nicht. Egal, ich blieb überzeugt, eines Tages würde es gelingen, überhaupt beachtet zu werden.

Als Eltern sahen mein Mann und ich, wie die Gesellschaft sich änderte. Durch die Töchter in Schule, Studium im In- und Ausland, als Auszubildende und in Freundeskreisen hörten wir nicht selten: *„Zum Glück reden wir in unserer family über alles Mögliche.“* Oder: *„Keiner der Zuggäste kümmerte sich um jemand, der wegen der Hitze ohnmächtig geworden war."* Oder wir erlebten ungerechte Machtstrukturen in der Ausbildung, Desinteresse für jegliche Arbeit, die Liste ließe sich fortsetzen. Und im Alltag in der Stadt Abwertung von Mietern/Migranten, bloß weil sie mehrere Plastiktüten als Gepäck verwendeten.

Es gab viel zu tun und bestätigte meine Erfahrung. Dass Erinnerungs- und Willkommenskultur an der Haustür, Schule, überall wo Menschen zusammen sind, geschieht.

3.4 Verdichtung der Thematik

2015 wechselte mein Mann mit 67 Jahren und ich mit 63 die Arbeitstische. Wir mögen die Begriffe „in Rente" oder „Ruhestand" nicht – denn wie gesagt, es war nur ein Wechsel, kein Ende. Beruf ist für uns Berufung und wird höchstens durch Gesundheitliches eingeschränkt.

Die Veränderungen waren wunderbar, mehr Zeit für Familie – Enkelin und Enkel, den Garten, lesen, 4 Wochen im Haus von Freunden am Atlantik. Da ließen sich nochmals die wunderbaren Verabschiedungen durch beide Kollegien nachgenießen. Beide arbeiteten wir mit unseren Fachschwerpunkten als Vertretungen weiter.

3.4.1 Robert Krais – Versuch einer Würdigung als Mentor

Die Kirche St. Bartholomäus in Ettenheim – am 06.02.2023 fasste kaum die Anzahl der Menschen, die bei der Trauerfeier für Robert Krais anwesend sein wollten. Der Pfarrer, Familie, Freunde, Wegbegleiter verschiedenster Religionen folgten den Würdigungen zu Lebensstationen, Lebensleistung, Wirkungen und Nachhaltigkeit. Monika Rappenecker, ehemalige Studienleiterin der Katholischen Akademie Freiburg und Autorin/Kuratorin großer Ausstellungen wie Naziterror gegen Kinder und Jugendliche – fasste die Stationen zusammen.

Für viele Jahrzehnte war er der Impulsgeber, Ansprechpartner für Menschen mit jüdischen Wurzeln in der Regio, Begründer der Führungen und Erhalt des großen Friedhofes in Schmieheim gewesen. Sein Einsatz für die Rück-Überführung des „Raiffeisenlagers" in das Gotteshaus Ehemalige Synagoge Kippenheim war ein großer Teil seines Lebenswerkes. Sein dokumentierter Rundgang auf den Spuren Inge Auerbachers war mein Anlass 1994, ihn kennenzulernen.

Er lebte für diese Aufgabe – seine „innere Liste" dauernd mit Leben zu füllen: Sein Wissen, sein Umgang mit Holocaust-Überlebenden, mit dem Judentum, aber auch seine Erfahrungen mit dem öffentlichen „Umgang" mit Religionen, mit Antisemitismus und selbst mit der Organisation authentischer Begegnungen machten ihn wahrhaft zum besten Mentor.

Sein Haus, mit dauerhafter Unterstützung seiner Frau, war ein offenes Haus für Menschen aus aller Welt, vor allem Holocaust-Überlebende und deren Nachkommen. Er war Wikipedia bezüglich Personen, Ereignisse und Zusammenhänge der Erinnerungsarbeit unserer und der überregionalen Gegend.

Als Pädagoge und Sportler war er außerschulischer Fachmann und Betreuer, jederzeit. Er organisierte authentische Begegnungen, Vorträge, Konzerte, Workshops, Arbeitseinsätze, Fahrten/Wanderungen zu Gedächtnisorten und nach Israel. Er machte als Gründer, Vorsitzender, am Schluss Ehrenvorsitzender des DIA viel Öffentlichkeitsarbeit, vor allem in den Anfangsjahren der Erinnerungskultur, war Israel-Kenner und Reiseführer, war stets auch unbequemer Mahner und durfte als Ergebnis seiner unzähligen Gespräche, Kontakte, Briefe ein Archiv sein eigen nennen, aus dem er seit Jahren ein Buch schreiben wollte über die Kippenheimer Juden. Dieses Archiv wartet darauf, von einem Menschen mit Zeit/Kenntnissen und Leidenschaft für Erinnerungskultur fertiggestellt zu werden! Eventuell auch in Teilen durch Semesterarbeiten, etc. Ein weites Feld für Referendare, Historiker u. a. Momentan ist „Zeit" der begrenzende Faktor auch in meinen Bemühungen um einen kompetenten Autor zu gewinnen. Die zahlreichen Ehrungen waren ihm nicht sonderlich wichtig, höchstens wenn ihm die Medaille mehr Gehör für seine Anliegen (z. B. Spenden) verschaffte!

Wie vielen Überlebenden Robert Krais die verlorene Heimat wieder nahebrachte, mag eine E-Mail an mich vom 15.02.2013 belegen zum Tod von Leo Epstein (einem Kenzinger Bürger/USA, der um 1999 und früher mehrfach Kenzingen besucht hatte):

> *„Liebe Familie Epstein,*
>   *lieber Eli,*
>   *von mehreren Seiten habe ich vom Tod von Leo am 12.02.2013 erfahren. Leo ist uns hier in Kenzingen, Ettenheim, Kippenheim, Schmieheim in guter Erinnerung durch seinen Besuch im Juli 1999. Sein Besuch am 09. August blieb ihm und Eli und*

auch mir in tiefer Erinnerung. Leo erklärte mir damals, wie neu, tief und anschaulich er an diesem Ort den Inhalt des Festes am 09. August erlebt hat.

Leo schrieb mir dazu später am 30.09.1999: ... Als wir Sie hörten im Kreis im Synagogenraum, als ob es eine tiefe Feierstunde wäre unter den Strahlen der untergehenden Sonne beinahe am Ende des TISHA-BEAV, fühlte ich ein besonderes Gewicht auf meinen Schultern, das Andenken und Erinnerungen unserer vergangenen Generationen zu pflegen und an Kinder und Kindeskinder weiterzugeben ... Der Besuch am 22. Juli 1999 ist für mich und meine Familie der Höhepunkt unserer Europareise. In meinem Alter kann ich leider nicht mehr längere Pläne machen, aber so Gott will, werde ich die Erinnerungen pflegen und weitergeben können.

Es ist in Leos, wenn wir in diesen Gedanken (Erinnerung an die vergangenen jüdischen Generationen hier) weiter wirken und miteinander in Verbindung bleiben.

Leos Seele sei eingebunden in den Bund des LEBENS.
SHALOM
Ihr Robert Krais"

Ich schrieb daraufhin zurück:

„Danke, lieber Herr Krais
Für Ihre Worte an die Familie von Leo Epstein! Und danke auch für die Weitergabe an mich – ich werde diese wichtigen Gedanken wiederum weitergeben!

Unsere Grundschule ist seit einem Jahr so in Bewegung geraten durch den Weggang „wichtiger" Kolleginnen (Ruhestand/Versetzung/Krankheit), dass es mir sehr viel Mühe macht – bei den Neuen die Arbeitsatmosphäre/bzw. bewusste Haltung für die ganze Erinnerungskultur aufzubauen. Zum Glück ist bei den Verbliebenen die Toleranzerziehung geblieben. Aber ich empfinde wieder mehr, dass es an meine Person gebunden ist – und davon waren wir schon mal positiv weiter weg!!"

Jahrzehntelang organisierte Krais authentische Begegnungen – um nur einige Namen zu nennen mit Heimatbezug zu Kippenheim: Inge Auerbacher, Stef Werheimer und viele andere Wertheimers, Kurt Meier, Hedy Epstein u. a. Familien Weil.

Durch ihn erfuhr ich nach und nach die Strukturen unserer regionalen Landschaft der Erinnerungsarbeit der 90er-Jahre in der Pionierstimmung „aufzuarbeiten", was bisher aufgrund von Verschweigen von Täter – oder Mittäterschaft, Scham und Mitläufertum, Schock und Neu-beginnen-wollen bei Überlebenden bis hin zu Stumpfheit und Leugnern im Dunkel lag. Das war bis dahin meist von wenigen Einzelpersonen im Ehrenamt geleistet worden. In diesen Beiträgen wurden plötzlich Namen genannt, Namen von TäterInnen und MitläuferInnen, VerräterInnen, aber auch Namen des regionalen Widerstandes. Viel Literatur entstand über das Befinden und Verhalten der „TäterKinder" und „Enkel". Die Überarbeitung der Bildungspläne stand an bzw. der Lehrbücher, endlich! In weiterführenden Schulen gehörten – zwar örtlich sehr unterschiedlich – bald authentische Besuche von Zeitzeugen und Fahrten in ein KZ zum Lehrplan dazu. Die Vergangenheit verschiedenster Politiker wurde untersucht und manche „Heile Welt" zerbrach. Ökumene und Annäherungen der Weltreligionen fanden statt, bei Papstbesuchen, Kirchentagen und Treffen der Weltjugend erreichte die Gesellschaft eine Art neue Offenheit und Verständigung. Die Fortschritte in Wissenschaft und Wirtschaft brachten Bedarf an neuen Arbeitsplätzen und Berufen. Zunehmende Berufstätigkeit der Frauen setzte Kitaplätze und Tagesmütter voraus und hatte kurzgesagt die Verlagerung eines Teiles der elterlichen Erziehung in die Schulen zur Folge. Die Schule sollte es richten, dass sich das Kind „spielerisch" dabei erfolgreich entwickelte und viele sahen plötzlich ein Studium als alleinigen Schlüssel zu Erfolg und Glück im Leben an. Mit dem neuen Bildungsplan 2004 gab es keine andere Möglichkeit, als ein Profil zu entwickeln, das diesen Zielen gerecht werden konnte. Bis heute ist Bildung, Schule deshalb in einem Zustand der Dauerevaluation, vor allem, weil sich Eckpunkte unserer Gesellschaft so rasch ändern.

Robert Krais, vielseitig aktiv von Sport bis als Autor etc. mit viel Erfahrung bezüglich Menschen verschiedenster Herkünfte, Geschichten und Schicksalen – gab deshalb Mut – auch mit noch wenig Erfahrung mit dem ganzen Thema, in seine Fußstapfen zu treten.

Mit jeder Vor- und Nachbereitung eines Inge-Besuches an unserer Schule, dem Ort oder unserer Region wuchs meine Sicherheit als Vermittlerin, dem Begriff Holocaust und Antisemitismus ein Gesicht zu geben. Und weiterzugeben als Zweitzeugin. Und in der eigenen Vergangenheit der Familie zu forschen.

Krais mahnte und ermunterte, informierte und beriet, organisierte ohne Ende und war oft selbst überrascht, welche Erkenntnisse und sichtbare Ergebnisse das Projekt Inge-Auerbacher-Tag hervorbrachte, welch empathische Worte, Regeln, künstlerischen Ausdruck auch Kinder im Grundschulalter finden und damit eine große „Reife" im Denken schon möglich ist. Das ist Basis für empathisches Handeln. Subjektiv habe ich die Erfahrung, dass seine Impulse wir sowohl für meinen Beruf als auch im Hinblick auf mein privates Leben als Teil der Gesellschaft viel Sinn erschlossen haben. Ich habe die Einfachheit kennengelernt, das, was an Erinnerungskultur zum täglichen und selbstverständlichen Denken und Handeln mit dabei sein muss.

Dieser Versuch einer Würdigung zeigt nur eine Fensterbreite seiner Bemühungen und ich möchte ihn ergänzt wissen durch die Würdigung von Widen the Circle in Facebook 13. März 2023. Er war 2005 selbst Obermayer Award Winner gewesen.

Sein größtes Lob erhielten mein Mann und ich von ihm in einer Mail vom 17.02.2022:

„Lieber Herr Weber,

... Was ihre Frau und Sie mit der Einladung von Inge nach Kenzingen ideell, zeitlich und finanziell geleistet haben, kann wohl niemand besser beurteilen als ich, da ich Inge zu 10 Veranstaltungen eingeladen hatte, dann aber auch Hedy Wachenheimer-Epstein, Kurt Maier, Alice Goldstein, Amira Gezow, Eva Cohn-Mendelsson, Erich Reich, Paul Niedermann, Hanna Meyer-Moses ...
Danke!!
... Vielen Dank für den Verkauf der 90 Gedichtbände und die Überweisung der 360 €. Ich bin so froh, wenn diese Gedichte als Ergänzung zu „Ich bin ein Stern" unter das Volk kommen. Von den 2000 sind jetzt über 1000 vertrieben, also noch genug bei mir (bzw. beim Verlag Stückle lagernd) vorhanden.
Von Alice Goldsteins „Normale Bürger – widrige Zeiten" sind noch ca 60 Exemplare übrig!
Vielleicht klappt es noch, unsere Pressemappen auszutauschen.
Shalom und liebe Grüße an Sie und ihre Frau
Ihr
Robert Krais"

3.4.2 Herausgabe Pforte 2014–2016 Städtepartnerschaft Kenzingen-Vinkovci

Ich brachte Inge 2018 wieder an die Schule, als sie eine Deutschlandreise machte. Zwischenzeitlich war ich als Lektorin in die Arbeitsgemeinschaft für Geschichte und Landeskunde in Kenzingen e. V. (AgGL)[54] meines Mannes eingestiegen. So durfte ich die Endherstellung eines Europaprojektes mitgestalten: die Herausgabe einer Pforte in deutsch und einer in kroatisch im Rahmen der Städtepartnerschaft Kenzingen-Vinkovci![55]

3.4.3 Herausgabe Pforte 2019 über die jüdische Geschichte Kenzingens

Und gleich darauf, mit der Herausgabe 2019, entstand eine Pforte-Ausgabe zum Umgang mit der jüdischen Geschichte in Kenzingen. Anlass war das Kennenlernen der Autobiographie der Tochter eines Kenzinger Bürgers Alfred Epstein, der als Resistance Kämpfer in der Provence fiel. Zusammenarbeit wichtiger Multiplikatoren trug zum Entstehen der 2019-Pforte in einer einmaligen Geschwindigkeit von 1,5 Jahren einschließlich Druck bei, weil ein Termin feststand, an welchem mehrere Angehörige jener Tochter Irene De Coup geb. Epstein und Nachkommen einer

---

[54] www.aggl-kenzingen.org.
[55] www.kenzingen.de/kenzingen/staedtepartnerschaft/.

zweiten Familie in unsere Stadt zu Besuch kamen, darunter auch die noch in Kenzingen geborene Alice Goldstein Dreifuss, heute 93 Jahre alt und recht aktive Autorin und Coach in USA für das Thema. 2017/2018 wollte Robert Krais mich überreden, den DIA zu übernehmen, aber ich war total ausgelastet. Aber einen Teil der Reiseorganisation für regionale Besuche von Überlebenden übernahm ich.

Die Präsentation der Pforte 2019 und der Besuch der Familien mit 4 Generationen war überwältigend und die Freundschaft „für immer". Wir pflegen sie gerne.

3.4.4 Berlin wird wichtig – Lernfortschritte

2019/2020 meinte Krais, die Zeit sei reif, dass ich ihn bei einem Jubiläums-Forum in Berlin bei der Obermayer-Foundation[56] vertrete. Ich hatte keine Ahnung und mein Mann und ich nahmen – nachdem ich eine Einladung erhalten hatte – an deren Workshops[57] teil.

Die 3 Tage Workshop in Bielefeld (Abb. 3.66 und 3.67) waren eine Offenbarung: Wir lernten Menschen kennen in Institutionen, kleinen Gruppen, Einzelpersönlichkeiten, die quer durch die Bevölkerung alle für mehr Demokratie, Vielfalt und Respekt tätig waren, ja ihre ganze Energie diesem Ziel widmeten. Darunter Menschen, die ein Arbeitspensum erledigten, als hätten sie mehrere Leben!

Man lernte sich in Workshops, Diskussions- und Vortragsrunden, einem Markt der Projekte und Rollenspielen kennen. Mein Alleinstellungsmerkmal „Projekt für 6 bis 10-Jährige" kristallisierte sich heraus und ich hatte viele Interessenten an meinem kleinen Präsentationstisch, was mich auch sehr optimistisch stimmte. Im Verlauf einer Aussprache tat ich dann wohl den Satz kund, der meinem Wunsch nach Erkennen der Wichtigkeit meines 30-jährigen Projektes vorwärts half und die Jahre bis heute bestimmt!

Auf die Frage, was man tun könnte, um mit Zeitzeugen umzugehen, antwortete ich „*Es ist doch gar nicht schwer, mit Holocaust-Überlebenden umzugehen. Normal eben! Einbeziehen*". Ob mein Projekt auch auf Jugendliche und Erwachsene anzuwenden sei? Ja natürlich! Über Generationen! Die Workshop-Tage endeten mit der festlichen Verleihung des Obermayer Awards 2020 an verdiente Deutsche, die sich für die Erhaltung jüdischen Lebens und gegen Antisemitismus/Rassismus einsetzen. Eine Preisträgerin G.H. hatte meine Antwort als so wichtig empfunden, dass sie mich an entscheidender Stelle empfahl und mir unverzichtbare Ratschläge gab. Wir fuhren

---

[56] www.obermayer.us.
[57] Initiativen, Aktivitäten und Workshops der Obermayer Foundation firmieren unter www.widenthecircle.org.

Abb. 3.66 und 3.67 Widen the Circle – Workshops in Bielefeld im Oktober 2022. (Quelle: Widen the Circle)

mit einem ungeheuren Sendungsbewusstsein nach Hause, mit dem Ziel der Weitergabe dessen, was wir erlebt hatten, mit der Absicht, diese tieferlebte Empathie in den Menschen unserer Umgebung zu wecken. Mein Mentor war sehr zufrieden.

Neben unserem ehrenamtlich reichen Terminkalender hatte ich meine neue Aufgabe gefunden, mein Projekt in seiner Bedeutung vorläufig einzuordnen gelernt und dies noch um so mehr, als kurz danach aus Anlass des 20-jährigen Bestehens der Obermayer Awards die Erweiterung des Netzwerkes entstand: Widen the Circle. Das – hoffte ich, könnte der Beginn regionaler, internationaler Zusammenarbeit sein und das Nebeneinanderher-arbeiten beenden. Heute – 2025 – stelle ich fest, dass es in Teilen gelingt.

Das Forum in Berlin fand Ende Januar 2020 statt, im März wurde die Corona-Erkrankung zur Pandemie erklärt. Die internationale Gesundheitsnotlage wurde nach Lockdowns und strengen Regeln erst im März 2023 offiziell beendet. Die Zeit des Home-Office begann, die eingeschränkten Kontaktmöglichkeiten erlaubten den Menschen viel Zeit zuhause, aber damit auch die Last der Überforderung in Selbstorganisation des Lernens, Arbeitens, Freizeit. Für uns persönlich brachte diese Zeit viele Möglichkeiten der Archivarbeit (kein anderer Interessent – keine Ansteckung) und Home-Office. Meine Vertretungsstunden an der Grundschule endeten. Wir hielten uns strikt an Empfehlungen der Gesundheitsbehörde, ließen uns impfen und trugen Maske, so unangenehm es auch war, genau wie das dauernde Testen.

3.4.5 Pandemie und Inge's Wunsch

Bei Inge in den USA war es genauso. Sie sinnierte, ob es ihr wohl je wieder möglich war, nach Deutschland zu kommen, dabei hätte sie noch viele Pläne. Ein geheimer Wunsch sei es auch, einmal vor dem Bundestag zu sprechen und als Baden-Württemberg-Landeskind etwas zu sagen. Sie hätte einiges zu sagen ...

Dieser Wunsch bewegte meinen Mann und mich zutiefst, vor allem, weil es diese Möglichkeit jährlich anlässlich des Holocaust-Gedenktags am 27. Januar im Deutschen Bundestag gab (1996 von Bundespräsident Roman Herzog auf Empfehlung von Dr. Wolfgang Schäuble eingeführt).[58] Dabei gedenkt der Bundestag der Opfer des Nationalismus. Anlässlich des Gedenkens 2021 war Charlotte Knobloch die Rednerin. Warum sollten wir nicht versuchen, Inge dies zu ermöglichen? Überzeugt von der Bedeutung besprach mein Mann 2020 die Idee mit Peter Weiß (MdB) (Abb. 3.68) anlässlich einer Wanderausstellung zur Geschichte des Deutschen Bundestags im Rathaus Endingen. Dieser war sehr aufgeschlossen und vermittelte die Idee an den Bundestagspräsidenten Wolfgang Schäuble, der Inge schon kannte. Tatsächlich erhielten wir nach einigen Tagen die Bitte, ich solle Wolfgang Schäuble Informationen über Inges Friedensarbeit und mein Projekt mit ihr zusenden. Ich hatte viel Material und es wurde ein Infopaket, reich illustriert und besonders hervorgehoben Inges Gabe, in verständlicher Sprache Tatsachen beim Namen zu nennen – über Generationen und Ländergrenzen hinweg.

Abb. 3.68 MdB Peter Weiß bei seiner Rede am 1. Multiplikatoren Netzwerktreffen in Kenzingen am 02. Februar 2022. (Quelle: Bianca Weber-Lewerenz)

---

[58] www.bundestag.de/dokumente/textarchiv/2021/kw02-kalenderblatt-opfer-nationalsozialismus-815880#:~:text=Roman%20Herzog%20im%20Deutschen%20Bundestag,durch%20Soldaten%20der%20Roten%20Armee.

Wiederum einige Zeit später teilte das Büro Schäuble mit, dass für 2021 schon eine Holocaust-Überlebende festgelegt sei, aber man würde Inge für 2022 vorsehen.[59,60] Und ob man mich dann aktuell zur Planung nochmals kontaktieren könne, da ich sie so lange kenne. Einige VertreterInnen meines Netzwerkes musste ich frühzeitig informieren, im Allgemeinen aber taten wir diese Info noch nicht kund. Trotzdem erlebte ich Reaktionen von Kopfschütteln über ungläubiges Staunen bis hin zur Frage, wann wir endlich in Rente gehen würden. War man vermessen – solch eine Idee zu verwirklichen? War es Verrücktheit, Langeweile, Überschätzung oder war unsere Gesellschaft so anspruchslos, ideenlos? Wir hatten doch das Glück, in einer Demokratie zu leben und das bedeutete ja, Mitgestalten, also Ideen in Handlung umzusetzen. Frisch und frei! Und – Demokratie muss immer wieder erarbeitet werden, so wie Respekt, Toleranz, Vielfalt immer wieder bewusst gemacht, gezeigt und getan werden müssen. Über Bedenkenträger hinaus, so wie eine Schulklasse daran glaubt, von einer Autorin eine Antwort zu bekommen. Miteinander erleben. Wir glauben an eine Idee und erleben auch oft und dankbar deren Verwirklichung. Das stärkt – und zeitlebens ist es mein Anliegen, SchülerInnen – Menschen allgemein zu vermitteln, gute Ideen verwirklichen zu wollen und zu können. Das Gefühl war mir seit Kindheit vertraut und wichtig.

Ideen, Dinge umzusetzen auf das Tun im Alltag – im eigenen Leben, bereichert unsere Gesellschaft, füllt Lücken dessen, was getan werden sollte und schafft Zufriedenheit, hält fit. Das ist eine Kur, nur dauert sie oft ein Leben lang.

Hätte ich – hätten wir geahnt – was wir die nächsten Jahre erleben durften – ich hätte es selbst nicht für möglich gehalten.

3.4.6 Vorbereitung der Berlinreise Inges und zurück zu ihren Wurzeln Kippenheim – Jebenhausen – Göppingen

Ende Juni 2021 erhielten wir von Peter Weiß (MdB) die freudige Nachricht, dass Inge die Rednerin 2022 im Bundestag sein würde und die Pressemeldung ließ die Regio aufhorchen. Inge selbst reagierte sehr beehrt und dachte sofort darüber nach, eine einfache gute Rede für jedermann verfassen zu wollen. Sie sähe sich als Inge aus Kippenheim und als solche würde man von ihr nicht eine hochtrabende Rede erwarten. Das war mir klar – und im Voraus gesagt – es wurde eine grandiose, berührende Rede, wo mir Menschen jetzt noch 3 Jahre danach – berichten, wie sie berührt gewesen waren oder erst die „Tragweite" der Naziverbrechen verstanden

---

[59] Die Gastredner der Holocaust-Gedenktage seit 1996 unter: www.bundestag.de/gedenkstunden.

[60] www.bundestag.de/gedenkstunde_2022.

hätten. Es war alles sehr besonders. Sehr aktuell, realistisch, keine Spur von Umschwärmen der Person Inge. Es gab nämlich durchaus Äußerungen in meiner weiteren Umgebung, die der Meinung waren, es wäre wohl die Höhe, dass Holocaust-Überlebende jetzt auch noch mit ihrem Leid verdienen, ihr Leid „vermarkten", es wäre nun mal genug der Erinnerung „und der Schuldzuweisungen an Deutsche und überhaupt hätte Deutschland auch sehr gelitten." Da war wieder das alte Bild des Judenhasses. Zusammen mit den Verschwörungstheorien der späteren Pandemiezeit ein übles Gebräu aus Unwissen, politischem Desinteresse, Menschenverachtung und Vorurteilen, Gewaltbereitschaft, die beängstigend war.

Seit dem Zeitpunkt suchte ich jede Gelegenheit, meine Erfahrungen weiterzugeben an die LehrerInnen im Sinne von Dr. Felix Klein, Antisemitismusbeauftragter der Deutschen Bundesregierung,[61] „*das Thema muss prüfungsrelevant werden*". Wie können JunglehrerInnen sonst mit solchen Gesprächspartnern umgehen, ohne kläglich unterzugehen? Solche Gespräche sind auch für mich immer noch eine große Herausforderung.

Aber wie sollte ich jetzt die große Freude, die große Bedeutung dieses offiziellen Auftrages und die Tatsache, dass wir Inge schon 30 Jahre ganz normal als Freundin, als „außerschulische" Veranstaltung kannten, meinem Netzwerk – allen voran meiner ehemaligen Grundschule – dem inzwischen beinahe erneuerten Kollegium nahebringen? Diese konnten die Mitteilung kaum fassen! Ich wollte aber doch deren Aktivitäten zum Projekt sehen, denn es war mir klar – wenn Inge in Berlin diese großen Tage erlebt, dann möchte ich sie auch hier in Kenzingen haben – irgendwie. Wer bezahlt das aber alles und welche Organisation darum herum ermöglicht meine Ideen? Ich war trotzdem zu jeder Zeit überzeugt. Klappen würde es!

Alles nahm seinen glücklichen Lauf: Der freie Autor und Journalist Igal Avidan,[62] Kenner der sensiblen, schwierigen Nahostprobleme, in Tel Aviv geboren, nun in Berlin für deutsche und jüdische Presse arbeitend, rief mich an und bat um Informationen über Inge, ihren Geburtsort und mein Projekt. Er hatte schon mit Robert Krais telefoniert und wollte eine neue SWR2-Sendung[63] machen über Inge und Kippenheim aktuell, ergänzend zu anderen Sendungen über die Kippenheimer Juden. Von nun an war ich sozusagen als Inges Büro in Europa gefragt für Ideen, Zusammenhänge und Vermittlerin zu Inge in New York.

---

[61] Beauftragter der Bundesregierung für jüdisches Leben in Deutschland und den Kampf gegen Antisemitismus (www.antisemitismusbeauftragter.de/Webs/BAS/DE/startseite/_documents/beauftragter.html).

[62] www.de.wikipedia.org/wiki/Igal_Avidan.

[63] SWR2 Leben: In Kontakt und Erinnerung – Die einstigen Juden im badischen Kippenheim. Von Igal Avidan
Sendung vom: 30.12.2021, 15.05 Uhr.

Die Interviews sollten Anfang August 2021 in Kippenheim stattfinden. Für meinen Teil organisierte ich eine Kaffeezeit im ehemaligen Elternhaus Inges mit den heutigen Besitzern, deren Elterngeneration es günstig erworben hatte und guten Kontakt zu Inge pflegten. Krais' Interview-Ort war die ehemalige Synagoge gegenüber, deren Erhalt und Wiederherstellung ihm größtenteils zu verdanken war. Übernommen als Förderverein ehemalige Synagoge Kippenheim[64] – heute als Lernort und Gedächtnisstätte, hatte es für eben für diesen Verein Jürgen Stude. Ein weiterer Vertreter dieses Vereins machte mit Avidan einen Rundgang durch das jüdische Kippenheim. Laut Internetrecherche gab es zur Zeit der Machtergreifung 1933 noch 144 jüdische Bewohner.[65]

Der Vater des Komponisten Kurt Weil stammte aus Kippenheim, ebenso der israelische Unternehmer Stef Wertheimer. Als letztes jüdisches Kind wurde Inge hier geboren. Avidans Recherchen sind tief und sensibel aufgebaut. Genauso sind seine Bücher über Personen, Erklärungen für viele Geschehnisse, die in dieser Art von der täglichen Pressedarstellung weit entfernt sind – informieren eben tief hinter den Kulissen. Da mein Projekt als Schulprojekt mit Kindern im Grundschulalter noch neu war und ich schon immer die Rolle des Lehrers/der Lehrerin als besonders wichtig empfand, erinnere ich mich sehr genau, wie oft ich meine Aussagen verbesserte, um die Lehrerschaft und natürlich auch die Eltern von der Dringlichkeit zu überzeugen. Igal wollte eindeutige Wortwahl. Wir sind seitdem im Austausch über die Rahmenbedingungen zu dieser Lehrerrolle und ich lerne über Israel die Begriffe Israeli und Jude, Hamas und Palästinenser usw. in neuer Definition kennen. Die Definition und Trennung ist wichtig – denn wie viele werfen Hamas und Palästinenser in einen Topf. Dies sei an dieser Stelle nur als eines von vielen Beispielen genannt.

Bei diesem Besuch Igals in Kippenheim ergab sich auch sogleich die Chance, ihn zu einer Lesung in der Synagoge zu gewinnen Frühjahr 2022 mit seinem Buch „Mod Helmy"[66] – über den ägyptischen Arzt Mod Helmy, der in Berlin Juden versorgte und rettete mit unvorstellbarer Energie und trotz vieler Repressalien. Auch 2025 ist wieder eine Lesung in der wunderschönen Synagoge mit ihm geplant, dann mit seinem 2023 erschienenen Buch „… und es wurde Licht".[67,68]

---

[64] www.ehemalige-synagoge-kippenheim.de.

[65] www.kippenheim.de/gemeinde/ueber-kippenheim/ortsportrait-1.

[66] Igal Avidan (2017). Mod Helmy: Wie ein arabischer Arzt in Berlin Juden vor der Gestapo rettete. dtv Verlagsgesellschaft mbH & Co. KG, 1. Edition.

[67] www.youtube.com/watch?v=yoiPeokyHQE.

[68] www.berenberg-verlag.de/buecher/und-es-wurde-licht.

3 Wenn Wege sich kreuzen – We are one

In diesem August 2021 begannen im weitesten Sinne die Vorbereitungen für Inges Reise Ende Januar/Anfang Februar 2022. Die Bundestagswahl September 2021 sollte vor dem „Durchstarten" noch durchgeführt werden. Es meldete sich ein Diplomat J.F. aus Berlin, der Wolfgang Schäuble oft begleitete und für die Planung mit Durchführung der gesamten Veranstaltungen mit Protokoll, Presse, Interviews, Videos, Zooms an den verschiedenen Orten mein Ansprechpartner sein sollte. Die momentan wichtigste Frage bestand in der Wahl der Stationen und wer/wie/was dort beitragen würde. Das war meine Chance für einen Termin in Kenzingen! Eine Woche war für Berlin festgelegt zum Rahmenprogramm der Rede bzw. ein Filmtag in Babelsberg für ein Hologramm-Interview (Abb. 3.69).

Die zweite Woche konnte mit einem Ruhetag beginnen. Dann Kippenheim, da Herr Schäuble nur da dazu kommen konnte. Dann zwei Schulbesuche meiner ehemaligen Grundschule, der private Nachmittag bei uns und dann Weiterreise nach Jebenhausen und Göppingen, Ruhetag, nach Frankfurt zurück und am nächsten Tag Rückflug nach New York.

Die Anzahl der Telefonate übersteigt die Vorstellung – die Mails, SMSen, Besuche, Termine in den nun folgenden 8 Monaten ebenso und würde sicher in vielen

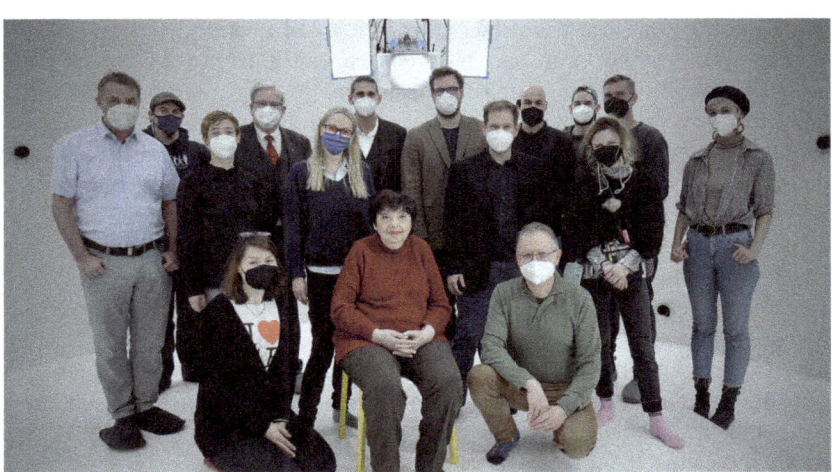

Abb. 3.69 Inge in den Babelsberger Volucap Studio, Filmuniversität im Rahmen des Projekts „Volumetrisches Zeitzeugnis von Holocaustüberlebenden" im Januar 2022. (Quelle: Volucap Studio, Bericht und Bild von Merle Jothe)

„normalen" Haushalten für Jahre reichen. Mein Haushalt musste mal wieder angepasst werden! Mein Mann war großartig und Rollen bei uns nicht festgelegt. Auch unsere Helferfreundin E. bekam mehr zu tun. Nur so war alles zu managen. Mein Mann übernahm meist Einkaufen, Kochen und ganz wichtig – viel Schreibdienst für offizielle Schreiben, denn Verwaltung und deren Regeln kennt er im Traum. Wir lernten Menschen, Institutionen kennen in ganz Deutschland und international und die Themenbereiche erweiterten sich um ein Vielfaches. Erinnerungsarbeit, Erinnerungskultur – brauchen wir eine neue? Ich gewöhnte mich an kurze und mittellange Statements, knappe Zusammenfassungen meiner Erfahrungen, bildungspädagogische und politische Aussagen, Kurzinfos schriftlich, telefonisch an Gedächtnisstätten, Redakteure, Presseleute, Film und Fernsehen und ich hatte mit Menschen zu tun, deren Namen von daher bekannt sind. Ich lernte noch protokollarischer zu denken, wenn es um Termine ging und deren Ablauf in der Realität.

Im Prozess dauernder Feinabstimmung mit Inge stellte ich fest, dass ich sie recht gut kannte und Entscheidungen und Wünsche ihrerseits oft schon ahnte. Es gab viele Bekannte von ihr, die unbedingt in Berlin eingeladen werden wollten, auch von Krais erhielt ich eine Liste. Dies konnte aber wegen der Pandemieregeln und vom Protokoll her wenig berücksichtigt werden. Aber schon im Vorfeld wurde in der Presse viel berichtet und viel wurde übertragen im TV. Letztendlich wurde von den Lebensstationen Inges – d. h. Kippenheim, Jebenhausen, Göppingen, Kenzingen (diese Auswahl entstand schon allein durch den Reiseablauf) Leute für das Berlinprogramm eingeladen und vom Pandemierecht begrenzt. Schlussendlich sollte ich bzw. mit meinem Mann Kippenheim und Kenzingen vertreten, von Jebenhausen U. Haas, von Göppingen der OB Alex Mayer, Hansjörg Deng, Diplomat des Auswärtigen Amtes, J. Fahlbusch als Organisator der Bundestagsveranstaltungen und K. Jungblut von der Shoa-Foundation. Sie war ein Glücksfall bis heute – denn sie war bereit, Inge während der gesamten Reise als Fahrerin und persönliche Begleiterin zu unterstützen. In dieser Konstellation und gegenseitigen Unterstützung waren wir im Bundestag und bei verschiedenen Empfängen und Anlässen.

Die persönlichen Begegnungen, Erfahrungen und Schlussfolgerungen zu beschreiben, wäre großartig und würde einen gesonderten Beitrag ergeben. Wir erlebten „Regierung, Parlament" – die ganze Staatsspitze nah und zugewandt, alles ins Äußerste diszipliniert (Protokoll) und wurden als Delegation Inges sehr „sehr staatsaktlich" empfangen (Abb. 3.70, 3.71, 3.72, 3.76, 3.77 und 3.78). Ein Detail ist noch wichtig. Beim letzten Zoom aller Organisatoren – vor der Berlinfahrt, fragte man mich, ob mir noch was einfiele. Ein Antippen meines Mannes erinnerte mich an den russischen Botschafter, dem Inge unbedingt begegnen wollte, denn Russen hatten das KZ Theresienstadt 1945 befreit. Ja, die Diplomatie prüfte, da die Situation angespannt war. Inge begegnete ihm, sie sprachen über ihr Anliegen –

Abb. 3.70 und 3.71 Empfang und MdB Gespräch in Berlin am 26. Januar 2022. (Quelle: Stella von Saldern)

Abb. 3.72 Empfang bei der Präsidentin des Deutschen Bundestages Bärbel Bas vor der Gedenkrede Inge's im Januar 2022. (Quelle: Bundespräsidentin)

Frieden. Zwei Wochen später, am 24. Februar 2022, begann der russische Überfall auf die Ukraine.

Die Rede im Bundestag berührte alle zutiefst, auch der Gang zum Rednerpult, die Begrüßung und Umarmung mit dem Präsidenten der israelischen Knesset, Mi-

Abb. 3.73–3.75 Inge's Rede zum Tag des Gedenkens an die Opfer des Nationalsozialismus am 27. Januar 2022 im Deutschen Bundestag Berlin. (Quelle: Bundestag)

Abb. 3.76 Empfang bei Annalena Baerbock zum Student Talk Zoom 27. Januar 2022. (Quelle: Bildnachweis Felix Zahn/phototek.de)

ckey Levy,[69] dem wir bei einem Empfang von Bundestagspräsidentin Bärbel Bas gegenübersaßen (Abb. 3.73–3.75). Ich konnte sogar aufzählen, was ich aus Sicht meines Projektes für die Treffen deutscher und israelischer Jugendlicher wichtig finde. Die Erfahrungen dieser Zeit widersprechen allem – was immer mal behauptet wird – *„man habe eh keinen Einfluss auf die da oben"* (Abb. 3.76).

Auch der zweite Empfang in der Landesvertretung Baden-Württemberg (Abb. 3.77) hinterließ herzliche Kontakte für eine konstruktive Kommunikation bis

---

[69] www.bundestag.de/dokumente/textarchiv/2022/kw04-gedenkstunde-rede-levy-879316.

3 Wenn Wege sich kreuzen – We are one   119

Abb. 3.77 Empfang und Arbeitsgespräch in der Landesvertretung Baden-Württemberg in Berlin am 27. Januar 2022. (Quelle: Landesvertretung Baden-Württemberg)

Abb. 3.78 Inge besucht mit Bärbel Bas das Elternhaus von Ruth, Inge's Freundin, in Berlin, am 28. Januar 2022. (Quelle: privat)

heute. Was an ganz Handwerklichem festzuhalten ist – hat noch viel Luft nach oben in der Verbesserung: Diese ganze Arbeit unsererseits ist ja Ehrenamt. Als solche haben wir auch finanzielle Auslagen. Berlin wurde finanziert, aber für das ganze Drumherum der Veranstaltungen, Fahrten, Telefonaten, Laptop ging kaputt etc. muss man sehr aktiv hinterher sein und die Anträge sind zum Teil unglaublich aufwendig und bürokratisch. Kein Wunder, wenn viele Ehrenamtliche, Lehrer etc. schon deshalb auf viele Möglichkeiten verzichten (Abb. 3.78).

3.4.7 Erstes Multiplikatoren Netzwerktreffen – Würdigung Inges Lebensleistung – Perspektive einer Erinnerungskultur der Zukunft

Eine meiner Hauptaufgaben bestand in der Kontaktvermittlung und Mitplanung der Veranstaltung(en) in Kenzingen, Kippenheim, Jebenhausen und Göppingen (Abb. 3.79, 3.80 und 3.81). Für Kenzingen – meine ehemalige Grundschule – entwickelte ich dank großer Unterstützung der ehemaligen Studienleiterin der Katholischen Akademie Freiburg M. Rappenecker, das Erste Multiplikatoren Netzwerktreffen (Abb. 3.82–3.89) (Erinnerungsbuch für Inge Auerbacher/Besuch in der Grundschule an der Kleinen Elz, Begegnung-Würdigung 02.02.2022 – Perspektiven zukünftiger Erinnerungskultur) mit der Würdigung von Inges Lebensleistung – vor allem eben in unserer Region und der Perspektive einer Erinnerungskultur für die Zukunft.

Und es zeigte sich, im Erinnerungsbuch wollten sich einige aus meinem Netzwerk in vielfältigster Form kurz vorstellen. Ehemalige Wegbegleiter und zukünf-

Abb. 3.79 und 3.80 OB Alex Maier verleiht die Ehrenbürgerwürde der Stadt Göppingen an Inge, 5. Februar 2022. (Quelle: Stadt Göppingen)

Abb. 3.81 Inge besucht das Jüdische Museum in ihrer alten Heimat Jebenhausen am 9. Februar 2022. (Quelle: Beitrag „Göppinger Ehrenbürgerin feiert Geburtstag: Mutige Mahnerin gegen das Vergessen" der Südwest Presse am 30.12.2024, Bild: Giacinto Carlucci)

tige, politische Vertreter aus Kreis, Abgeordnete aus dem Landtag und Bundestag kamen und das Projekt wurde zum „Modell" erklärt. Es wurde vor allem – und so war es gedacht – ein wunderbarer Nachmittag für Inge im Kreis so vieler lieben Menschen, die sie von Schul-Theaterprojekten oder Lesungen kannte.

Abb. 3.82–3.89 Erstes Multiplikatoren Netzwerktreffen am 02. Februar 2022 in Kenzingen, Alte Festhalle. (Quelle: Bianca Weber-Lewerenz)

3.4.7.1 Erinnerungsbuch für Inge Auerbacher

Erinnerungsbuch

für

Inge Auerbacher

*

Besuch in der

Grundschule an der Kleinen Elz Kenzingen

Multiplikatorentreffen

Begegnung und Würdigung

am Dienstag, 01. Februar 2022

*

Perspektiven zukünftiger Erinnerungskultur

Für die großzügige Unterstützung, ohne die das Multiplikatorentreffen und der Besuch von Inge Auerbacher nicht hätte realisiert werden können, **danken wir**

Herrn Dr. Wolfgang Schäuble MdB, Herrn Peter Weiß, Frau Karen Jungblut, dem Deutschen Bundestag, der Stiftung „Erinnerung, Verantwortung und Zukunft" (evz), der Landeszentrale für politische Bildung Baden-Württemberg, der Stadt Kenzingen, der Gemeinde Kippenheim, dem Förderverein Ehemalige Synagoge Kippenheim e.V., der Stadt Göppingen.

Unser besonderer Dank gilt Inge Auerbacher, die mit unermüdlichem Einsatz für Frieden und Verständigung auch in diesem Jahr wieder in Deutschland unterwegs sein wollte.

Kenzingen, im Januar 2022

Inge Auerbacher – Begegnung – Würdigung
Multiplikatorentreffen

am Dienstag, den 01. Februar 2022, 14 bis 17 Uhr
Kontrolle/Einlass ab 13 Uhr
Grundschule an der Kleinen Elz Kenzingen
Alte Halle, Balgerstr. 4

Programm

Begrüßung	Rektorin Birgit Beck
	Bürgermeister Matthias Guderjan
	Eintrag ins Buch der Stadt Kenzingen
Grußworte	Peter Weiß
	Präsident des Maximilian-Kolbe-Werkes und Vorsitzender der Maximilian-Kolbe-Stiftung
	Initiatorin Roswitha Weber
Dank	Inge Auerbacher
Austausch	Fragen an Inge Auerbacher
	Einschätzungen und Anregungen
	Moderation Monika Rappenecker
	Studienleiterin i.R., Katholische Akademie Freiburg und Koordinatorin der Initiative "Nazi-Terror gegen Jugendliche"
Abschluss	Inge liest aus ihrem Gedichtband

Markt der Möglichkeiten/Büchertisch

Einladung von Inge zu kommunikativer Kaffeezeit

VORWORT

Die Idee zum Erinnerungsbuch hatte Monika Rappenecker in einem unserer kraftvollen Vorbereitungstelefonate zum Multiplikatorentreffen! Speziell – um die Erzählzeit der einzelnen TeilnehmerInnen zu verkürzen, ein didaktischer Kniff. Es wurde daraus eine wunderbare Bestandsaufnahme regionaler Erinnerungsarbeit der letzten Jahrzehnte. Schulen, Ehrenamtliche, Gedächtnisstätten, Gemeinden, Städte, Deutsch-Israelischer Arbeitskreis Südlicher Oberrhein e.V. (DIA), Katholische Akademie Freiburg, Maximilian-Kolbe-Werk u.a., die Kirchen, Fördervereine stehen als Aktive im Verlauf einer langen, langsamen Entwicklung der Erinnerungskultur vom Schweigen über Schuldfrage, Aufklärung hin zu Begegnung, Versöhnung, Willkommenskultur und Aktualisierung für die Zukunft. Und dies alles in einer multikulturellen Gesellschaft, von Digitalisierung und Fragen nach Künstlicher Intelligenz (KI) und Ethik bestimmt.

Für mich als Initiatorin dieses Treffens und dann Koordinatorin – immer im Dialog mit Inge – füllte diese Aufgabe die letzten Monate und erfüllte mit viel Freude ob den Begegnungen mit dem Netzwerk, vor allem auch einem neuen Personenkreis aus Politik und Medien.

Es ließen sich Hunderte Anregungen formulieren, was Inge uns im Laufe der Zeit alles empfahl: Alles, was wir tun, hinterlässt Spuren, Optimismus und das Positive sehen für eine bessere Welt. Erinnern, miteinander reden, leben, versöhnen, lachen mit allen Menschen, egal welche Hautfarbe, Religion und Kultur; in den Familien erzählen, Vorbild sein; für manche öffnet Inge erst das Tor zu Geschichte; immer ein Stern sein, der leuchtet für das Gute. Diese Energien in unserer Region zu bündeln, zusammen zu bringen, das war mein Ziel für heute.

Aber auch die Richtung zu weisen, dass es für die besondere Chance und Verantwortung, die die Rolle des Lehrers in sich birgt, notwendig ist, besonders für JunglehrerInnen – gecoacht zu werden. Mein Blick liegt dabei auf der Pädagogischen Hochschule und den Gedächtnisstätten, auf Aus- und Fortbildung. Und einem unbürokratischeren finanziellen Rahmen, denn Erinnerungskultur kostet Geld. Mein Dank gilt allen Aktiven, als Mentor und wandelndes Wikipedia möchte ich stellvertretend Robert Krais als langjährigem ehemaligen Leiter des DIA für seine Lebensleistung danken!

* * *

Liebe Inge, dir sind wir einfach nur dankbar für alles und wünschen dir weiterhin Gesundheit, diese Energie und dein Ohr für deine weltweiten Kontakte. Für die 30 Jahre mit dir, die Vorbereitung dieser Reise und die gemeinsamen Tage in Berlin und hier, dein Vertrauen – danke! Alle Anwesenden sind Botschafter für Respekt und Frieden!

Dank an den ehemaligen Rektor dieser Grundschule an der Kleinen Elz Kenzingen zu Beginn des Projektes Detlef Fressle. Dank an das Kollegium, alle paar Jahre erneuert – für alle wunderbare Zusammenarbeit, Birgit Beck, deine immer offene Tür und die Vorbereitung für heute! Lehrerberuf ist Berufung, er endet nicht mit dem „i.R." Danke an meine Familie, meinen Mann, meine Internatsschwestern des Clara-Schumann-Gymnasiums Lahr im Chat, und Weggefährten.

Kenzingen, 16. Januar 2022

Roswitha Weber, Lehrerin i.R.
Gruppenbotschafterin Widen the Circle

Inge Auerbacher

Im Geburtshaus des Johann Georg Stulz kam Inge Auerbacher am 31. Dezember 1934 als **letztes jüdisches Kind, das in Kippenheim geboren wurde,** zur Welt.

1942 wurde sie als Siebenjährige gemeinsam mit ihren Eltern von Stuttgart aus – sie waren Ende 1938 zu den Großeltern mütterlicherseits nach Jebenhausen bei Göppingen umgezogen – in das KZ Theresienstadt deportiert. Von den etwa 15.000 Kindern des Lagers Theresienstadt **überlebten nur etwa 100** – eines davon ist Inge Auerbacher.

Inge Auerbacher mit ihren Großeltern und ihren Eltern in Kippenheim 1938

In ihren für Kinder und Jugendliche aufgeschriebenen Erinnerungen **»Ich bin ein Stern«** schildert sie ihre Kindheit in Kippenheim und Jebenhausen, ihre Erlebnisse und ihr Überleben im KZ.

Es gelang ihr, ihre liebgewonnene **Puppe Marlene** bis ins Lager mitzunehmen, wo sie ihr all ihre Sorgen und Ängste anvertraute.

»...Am schlimmsten war die alltägliche Todesangst, denn keiner wusste, wann er den Transporten in das Vernichtungslager Auschwitz zugeteilt wurde. ...«

Inge Auerbacher mit ihrer Puppe Marlene in Jebenhausen 1940

Ihre Puppe spendete ihr **Trost und Kraft** im Kampf um das bloße Überleben im Konzentrationslager: »... Meine Puppe Marlene und ich wanderten zusammen durch diese lange Nacht. Sie war immer an meiner Seite, niemand konnte uns trennen. Wir stützten einander in unserer Angst. Während die Peitschen knallten, hörte ich ihre Schreie. Ich hielt sie im Arm und versuchte mit aller Kraft, sie vor Unheil zu schützen. Wir erlebten eine Zeit der Gewalt. Wir waren schuldlose Gefangene. Doch auch in der größten Verzweiflung wusste ich immer, dass sie da war.

Wir trösteten uns gegenseitig. **Sie war das Kind und ich die Mutter.** Mir ging es besser, wenn sie neben mir war, und ich hatte Angst, jemand könnte sie mir aus den Armen reißen. ...

... Aber trotz aller Schwierigkeiten haben wir beide überlebt. ...«

Heute ist die Puppe Marlene im Holocaust Museum in Washington ausgestellt.

》

6

〉〉 Inge Auerbacher 2

Im Jahre 1996 fasste die **Grund- und Hauptschule Kippenheim** den Entschluss, die Schule nach Inge Auerbacher zu benennen. Jedoch stieß das pädagogisch sinnvolle Bestreben der Schule beim Gemeinderat Kippenheim auf Widerstand. Zweimal hat sich der Gemeinderat der Namensgebung »Inge-Auerbacher-Schule« verweigert. In einer nicht-öffentlichen Sitzung wurde die Namensgebung fast einstimmig abgelehnt. Diese unverständliche Entscheidung hinterlässt einen bitteren Beigeschmack.

Ich bin ein Stern

Sterne am Himmel, ein Stern auf der Brust,
Mama, ich weiß, ich hab's längst gewusst,
Kein Zeichen der Schande ist er, mein Stern,
Ich trag ihn mit Stolz, ich trage ihn gern.

Ein Stern als Lohn, der höchste Preis,
So war es immer, ja, Papa, ich weiß,
Es ist mir egal, was die anderen sagen,
Ich will ihn für mich und trotz allen tragen.
                                Ich bin ein Stern

Wenn sie über mich lachen, wenn sie mich schelten,
für mich soll der Stern etwas anderes gelten.
Sie starren mich an, sie zeigen auf mich,
Sie sind ohne Stern, der Stern bin ich.

Sie sind von Gott, die Sterne der Nacht.
Auch mich, auch mich hat er gemacht.
Weine nicht, Mama, hör mein Versprechen,
Niemand wird meine Seele zerbrechen.
                                Ich bin ein Stern

Inge Auerbacher

Inge Auerbacher **lebt in New York.** Sie erhielt für ihr Wirken im Mai 1999 die Ellis Island Medal Of Honour, und im November des gleichen Jahres den Yavner-Citizen-Preis der City University of New York und darüberhinaus noch weitere Auszeichnungen.

Fotos: Inge Auerbacher, New York/USA

7

Ein herzliches Willkommen in Kenzingen

Die Stadt Kenzingen, ihre Einwohnerinnen und Einwohner, dazu natürlich die Grundschule an der kleinen Elz freuen sich, Inge Auerbacher im noch jungen Jahr 2022 erneut willkommen heißen zu dürfen.

Im südbadischen Kippenheim geboren und in schwäbischen Jebenhausen bei Göppingen die ersten Jahre aufgewachsen, dem Naziterror und der Verfolgung ausgesetzt, mit sieben Jahren nach Theresienstadt deportiert, bezeugen ihr Wirken und ihre Bücher ‚Ich bin ein Stern' und ‚Jenseits des gelben Sterns':

Inge Auerbacher hat sich der Versöhnung verschrieben.

Am 27. Januar, dem Tag des Gedenkens an die Opfer des Nationalsozialismus, an dem vor 77 Jahren das Vernichtungslager Auschwitz-Birkenau durch die Rote Armee befreit wurde, hat sie vor dem Bundestag in Berlin gesprochen. In wenigen Tagen wird ihr in Göppingen die Ehrenbürgerwürde verliehen. Jetzt beehrt sie als Gast die Stadt Kenzingen und ihre Grundschule, die seit 2006 immer am 9. Mai einen Inge-Auerbacher-Tag begeht.

Versöhnen ohne zu vergessen. Nicht nur wegen antisemitischer Abscheulichkeiten in der jüngsten Vergangenheit ist es wichtiger als zuletzt, dass sich unsere Kinder mit Hilfe der Schule und ihrer Eltern mit den Folgen von Intoleranz, Verfolgung und Krieg auseinandersetzen.

Ich danke allen Beteiligten, die sich seit Jahren und gegenwärtig diesen Themen widmen, insbesondere Frau Roswitha Weber, die sich seit drei Jahrzehnten aktiv für Versöhnung, Toleranz und Frieden einsetzt. Und ich danke Inge Auerbacher im Namen der Stadt für ihren erneuten Besuch in Kenzingen.

Ich wünsche Frau Auerbacher, dass sie sich in unserer Stadt wohlfühlt, dass sie bei ihren Begegnungen mit großen und kleinen Leuten hier auf Gehör stößt und uns alle zu Nachdenklichkeit und Auseinandersetzung anhält.

Matthias Guderjan
Bürgermeister

Andreas Hansen
Pfarrer in Kenzingen

EVANGELISCHE
KIRCHENGEMEINDE
KENZINGEN

Liebe Inge Auerbacher,

es ist großartig, dass Sie uns in Kenzingen besuchen und den Kindern in der Schule von Ihren Erfahrungen in der Nazizeit erzählen. Vielen herzlichen Dank!
Für die Kinder und für uns alle hier in Deutschland ist es sehr wichtig, dass wir wissen, was geschehen ist und es niemals vergessen.

Die Synode unserer Kirche hat 1984 eine Erklärung zu unserem Verhältnis zu den Juden beschlossen. Das war damals ein wichtiger Schritt, dass wir zu dem Unrecht stehen, das Christen und auch unsere Kirche den Juden angetan haben, dass wir uns bewusst von aller Judenfeindschaft abwenden, und dass wir die bleibende und wesentliche Verbindung der Kirche mit der jüdischen Religion betonen.
Ich meine, diese Haltung vertreten heute die meisten in unserer Kirche.

Wie wichtig die Veranstaltungen mit Ihnen in der Kenzinger Grundschule sind, mögen Sie an Folgendem erkennen: Mit den Konfirmandinnen und Konfirmanden (etwa 14 Jahre alt) gehe ich Ende Oktober zum Gurs-Gedenkstein bei unserem Friedhof und erzähle, was damals geschehen ist. Die Jugendlichen wissen leider sehr wenig davon, aber alle erinnern sich an die Begegnung mit Ihnen und Ihrem Buch „Ich bin ein Stern".

Ich danke Ihnen und wünsche Ihnen alles Gute!

Herzliche Grüße

Andreas Hansen

Dieser Gedenkstein „Brücke" wurde im Rahmen des Ökumenischen Jugendprojektes Mahnmal zur Erinnerung an die deportierten Juden aus Baden am 22. Oktober 1940 in das Lager Gurs, Frankreich errichtet.

10

Grundschule an der Kleinen Elz

Kenzingen

Grundschule an der Kleinen Elz Kenzingen
Schulstraße 8 • 79341 Kenzingen

Telefon: 07644/914210
Fax: 07644/9142117
E-Mail: poststelle@gs-kenzingen.schule.bwl.de
Home: www.gs-kenzingen.em.schule-bw.de

Zeitzeugenarbeit mit Inge Auerbacher an unserer Grundschule seit 1993

Es war über all die Jahre für viele Schüler- und Lehrergenerati-onen ein großes Geschenk, dass sie dich, liebe Inge, kennenler-nen und an den Inge-Auerbacher-Tagen unmittelbar erleben durften. Prägende und berührende Begegnungen sind bleibend in Erin-nerung bei uns verankert. Für uns Grundschullehrer/innen war es zu Beginn durchaus eine große Herausforderung, auch in der Auseinandersetzung mit verschiedenen Eltern, das Thema „Holocaust" unseren Grundschulkindern nahe zu bringen. Doch durch deine ganz eigene persönliche Art auf Kinder zuzu-gehen, ihnen deine Geschichte zu erzählen, hast du bei ihnen bruchstückhaftes Halbwissen geordnet und in einen unmittel-baren Zusammenhang mit deiner Person gestellt. Da dein Buch aus der Perspektive des Kindes geschildert ist, konnten wir als Lehrer/innen immer einen guten Vergleich zur heutigen erleb-ten Kindheit unserer Schüler/innen ziehen.
Deine Geschichte ist auch in dieser Zeit leider aktueller denn je und so werden wir nicht müde diese zu erzählen.
Momentan sind wir dabei ein „Inge-Auerbacher-Arbeitsheft" für unsere Schüler/innen zu erarbeiten und die vielen Materialien, die wir im Laufe der Jahre gesammelt haben, zu digitalisieren.

So wollen wir auch in Zukunft deine Lebensgeschichte exemplarisch für Millionen jüdischer Menschen lebendig bewahren und in die nächsten Generationen weitertragen.

Seit 2006 feiern wir jährlich den Inge-Auerbacher-Tag am 9. Mai (im Gedenken an deine Befreiung aus Theresienstadt).

Welchen Wunsch hast du für diesen besonderen Tag an uns? Gibt es ein Lied, einen besonderen Gedanken, einen Text, der immer dabei sein soll?

Die Kinder und das Kollegium der Grundschule an der kleinen Elz Kenzingen

Elternbeirat Grundschule an der kleinen Elz Kenzingen

Wer sind wir?

Der Elternbeirat ist das Bindeglied zwischen Eltern und Schule und bringt die Interessen der Eltern und Schule zusammen. Aus jeder Schulklasse werden zwei Elternvertreter gewählt, die sich zum Gesamtelternbeirat zusammensetzen. Aus diesem Gremium werden dann Vorsitzende, Stellvertreter und Schriftführer gewählt. Dem Elternbeirat gehören engagierte Elternteile an, die sich für das Wohl und für Bildungsmöglichkeiten der Kinder einsetzen. Dazu gehört es auch, die Geschichte von Inge Auerbacher quasi „Deutschland und seine Geschichte – Treffen mit einer Zeitzeugin" zu unterstützen. Für die Kinder ist dies eine tolle und einmalige Möglichkeit, mit einem Zeitzeugen persönlich ins Gespräch zu kommen. Wir als Elternbeirat sind dankbar, dass die Grundschule diese Möglichkeit erhält.

Wer bin ich?

Ich bin Simone Grocholl, die Vorsitzende des Elternbeirates seit dem Schuljahr 2021/22. Ich war in der Zeit von 1990 – 1994 selbst Schülerin an der Grundschule gewesen. Nun bin ich zweifache Mutter und mein Sohn Philipp geht in die 2te Klasse.

Das Projekt wurde leider erst nach meiner Schulzeit ins Leben gerufen und so hatte ich selbst leider bisher noch nicht die Möglichkeit und Ehre, Frau Inge Auerbacher persönlich kennen zu lernen. Ich habe von ihr aber schon sehr viel gehört und gelesen. Mit ihrer prägenden Lebensgeschichte ist Sie eine sehr interessante Persönlichkeit.

Frage an Frau Inge Auerbacher:

Wie schaffen Sie es nach allem was Sie erlebt haben, Kraft und Energie für Ihren Alltag zu gewinnen? Drehen sich Ihre Erinnerungen und Gedanken oft um die erlebten Ereignisse?

Wünsche:

Ich wünsche Ihnen noch lange die Kraft, Gesundheit und Möglichkeit, dieses Kooperationsprojekt mit der Grundschule Kenzingen zu verwirklichen. Es ist ein spannendes und mitreißendes Projekt für alle Beteiligten.
Ein herzliches Dankeschön, dass Sie sich für unsere Kinder die Zeit investieren, um ein Stück Geschichte lebendig werden zu lassen!

Inge Auerbacher Lektüreecke in unserem Lesezimmer

Methodenhaus

Inge signiert die Handdrucktafeln aller Schulkinder 2010

Arbeitsgemeinschaft für
Geschichte und Landeskunde
in Kenzingen e.V. (AgGL)

Besuch von Inge Auerbacher am Dienstag, 01. Februar 2022 in der Grundschule an der Kleinen Elz Kenzingen

Wir freuen uns, dass Du, liebe Inge, heute als ein „Landeskind" unter uns bist! Und wir gratulieren dir ganz herzlich, dass du am 27. Januar 2022 vor dem Deutschen Bundestag sprechen konntest.

Wir, das ist die Arbeitsgemeinschaft für Geschichte und Landeskunde in Kenzingen e.V.. Zweck und Aufgabe unseres Vereins sind u.a. die Erforschung und Darstellung der Geschichte der Stadt Kenzingen und des Unteren Breisgaus und die Förderung des historischen Bewusstseins der Bevölkerung. Dazu zählt auch die leidvolle Geschichte, wie die „Kenzinger Freiheiten" immer wieder in der Vergangenheit grausam verletzt wurden, nicht nur in Bezug auf jüdische BürgerInnen:

- Der **„Judenbrand"** von **1348/49**.
- Vertreibung des Pfarrers Jakob Otter u.a. und Hinrichtung von Johannes Cruß, der Stadtschreiber von Kenzingen, der erste Kenzinger Märtyrer während der **Reformation, 1525**.
- Hinrichtung von Gebhard Kromer 1849 wegen Hochverrats. Ein Gedenkstein erinnert an den Badischen **Freiheitskämpfer** aus Bombach; **Wegbereiter der Demokratie.**
- Eine Gedenktafel am Rathaus erinnert an die Leiden der Kenzinger Juden **1933-1945 durch Deportation und Verfolgung** und gilt als Warnung vor jedem Rückfall in Faschismus und Rassenwahn.

In unserer Buchreihe Die Pforte (auch als E-Book) vermitteln wir bei Stadtführungen, Vorträgen, Exkursionen, Pressegesprächen, was uns die Stadt erzählt – anhand von Gebäuden, Namen, Denkmälern. Erinnerungsarbeit geschieht auf vielen Ebenen. Unsere AgGL gibt es seit 42 Jahren. **Durch das Profil Toleranzerziehung an der Grundschule an der Kleinen Elz Kenzingen konnten wir beobachten, wie du als Botschafterin für den Frieden für viele Schülerinnen und Schüler Vorbild wurdest.** Inge, du bist sehr begabt in kindgerechter Sprache! Du warst für Roswitha ein Glücksfall!

Leitung: Klaus Weber
Kirchstraße 17
Bombach
79341 Kenzingen
Telefon (07644) 7110
weber.kl@gmx.net

Publikation:
Die Pforte; auch als E-Book

Internetseite: www.aggl-kenzingen.org

Bankverbindung:
Sparkasse Freiburg-Nördl. Breisgau
Kto.-Nr. 22 070 685 (BLZ 680 501 01)
IBAN: DE95680501010022070685
BIC: FRSPDE66XXX
Volksbank Lahr
IBAN: DE90 6829 0000 0007 3157 08
BIC: GENODE61LAH

Arbeitsgemeinschaft für
Geschichte und Landeskunde
in Kenzingen e.V. (AgGL)

Wir sind davon überzeugt, dass es wichtig ist, das Fremde, die anderen noch besser kennenzulernen – „Meet a Jew" heißt ein Projekt in Berlin. Und wir sind überzeugt, dass unser Engagement im Spannungsfeld zwischen Vergangenheit und Zukunft nur Sinn macht, wenn man ein Netzwerk aufbauen kann um die Menschen zu interessieren.

Ist für dich ein Netzwerk auch sehr wichtig? Vor allem für die Zukunft?

Alles Gute für dein Leben und immer willkommen in unserem Haus...

Klaus Weber

Leitung: Klaus Weber
Kirchstraße 17
Bombach
79341 Kenzingen
Telefon (07644) 7110
weber.kl@gmx.net

Publikation:
Die Pforte; auch als E-Book

Internetseite: www.aggl-kenzingen.org

Bankverbindung:
Sparkasse Freiburg-Nördl. Breisgau
Kto.-Nr. 22 070 685 (BLZ 680 501 01)
IBAN: DE95680501010022070685
BIC: FRSPDE66XXX
Volksbank Lahr
IBAN: DE90 6829 0000 0007 3157 08
BIC: GENODE61LAH

16

3 Wenn Wege sich kreuzen – We are one

Ich habe dich, liebe Inge, schon mit einem deiner ersten Besuche an der Grundschule in Kenzingen erlebt und kennengelernt. Du kamst freudestrahlend, herzlich und laut lachend mit einem Koffer und hast alle sofort mit deinen lebendigen Erzählungen und Lesungen aus deinem Büchlein „Ich bin ein Stern" gefesselt. Ich erinnere mich an Kinder und uns Lehrer, die dir mit staunenden Augen gespannt und berührt zuhörten. Du hast uns in deine Kindheit geführt und sie für uns lebendig gemacht. Wir konnten spüren, wie deine Kindheit, Krieg und Verfolgung uns bisher unvorstellbar gewesen sind und uns nur durch deine Person und dein Zeugnis unter die Haut ging. Dein Erzählen von Erinnerungen führte uns alle zum Zuhören, zum Leise werden und Nachdenken, Fragen kamen auf und öffneten uns einen neuen Blick in die Welt und auf das Leben anderer Menschen.

Was ich besonders mit dir erleben durfte, waren die fröhlichen Kaffeestunden bei Roswitha, das gemeinsame Singen von der Schwäbschen Eisenbahne, dein Tanzen mit den Kindern in der Schule zu unserem Friedenslied „Hevenu Shalom Alechem" und das Abschiedslied mit Flöte und Gitarre „Wo Menschen sich vergessen …da berühren sich Himmel und Erde, dass Friede werde unter uns". Ich erinnere mich, dass die Kinder sich laut singend auf den Heimweg machten.

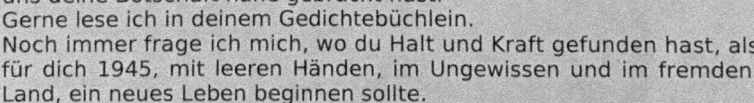

Immer wieder habe ich gestaunt, wenn du von Versöhnung gesprochen und uns deine Botschaft nahe gebracht hast.
Gerne lese ich in deinem Gedichtebüchlein.
Noch immer frage ich mich, wo du Halt und Kraft gefunden hast, als für dich 1945, mit leeren Händen, im Ungewissen und im fremden Land, ein neues Leben beginnen sollte.

Heute habe ich immer noch besonders die großen Bilder mit unseren Handabdrücken, die bei einem deiner Besuche entstanden sind, vor Augen, und ich denke an das kleine Schmetterlingsbüchlein mit Wünschen, das ich dir mit meiner Klasse gestaltet hatte.

Deine Spuren in der Schule sind immer noch lebendig, so lange sie gepflegt und in Erinnerung gerufen werden, so z,B. mit der Feier des Inge-Auerbacher-Tags und mit Liedern und gewissen Traditionen....
Deine persönliche Begegnung hat uns eine andere Zeit lebendig gemacht und wie ein großes Tor für Geschichte geöffnet. Ich habe durch dich gelernt, über mein eigenes Ich und meine kleine Welt hinauszublicken und mehr in andere Menschen, deren Erlebnisse und Leben zu schauen.

Das Erzählen von früher und vergangenen Zeiten sollte neu geweckt und gepflegt werden, in den Familien und in der Schule. Kann die Schule sich mehr öffnen und Großeltern und alte Menschen einladen, um von ihren Erinnerungen zu berichten ? Kann das Erzählen in der Familie, Erinnerungen an Verstorbene, das Suchen nach alten Fotos eine Aufgabe werden ?

Inge, ich wünsche dir, dass die vielen Samen, die du bei uns und in der großen Welt gestreut hast, mit deinen Büchern und Gedichten, mit deinen Besuchen und vielen Worten, wachsen mögen zu einem großen Baum der Hoffnung auf Frieden und Versöhnung.
Und ich wünsche dir, dass du in deinem Leben noch viele dankbare, heilsame und versöhnende Momente findest.

Alles, alles Gute für dich,
Julia Brandts
ehem. Kollegin für Religion an der GS Kenzingen

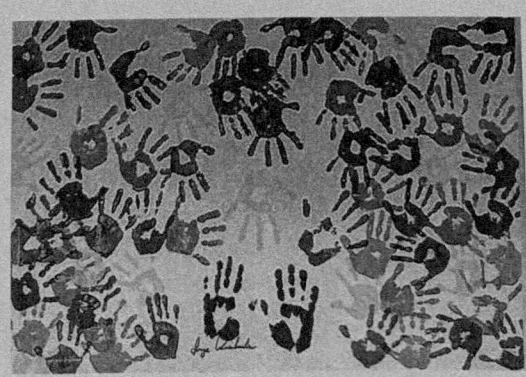

Inges Händeabdruck mit ihrer Unterschrift

3 Wenn Wege sich kreuzen – We are one

Liebe Inge,

unsere 3 Kinder haben in der GS Kenzingen ihre Schullaufbahn begonnen. 2007 hatte ich eine Erlebnispädagogikausbildung absolviert. Mit meinem Sohn konnte ich diese erworbenen Fähigkeiten im Landschulheimaufenthalt als unterstützendes Elternteil einbringen. Dieser Aufenthalt wurde mit meiner Filmkamera dokumentiert.
Damit begann eine sehr interessante Zusammenabeit, die in der Form als Webmaster für die Webseite der Grundschule bis heute andauert.....das freut mich :-)

Inge Auerbacher sollte an die Schule kommen. Ob ich das denn nicht filmen möchte. Es wäre doch schön.
Die Vorstellung, eine Aufarbeitung des Holocaust kindgerecht in der Grundschule zu wagen, erschien mir anfänglich ziemlich fern und eher unangebracht. Das gehörte aus meiner Sicht mindestens in Jugendalter. Dennoch ließ ich mich darauf ein und bekam ein Buch in die Hand gedrückt. Roswitha sagte: "lies mal, dann weißt Du um was es uns geht"

Ich empfand die Vorbereitung auf dieses besondere Ereignis sehr spannend. Einige Bücher von Inge Auerbacher habe ich inzwischen gelesen und bin sehr beeindruckt, wie vorsichtig vieles mit der Gefühls- und Erlebniswelt des Kindes Inge Auerbacher passend für Kinder angesprochen wird, ohne zu überfordern und gleichzeitig nichts zu unterschlagen. Über Monate hinweg lasen die Kinder Auszüge der Bücher, versetzten sich in die Lage von Inge hinein (ich bin ein Stern).
Ich filmte. Einen Ausflug an das Geburtshaus in Kippenheim gab es. Es gab auch Gegenstände aus der damaligen Zeit zum anfassen. Und dann, endlich, kam der „Popstar" wirklich aus Amerika zu uns zu Besuch und es wurde erzählt, gelesen und getanzt – was für ein Fest!
Und ich filmte.

Letztens sah ich auf dem Nachttisch meines Sohnes ein Buch von Inge, er muss wohl wieder darin geblättert oder gelesen haben. Er schloss vor 3 Jahren seine Schullaufbahn mit dem Abitur ab.

Diese Art der Aufarbeitung ist aus meiner Sicht nicht einfach nur eine Abhandlung vom Holocaust im Unterricht, sondern ein gelebtes Plädoyer für Toleranz, Gewaltfreiheit und ehrlichen Respekt allen Menschen gegenüber. Besonders beeindruckte mich die Freude im Umgang, ja, das Miteinander im Unterricht zu sehen und zu spüren.

Dass diese Aufarbeitung so einfühlsam, hautnah erlebbar war verdanken wir den Erzählungen und Erlebnissen von Inge und einem Kollegium, das in der Lage ist Kinder auf diese Reise mitzunehmen. Es verändert Menschen. Das ist auch gleichzeitig mein Wunsch, dass dieser wertschätzende aufarbeitende kindgerechte Umgang einen festen Platz hat. Kann das in der Lehrerausbildung bzw. - fortbildung beginnen? Letzlich muss ich mir an die eigene Nase fassen. Es beginnt auch bei mir.

Mir ist bewusst, dass dieses Engagement ein Besonderes ist und aus meiner Sicht einen außergewöhnlichen Stellenwert in unserer Gesellschaft haben muss.

Bodo Alaze, Kenzingen
Schülervater 2012, Webmaster GS Kenzingen

Begegnung mit Inge 2018

Liebe Inge,

gerne nehme ich die Gelegenheit deines Besuches wahr, um eine Seite für dein Erinnerungsbuch zu gestalten. Ich möchte kurz schildern, wie es bei mir dazu kam, mich für Erinnerungsarbeit und gegen Antisemitismus einzusetzen. Ausschlaggebend war ein 2-jähriger Einsatz in Israel in einem Heim für Holocaustüberlebende.

Als ich zurückkam, war es für mich ein Anliegen, gestützt durch den Bildungsplan, Kinder für das unsägliche Geschehen zu sensibilisieren, und ich fand an der Grundschule in Kenzingen Gleichgesinnte, was ich als großes Glück empfand.

In unserer Projektgruppe lag zunächst der Hauptfokus über das Judentum zu informieren, über Feste und Gebräuche, und mit der Klassenstufe 4 Lektüre zu lesen, wo das Erleben aus der Sicht damaliger betroffener jüdischer Kinder dargestellt wird.

Es lag uns auch am Herzen, die Eltern mit ins Boot zu nehmen, was auch meist dankbar angenommen wurde, z.B. durch ihre Teilnahme an den Projektnachmittagen.

Für das Gelingen zukünftiger Erinnerungsarbeit, speziell an der Grundschule, ist es wichtig, Lehrer dafür zu sensibilisieren, in der Lehrerfortbildung sowie in bestehenden Kollegien, Lehrer zu informieren über bestehende Angebote und Lehrerhandreichungen speziell zu diesem Thema.

Der Ariella-Verlag hat für Grundschulkinder ein gutes Angebot in dieser Richtung!

- „Selma und Anton" (behutsame Erstbegegnung mit der Shoa)
- „Marisha, das Mädchen aus dem Fass" (Erstbegegnung mit der Shoa)
- „Zimmer frei im Haus der Tiere" (friedliches und respektvolles Zusammenleben)
- „Jaffa und Fatima" (Freundschaft zwischen einer Jüdin und einer Muslima)

Handreichungen für Lehrer zu diesem Thema sind auch zu bekommen über
ZEDAKAH e.V. - Talstraße 100 - 75378 Maisenbach - 07084 9276-0 - info@zedakah.de

Anne Oettlin, GS Kenzingen, ehem. Mitwirkende an der Projektgruppe

Liebe Inge, 09.08.2022

noch immer sind die beiden Begegnungen mit dir und deinem Leben an unserer Schule lebendig: Dein Bild hängt noch im Lehrerzimmer, immer noch hängen an einigen Stellen die Sterne, die wir zu deiner Begrüßung aufgehängt haben.

Ich denke daran, wie du die Treppe heraufgekommen bist, während die Kinder sangen:

„Guten Morgen, guten Morgen der Frühling ist da..." Du hast dich über die Kinderstimmen gefreut und über die Begrüßung. Es war ein Tag, der uns alle tief beeindruckt hat. Die Kinder auf dem Bild sind längst erwachsen und haben teilweise auch schon Kinder. Ich bin mir ganz sicher, du hast in ihren Seelen eine warme Spur der Liebe hinterlassen. Das Mädchen links von dir, das dich an der Hand hält, im roten Pullover, wird gerade Schriftstellerin. Wer weiß, vielleicht warst auch du ein Vorbild für sie? Ich bin auf jeden Fall sicher, dass nichts, was wir tun ohne Spuren bleibt.

Du hast viel getan und tust es noch. Deine Spuren finden sich überall. Und sie tun gut.

Liebe Inge, du Kippener Mädle, vielen Dank für alles!

Dein Kippener Mädle,
Karin Fritschmann, Lehrerin Oberweier

21

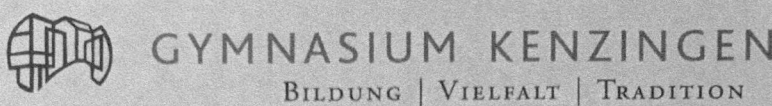

GYMNASIUM KENZINGEN
BILDUNG | VIELFALT | TRADITION

Das Gymnasium Kenzingen wurde 1878 als höhere Bürgerschule gegründet und 1891 in eine Realschule umgewandelt. 1948 erfolgte der Wechsel zur Schulform des Progymnasiums und 1966 zum allgemeinbildenden Gymnasium. Bis zu Beginn des dritten Reichs gab es auch in Kenzingen jüdischen Religionsunterricht. Der letzte jüdische Absolvent war Leo Epstein, der 1936 nach Brasilien geflohen ist. Alice Dreifuß, das letzte jüdische Schulkind von Kenzingen, musste ab 1935 die jüdische Schule in Freiburg besuchen.

Doch seitdem hat sich vieles geändert:

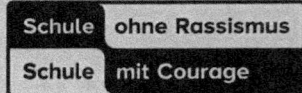

Seit 2005 trägt das Gymnasium Kenzingen den Titel „Schule ohne Rassismus – Schule mit Courage". Dabei handelt es sich um ein nachhaltiges Projekt, bei dem es gilt jedes Schuljahr durch eine gemeinsame Aktion ein Zeichen für Courage, Toleranz und Respekt untereinander und auch gegenüber anderen zu setzen. Dabei kommt der Eine-Welt-AG eine besondere Rolle zu. Die AG unter der Leitung von Jana Bauch und Mira Bannwarth organisiert Courage-Projekte und sammelt Spendengelder. Ebenfalls pflegt sie die Erinnerungskultur, indem sie sich zum Beispiel um die Kenzinger Stolpersteine kümmert.

2010 hat das Gymnasium Kenzingen für sein Engagement für „Schule ohne Rassismus - Schule mit Courage" den Inge-Auerbacher-Preis erhalten.

3 Wenn Wege sich kreuzen – We are one

Begegnungen mit Inge Auerbacher

Das kann ein Buch nicht vermitteln

Die Holocaust-Überlebende Inge Auerbacher sprach vor Kenzinger Gymnasiasten

Kenzingen. „In den folgenden zwei Stunden werdet ihr unter Umständen mehr lernen und mehr erfahren, als in vielen anderen Schulstunden zusammen." Mit diesen Worten begrüßte Schulleiter Günter Krug die Schülerinnen und Schüler der neunten Jahrgangsstufe des Gymnasiums Kenzingen am vergangenen Mittwoch in der Aula.

Eingeladen von den Fachschaften Geschichte und Religion war Inge Auerbacher, die als siebenjähriges jüdisches Mädchen zusammen mit ihren Eltern im Konzentrationslager Theresienstadt interniert gewesen war. Auerbacher, aus Kippenheim stammend, überlebte als eines der wenigen Kinder diese Schreckenszeit und

Inge Auerbacher mit Rektor Günter Krug.

wanderte nach der Befreiung in die USA aus, wo sie als Chemikerin und später als Jugendbuchautorin bekannt wurde und für ihre Vermittlungs- und Friedensarbeit Preise und hohe Auszeichnungen erhielt.

Gebannt lauschten sowohl Schüler als auch Lehrer dem in deutscher Sprache gehaltenen Vortrag, den Inge Auerbacher lebhaft mit schwarz-weiß Bildern, unter anderem auch aus dem alten Kippenheim, untermalte. Im Rahmen des Mottos „Schule ohne Rassismus" erhielten die Schüler somit eine der inzwischen selten gewordenen Gelegenheiten, eine Zeitzeugin noch persönlich über ihre Erlebnisse während der Schreckensherrschaft der Nationalsozialisten berichten zu hören und ihr im Anschluss Fragen stellen zu können.

Am Ende der Veranstaltung waren sich alle sicher, dass die Schüler in diesen zwei Stunden vieles verinnerlicht hatten, was sich aus Schulbüchern nur schwer erschließen lässt.

➢ 10.11.2010: Vortrag vor den Schülern der 9. Klasse

24

Die Holocaust-Zeitzeugin Inge Auerbacher, umringt von Schülerinnen und Schüler der 9. Klasse, kam auf Einladung der Fachschaft Religion ans Gymnasium Kenzingen und wurde von Schulleiter Günter Krug begrüßt. FOTO: BEH

> 12.06.2013: Vortrag vor den Schülern der 9. Klasse

> 15.11.2018 Inge Auerbacher in Kenzingen, ehemalige Schüler*innen der Grundschule Kenzingen bekommen die Möglichkeit, Frau Auerbacher in der Alten Halle zu sehen.

Gedanken der Mitglieder Eine-Welt-AG zur zukünftigen Erinnerungsarbeit

Wichtig ist, dass die Schüler*innen Einzelschicksale, wie Ihres kennen lernen und dass man mit der Aufklärungsarbeit schon früh anfängt. Außerdem brauchen Schüler*innen Bilder, Videos und Zitate. Vor allem Videos spielen für sie heute eine große Rolle.

Frage der Mitglieder der Eine-Welt-AG

Wie haben Sie die Zeit im Konzentrationslager empfunden und was hat Ihnen Kraft gegeben?

Wunsch der Mitglieder der Eine-Welt-AG

Bitte machen Sie weiter mit Ihrer Arbeit als Zeitzeugin, verfassen Sie weitere Gedichte und drehen Sie vor allem viele Videos.

25

Besuch am 05.06.2013 in Friesenheim: Schüler der Realschule Friesenheim zeigten Inge auf dem Friedhof das Kriegerdenkmal des I. Weltkrieges, auf dem die drei Friesenheimer Bürger jüdischen Glaubens fehlen. Die Schüler haben beim Bürgermeister einen Antrag gestellt, dass eine Hinweistafel angebracht wird. Diese Gedenktafel wurde am 09.11.2018 anlässlich der Gedenkveranstaltung "Reichspogromnacht vor 80 Jahren" errichtet. Außerdem überreichten sie Inge ein von ihnen mitverfasstes Buch "Geschichte der Juden in Friesenheim".

Martin Buttenmüller, Friesenheim

Für Inges Buch :

Liebe Inge,

besonders ein Treffen mit dir ist für mich in bleibender Erinnerung: Am 27.06.2011 warst du in Schuttern zur Buchvorstellung "Ich bin ein Stern". Vor dem Vortrag waren wir bei mir zu Hause zum Kaffetrinken. Es gab Schutterner Butterbrezeln und du hast mir erzählt, wie gerne du deutsche Brezeln isst und dass es solche in den USA nicht gibt. Ich wollte unbedingt ein Foto von dir und meiner dreijährigen Tochter Sofia zur Erinnerung vor unserem Haus machen. Doch Sofia weigerte sich und fing an zu weinen. Es tat dir unheimlich leid, dass ein so kleines Kind wegen dir weinen musste und mehrfach hast du dich bei mir dafür entschuldigt. Du erklärtest mir, nochmal wie wichtig dir Kinder sind und wie schlimm es für dich ist, wenn Kinder weinen. Der Besuch und vor allem diese Aussage wird bei mir in unvergessener Erinnerung bleiben.

Vortrag von Inge am 27.06.2011 im Pfarrheim in Schuttern. Schüler welche das Buch gelesen haben wollten es signieren lassen.

27

3 Wenn Wege sich kreuzen – We are one

DAS BLAUE HAUS UND INGE AUERBACHER

Die Mitglieder und Mitarbeitenden der Gedenkstätte Blaues Haus verbindet eine jahrzehntelange Freundschaft und Zusammenarbeit mit Inge Auerbacher. Die letzte Einladung zu einem Besuch an die Breisacher Hugo-Höfler-Realschule erfolgte im November 2018.

Besonders eindrücklich sind uns allen die Tage in Erinnerung, in denen Inge auf Einladung des Blauen Hauses an den Proben und der Aufführung der Kinderoper "Brundibár" im Jahr 2011 teilgenommen hat. Der Kinderchor der Münsterpfarrei St. Stephan und der Chor der Hugo-Höfler-Realschule, unter der musikalischen Leitung von Nicola Heckner und der Regie von Steffi Bürger, haben damals die 1938 geschriebene Oper des Prager Komponisten Hans Krása auf die Bühne der Breisacher Stadthalle gebracht.

Screenshot aus der Aufzeichnung der Oper "Brundibar", 8. Juli 2011

Die Uraufführung von "Brundibár" fand 1941 in einem jüdischen Waisenhaus in der tschechischen Hauptstadt statt. Weil die deutschen Besatzer in der damaligen Tschechoslowakei die Aufführung von Werken jüdischer Komponisten nicht zuließen, musste die Oper heimlich gespielt werden. Der jüdische Komponist Krása kam 1942 ins Konzentrationslager Theresienstadt. Dort wurde die Oper in der darauffolgenden Zeit 55-mal aufgeführt.

Auch Inge hat die Oper dort während ihrer Inhaftierung gehört und erzählte den jungen Sängerinnen und Sängern in Breisach: *"Ich war ein Kind in Theresienstadt zwischen sieben und zehn Jahre alt und habe diese Oper als Kind gesehen. Ich konnte leider die tschechische Sprache nicht verstehen, aber ich habe so leise auch mitgesungen."*

Krása wurde, ebenso wie die meisten anderen Beteiligten an den Aufführungen von "Brundibár" in Theresienstadt, bald darauf im KZ Auschwitz ermordet. Die Kinder und Jugendlichen, die an der Aufführung der Oper in Breisach teilgenommen haben, haben sich durch das monatelange

Kooperationsprojekt von Schule, Kirchengemeinde und Gedenkstätte an die Geschichte des Holocausts angenähert. Innerhalb der Probenzeit besuchten sie die Gedenkstätte und haben die Geschichten der Breisacher Jüdinnen und Juden kennengelernt.

Die Mitwirkenden spielten und sangen auf der Bühne der Stadthalle in einer Kulisse, in deren Mittelpunkt das Blaue Haus stand, womit das Stück einen optischen Bezug zu Breisach bekam. Bei diesem musikalischen Geschichtsprojekt hatten sie aber auch vielfach die Gelegenheit Inge zuzuhören, die das Lager selbst erlebt und überlebt hat. Sie konnte ihnen direkt auf ihre Frage antworten: "Warum sind sie [die Kinder] nicht einfach weggelaufen?"

Bewegt von der Premierenaufführung ging Inge nach Abschluss auf die Bühne und bedankte sich bei den Mitwirkenden:

„Kinder, das habt ihr ganz ganz wunderbar gemacht und ich denke, die Theresienstadt-Kinder im Himmel haben zusammen mit Euch gesungen. ...Ich bin ganz gerührt, ich habe viele Studenten kennengelernt, durch die Vorträge, die ich gehalten habe und ich denke, der böse Brundibár hat ja verloren und das Gute hat gewonnen. Und so soll es auch im Leben sein. Und wie das Endlied geht – wir wollen auch Frieden und vielleicht könnten wir das nochmal singen."

450 Besucher*innen haben die Aufführungen bei den zwei Veranstaltungen im Juli 2011 gesehen, Inge sprach zudem in der evangelischen Martin-Bucer-Gemeinde, besuchte das Martin–Schongauer-Gymnasium sowie sechste und siebte Klassen der Hugo-Höfler-Realschule und traf zahlreiche Mitglieder des Blauen Hauses mit Nachfahren der jüdischen Gemeinde Breisachs.

Im Jahr 2021 sind uns einige dieser jungen Menschen wiederbegegnet, im Jugendbeirat der Stadt Breisach beispielsweise, in dem sie sich für den Erhalt bzw. die Kenntlichmachung des durch Bebauung gefährdeten Begräbnispfades am neuen jüdischen Friedhof einsetzen. Sie tragen heute das "Flämmchen" weiter, das vor 10 Jahren durch die Begegnungen und Erlebnisse mit Inge und die Arbeit an "Brundibár" entzündet wurde. Wir wünschen uns, dass Inge diesen Impuls weiterhin wachhalten kann und auch wir in den Gedenkstätten junge Menschen stets aufs Neue mit der Geschichte verbinden und berühren können.

Blaues Haus, Gästebucheintrag vom 9.7.2011

29

3 Wenn Wege sich kreuzen – We are one

März 2008 in Oberweier, Inge mit Karl Kopp, Tochter Veronika und Enkeltöchtern Johanna und Theresa

März 1998 in der GHS Kippenheim: Inge mit Roman Rietsche; seine Großmutter war Haushaltshilfe bei Familie Auerbacher.

Juli 2011: Inge mit Jutta Kopp-Faller und ihren Kindern Adriano und Hilde

Karl Kopp
Am Hägle 62
79110 Freiburg

Brief an Inge Auerbacher
für das Erinnerungsbuch zum 1. Februar 2022, Kenzingen

Wenn ich Eure Briefe lese, kommen mir jedes mal die Tränen. Mein lieber Vater ging in Eure Schule und bestimmt wäre es auch meine gewesen. Ich freue mich sehr, Euch bald zu sehen. Eure Inge Auerbacher, ein Kippenheimer Kind.

Liebe Inge,

so schreibst Du im April 1998 in Deiner Antwort auf die Einladung der Kippenheimer Fünftklässler, sie zu besuchen.

Sie hatten Dein Buch ICH BIN EIN STERN gelesen, Dir Briefe und Zeichnungen geschickt und natürlich gefragt: *Lebt die Puppe Marlene noch?* Und manche Eltern, vor allem Mütter und Großmütter, hatten das Buch mit gelesen. Mir aber war bang: Wie kann ich, aufgewachsen unter einem Regime, das Dir so viel Leid zugefügt und so viele Deiner Verwandten und Freunde ermordet hatte, Dir begegnen; oder werden wir Dich durch unser Ungeschick verletzen? Unser Fragen hast Du mit Deiner offenen Herzlichkeit gelöst. Dein Besuch in der Schule und Deine Begegnungen mit der 5A und anderen Klassen wurden zum bewegenden, bis heute nachwirkenden Ereignis. Zwei Jahre später hat eine Klasse nach der Lektüre Deines Buches sich sogar ausgedacht, in Schulhaus und Pausenhof Deinen „gelben Stern" zu tragen.

Wir haben Deine Kraft auf den vielen Reisen in viele Länder und zu vielen Kindern der Welt bewundert, nicht ohne Sorge um Deine Gesundheit, haben uns über Deine Ehrungen und Auszeichnungen mit gefreut, haben erfahren, wie Du weitere Bücher geschrieben und viele Lesungen und Vorträge gehalten hast: Das alles widmest Du Deinem großen Anliegen, die Achtung der Menschenwürde, der Versöhnung und der Toleranz in den Seelen zu festigen. *Meine Kinder sind die Kinder der Welt. Und: Wir sind alle Kinder Gottes!* So nimmst Du alle in Deine Mission mit hinein. Und jedes Kind fühlt sich als STAR, wenn Du eine Klasse aufforderst zu rufen: ICH BIN EIN STERN!

Auch aus den Besuchen von Hedy Epstein und Kurt Salomon Maier in unserer Schule wuchsen dauerhafte Verbindungen über die vielen Jahre hin. Sie haben auf anderen Wegen die Shoa überlebt. Wie Du gingen auch sie auf uns zu und warben bei ihren Begegnungen mit Schülern und bei Vorträgen auf ihre je eigene Art unermüdlich für ihre Lebensaufgabe: Erinnern, Versöhnen, Eintreten für Toleranz und Menschlichkeit. In meinem Buch DAS KIPPENHEIMER LIED – EINE BADISCHE VOLKSSCHULE UND IHRE ISRAELITISCHEN KINDER seid Ihr Drei hierfür besonders gewürdigt.

Schwer verletzt hat Dich und uns, dass der Gemeinderat, durch Aktionen und Stimmen von außen bedrängt, es im Jahre 2001 ablehnte, seiner großen Bildungseinrichtung, der Kippenheimer Schule, den Namen INGE-AUERBACHER-SCHULE zu geben. Die Schulkonferenz hatte ihr Votum – nach ernsthafter Diskussion und Zustimmung in Gesamtlehrerkonferenz, Elternbeirat und Schülerrat – fundiert schriftlich begründet. Ohne Anhörung der Schule als Antragsteller wurde der Beschluss in nichtöffentlicher Sitzung gefasst. Auch der erneute Vorstoß zur Namensgebung durch meine Nachfolgerin in der Schulleitung, Barbara Kempf, erlitt 2005 das gleiche Schicksal.

31

Karl Kopp: Das Kippenheimer Lied – Eine badische Volksschule und ihre badischen Kinder. (Hrsg. Förderverein Ehemalige Synagoge Kippenheim, 2017), (Alle Fotos: Quelle Karl Kopp, Rektor der Grundschule Kippenheim 1994–2001)

3 Wenn Wege sich kreuzen – We are one

Juni 2001 in Theresienstadt: Inge mit der neuen „Marlene" und Kameramann Giora Gerzon am Tor der Dresdner Kaserne in Theresienstadt.

Juli 2011, Realschule Breisach: Inge inmitten der Schauspieler der Kinderoper Brundibár

Erschütternd und unvergesslich war im Juni 2001 unsere Reise mit dem Kameramann Giora Gerzon, mit Michael Nathanson und Gardy Ruder nach dem Ort, an dem Deine Eltern und Du als kleines Mädchen das Grauen überlebt haben: THERESIENSTADT. Aber für Zehntausende bedeutete dieser Ort den Transport in den sicheren Tod, nach Auschwitz. Auf dem Weg zum schlimmsten Ort Deines Lebens besuchten wir in Rauenstein, Thüringen, die Schildkröt-Puppen-Fabrik, Du durftest dort eine neue Puppe „Inge" in den Arm nehmen. Die alte hatte Dir Deine Oma geschenkt. Du hast sie „Marlene" getauft. Sie hat mit Dir die Jahre in THERESIENSTADT überlebt, und sie lebt weiter in Deinem Buch. Du hast uns in dem ehemaligen KZ zu den schlimmen Orten geführt: Dresdner Kaserne, Kleine Festung, Krematorium. Giora schuf danach den Film THE OLYMPIC DOLL; „olympic" in Anspielung auf das Jahr der Olympiade 1936, in dem auch Deine Puppe geschaffen wurde.

Unvergesslich wurde für uns auch, als ein paar Tage nach dieser denkwürdigen Reise die Schule geehrt wurde für die Dokumentation *Jüdisches Leben in der Schule*. Der Deutsch-Israelische-Arbeitskreis (DIA) hatte das Projekt *Jüdisches Leben in Baden* ausgeschrieben, zu dem auch mehrere Kippenheimer Klassen mit ihren Lehrern eine gemeinsame Arbeit einreichten. Insgesamt 12 Schülergruppen aus Baden-Württemberg zeichnete Staatssekretär Helmut Rau im Beisein der Präsidentin des Oberschulamtes Freiburg, Rosemarie Stürmlinger, in der neuen Aula unserer Schule aus. Die Feier wurde musikalisch von den Kindern der ebenfalls geehrten Grundschule Oberweier umrahmt. Eine ganz besondere Freude war für uns, dass wir mit dem ersten INGE-AUERBACHER-PREIS des DIA ausgezeichnet wurden.

Geehrt fühlen sich meine Frau Jutta und ich auch dadurch, dass wir Dich beherbergen durften; in Lahr-Sulz nach unserer Reise nach THERESIENSTADT und später in Freiburg, als ich Dich zu Lesungen in mehreren Schulen begleite habe. So kennst Du auch fast alle unsere Kinder und Enkel. Dankbar sind wir, dass gelegentliche Briefe und Anrufe und vor allem Deine liebe jährliche Weihnachtspost unsere Freundschaft fortdauern lassen.

Ein ganz besonderes Programm erwartete Dich im Juli 2011 in Breisach: Im Stephansmünster die Eröffnung der Ausstellung „Zeichne, was Du siehst" mit den Bildern des Mädchens Helga Weissowá, das mit Dir in THERESIENSTADT gefangen war; dann die Enthüllung der Gedenktafel für die Mitglieder der ersten jüdische Gemeinde in Breisach, die im Pestjahr 1349 Opfer der Verleumdung als „Brunnenvergifter" wurden; und schließlich in der Breisacher Realschule die Aufführung von BRUNDIBÁR, der Kinderoper von Hans Krása. Du hattest als Kind eine Aufführung in THERESIENSTADT erlebt. Die meisten der Kinder-Schauspieler wurden bald danach ermordet.

Und nun darfst Du am 27. Januar 2022 mit Deiner Rede im Deutschen Bundestag an die Millionen der im Namen Deutschlands Ermordeten erinnern. Bedrückt und geehrt zugleich werden wir erleben, wie *ein Kippenheimer Kind* diese ehrenvolle Aufgabe erfüllt.

Dafür und für alles, was Du in Deiner Mission für den Frieden der Welt noch leisten wirst, wünschen wir Dir viel Kraft und GOTTES Segen.

Es grüßt und umarmt Dich,
auch im Namen Juttas und unserer jungen Familien,
in Freundschaft
Karl

Im Januar 2022, Aichtal im Schönbuch Park.

Liebe Inge,

was ist Dein „Ikigai"[1]?

Wenn ich an Dich denke, so habe ich folgendes vor Augen:

- lange Tage und Nächte an den Arbeitstischen in NYC und Bombach zusammen mit meiner Mutter Roswitha Weber zur Vorbereitung des Inge-Auerbacher-Tages an der Grundschule an der Kleinen Elz Kenzingen
- und meine Familie „lebte" das alles mit
- Telefonleitungen, die heiß laufen und voller Lachen sind
- Prall gefüllte Schulhallen und Klassenzimmer, großen Kinderaugen und ausgestreckten Armen, die Dich voller Wonne empfangen
- Totale Stille, während Du erzählst
- mittendrin Du - eine Inge „uuuus Kippene" und jetzt multikulti New Yorkerin 360-Grad, an allen Dingen dieser Welt interessiert und well connected bis in jeden Winkel dieser Erdkugel
- mittendrin Du - eine einzigartige Inge, die sich ihr inneres Kind bewahrt und ihr Herz voller Freude tanzen lässt, im Wissen, dass Du gehört wirst und dass Du Kinder- und Erwachsenenherzen erreichst.

Sodele, jetzetle ...... aber es geht noch weiter. Jetzt, da die vielen jüdischen Zeitzeugen weniger werden, möchte man bewahren, man will in Erinnerung rufen aufgrund der aktuellen gesellschaftlichen Verhältnisse und Vorkommnisse. Man will erinnern, um daraus zu lernen und es JETZT besser zu machen: Erinnern als Versuch, Geschehenes in den Köpfen der jungen und Folge-Generationen weiterzutragen. Jetzt, in einer digitalen Zeit, suchen wir umso stärker nach Sinn und Orientierung; aber auch das Wissen um Geschehenes tritt wieder stärker in den Vordergrund, um die neuen Herausforderungen überhaupt erst bewältigen zu können.

Was wünsche ich Dir? Dass Du Dich getragen, wohl und geborgen fühlst in Deinem Moai[2]-Netzwerk; hier „im Ländle", in dem Du das Licht der Welt erblickt hast.

Ich wünsche Dir Gottes beschützende Hände, beste Gesundheit, dass Du Dir Deine Neugierde und Deinen Humor bewahrst und tagtäglich lebst.

Und ich wünsche Dir und uns allen, dass Dein Anliegen zu dem von vielen wird und mit bedingungsloser Hingabe von Generation zu Generation weitergetragen wird.

Im Wissen, dass das möglich ist, und in herzlicher Verbundenheit, „schaffet mir wieder weiter, gell?"

Bianca Weber-Lewerenz

---

[1] japan.: der Grund zu leben, die wahre Erfüllung, Berufung, Mission, Leidenschaft, Liebe (frz. „raison d`être"). Ikigai hört nie auf, denn im Japanischen gibt es kein Wort für „Rente" oder „Ruhestand". Es liegt im Wesen des „ikigai", dass eine Berufung niemals endet.
[2] Auf der japan. Insel Okinawa gibt es das sogenannte „Moai-System": eine Gruppe von Menschen mit gemeinsamen Interessen, die zusammenkommen, gemeinsam Probleme lösen, sich beratschlagen, sich wohlgesonnen sind.

Das Jüdische Museum Emmendingen

Die Diskussion um eine zweite, ergänzende Gedenktafel, die an die Zerstörung der Synagoge im Zuge des Novemberpogroms am 10.11.1938 erinnert und die Verantwortlichen klar benennt, und die Wiederentdeckung der in Vergessenheit geratenen *Mikwe* (rituelles Bad) am Schlossplatz führen 1988 zur Gründung des Vereins für jüdische Geschichte und Kultur Emmendingen e.V.

Über 200 Jahre, bis zur Zerstörung der Synagoge während des Novemberpogroms, war der Schlossplatz mit der Synagoge, dem Israelitischen Gemeindehaus und dem ehemaligen rituellen Bad das religiöse, geistige und kulturelle Zentrum der 1716 gegründeten Israelitischen Gemeinde Emmendingen.

Der Verein richtet im erhaltenen Mikwengebäude ein Museum für jüdische Geschichte und Kultur ein. Er will damit an die reiche jüdische Geschichte der Stadt Emmendingen erinnern, sie genauer erforschen und dokumentieren. Das Museum gedenkt auch der vertriebenen und ermordeten Emmendinger Jüdinnen und Juden. Es lädt ein zur Auseinandersetzung mit der lokalen NS-Geschichte und will die Erinnerung an die NS-Verbrechen gegenüber der jüdischen Bevölkerung im öffentlichen Bewusstsein verankern.

Eine Gruppe ehrenamtlich tätiger Vereinsmitglieder restauriert mit fachlicher Unterstützung durch Handwerksbetriebe der Region das Gebäude des ehemaligen rituellen Bades der Israelitischen Gemeinde. Die Stadt Emmendingen und die Denkmalstiftung Baden-Württemberg unterstützen und fördern das Projekt.

Im April 1997 wird das Jüdische Museum Emmendingen eröffnet. Es versteht sich als Ort des Erinnerns, Gedenkens, Lernens und der Begegnung mit jüdischem Leben und jüdischer Kultur in heutiger Zeit.

Eine Dauerausstellung im Untergeschoss rückt die restaurierte, denkmalgeschützte *Mikwe* aus der Zeit um 1840 in den Mittelpunkt. Leuchttafeln erläutern das Ritual des Untertauchens in lebendigem Wasser und seine religiöse Bedeutung. Ritualbäder in der Geschichte von der Antike bis heute und die Baugeschichte der Emmendinger Mikwe sind weitere Ausstellungsthemen.

Die Dauerausstellung im Erdgeschoss widmet sich der Geschichte der Israelitischen Gemeinde Emmendingen von 1716 bis 1940. Gezeigt werden Exponate zum jüdischen Kultus- und Alltagsleben. Die jüdischen Feste im Jahreslauf werden vorgestellt.

35

Wechselnde Sonderausstellungen machen die Vielfalt und den Facettenreichtum jüdischer Kultur erfahrbar. Die Dauerausstellung dokumentiert auch das Schicksal der Emmendinger Jüdinnen und Juden während der NS-Diktatur.

Eine Medienstation ermöglicht den Besucher*innen die eigenständige Recherche zur Geschichte jüdischen Lebens und zum Schicksal der jüdischen Bürger*innen der Stadt Emmendingen, die von der nationalsozialistischen Verfolgung betroffen sind.
Die Medienstation stellt auch die heutige, 1995 neu gegründete Jüdische Gemeinde Emmendingen K.d.ö.R. vor.

Bürgerschaftliches Engagement trägt das Jüdische Museum Emmendingen seit seiner Eröffnung im Jahr 1997. Ein jährlicher städtischer Zuschuss und ein Zuschuss des Landes Baden-Württemberg im Rahmen der Landesgedenkstättenförderung würdigen die ehrenamtliche Tätigkeit des Trägervereins und die geleistete Gedenk-, Erinnerungs- und Vermittlungsarbeit.

Das Team der Aktiven organisiert zahlreiche pädagogische Angebote: Thematische Führungen für Schulklassen, Kinder-, Jugend- und Erwachsenengruppen, kurze Stadtrundgänge, Workshops, Projektarbeit und -begleitung, Lehrerfortbildungen und spezielle Vermittlungsprogramme für besondere Zielgruppen.

In Zusammenarbeit mit der Jüdischen Gemeinde Emmendingen, dem Fachbereich Kultur der Stadt Emmendingen und weiteren wechselnden Kooperationspartnern organisiert der Trägerverein regelmäßig Kulturveranstaltungen, Vorträge, Lesungen, Konzerte und Workshops.

Das Team der ehrenamtlich Aktiven des Jüdischen Museums pflegt zahlreiche Kontakte zu Nachkommen jüdischer Familien in Emmendingen und steht mit ihnen in einem engen Austausch über entsprechende Recherchen und Forschungsergebnisse. Die Nachfahr*innen bereichern die Vermittlungsarbeit des Museums durch persönliche Dokumente, Zeugnisse und Exponate, die sie dem Museum als Leihgaben oder Schenkungen zur Verfügung stellen.

Im April 2022 begeht das Jüdische Museum Emmendingen sein 25-jähriges Bestehen und plant dazu ein Jubiläumsprogramm.

Das Jüdische Museum Emmendingen hat sich mit mit fünf weiteren Gedenkstätten aus Süd- und Mittelbaden zum Gedenkstättenverbund Südlicher Oberrhein vernetzt. Die Gedenkstätten arbeiten eng zusammen und organisieren gemeinsame Veranstaltungen und Projekte. Eine Pressereferentin koordiniert die gemeinsame Pressearbeit des Gedenkstättenverbundes.

Das Jüdische Museum Emmendingen ist ebenfalls Mitglied der Landesarbeitsgemeinschaft der Gedenkstätten und Gedenkstätteninitiativen in Baden-Württemberg.

Jüdisches Museum Emmendingen
Schlossplatz 7
79312 Emmendingen

Öffnungszeiten:
Mittwoch und Sonntag 14 bis 17 Uhr
Eintritt 2 €, Kinder und Jugendliche frei
Führungen nach Vereinbarung

Träger:
Verein für jüdische Geschichte und Kultur Emmendingen e.V.
Postfach 1423
79304 Emmendingen

Kontakt:
fon +49 (0) 76 41 / 57 44 44

mail: info@juedisches-museum-emmendingen.de
web: www.juedisches-museum-emmendingen.de
www.gedenkstaetten-suedlicher-oberrhein.de

Aus dem Jüdischen Museum Emmendingen ergeht ein herzlicher Gruß an Inge Auerbacher, die seit 2001 zweimal zum einem Zeitzeugengespräch in Emmendingen zu Gast und zusammen mit Robert Krais auch zu einem Besuch im Jüdischen Museum war. Sie hat sich dabei sehr über ein Foto des Geschäftes für Aussteuer- und Manufakturwaren sowie Herrenbekleidung von Samuel Bär Weil in der Markgrafenstraße 2 gefreut, mit dem sie verwandt war.

Emmendingen, im Januar 2022   Carola Grasse, Vorsitzende des Vereins für
                                 jüdische Geschichte und Kultur Emmendingen e.V.

3 Wenn Wege sich kreuzen – We are one

38

UNESCO/SMV @GHSE

Treffen mit Inge Auerbacher

Februar 2022   Benjamin Kleinstück

 **GHSE** Gewerbliche und Hauswirtschaftlich-Sozialpflegerische Schulen Emmendingen
unesco-projekt-schulen

Unsere Schule

Die GHSE ist eine berufliche Schule mit einer Vielzahl an Schularten. Ungefähr 2500 Schülerinnen und Schüler können vom Hauptschulabschluss bis zum Abitur die gesamte Bandbreite der Abschlüsse erlangen. Momentan unterrichten 180 Lehrkräfte, unterstützt von sechs Sozialpädagoginnen und -pädagogen, die Jugendlichen und jungen Erwachsenen.

Seit 1989 ist unsere Schule Mitglied im Netzwerk der Unesco-Projekt-Schulen, genauso wie weitere ca. 300 Schulen in Deutschland und ca. 10.000 in der ganzen Welt.

Wir arbeiten im Unterricht, sowie in vielfältigen Projekten außerhalb des Unterrichts, an den Themen Menschenrechte, Toleranz, Demokratie, interkulturelles Lernen, Nachhaltigkeit, Umwelt, Digitalisierung und Weltkulturerbe.

Als SMV haben wir in den vergangenen Jahren wegweisende Projekte im Bereich Bundes-und Landtagswahlen durchgeführt und große Podiumsdiskussionen mit den jeweiligen Kandidatinnen und Kandidaten organisiert und geleitet.

Was uns mit Inge Auerbacher verbindet

Das Einzugsgebiet unserer Schule ist der gesamte Landkreis Emmendingen. Einige unserer Mitschülerinnen und Mitschüler waren in Kenzingen auf der Grundschule. Sie haben uns von ihrem Erlebnis mit Inge erzählt.

Unser Interesse war geweckt und unsere Neugier ist groß.

3 Wenn Wege sich kreuzen – We are one

Es ist etwas völlig Anderes jemanden kennenzulernen, der uns erzählen kann, was in der Zeit des Nationalsozialismus geschah, als es aus Schulbüchern und Dokumentationen zu lernen.

Unsere Frage, unser Wunsch an Inge Auerbacher

Liebe Frau Auerbacher, welchen Rat können Sie uns für unsere Zukunft geben?

Wir wünschen uns und Ihnen, dass Ihre Erinnerungen immer lebendig bleiben.

Die Schülerinnen und Schüler der SMV/ UNESCO-Gruppe der GHSE Emmendingen

Stellvertretend Benjamin Kleinstück, St'R
SMV Verbindungslehrer/ UNESCO Gruppe

Geschichtswerkstatt der Lessing-Realschule Freiburg
Zwangsschule für jüdische Kinder von 1936 – 1940

Zum Multiplikatorentreffen für Inge Auerbacher in Kenzingen am Di, den 01.02.2022, 14-17Uhr

ALLER SINN DES LEBENS IST BEGEGNUNG

Diese Erkenntnis von dem jüdischen Religionsphilosophen Martin Buber haben wir in 20 Jahren, 2001 bis 2021, vielfach erfahren dürfen. Die Ergebnisse sind unten kurz zusammengefasst. (In der ausliegenden Broschüre: LERNEN VOM MUT DER ÜBERLEBENDEN UND VOM MUT DER RETTER*INNEN)

Inge Auerbacher hat uns im Jahr 2015 besonders begleitet. Sie war unsere große Zeitzeugin an der Lessing-Realschule. Die Begegnung mit Inge Auerbacher war ein Höhepunkt einer Veranstaltungsreihe, die unsere Schule für den Titel **SCHULE OHNE RASSISMUS – SCHULE MIT COURAGE** qualifizierte.

Es entstand die **Broschüre**, die in Kenzingen gerne ausliegt:

AUS DER VERGANGENHEIT LERNEN – Erinnerungsarbeit in der Migrationsgesellschaft

Ein Modell der Geschichtswerkstatt der Lessing-Realschule Freiburg. 5 €

LERNEN VOM MUT DER ÜBERLEBENDEN UND VOM MUT DER RETTER*INNEN:

Manche Überlebende der ZWANGSSCHULE FÜR JÜDISCHEN KINDER IN FREIBURG, 1936-1940, die zwei Jahre an unserer Lessingschule in zwei Klassenzimmern untergebracht waren, waren nach über 60 Jahren zum ersten Mal zurück nach Deutschland eingeladen worden. Dadurch änderte sich ihr Leben. Es wurden Stolpersteine für ermordete Großmütter verlegt, endlich konnten drei Generationen der Familie das Unaussprechliche benennen und gemeinsam trauern. Briefe aus Gurs wurden transkribiert und in einem Buch ausgewertet und veröffentlicht. Theater spielte eine wichtige Rolle, um das Vergangene und Verdrängte vorstellbar zu machen. In Filmen, Dokumentationen und auf der eigenen Website der Geschichtswerkstatt versuchen wir wieder zu erinnern, was über 60 Jahre lang an unserer Schule vergessen war.

Jahr für Jahr erfuhren andere Schüler*innen und andere Klassen in der Lessing-Realschule und in weiteren Schulen, was es heißt, als Waisenkind ohne Eltern den Holocaust zu überleben, mit einem Kindertransport in die Schweiz, nach England, in die USA oder nach Palästina verschickt zu werden, um zu überleben ohne die Eltern jemals wieder zu sehen. Wir erfuhren, wie ehemalige jüdische Schüler*innen unserer Schule auf einem Bauernhof versteckt - im Schwarzwald oder in Südfrankreich - den Völkermord überlebten. Zeitzeugen*innen berichteten, wie es Ihnen gelang, mit Hilfe mutiger Menschen bei großer Gefahr über die französisch-schweizerische Grenze zu fliehen. Wir erfuhren auch, wie Jugendliche sich dem Widerstand anschlossen. Alle Überlebenden hatten ihr Leben lang schwer an ihren Schicksalen zu tragen.

41

Auch UNSER Leben änderte sich durch die Begegnungen mit über 20 Überlebenden der Zwangsschule, die uns im Laufe der Jahre besuchten. Der Schüleraustausch mit Israel weckte selbst bei einem palästinensischen Jungen aus Freiburg mit deutschem Pass Begeisterung und Verständnis für die israelischen Schüler*innen. Bei Familienforschungen wurden Eltern und Großeltern gefordert. Erinnerungen an BDM und HJ Erfahrungen wurden wach, Kriegs-Erlebnisse (auch im sibirischen Exil) ausgetauscht und Fragen nach dem Verbleib der Zwangsarbeiter*innen, die die Lage zuhause verbessern halfen, aufgeworfen.

Beim Schüleraustausch mit der Ukraine war die Aufarbeitung einer Tätergeschichte im KZ-Stutthof bei Danzig essentiell für die Befindlichkeit der Familie: endlich über die ‚Leichen im Keller' des Großvaters sprechen und forschen zu können. 10 Jahre später konnte die Mutter das Buch V E R G E S S E N veröffentlichen.

UNSERE GEDANKEN FÜR DAS GELINGEN ZUKÜNFTIGER ERINNERUNGSARBEIT:

Im Jahr 2015 trauten wir uns an das Thema ERINNERUNGSARBEIT IN DER MIGRATIONSGESELLSCHAFT. Ein wichtiger Schlüssel, um aus der NS Vergangenheit überhaupt zu lernen, ist die Betrachtung der jeweiligen Familienschicksale der heutigen Schülergeneration auch aus Migranten- und Flüchtlingsfamilien. Diese heutige Schicksale können den Zugang für jüdische Schicksale in der Zeit des Nationalsozialismus ermöglichen.

So lassen wir uns in der Geschichtswerkstatt seit 20 Jahren von den Begegnungen, die wir als Geschenk betrachten, leiten. Mit der Enthüllung einer weiteren Gedenktafel für den BAUM FÜR STILLE HELDEN auf unserem Schulhof im Oktober 2021, ist ein vorläufiger Höhepunkt unserer Recherchen erreicht: Zum ersten Mal können wir von fast allen der über 60 Einzelschicksale unserer ehemaligen jüdischen Schüler*innen und Lehrer*innen eine Aussage machen. Vier SchülerInnen und zwei Lehrer*innen wurden ermordet. – Dank mutiger Menschen konnten über 90% der Schüler*innen und Lehrer*innen überleben. Diese Stillen Heldinnen und Helden werden nun seit 2021 auf dem Pausenhof der Lessing-Schulen erinnert und gewürdigt. Nach 20 Jahren der Gründung der Geschichtswerkstatt wird hier deutlich gemahnt: Welche Herausforderungen nehmen wir heute an?

Wir wollen und wünschen, dass die Geschichtswerkstatt dem steigenden Rassismus und Antisemitismus heute entgegen wirkt und einen wichtigen Beitrag für einen verbesserungswürdigen gesellschaftlichen Zusammenhalt darstellt. Gegen Vergessen – Für Demokratie! (Dessen Preisträgerin war die Geschichtswerkstatt am 17.Nov. 2021)

Wir danken herzlich für die Einladung zum MULTIPLIKATORENTREFFEN mit Inge Auerbacher in Kenzingen!

Wir kommen gerne zu zweit: Rosita Dienst-Demuth, Gründerin und Leiterin der Geschichtswerkstatt UND Manuel Zeller, Geschichtslehrer der Lessing-RS Freiburg, ODER Melissa Maggiore, Studentin und Mitarbeiterin

UNSERE FRAGE AN INGE AUERBACHER:

Liebe Inge, woher nimmst Du Deinen unerschütterlichen Optimismus für eine bessere Welt?

42

 Initiative Nazi-Terror gegen Jugendliche

Die »Initiative NTgJ Freiburg« hat 2007-2018 ein Ausstellungs-Projekt von Jugendlichen für Jugendliche entwickelt und mit verschiedenen Partnern durchgeführt: Jugendliche recherchieren zu Biografien von Menschen, die als Kinder und Jugendliche aus unterschiedlichsten Gründen Terror und Verfolgung durch den NS-Staat ausgesetzt waren.

Die eigenständige Beschäftigung und die Begegnung mit Menschen, die authentisch berichten können, ermöglichen, sich die Zeit der Nazi-Diktatur in Deutschland »mit allen Sinnen« begreifbar zu machen. Hier hat **Inge Auerbacher** mit dem Bericht über ihr eigenes Schicksal über mehrere Jahre zahlreiche Schüler*innen angesprochen und berührt.

Die »Initiative NTgJ Freiburg« ist Mitglied in der Landesarbeitsgemeinschaft der Gedenkstätten und Gedenkstätteninitiativen Baden-Württemberg **(LAGG)** und arbeitet seit 2018 eng mit dem Verein „Gegen Vergessen – Für Demokratie e.V.", Berlin **(GVFD)** zusammen.

Über die Ausstellungsprojekte mit den Zeitzeug*innen-Berichten hinaus bietet die Initiative folgende **Möglichkeiten der Weiterarbeit und Nutzung** des Materials an:

Die **Ausstellung »Nazi-Terror gegen Jugendliche«** ist als Wanderausstellung konzipiert – Kontakt: info@nazi-terror-gegen-jugendliche.de. Die Ausstellung besteht aus 172 Elementen, mit Text und Bildmaterial gestaltet, auf weiße PVC- Bahnen (70 cm x 125-165 cm) gedruckt, und aus mehreren Objekten.

Begleitung bei der Ausrichtung eines eigenen Projekts im Anschluss an das Projekt-Konzept „von Jugendlichen für Jugendliche" (auf Anfrage info@nazi-terror-gegen-jugendliche.de)

Website www.nazi-terror-gegen-jugendliche.de – als Lern- und Informations-Plattform für Lehrende, Schülerinnen und Schüler mit Hintergrundwissen und Materialien über das Schicksal von aus unterschiedlichen Gründen Verfolgten, z. B. weil sie Juden waren oder Sinti oder Ernste Bibelforscher; weil sie als nicht gemeinschaftsfähig hingestellt wurden, wegen der politischen Einstellung der Eltern, wegen der Art der Lebensgestaltung oder weil sie krank und/oder behindert waren. Es gab ein breites Spektrum an »Gründen« für Verfolgung und Mord. (wird nach und nach erweitert)

Zeitzeug*innen-Vorträge aus dem Projekt als **Video- und Tonmitschnitt**

Publikationen/Materialien:
Monika Rappenecker (Hrsg.): »Nazi-Terror gegen Jugendliche«, verlag regionalkultur Heidelberg, 2016 - 319 Seiten mit 365 Abbildungen, fester Einband, ISBN 978-3-89735-917-8, € 24,80

10.Januar 2022   Monika Rappenecker
                                   Projekt-Koordinatorin

Multiplikatorentreffen mit Inge Auerbacher

– Begegnung und Würdigung –

am Dienstag, 01.02.2022,

Grundschule an der Kleinen Elz Kenzingen (GS), Alte Turnhalle, 14 bis 17 Uhr

- Inge Auerbacher, Dr. hc., Kippenheim/New York, Theresienstadt-Überlebende, Chemikerin, Autorin
- K. Jungblut, Director Emeritus Shoa-Foundation, Begleiterin von Zeitzeugen
- Peter Weiß, Präsident des Maximilian-Kolbe-Werkes und Vorsitzender der Maximilian-Kolbe-Stiftung
- M. Guderjan, BM Kenzingen
- B. Beck, Rektorin GS Kenzingen und Kollegium
- Ch. und M. Oelze, Förderverein GS
- U. Kraft, Elternbeirat GS Kenzingen
- B. Alaze, ehem. Schülervater, Webmaster der GS Kenzingen, macht Video
- R. Weber (ehem. Kollegin, i.R. seit 2015), Initiatorin, Mitglied im DIA Ettenheim, Lektorin Die Pforte, hrsg. von der Arbeitsgemeinschaft für Geschichte und Landeskunde in Kenzingen e.V. (AgGL), Gruppenbotschafterin Widen the Circle
- K. Weber, 1. Vors. Arbeitsgemeinschaft für Geschichte und Landeskunde in Kenzingen (AgGL)
- J. Brandts, ProjektKollegin i.R. kath. Rel.
- A. Oettlin, ProjektKollegin i.R. ev. Rel.
- R. Eppler, Gemeindereferentin St. Sebastian Kenzingen-Bombach
- A. Hansen, ev. Pfr.
- Th. Feucht, Direktor Gymnasium Kenzingen
- S. Henninger, Gymnasium Kenzingen, Presse-AG
- M. Bannwarth, Eine Welt AG Gymnasium Kenzingen
- J. Bauch, Eine Welt AG Gymnasium Kenzingen
- B. Weber-Lewerenz, www.bwl-engineering.com, dokumentiert
- E. Geiger, Dipl. Päd. AOR i.R., PH FR
- M. Rappenecker, Studienleiterin i.R., Kath. Akademie Freiburg, Projekt „Nazi-Terror gegen Jugendliche" (2007-2018), für das Sprecherteam der Regionalen Arbeitsgruppe Südbaden von „Gegen Vergessen – Für Demokratie e.V." Freiburg
- Dr. Ch. Walesch-Schneller, Förderverein Ehemaliges Jüdisches Gemeindehaus Breisach e.V.
- L. Feist, Blaues Haus, Breisach
- Dr. G.V. Wilczek, Blaues Haus, Breisach
- R. Dienst-Demuth, Lehrerin i.R., Initiatorin der Geschichtswerkstatt "Zwangsschule für jüd. Kinder (1936-40)", Lessing Realschule FR

45

- C. Grasse, Verein für jüdische Geschichte und Kultur Emmendingen, Führungen im Museum und der Mikwe
- M. Miklis, Dozentin, Archiv Verein für jüdische Geschichte und Kultur Emmendingen
- R. Krais, Deutsch-Israelischer Arbeitskreis Ettenheim (DIA)
- M. Gutbrod, BM Kippenheim
- J. Stude, Förderverein Ehem. Synagoge, Kippenheim e.V. Gedenk- und Lernstätte
- K. und J. Kopp, ehemaliger Rektor GS-Kippenheim
- A. Maier, OB Göppingen
- B. Kleinstück, GHSE-Unesco-Schule, Emmendingen
- R. Hämmerle, DIA, Herbolzheim, Erinnerungsarbeit jüd. Vergangenheit, Sinti und Roma, örtliche Zeitzeugen
- H. D. Fressle, ehem. Rektor GS Kenzingen
- K. Fritschmann, Lehrerin, Oberweier
- M. Buttenmüller, Lehrer, Friesenheim
- W. Bürk, Buchhandlung Bücherwurm Kenzingen, themenorientierte Schaufenstergestaltung mit der GS Kenzingen
- Badische Zeitung Redaktion Emmendingen
- Breisgauer WochenBericht, Emmendingen
- W. Smialkowska, Kenzingen, mehrmals Gastgeberin Inges

46

> Herausgegeben von der Grundschule an der Kleinen Elz Kenzingen unterstützt durch
>
> Beiträge der TeilnehmerInnen des Multiplikatorentreffens am 01.02.2022
> den Förderverein für die Grundschule an der Kleinen Elz Kenzingen
> die Arbeitsgemeinschaft für Geschichte und Landeskunde in Kenzingen e.V.
> Karl und Jutta Kopp, ehemaliger Rektor der Grundschule Kippenheim
>
> Koordination: Roswitha Weber
> Redaktion: Monika Rappenecker

3.4.8 Modell per Zufall – 3 Schultypen vernetzt

Inge brauchte nach der ganzen grandiosen Berlinwoche und der langen Autofahrt mit Karen von Berlin nach Kenzingen einen Ruhetag, nicht zuletzt wegen ihrem Rückenleiden. Der Schulbesuch an der Grundschule und das Zusammentreffen mit den vierten Klassen war deshalb in Frage gestellt. Da aber am nächsten Vormittag Interviews mit Schülergruppen des Gymnasium Kenzingen und den Gewerblich-Hauswirtschaftlich-Sozialpflegerischen Schulen Emmendingen vorgesehen waren, machte der Kollege der GHSE UNESCO-Klasse[70,71] ein grandioses Angebot:

Sein Schülerteam könne die 3 Schulen vernetzen und die eingekürzte Zeit für das Interview mit Inge könnten alle 3 Schülergruppen nutzen und – ein toller Effekt – hunderte von Schülern mitsehen oder später ansehen. Es waren ja noch Pandemieregeln und Inge wollte sich nirgends anstecken – so „umbaute" man sie mit Glaskasten im größeren Raum und realisierte einen Live-Stream, an dem einige Hundert SchülerInnen teilhaben konnten.[72]

Alle waren begeistert, ihre Fragen beantwortet und die Mithörenden der „Delegation" beeindruckt: Karen Jungblut und der aus Berlin nachgereiste Diplomat H.-J. Deng. Bei den Teilnehmern der UNESCO-Klasse löste die Einladung Inges nach New York einen Motivationsschub aus. Die spontane Idee zur Organisation der Zoom-Veranstaltung (Abb. 3.90) war bravourös gelöst. So stellte ich mir Netzwerk vor. Ich bin den Kollegen ewig dankbar, denn für Inge bedeutete es, den

---

[70] GHSE = Gewerblichen und Hauswirtschaftlich-Sozialpflegerischen Schulen Emmendingen.
[71] www.ghse.de/unesco/unesco-aktivitaeten/.
[72] www.regiotrends.de/de/lesermeinung/index.news.474645.multiplikatorentreffen-mit-holocaust-ueberlebender-inge-auerbacher-in-grundschule-in-kenzingen%2D%2D-dank-live-stream-konnten-250-schueler-der-gewerblichen-und-hauswirtschaftlich-sozialpflegerischen-schulen-emmendingen-teilhaben.html.

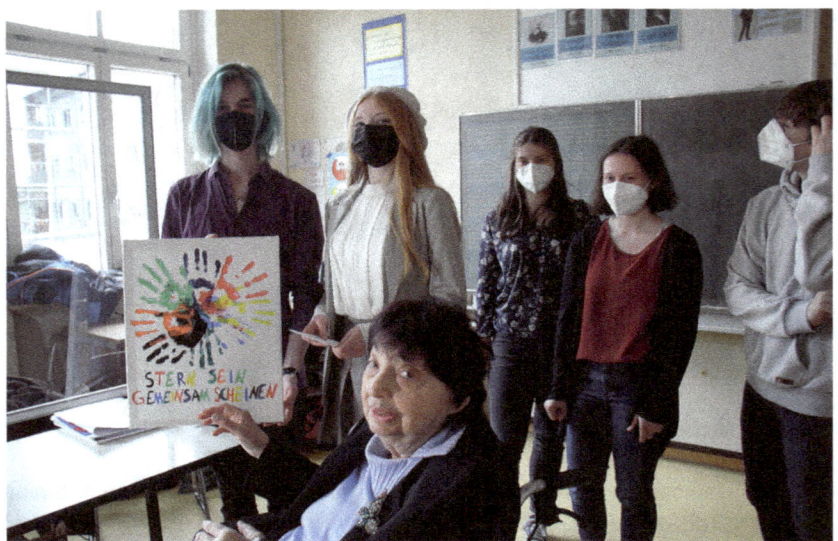

Abb. 3.90 Zoom der GHSE UNESCO-Klasse mit Inge am 03. Februar 2022. (Quelle: GHSE Schule)

hohen Erwartungen der SchülerInnen nachgekommen zu sein. Die anwesenden Lehrkräfte, Grundschul-Rektorin Birgit Beck, Fr. Bannwarth von der Eine-Welt-AG des Gymnasiums Kenzingen und Benni Kleinstück GHSE-EM erlebten wieder eine pädagogisch begabte Inge. Und die Fragen der Jüngsten brachten Inge dazu, tief aus ihrem Leben zu erzählen. Die Älteren interessierte natürlich vielmehr die Einschätzung Inges, welche Wirkungen sie erkannte durch ihre Vorträge, Fragen zu Israel und die Probleme mit seinen Nachbarn und ob sie ein neues Buch plant.

So kann praktische zeitgemäße Erinnerungskultur laufen:

1. Aus Anlass (Zeitzeugen/Zweitzeugenbesuch, Film und Diskussion authentisch -> SchülerInnen/Jugendliche sind berührt).
2. Einladung oder Planung verlangt Eigeninitiative, d. h. sich kümmern um Sponsoring und Organisation.
3. Damit wachsen SchülerInnen/StudentInnen in jungen Jahren in die Arbeit hinein. Das kann auch ein Projekt anderer Art sein:
   – Projekt der Willkommenskultur (Multikulticafé)
   – Ehrengräberpflege (und Biografien erstellen)
   – Stolpersteine pflegen und an bestimmten „Tage der Erinnerung" besuchen.
   – Kriegsgräberprojekt etc.

3.4.9 Der private Nachmittag „bei Webers"

Wie gewohnt bei Inges Deutschlandbesuchen in unserer Regio wurde unser Esszimmer zum internationalen Treffpunkt (Abb. 3.91–3.93): Inge, Karen, Hans-Jörg, Birgit Beck (Rektorin Grundschule an der Kleinen Elz Kenzingen), ehemaligen Kolleginnen der Religion-Fachschaft: Anne Oettlin (sie ist öfter in Israel und hatte dort früher schon in Holocaust-Seniorenheimen gearbeitet), Julia Brandts (Erfinderin des Kompassheftes und Kreative, wenn es um Egli-Figuren geht (kunsthandwerkliche Figuren in verschiedenen Größen zum Erzählen biblischer Geschichten) jeglichen meditativen Gestaltungen von Krippen/Osterwegen etc. geht), Wieslawa Smialkowska (Vermieterin, Ferienwohnung für Inge bei früheren Besuchen, Backkünstlerin polnischer Prachttorten, Mitglied des interkulturellen Elternmentoren-Programms) und wir als Familie bis hin zu den Enkelkindern Namika und Nino. Gemäß unserer Familientradition war es uns ganz wichtig, diese beiden, so klein sie waren, die Nähe und Zuwendung Inges erleben zu lassen. Neben all den Gesprächen über Israel, USA, Alltag Inges, Pläne und Erinnerungen, Polen (Wieslawas Tochter führt dort Touristen), Berlinerlebnisse, Briefe und Erfahrungen der Schulleitung kam es wie immer zum Musizieren/Singen von „Hevenu shalom" bis hin zu alten wohlbekannten Kinderliedern, die Inge aus der Jebenhauser Zeit vor allem, noch bis zur 10. Strophe kannte. Mit Anne samt Gitarre und einer strahlenden Inge in unserer Mitte!

Dabei übertraten wir sicher etwas das Covid-Regelkonzept bei der Personenzahl in Privathaushalten, aber es musste sein! Im engsten Kreis, bei Bärlauch Süppchen am Abend gab es dann noch als Überraschung das Honorar für 4 Schulbesuche, die ich bei der Landeszentrale für Politische Bildung BW beantragt hatte.

Für die Familie Krais hatte ich in Inge's Hotelunterkunft für den nächsten Tag noch eine extra Besuchszeit vorbereitet, es sollte die letzte Begegnung Inges mit Robert Krais sein, der so viel für sie organisiert hatte seit den 90er-Jahren.

Abb. 3.91–3.93 Privater Kaffeenachmittag bei Roswitha Weber und gemeinsames Singen als Abrundung des offiziellen Teils des „Inge-Auerbacher-Tages" am 15. November 2018. (Quelle: Bianca Weber-Lewerenz)

Wie immer, war es für alle sehr wichtig dieses Zusammensein – weil sich sehr nah, sehr familiär, sehr vertraut alles wie in einem Spiegel der Zeiten zeigte und es in den Seelen verankerte (der sehr persönliche Eindruck sei erlaubt). Hier entstand vielleicht auch Hans-Jörgs Idee als guter Freund Inges, ein Bilderbuch „Unterwegs mit Inge" mit Zustimmung der Bundestagsverwaltung zusammenzustellen als Dokumentation dieser Berlinreise. Hansjörg, neu in der Runde – hatte im Vorfeld der Berlinreise auch für Inge's TV-Interview bei „Markus Lanz" gesorgt (Abb. 3.94 und 3.95) und sie war damit sicher in vielen Wohnzimmern zu Gast.

Hansjörg ist es auch, der zu ihrem Geburtstag oder Besuch in New York mal schnell ins Flugzeug steigt. Karen und ihre Möglichkeiten als emeritierte Direktorin der Shoa-Foundation und ihren wichtigen Beziehungen auf der ganzen Welt hatte sicher schon die Planung ihrer Hologramme mit Inge im Kopf. 2024 trafen wir uns deshalb in Frankfurt für Zukünftiges. Und die „Frag nach" – Interviews mit Inge Auerbacher und Kurt Mayer, die mit dem Exilarchiv der Nationalbibliothek ONB in Frankfurt entstanden, werden auch hier in Gedächtnisstätten und einzelnen Schulen schon gut nachgefragt. Wir waren beseelt und offen für alles, was nach dieser Reise an Neuem noch auf uns zukam.

Abb. 3.94 und 3.95 Inge zu Gast bei „Markus Lanz", ZDF, in Hamburg am 24. Januar 2022 (mit tatsächlicher Ausstrahlung am 27.01.2022). (Quelle: Markus Lanz Sendung, ZDF)

3.4.10 Festlich-innovatives Nachmittagstreffen in Kippenheim mit Ehrengast Dr. Wolfgang Schäuble und Willkommensabend als 1. „Ehrenbürgerin" ihres Geburtsortes

Im Vorfeld gab es mehrere Besprechungsrunden mit Bürgermeister und dem Vorsitzenden des Vereins Ehemalige Synagoge im Rathaus Kippenheim, um das Nachmittagsprogramm mit vorgesehenem Besuch Dr. Wolfgang Schäuble in kleiner Gesprächsrunde in der Synagoge zu planen. Inge Auerbacher, Dr. Schäuble, Jan Fahlbusch/Diplomat, Karen Jungblut/Shoa Foundation, Bürgermeister Matthias Gutbrot und Jürgen Stude vom Verein Ehemalige Synagoge und ich tauschten uns über regionale und Erinnerungsarbeit allgemein aus. Es war überaus produktiv und Fortsetzung des Multiplikatoren Netzwerktreffs. Das abendliche Programm ergab einen grandiosen, ebenso festlichen Verlauf durch die Aufführung „Szenen zu Ich bin ein Stern" der Musik-AG des Max-Planck-Gymnasiums Lahr (Aisha Hellberg), zusammen mit der Kompositions-AG des Clara-Schumann-Gymnasiums Lahr (Christian Wenzel) (das früher von mir besuchte Aufbaugymnasium mit angeschlossenem Internat).

Ein weiteres Highlight war natürlich die Ernennung Inges zur ersten Ehrenbürgerin Kippenheims (Abb. 3.96 und 3.97). Darüber bin ich wirklich sehr glücklich, war es doch manchmal in den Planungen nicht sofort zu kommunizieren, dass Inge's Besuch in Deutschland ein weltweit beachteter war und damit der Ort international im Interesse stand. Diese Verleihung verdiente Respekt, denn alle Entscheidungen dazu im Gemeinderat verlangten letztendlich Überzeugungskraft durch den Bürgermeister. Gefreut hat mich auch außerordentlich, dass sowohl die Gemeinde wie der Verein recht schnell auf meinen Vorschlag eingingen, die ganzen Gastgeschenke in Berlin etc. und es waren nicht wenige – finanziell zu sponsern. So hatte Inge als Autorin jeweils als Gastgeschenk zwei ihrer Bücher dabei. Deshalb reisten wir mit vielen Bücherkisten nach Berlin.

Abb. 3.96 und 3.97 Feierlichkeit zur Würdigung als Ehrenbürgerin der Gemeinde Kippenheim, Synagoge, am 02. Februar 2022. (Quelle: Bianca Weber-Lewerenz)

Abb. 3.98 Inge besucht – wie bei jeder Deutschlandreise – ihr ehemaliges Geburts- und Elternhaus in Kippenheim, in dem Familie Vogt lebt, am 02. Februar 2022. (Quelle: Bianca Weber-Lewerenz)

Zwischen Nachmittag und Abendprogramm war unsere älteste Tochter mit einigen der Gäste zu einem kurzen Besuch bei Familie Vogt im ehemaligen Elternhaus Inges (Abb. 3.98).

Es war ein herzlicher Willkommenstag für Inge mit vielen Gesprächen, vertrauten Personen in und um die ihr sehr wichtige Synagoge, die sie als Kind vom Elternhaus immer vor Augen gehabt hatte und aus der man ihren Vater und Opa beim Gebet geholt hatte. Im Lernort Kippenheim bzw. im Förderverein Ehemalige Synagoge wurde in den letzten Jahren vieles aufgearbeitet. So entstanden Kooperationen mit Schulen auch in der weiteren Region wie Friesenheim, Ettenheim oder St. Ursula in Freiburg, die Theater- und Musikprojekte der bereits genannten Gymnasien in Lahr sind inzwischen Höhepunkte pädagogischer Arbeit in der Erinnerungskultur. Erst im April 2024 wurde eine Wanderausstellung mit historischen Fotos installiert von Florian Hellberg und Jürgen Stude. Es gibt für Schulen viele Angebote auch digital. Hingegen hatte der Versuch Robert Krais schon vor Jahrzehnten – die Namensgebung der dortigen Schule zu Inge-Auerbacher-Schule keine Mehrheit im Gemeinderat Kippenheim, es lief sehr ungut trotz großer Bemühungen der Schule unter dem damaligen Rektor Kopp. Aber immer noch eine Chance in der Zukunft! Auch das Profil des DIA unter Krais erfuhr – er war Anlaufstelle für alle am Thema Holocaust, sozusagen als wandelndes Wikipedia und Initiator so vieler Projekte unter neuer Leitung ein total neues Profil und bewirkte in 2022/2024 den Austritt von mir und vielen Mitgliedern. Es wurde polemisiert und Schulprojekte wie meines als Beeinflussung der Kinder, Augenwischerei und Missbrauch deren Gefühle abgetan. Dabei bin ich auch gegen eine Erinnerungskultur – die das Anzünden von Kerzen und Nie-wieder-Versprechen als alleinige Aufgabe sieht. Seit 2024 gibt es einen KULTURWEG Kippenheim-Schmieheim-Jüdischer Friedhof-Kippenheim, initiiert vom Verein Ehemalige Synagoge Kippenheim e. V. in Zusammenarbeit mit dem Schwarzwaldverein.

Im Nachgang zur öffentlichen Abendveranstaltung hatte ich noch viele hochinteressante Gespräche mit wenigen Zeitzeugen von Inges Familienleben bis zum Umzug nach Jebenhausen. Man erzählte mir von vielen guten Nachbarn, Feiern, dem Arzt, der Inges Mutter bei der Geburt Inges half und dessen Rolle später bei der SS bis heute im Dunkeln liegt. Inge bestätigte dessen positive Zuwendung zu ihrer Familie. Ich hörte aber natürlich auch Geschichten, wie sehr die deutschen armen Leute sparen mussten, als einige Jahre nach dem Krieg nochmals eine Entschädigung an die Überlebenden und früheren Hausbesitzer entrichtet werden musste zum Aufbau eines neuen Lebens der vertriebenen BürgerInnen.

3.5 Lebensstationen Jebenhausen und Göppingen

Für mich mit am sensibelsten vorzubereiten war der Aufenthalt Inges in ihrem so liebgewonnenen Großeltern-Ort Jebenhausen. Erstens aus der Ferne und zweitens, weil dieser Ort und das mütterliche Elternhaus mit außerordentlich prägenden Erlebnissen Inges zusammenhängen: Nach den schrecklichen Kristallnacht-Erlebnissen in Kippenheim sollte es ja ein Zufluchtsort werden. Außerdem war Inges Beziehung zu den dortigen Großeltern sehr stark. Trotz wachsender Gefahr für Juden verbrachte sie „unbeschwerte Kindertage dort mit anderen Gleichaltrigen".

Ab 1940 musste sie die jüdische Schule in Stuttgart besuchen mit Busfahrt und erlebte 1940 die Deportation ihrer geliebten Oma und 1942 die eigene zusammen mit den Eltern nach Theresienstadt. Nach der Befreiung 1945 durch russische Soldaten lebten sie nochmals bis zur Auswanderung 1946 in Jebenhausen. Der Antisemitismus war ja nicht plötzlich zu Ende. Geschichten wie die von H.H. Klare „Auerbach"[73] belegen das. Im April 1952, ich war gerade geboren, begann ein Schauprozess an diesem Überlebenden.

---

[73] Klare, Hans-Hermann: Auerbach. Wie der Antisemitismus überlebte, Aufbau-Verlag Berlin, 2022.

In diesem Jebenhausen war Inge am Ende ihrer Deutschlandreise immer sehr herzlich willkommen, sowohl zum Beispiel privat bei Familie Lipp-Wahl mit einer Shabbatfeier als auch im politischen Ort Göppingen, vertreten durch Oberbürgermeister Alex Maier. Seine Aussage zur Verleihung der Ehrenbürgerschaft Inges[74] fasst für mich die positive Energie zusammen, mit der in dieser Stadt heute viel getan wird gegen Rechtextremismus, nur als ein Beispiel: Er sagte bei der Feier, per Zoom in die Öffentlichkeit übertragen: *„Nicht Inge muss dankbar sein, Ehrenbürgerin zu sein, sondern die Stadt Göppingen, dass sie die Ehrenbürgerwürde angenommen hat"*. Über einen Link[75] wurde die Verleihung am Samstag, 05. Februar 2022 per Livestream übertragen. Ein Vorbild für Kommunen – kleine wie große – jüdische Lebenslinien in der Nazizeit auf dieselbe Wertestufe der Ehrenordnung zu setzen mit 12-jährigen Sportlern und Bürgern, die eine Ehrung erhalten, weil sie im Ort wohnen und viel sozial tätig sind. In meiner Geschichte haben sowohl Kippenheim und Göppingen dies erkannt und die Ehrung verwirklicht!

Meine Erinnerungen und Kontakte mit Göppingen und Jebenhausen in der Vorbereitungszeit für Inges Besuch dort waren in jeglicher Hinsicht höchst erfreulich.

In Jebenhausen, Göppingen und auch Stuttgart gibt es zahlreiche Menschen/Gruppen, die *mit* und *für* Inge in Vergangenheit und Gegenwart sehr aktiv sind.

Entsprechend großartig war dort der Schlussaufenthalt ihrer großen 2022er Reise zurück zu ihren Wurzeln! (siehe „Erinnerungsweg jüdischen Lebens in Jebenhausen"/Haus Lauchheimer und das Jüdische Museum Göppingen/Kreis Göppingen nazifrei e. V.). Eine Menge meiner Sonderdrucke über mein Projekt mit Inge finden sich im dortigen Jüdischen Museum, persönlich abgeholt bei einem Kurzbesuch A. Maiers zu Weihnachten 2021.

---

[74] www.thomasjones.de/inge-auerbacher-ehrenbrgerin-der-stadt-gppingen.
[75] www.filstalwelle.de/shortnews/2022-02-02-goeppingen-livestream-zur-ehrung-inge-auerbacher.

Ich und die Gemeinschaft

Alice Goldstein, Bianca Christina Weber-Lewerenz, Klaus Weber, Michael Blume und Yannick Bury

4.1 Ich und die Gemeinschaft

Bianca Christina Weber-Lewerenz

Was sagt das **Grundgesetz** zum Thema Diversität? Artikel 3 Grundgesetz:
(3) Niemand darf wegen seines Geschlechtes, seiner Abstammung, seiner Rasse, seiner Sprache, seiner Heimat und Herkunft, seines Glaubens, seiner religiösen oder politischen Anschauungen benachteiligt oder bevorzugt werden.[1]

Bewusstseinsschärfung kann nicht früh genug beginnen.

Die Bestandsaufnahme deckt die Hürden in den Köpfen gleichermaßen auf: auch in Familien gibt es unterschiedliche Meinungen, Generationen stoßen aufeinander,

---
[1] Art. 3 GG.

A. Goldstein (✉)
Lexington, USA

B. C. Weber-Lewerenz
Aichtal, Deutschland
E-Mail: bianca.christina@gmx.de

K. Weber
Kenzingen, Deutschland

M. Blume
Stuttgart, Deutschland

Y. Bury
Berlin, Deutschland

© Der/die Autor(en), exklusiv lizenziert an Springer Fachmedien Wiesbaden GmbH, ein Teil von Springer Nature 2025
I. Auerbacher et al. (Hrsg.), *Erinnerungen für HEUTE und MORGEN*,
https://doi.org/10.1007/978-3-658-48390-6_4

wird mit medialer Berichterstattung ganz unterschiedlich umgegangen und diskutiert, ganz unterschiedlich konsumiert und wahrgenommen. Hier kommt es auf Fakten und Wissen an, und einen möglichst neutralen Austausch, der vielfältige Meinungen zulässt, nicht nur einer Richtung folgt, sondern vielmehr kritisch beleuchtet.

Schule ist ein Ort, an dem unterschiedliche Meinungen, Ideen und familiäre Hintergründe zusammenkommen (dürfen), um sich darüber auszutauschen, sich offen zu begegnen, sich zu öffnen, Selbstbewusstsein zu entwickeln, diskutieren zu lernen, Probleme zu lösen.

Es ist damit ein Thema der gelebten Gemeinschaft, des sozialen Miteinanders, Wertegestaltung, Gesellschaft. Und es ist Teil der eigenen Identität, der Bildung des ICH, wer bin ich? Wie will ich sein? Was ist Freundschaft? Wie begegne ich meinem Gegenüber?

„*Inge ist mein Vorbild*", sagen viele Grundschulkinder, die Inge hautnah erlebt haben.

Kommunikation ist DER Schlüsselfaktor. Wie schwierig es auch heute ist, zeigt der öffentliche Diskurs um Meinungsvielfalt und in welcher Form diskutiert und miteinander umgegangen wird.

Trotzdem, mit den Worten von Michel Friedman: „*Hass ist keine Meinung. Judenhass ist keine Meinung. Das ist eine Lebenshaltung.*"[2] Gerade im Umgang mit Antisemitismus spielt Sprache eine wichtige Rolle, bestätigt die Berliner Sprachwissenschaftlerin und Antisemitismus-Expertin Monika Schwarz-Friesel. Um ein Bewusstsein für diskriminierende Sprache zu schaffen, fordert sie eine kommunikative Ethik.

Sprache stiftet Identität und fördert Chancen. Der bewusste Umgang, den eigenen Sprachschatz und Sprache generell wertzuschätzen und zu fördern, respektvoll, empathisch, tolerant, das kann eine der Antworten darauf sein, wenn es darum geht, in welcher Welt wir leben wollen.

Durch das Trainieren der Sprache bildet sich Wahrnehmung, Verständnis, Schlüsse aus etwas ziehen können, ein Bewusstsein, auch das eines Geschichtsbewusstsein.

Inge konnte nach ihrer Rede zum Gedenken an den Holocaust vor dem Deutschen Bundestag ein Gefühl der Befreiung verspüren und teilen: „*Jetzt ist es gesagt. Das hat mich versöhnt mit dem Erlebten. Mir ist es wichtig, Lichtblicke in die Zukunft gerichtet und nach vorne gewandt zu setzen. Ohne Hass, voller Zuversicht und Hoffnung.*"

---

[2] Friedman, Michel (2024). Hass ist keine Meinung. Der Spiegel, No. 5, 27. Januar 2024.

Grundschularbeit übt die empathische Begegnung und Verständnisbildung für die Haltung und Meinung des Gegenübers im frühestmöglichen jungen Alter, nämlich zwischen 6 und 10 Jahren. Hier wird der gesellschaftliche Diskurs zu Themen wie Toleranz, Werte pflegen und schützen, Haltung einnehmen, Stellung beziehen kindgerecht erlernt – und zeitgemäß. Was heißt „zeitgemäß"? Dass es das Zeitgeschehen mit einbindet, dass Aktuelles Gehör findet und diskutiert wird. Dass es Teil wird eines modernen Bildungsplans, in dem das in diesem Buch behandelte Thema *„prüfungsrelevant wird"*.[3] Dass Umgang und Begegnung mit Diskriminierung, Hass, Intoleranz, Rassismus, Respekt- und Toleranzbildung, Werte – Ethik – Aspekte nur durch die Hinführung bereits als Grundschulkind, nämlich dort, wo man frühestmöglich ansetzen kann, in der Grundschule. So gelingt ein Mehr an Empathie und Friedensprozesse lassen sich im Alltag üben und gestalten. Durch den kind- und altersgerechten Umgang mit Medien kann eine die bewusste Wahrnehmung von und Schlussfolgerungen aus medialer Berichterstattung trainiert werden. Schritt halten kann nur, wer Geschichte und aktuelles Zeitgeschehen miteinander verbindet und ins Jetzt und Morgen transportiert. Kinder wollen mehr wissen, sie suchen nach Worten und Unterstützung und brauchen LehrerInnen als Richtungsgebende und Orientierungshilfe. Deshalb ist Zeitzeugen- und Erinnerungsarbeit **ganz konkret** und am **praktischen Beispiel** dargestellt.

Auch in den USA wurde erkannt, wie wichtig es ist, dass kommende Generationen mit mehr Wissen ausgestattet werden müssen. Die US-amerikanische Lehrerin und Bildungsaktivistin Margot Stern Strom setzte sich vehement für ein Curriculum für den Unterricht über den Holocaust ein. Sie glaubte an Zusammenhänge zwischen der Vergangenheit und aktuellen moralischen Fragen.

Bildung und Wissenschaft, zwei Sprachrohre, die sich gegen Antisemitismus einsetzen.

Die Welt, unsere Gesellschaft und unser direktes Umfeld sind stark gespalten, seit dem Angriff der militant-islamistischen Hamas auf Israel am 7. Oktober 2023, dem darauffolgenden Beginn der israelischen Bombardements von Zielen im Gazastreifen und Angriffen zwischen Israel und Iran. Antisemitische Vorfälle und Hassverbrechen gegen Juden, aber auch Muslime, haben stark zugenommen. Insbesondere kamen Hochschulen mit antisemitischen und muslimfeindlichen Aktionen in den Fokus. Studenten rufen auf dem Campus zum „Völkermord an Juden" auf, Hochschulpräsidentinnen in den USA müssen sich vor Gericht verantworten[4] und sich rund um den Globus dem Vorwurf stellen, nicht genug gegen Antisemitis-

---

[3] Zitat Dr. Felix Klein.
[4] https://www.zeit.de/politik/ausland/2023-12/usa-kongress-universitaeten-antisemitismus-islamophobie-nahost.

mus unternommen zu haben. Hasserfüllte, rücksichtslose, beleidigende Aktionen stehen dem Verweis auf Meinungsfreiheit gegenüber.

Nicht nur in den USA, auch in westlichen Ländern vermisst man eindeutige Stellungnahmen akademischer Einrichtungen. Im Gegensatz dazu, liegen ganz andere Erwartungen nahe, wenn solches Verhalten an Lern-, Wissens-, Denk-, persönlichen menschlichen Entwicklungsorten, die noch dazu „Elite" oder „Exzellenz" vor ihrem Universitätsnamen tragen, als neues Normal gelten. Ist hier doch Vorbildrolle, Wertevorbild, Stärkung von Empathie, Haltung, Abgrenzung von Hass und Anfeindung, Offenheit und Toleranz das Werteleitbild. Hier sind Universitäten gefordert, für eine für alle sichere Umgebung Sorge zu tragen, in der sich alle StudentInnen mit ihren vielfältigen Hintergründen angenommen fühlen dürfen und nicht sich aufgrund antisemitischer Anfeindungen nicht mehr an ihre Lernorte trauen, weil sie körperlich seelische Angriffe bis hin zu Angriffen auf ihr Leben fürchten müssen.

Es braucht Menschen, die klar Stellung beziehen, Einhalt gebieten, Grenzen setzen, wo menschliche, demokratische und gesellschaftliche Werte angegriffen werden und wo es diese zu schützen gilt. Denn, es darf nicht normal und akzeptiert sein, wenn Menschen Angst haben, sich fürchten und sagen müssen: „Seit ein paar Wochen fühle ich mich hier fremd".[5] Nach dem 7. Oktober 2023 beklagen viele muslimische und arabische Menschen einen Anstieg von Rassismus: Sie möchten nicht unter Generalverdacht gestellt werden. Seit dem Terrorangriff der islamistischen Hamas vom 7. Oktober und dem darauffolgenden Krieg ist auch in Deutschland die Atmosphäre kälter und unversöhnlicher geworden. Auf den Straßen, in Teilen der Kulturszene, vor Synagogen kam und kommt es noch immer zu schockierenden antisemitischen Einschüchterungen und Gewalt. JüdInnen berichten, sich in Deutschland, dem Land des Holocausts, nicht sicher zu fühlen.

Es wäre allerdings zu kurzgefasst, diese unzumutbaren Verhältnisse an Lernorten zu lokalisieren. Diese erstrecken sich – bis in den hintersten Winkel unserer Gesellschaft und unabhängig von Religions-, Politikzugehörigkeit und Bildungsabschluss – über Beleidigungen, sexuelle Übergriffe und Gewalt, Sexismus, Diskriminierung, Macht- und körperlichen Missbrauch, und sind geschlechterübergreifend. Die oder der andere verwechseln anscheinend ihr menschliches Dasein und Teilsein unserer gemeinsamen Gesellschaft mit Macht, Macht haben über, Macht über alle Spielregeln haben, diskriminieren. Dies ist kein Denkspiel, was wäre wenn, sondern tagtäglich gelebte Realität. Sie bietet mittlerweile ein weites Literaturfeld und einen breiten, stetig wachsenden wissenschaftlichen Forschungsraum.

---

[5] Beitrag von Tülay Karakuş, DIE ZEIT 30.Dezember2023, www.zeit.de/zett/politik/2023-12/antimuslimischer-rassismus-nahostkonflikt-anstieg-deutschland.

Abgesehen von der Notwendigkeit, grundlegende Diskriminierung und Ausgrenzung von Menschen mit in-Kauf-Nahme von Gewalt anzugehen, gibt es viele Gründe, Recht von Unrecht zu unterscheiden, beim Namen zu nennen, rechtlich zu verfolgen. Vielmehr geht es jedoch darum, Vorbild zu sein für Respekt, Toleranz, Empathie, Gerechtigkeit, Demokratie und Diversität und diese tagtäglich zu leben.

Die Basis wird dafür ab Geburt gelegt, nämlich in der Erziehung, im Miteinander sprechen, Wahrgenommenes und Erfahrungen offen zu diskutieren, Weltgeschehen in die Gespräche am Familientisch mit einzubinden, der Art und Weise mit Recht und Unrecht umzugehen.

Die Schule baut darauf auf, fördert gegenseitige Rücksichtnahme, Teilhabe und Mitgestaltung als Teil der Gesellschaft. Schule schult das kritische Auge (Abb. 4.1), schult faktenbasiertes Denken, Nachdenken vor dem Tun und Handeln, kritisches Hinterfragen, gegenseitigen Respekt. Schule wirkt Halbwissen entgegen. Schule lässt Meinungen und Gefühle zu, ist ein Ort an dem offen begegnet wird. Ein Ort des Lernens von verschiedensten Traditionen (Abb. 4.2), Kulturen, Religionsgemeinschaften, Politik, Geschichte. Ein Ort, an dem Persönlichkeit gebildet und das Bewusstsein für das Ich, das Du, das WIR, die Gemeinschaft, die Welt, unsere Werte geschult wird. Ein Ort, um zu verstehen, was es heißt: Ich und die Gemeinschaft.

Die größte Chance besteht in der Erschließung und des Schöpfens eines Verständnisses um die vielerlei Potenziale und Möglichkeiten in unserer Welt- und Wertegemeinschaft, und dabei Wege zu finden, die in jedem Land, in jeder Kultur zu mehr Resilienz, Krisenfestigkeit und der steten Pflege und dem Erhalt unseres demokratischen Werteverständnisses führen (Abb. 4.3). Kluge Ideen entstehen nur dort und auch nur in nachhaltiger Weise, wo ein diverser Austausch besteht, wo diverse Betrachtungswinkel willkommen sind, wo diskutiert und auf Gemeinsamkeiten hingearbeitet wird.

Aus gemachten Erfahrungen lernen, das wissen unsere Großeltern aus ihren Kriegserlebnissen umso mehr: Dinge nicht zu wiederholen, Mensch zu sein, tolerant zu sein, nicht auszugrenzen.

Es gilt einmal mehr, sich vor Augen zu führen, welch Geschenk es ist, uns zu erinnern, Erinnerung zu pflegen. Das ist nicht überall der Fall. Ein Künstler sagt: *„China verweigert die Erinnerung und verordnet die Zukunft ohne die Vergangenheit."*

Zeitzeugenprojekte und Erinnerungskultur transportieren Erinnerungen ins HEUTE und MORGEN.

Eine Möglichkeit, welche das hier vorliegende Buch aufgreift, ist eine Übersetzung in die Zeitzeugenarbeit in Grundschulen. Sie dient als Inspiration und ist Vorbild. Inge und Roswitha leben es vor: **Gedenken-Lernen-Handeln** bietet die Grundlage für ein modernes Curriculum.

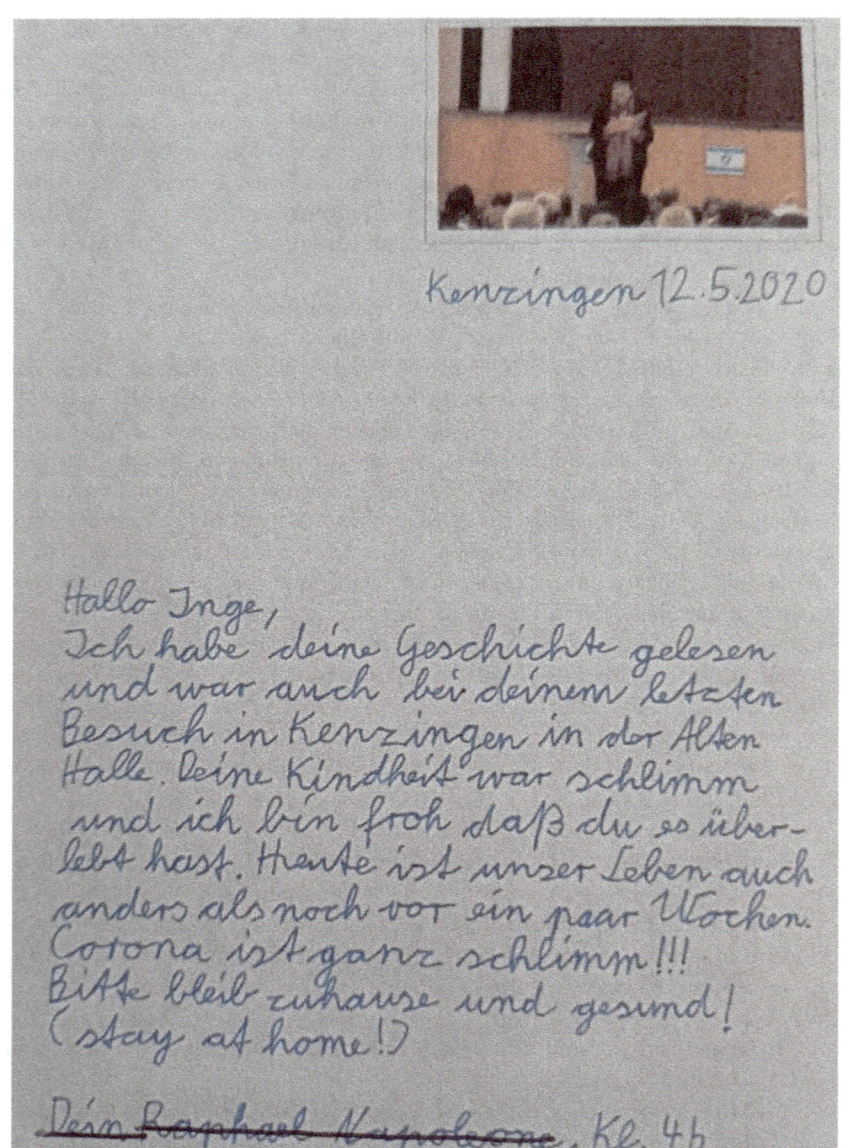

Abb. 4.1 Schülerbrief an Inge, Klasse 4. (Quelle: Roswitha Weber)

Abb. 4.2 Feste in Religionen. (Quelle: Roswitha Weber)

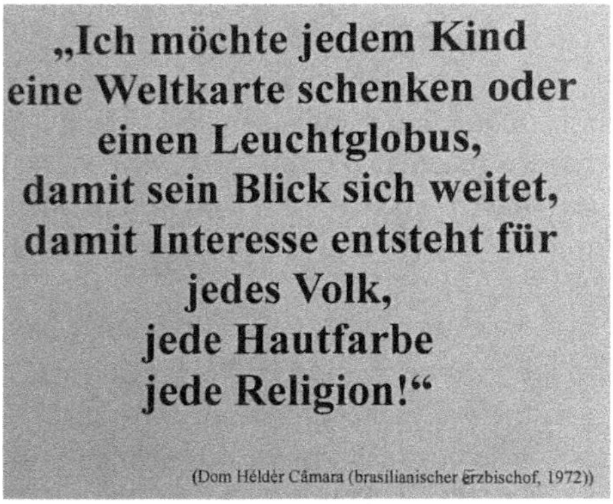

Abb. 4.3 Gutes für Generationen. (Quelle: Dom Helder Camara)

Dr. Michael Blume, Beauftragter der Landesregierung Baden-Württemberg gegen Antisemitismus und für jüdisches Leben, hob auf der KIBOR bei der Bildungsmesse „Didacta" am 12. Februar 2025, besonders hervor, dass diese Form der pädagogischen Herzensbildung Kinder gegen Hass, Hetze, Antisemitismus und Vorurteile schützen kann – so wie Inge Auerbacher es empfiehlt. Sie schrieb ihm kurz zuvor: *„Wenn ich heute gefragt werde, was ist das A und O in unserer jetzigen Zeit, gefüllt von so viel Antisemitismus und Hass, dann lautet meine Antwort:*

Herzensbildung haben, nicht den bösen Dingen nur zuschauen, sondern aktiv werden, auch wenn es gefährlich ist. Wir sind alle Kinder Gottes. Es ist sehr wichtig, dass man Hass frühzeitig begegnet und das Herzen bildet." Denn, so bringt es der Publizist Michel Friedmann auf den Punkt: „*Hass zerstört die Demokratie.*"

4.2 Gastbeitrag

Michael Blume

Beauftragter der Landesregierung Baden-Württemberg gegen Antisemitismus und für jüdisches Leben

Nach jüdischer Überlieferung begründete Sem, Sohn Noahs, die Tradition der „semitischen" Schriftreligion, aus der u. a. das Judentum und Christentum sowie der Islam entstanden. Gegen diese weltverändernde Kraft der Alphabet-Traditionen stemmten sich Bildungsneid und gefährliche Verschwörungsmythen, die immer bei Juden anfangen, aber nie bei ihnen aufhören. Durch das Aufkommen von Medien wie Buchdruck, Radio, Film, Internet und Social Media entfaltet dieser Antisemitismus eine enorme Gegenbewegung, die imstande ist, die Grundlagen der Zivilisation zu erschüttern.

Bereits vor Jahren zeichnete sich ab, dass der Kampf zwischen dem buchorientierten Semitismus und dem digital neu beflügelten Antisemitismus die kommenden Jahrzehnte bestimmen wird. Wir erleben seit Jahren die Wechselwirkung aus Medien, Verschwörungsmythen und Krisen. Seit dem 07.10.2023, dem barbarischen Angriff der Hamas auf Israel in einem neuen, entfesselten Maß. Auch hier begleitet von Medien.

Das mediale Ringen um die Zukunft der Menschheit hat längst begonnen. Jede neue Entwicklung steigert dieses Ringen.

Einerseits stehen uns allen Medienkanäle mit fast unendlichen Datenströmen zur Verfügung, das hat großen Nutzen für die Bildung, auch für Erinnerungsarbeit. Andererseits wollen uns zahlreiche Medienanbieter, insbesondere antisoziale Konzern-Medien wie X, Instagram, Facebook und Tiktok, in der digitalen Aufmerksamkeitsökonomie durch Neurohacking bis in unsere Neurotransmitter Dopamin, Adrenalin und Testosteron hinein manipulieren und süchtig nach Anerkennung und Empörung machen.

Wer sich etwa Verschwörungsmythen hingibt, wird zwar kurzfristig mit Schein-Erklärungen und der Zugehörigkeit zu digitalen Verschwörungssekten „belohnt", steigert sich aber immer tiefer in Hass, Hetze und Realitätsflucht. Verschwörungsglaube wirkt wie eine umgekehrte Religion, sie beschleunigt, verhetzt und versperrt Reflektion und Dialog.

Wir sind also ernsthaft gefordert, immer wieder kritisch-konstruktiv und auch im Dialog mit anderen auszuwählen, welchen Medien wir wie viel Zugang zu unserem Denken und Fühlen gewähren.

Jedes Medium kann von großer, zeitlicher Reichweite (dauerhaft) oder von großer, räumlicher Reichweite (schnell) sein. Durch KI können Inhalte in wenigen Sekunden weltweit und für alle heutigen und zukünftigen KI-Crawler erreichbar sein. Das eröffnet auch für Pädagogik, politische Bildung und Erinnerungskultur enorme Möglichkeiten, weil unsere Botschaften via KI-Flaschenpost vielfach kopiert und noch in Jahren, Jahrzehnten und Jahrhunderten ausgewertet werden kann.

Daraus leitet sich aber auch ein Imperativ ab: Mediennutzung muss erlernt und begleitet werden, sonst verlieren sich insbesondere Kinder und Jugendliche in Scheinwelten, Sucht, Hetze und realer Einsamkeit.

Was können wir tun?

Das Wichtigste ist für mich, nicht so zu tun, als hätten wir bereits auf alles eine Antwort. Wir müssen insbesondere junge Menschen sensibilisieren und aufklären, sie dafür gewinnen, gemeinsam an Lösungen zu arbeiten, sie bestärken, in Krisen und Umbrüchen der Zeit, Chancen für Neues zu finden und zu gestalten. Wir müssen damit sehr früh, in Kindergarten und Schule, beginnen, denn Kinder wachsen intuitiv im alltäglichen Erlernen mit Medien auf.

Als Lehrbeauftragter am Karlsruher Institut für Technologie (KIT) versuche ich, Studierende dazu zu gewinnen, die neuen KI-Technologien aktiv auszuprobieren und die Erfahrungen gemeinsam zu diskutieren. Der Umgang mit neuen Medien und neuen Plattformen sollte auch bei jüngeren Menschen gefördert und begleitet werden, denn nur so können sie ihren Verstand schärfen und eine sensible, kritische Nutzung lernen.

Wir müssen nach vorne schreiten, wenn wir im Ringen um Wahrheit und Wirklichkeit, um Freiheit und Demokratie bestehen wollen.

Mit „Sapere aude" appellierte auch Immanuel Kant an den Verstand. Doch inzwischen wissen wir, dass auch formale Gebildete hassen können. Wir brauchen auch eine Aufklärung der Herzen. Deswegen bin ich dankbar, dass Inge Auerbacher und ich auf so unterschiedlichen Lebenswegen und im Dialog miteinander zur gleichen Antwort fanden: HERZENSBILDUNG.

4.3 „Inge" und „Geschichtsarbeit"

Klaus Weber

Wir, die Arbeitsgemeinschaft für Geschichte und Landeskunde in Kenzingen e. V. (AgGL) haben uns 1989 eine Satzung gegeben: Zweck und Aufgabe unseres Vereins sind u.a. die Erforschung und Darstellung der Geschichte der Stadt Kenzingen und des Unteren Breisgaus und die Förderung des historischen Bewusstseins der Bevölkerung. Dazu zählt auch die leidvolle Geschichte, wie die „Kenzinger Freiheiten" immer wieder in der Vergangenheit grausam verletzt wurden, nicht nur in Bezug auf jüdische BürgerInnen.

Über unsere Buchreihe Die Pforte,[6] unsere Homepage[7] sowie durch Führungen, Exkursionen, Ausstellungen und Vorträge mit Stadt- und Regionalhistoriker, Experten kommen wir diesen Zielen Erforschung, Darstellung und Dokumentation sowie digitale Archivierung im Stadtarchiv auf der Höhe der Zeit nach. Schon in meinem Beitrag 2022 für das Erinnerungsbuch für das erste Multiplikatoren-Netzwerktreffen mit Inge Auerbacher gab ich der großen Freude und Dankbarkeit Ausdruck, dass wir Inge seit 30 Jahren kennen und sie zu unserer family Weber gehört!

Für uns als Geschichtsverein hier in Kenzingen – nicht weit entfernt von ihrem Geburtsort Kippenheim – bedeutet ihr Lebensweg eine dauerhafte Verankerung im Alltag – stete Mahnung an unsere Verantwortung für den Erhalt der Demokratie, stete Bewunderung für ihre Lebensleistung!

Inge war und ist ein Glücksfall für meine Frau Roswitha. Seit so langer Zeit kann ich eine gemeinsame Arbeit aus nächster Nähe beobachten und konnte lernen, dass Erinnerungskultur nur möglich ist, wenn die Menschen mit dem Herzen dabei sind.

Wir, die AgGL, haben 2018/2019 den Umgang unserer Stadt mit dem Kulturerbe des Judentums unserer Region in der Pforte dokumentiert. Wir haben die Menschen wieder beim Namen genannt und das Unrecht benannt, um vor allem Empathie und Zivilcourage zu fördern und die Bildung voranzutreiben. Vieles bleibt noch zu tun.

Die intensive Zusammenarbeit für dieses Buch ist eine Herzenssache. Die Herausgeberinnen dürfen sich vom Netzwerk getragen fühlen.

Alles Gute für dein Leben, liebe Inge, und immer wieder „Willkommen"!

4.4 Erinnerungsarbeit als gesellschaftliche Verantwortung

Yannick Bury

Mitglied des Deutschen Bundestages
    Abgeordneter des Wahlkreises Emmendingen-Lahr
    Mitglied des Haushaltsausschusses

---

[6] In der Freiburger Universitätsbibliothek auch als ebook verfügbar.
[7] https://www.aggl-kenzingen.org.

4 Ich und die Gemeinschaft

Einer meiner ersten und eindrucksvollsten Termine als direkt gewählter Abgeordneter des Deutschen Bundestages war die Rede der Holocaust-Überlebenden Dr. h. c. Inge Auerbacher in der Gedenkstunde des Deutschen Bundestages für die Opfer des Nationalsozialismus am 27. Januar 2022. Als Schüler habe ich im Deutsch- und Religionsunterricht ihr autobiografisches Buch „Ich bin ein Stern" gelesen. Dass ich Inge Auerbacher später einmal persönlich kennenlernen durfte, ahnte ich damals nicht.

Persönlich zählt die Begegnung mit ihr zu den eindrucksvollsten Begegnungen, die ich erleben durfte. Als Abgeordneter für unsere Region erfüllt es mich mit Stolz und großem Dank, dass mit Inge Auerbacher als gebürtiger Kippenheimerin eine prominente Bürgerin aus meinem Wahlkreis in den Reichstag eingeladen worden ist, um vor den Abgeordneten und allen deutschen Bürgerinnen und Bürgern über ihre Erlebnisse im nationalsozialistischen Deutschland zu sprechen und dass sie im hohen Alter von 87 Jahren die Reise aus ihrer neuen Heimat – den USA – nach Berlin auf sich genommen hat.

Inge Auerbacher lebt Erinnerungsarbeit. Und Inge Auerbacher lebt uns vor, was aktive Erinnerungsarbeit bewirken kann.

Bei der Erinnerungsarbeit geht es um mehr als das bloße Erinnern an vergangene Ereignisse. Ihr Ziel ist es, die Menschen dazu anzuregen, Lehren aus der Geschichte zu ziehen, um gegenwärtige und zukünftige Generationen zu einem verantwortungsbewussten Handeln zu motivieren.

Der Holocaust, als eines der dunkelsten Kapitel der deutschen Geschichte, mahnt uns, dass nie wieder solche Gräueltaten passieren dürfen, wie sie im Nationalsozialismus geschehen sind. Er mahnt uns, uns damit auseinanderzusetzten, zu was Menschen in der Lage sind und wie schnell es zu solchen Entwicklungen kommen kann. Erinnerungsarbeit hilft uns dabei, die Mechanismen zu verstehen, die zu solch einem unfassbaren Leid geführt haben.

Inge Auerbacher, die als Kind das Konzentrationslager Theresienstadt überlebt hat, widmet einen Großteil ihres Lebens der Erinnerungsarbeit. Diejenige, die die furchtbaren Torturen und Misshandlungen direkt miterlebt hat, diejenige, deren Familie zum großen Teil durch die Nationalsozialisten ermordet worden ist, diejenige hat den innigsten Wunsch nach der Versöhnung aller Menschen und Einigkeit auf Erden. Umso mehr muss es unsere Pflicht und Verantwortung sein, alles zu tun, damit dieser Wunsch Realität wird.

Die Erinnerung an unsere Geschichte im Kontext des Holocausts und der nationalsozialistischen Verbrechen ist von zentraler Bedeutung für die deutsche Gesellschaft. Der Blick zurück eröffnet uns die Möglichkeit, mit Abstand und in einem größeren Zusammenhang, Entwicklungen nachzuvollziehen und zu hinterfragen. Wo liegen die Ursprünge für bestimmte Ereignisse? Was hat zu bestimmten Bewegungen und Entscheidungen geführt? Wie konnten Dinge passieren, mit denen niemand gerechnet hat und warum hat sie niemand verhindert?

Dieses historische Bewusstsein, das mit der Auseinandersetzung des Vergangenen entsteht, ist ein fundamentaler Träger für das Zusammenleben in unserer Gesellschaft. Aufgrund der im deutschen Namen begangenen Verbrechen tragen wir zudem eine besondere Verantwortung dafür, die Erinnerung an unsere Geschichte aufrechtzuerhalten und das Bewusstsein in unserer Gesellschaft dafür zu stärken. Es geht um die Einsicht darin, dass sich der Zerfall gesellschaftlicher Werte und diese unfassbaren Verbrechen niemals wiederholen dürfen. Gerade in unserer heutigen Zeit, in der Antisemitismus ausgerechnet in Deutschland wieder offen in den verschiedensten politischen, gesellschaftlichen, kulturellen und universitären Bereichen zu Tage tritt, ist dies wichtiger denn je geworden.

Erinnerungsarbeit bildet aber nicht nur ein Fundament für historische Aufklärung und Gedenken, sondern sie fördert gleichzeitig Werte wie Toleranz, Respekt und Völkerverständigung und ist in der Lage Persönlichkeiten zu bilden, die sich für diese Werte stark machen. So gibt sie uns nicht nur die Möglichkeit, Lehren aus der Vergangenheit zu ziehen, sondern auch jedem einzelnen die Möglichkeit, sich für ein verantwortungsbewusstes-, aktiv ausgestaltetes Leben in einer freiheitlichen und pluralen Gesellschaft zu entscheiden. Durch die Auseinandersetzung mit der Vergangenheit entsteht eine Empathie, die es ständig im Bewusstsein zu erhalten gilt.

Damit Erinnerungskultur diese Wirkung entfalten kann, braucht sie Zuhörer und Reichweite. Nur so können ihre Botschaften effektiv vermittelt und sichergestellt werden, dass die Lehren aus der Geschichte nicht in Vergessenheit geraten. Um diese Ziele zu erreichen, ist es essenziell, dass die Erinnerungen und Lehren eine breite Öffentlichkeit erreichen. Nur durch eine breite Streuung können Vorurteile abgebaut, Empathie gefördert und ein Bewusstsein für die Gefahren von Ideologien des Hasses geschaffen werden. Reichweite bedeutet, dass Menschen aus verschiedenen Altersgruppen, sozialen Schichten und kulturellen Hintergründen erreicht werden, wodurch die Erinnerungskultur eine integrative und gemeinschaftsbildende Kraft wird. Ohne Zuhörer und eine breite Reichweite bleibt Erinnerungskultur wirkungslos.

Roswitha und Klaus Weber und Bianca Weber-Lewerenz aus Kenzingen leisten durch ihre unermüdliche Arbeit im Bereich der historischen Bildung und Gedenkkultur einen wichtigen Beitrag zur Verbreitung von Erinnerungskultur. Besonders hervorzuheben ist dabei ihre Initiative, Bildungsprogramme für Schülerinnen und Schüler bereits ab dem Grundschulalter zu entwickeln und zu etablieren.

Seit 1996 gedenkt der Deutschen Bundestag jährlich am oder um den 27. Januar herum der Opfer des Nationalsozialismus. Anlass dieses Gedenktages ist die Befreiung des deutschen Konzentrations- und Vernichtungslagers Auschwitz durch sowjetische Truppen am 27. Januar 1945. Gedenkstunden wie diese tragen dazu bei, die Erinnerungen an und die Lehren aus den Verbrechen des Nationalsozialismus lebendig zu halten.

4 Ich und die Gemeinschaft

Überlebende des Holocaust und des Nationalsozialismus, wie Inge Auerbacher, sind unverzichtbare Quellen der Erinnerungskultur. Durch ihre persönlichen Geschichten und Berichte wird ein unmittelbarer Bezug zu unserer Vergangenheit hergestellt. Sie bieten uns ganz authentische und bewegende Einblicke in die Vergangenheit.

Orte des Gedenkens und der Bildung wie die Gedenkstätten in Auschwitz oder das Holocaust-Mahnmal in Berlin sind zentrale Orte, die jährlich Millionen von Besuchern anziehen. Auch sie ermöglichen eine direkte Auseinandersetzung mit der Geschichte durch Ausstellungen, Führungen und persönliche Geschichten von Überlebenden. Stolpersteine, die im Boden verlegten, kleinen Gedenktafeln, erinnern in ganz Europa an das Schicksal der Menschen, die in der Zeit des Nationalsozialismus verfolgt, ermordet, deportiert oder vertrieben wurden.

Filme, Dokumentationen, Theaterstücke oder Bücher wie das vorliegende sind ebenso Werkzeuge, um die Erinnerungskultur zu verbreiten. Sie können ein breites Publikum erreichen und haben die Fähigkeit, Geschichten lebendig und zugänglich zu machen, oft über nationale Grenzen hinweg.

In der heutigen digitalen Ära spielen zudem Online-Plattformen eine immer wichtigere Rolle. Websites, Blogs, Online-Archive und soziale Netzwerke können eine jüngere und globalere Zielgruppe erreichen.

Die verschiedenen Vermittlungsformen – ob durch Gedenkstätten, Bildung, Medien oder persönliche Berichte – ergänzen sich gegenseitig und stellen sicher, dass die Lehren aus unserer Geschichte nicht in Vergessenheit geraten. Nur so kann die Gesellschaft aus der Vergangenheit lernen und eine Wiederholung solcher Gräueltaten verhindern. Die aktive und vielfältige Vermittlung von Erinnerungskultur ist daher eine kollektive Verantwortung, die kontinuierlich gepflegt und unterstützt werden muss.

Schulen spielen eine zentrale Rolle in der Vermittlung von Erinnerungskultur. Der Geschichtsunterricht umfasst detaillierte Studien über den Nationalsozialismus, den Holocaust und die Folgen. Projekte und Exkursionen zu Gedenkstätten sind Teil des Lehrplans, um den Schülern eine tiefere und emotionale Verbindung zur Geschichte zu ermöglichen. Gespräche mit Holocaustüberlebenden oder Filme darüber geben den Schülerinnen und Schülern einen direkten Kontakt und Bezug zur Vergangenheit. Oft werden Bücher wie das Tagebuch der Anne Frank und auch Inge Auerbachers autobiografischer Bericht „Ich bin ein Stern" im Deutschunterricht besprochen – so wie damals auch in meiner Schule.

Das Multiplikatoren Netzwerk, das von Roswitha und Klaus Weber gegründet worden ist und dem ich angehöre, setzt sich dafür ein, dass Kinder frühzeitig mit der Geschichte des Holocausts und der Bedeutung von Respekt und Toleranz vertraut gemacht werden und fordert die Einbindung von Erinnerungsarbeit in die Bildungspläne ab dem Grundschulalter. Durch altersgerechte Bildungsangebote und Projekte können wir erreichen, dass diese wichtigen Themen fest im Bewusstsein der jungen Generationen verankert werden.

Je frühzeitiger Kinder ein Bewusstsein für die Bedeutung historischer Ereignisse und deren Auswirkungen auf die Gegenwart entwickeln, desto besser wird das Verständnis dafür gefördert, dass Geschichte nicht nur vergangen, sondern auch heute noch relevant und lehrreich ist.

Insbesondere der direkte Kontakt zu Zeitzeugen und die Auseinandersetzung mit den Schicksalen der Opfer des Holocaust führt die Kinder dahin, die notwendige Empathie dafür zu entwickeln. Sie werden für die Auswirkungen von Diskriminierung, Ausgrenzung und Gewalt sensibilisiert und entwickeln schnell eine ethische Haltung gegenüber Ungerechtigkeit. Gleichzeitig können Vorurteile abgebaut werden und ein Verständnis für die Vielfalt der menschlichen Gesellschaft gefördert werden.

Vorurteile und Rassismus können so an der Wurzel bekämpft werden und die Kinder werden ermutigt, bereits früh kritisch zu denken und zu reflektieren. Außerdem lernen sie, was es bedeutet, Verantwortung zu übernehmen und sich für das Richtige einzusetzen, auch in schwierigen Situationen.

Kinder, die diese Bildung erhalten, werden zu Erwachsenen, die die Werte von Freiheit, Gerechtigkeit und Menschenrechten hochhalten und aktiv zur Gestaltung einer gerechten Gesellschaft beitragen. Diese Werte sind grundlegend für die Entwicklung einer verantwortungsvollen und gerechten Gesellschaft.

4.5 Alice Goldstein

Alice Goldstein and Bianca Christina Weber-Lewerenz

Im Jahre 1994 informierte Frau Sterner, Kenzingen, Roswitha Weber über die beiden Familien Dreifuss und Epstein: „Beide Familien wurden weggebracht, wohin, wusste man aber nicht".

Sie gab die Information an Robert Krais vom DIA weiter, denn Annegret Keßler aus Teningen, Mitglied im Deutsch-Israelischen Arbeitskreis Südlicher Oberrhein e. V. (DIA), beschäftigte sich zu der Zeit parallel mit jüdischen Bürgern in Kenzingen. Später regte sie aus Teningen und mit Schreiben vom 13.03.1998 an, „ob in der geplanten Chronik der Stadt Kenzingen ein eigenständiges Kapitel Juden in Kenzingen erscheinen würde". Das AgGL-Mitglied Reinhold Hämmerle griff diese Anregung auf und verfasste mit Unterstützung von Robert Krais, damals Vorsitzender des DIA, noch im gleichen Jahr für Band I der Stadtgeschichte Kenzingen auf sechs Seiten Streiflichter zu „Kenzinger Juden im 19. und 20. Jahrhundert".

Die beiden Bücher „*Normale Bürger – widrige Zeiten*" von Alice, 2009 (Abb. 4.4) und die Autobiographie „*Passé perdu, passé retrouvé*" (Engl. „Lost and Found") von Irène, 2016, und im Jahr 2017 ins Deutsche übersetzt, kamen im richtigen Augenblick für die Publikation im AgGL-Jahrbuch „*Die Pforte*" (Abb. 4.5 und 4.6).

4 Ich und die Gemeinschaft

Abb. 4.4 Buchtitel „Normale Bürger – widrige Zeiten" von Alice Goldstein, 2009. (Quelle: Klaus Weber)

Die Bucheinlage[8] (Abb. 4.5 und 4.6) dieses Pforte-Jahrbuches[9] rührt vom Erasmusprojekt der EINE-WELT-AG des Gymnasiums Kenzingen zu dem Thema „Jüdische Familien in Kenzingen, Wohnort, Beruf, Schulbesuche, gesellschaftliche Stellung, Nazi-Terror, Gedenktafel am Rathaus mit Fortschreibung und Stolpersteine".

> *„Es ist auch sehr wichtig, dass die jungen Leute von dieser Geschichte wissen."*
> **Alice Goldstein geb. Dreifuss, Tochter des Kenzinger Judens Alfred Epstein,
> in Kenzingen geboren,
> konnte gerade noch auswandern,
> lebt in Lexington/USA,
> Zeitzeugin bei der Buchpräsentation der „PGFORTE" in Kenzingen, 2019**

---

[8] Verfügbar unter: www.alemannia-judaica.de/images/Images%20439/Kenzingen%20Lit%20Sto%20Flyer.pdf.

[9] Verfügbar unter: http://dl.ub.uni-freiburg.de/diglit/pforte-2019-39?sid=39245a85581067b02a2004a6397051c5.

Abb. 4.5 und 4.6 Mit Bucheinlage zum Erasmusprojekt der EINE-WELT-AG des Gymnasiums Kenzingen, 2019, in deutscher, englischer und französischer Sprachfassung. (Quelle: Klaus Weber)

> „… … *thank you for the important work that you do. I hope that we will have occasion to meet again often. Auf Wiedersehen.*"
> **Alice Goldstein geb. Dreifuss,**
> **Besuch in Kenzingen 17.–24. Oktober 2019**
> **Eintrag in das Gästebuch der Familie Weber, Kenzingen-Bombach**

Bei der Präsentation des 25. Bandes der Pforte, das Jahrbuch der Arbeitsgemeinschaft Geschichte und Landeskunde in Kenzingen, im 39. Jahrgang mit dem Titel „*Verlorene-Vergangenheit-Wiedergefunden*" am 23. Oktober 2019 in der Aula des Gymnasiums konnten die Gäste erleben, wie die Auseinandersetzung mit der Vergangenheit und den Zeitzeugen Irène De Cou Epstein, Alice Dreifuss Goldstein wie auch Inge Auerbacher – geboren in Kippenheim und bei der Präsentation nicht anwesend – zu einem Dialog der Zukunft wurde. Vier Generationen aus den Familien Epstein und Dreifuss nahmen als Gäste teil. Die jüngeren Generationen interessierten sich für die Heimat ihrer Großeltern.

Die Ehrengäste waren Irène Epstein De Cou (geb. 1942 in Südfrankreich), Le Vesinet, bei Paris, Alice Dreifuss Goldstein (geb. 1931 in Kenzingen), USA, Ruth

Brenda (geb. 1959 in USA), Tochter von Alice, USA, Leah Allison[10] (geb. 1984 in USA), Tochter von David Goldstein (= Sohn von Alice und Sarah Goldstein, Enkelin von Alice), Genf, Schweiz, Christopher (Chris) Suffot = Ehemann von Allisson (geb. USA), wohnhaft Genf, Schweiz, und Isaak = Sohn von Leah und Chris = Urenkel von Alice (geb. Schweiz), wohnhaft Genf, aber Staatsbürgerschaft USA.

Festliche PFORTE Präsentation am 23.Oktober 2019 im Gymnasium Kenzingen Bilddokumentation der Begegnung mit den beiden Zeitzeuginnen Irène Epstein De Cou, Le Vesinet/Frankreich und Alice Dreifuss Goldstein/USA (alle Bildquellen: Bianca Weber-Lewerenz)

Ltd. Regierungsdirektor O. Morlock	Oberstudienrat T. Feucht

Musikalische Begleitung des Chors der Grundschule an der Kleinen Elz Kenzingen

---

[10] Allison Goldstein schrieb über ihren Besuch in 2017 in der Kenzinger Heimat ihrer Oma Alice Goldstein einen Blog: www. microtripping.com/2017/08/13/dear-oma/.

| 1.Vorsitzender AgGL Klaus Weber | Schriftleitung AgGL Roswitha Weber |

4 Ich und die Gemeinschaft

ZeitzeugInnengespräch: Irene Epstein De Coup im Interview mit Alice Dreifuss Goldstein; Schülerinnen des Gymnasiums Kenzingen; Begleitung rechts neben Irene: Prof. Dr. Jackisch von der Deutsch-Französischen Gesellschaft Freiburg e.V.

Gemeinsames Autorenfoto

| Dank der Stadt Kenzingen an die aus aller Welt angereisten 4 Generationen der jüdischen Zeitzeugen | Eintrag ins Goldene Buch der Stadt Kenzingen |

Festliche Begrüßung der AgGL & Abendessen am 22.Oktober 2019 Kenzingen, im Gasthaus Beller

4.6 Irene de Cou Epstein und Piedade Grinberg

Bianca Christina Weber-Lewerenz

> „Merci de vous etre investis dans ce tres beau projet. Beaucoup de reussite et continuez a etre optimiste. Avec toute mon amitie la plus chaleureuse. C`est le debut de l`amitiee franco-allemande entre nous." (dt. Vielen Dank, dass Sie in dieses sehr schöne Projekt investiert haben. Viel Erfolg und bleiben Sie weiterhin optimistisch. Verbunden in aller herzlichster Freundschaft. Dies ist der Beginn der deutsch-französischen Freundschaft zwischen uns)
> **Irène de Cou Epstein**[11,12]
> **Cousine von Alice Goldstein**
> **20. Mai 2019 in Kenzingen**
> **Eintrag in das Gästebuch der Familie Weber**

Irène Epstein De Cou besuchte Kenzingen häufig und hielt an den dortigen Schulen Vorträge (Abb. 4.7). In der Vorbereitung des neuen Jahresbuches „Die Pforte" 2019 besuchten Irène Epstein De Cou und Piedade Grinberg Kenzingen und trafen sich mit dem Redaktions- und Autorenkreis des Jahrganges 2019 der „Pforte" (Abb. 4.9). Bürgermeister Guderjan begrüßte die Gäste zu einer Stadtführung. Dabei wurde auch die „Grundschule an der Kleinen Elz Kenzingen" besucht (Abb. 4.8), in der vor Jahrzehnten auch die Kinder der Familien Epstein und Dreyfuss zur Schule gingen (Abb. 4.9).

> „... je vous remercie de l`accueil dans votre maison et de l`amitie pour ma famille et le travail merveilleux de preservation de la memoire de a famille Epstein. Avec mes merciements." (dt. vielen Dank für den Empfang in Ihrem Zuhause und die Freundschaft für meine Familie und die wunderbare Arbeit, das Andenken der Familie Epstein zu bewahren. Mit meinem Dank.)
> **Piedade Grinberg**
> **20. Mai 2019 in Kenzingen**
> **Eintrag in das Gästebuch der Familie Weber**

---

[11] www.erinnern-fuer-die-zukunft.info/irène-de-cou.html.
[12] www.badische-zeitung.de/die-langwierige-erfolgreiche-suche-nach-den-wurzeln.

Abb. 4.7 Irène im Vortrag bei der Fachschaft Religion und Geschichte des Gymnasiums Kenzingen, 2010. (Bildquelle: Irène Epstein de Cou, Beitrag der Badischen Zeitung am 08. Mai 2019, Text: Franziska Mayer)

Abb. 4.8 V.li.n.re Rektorin Birgit Beck, Mira Bannwarth/Eine-Welt-AG, Gymnasium Kenzingen, Irène Epstein De Cou, Roswitha Weber, Initiatorin Inge-Auerbacher-Tag, Piedade Grinberg. (Bildquelle: Denise Rogalski)

Abb. 4.9 V.li.n.re Prof. Dr. Rolf Jackisch, Dr. Benoît Sittler, Reinhold Hämmerle, Robert Krais/DIA, Klaus Weber AgGL, Irène Epstein De Cou, Piedade Grinberg, Monika Rappenecker. (Bildquelle: Roswitha Weber)

Erinnerungskultur – Shoah in der Grundschule

5

Roswitha Weber, Julia Brandts, Benjamin Kleinstück, Renate Günter-Bächle, Regina Eppler und Denise Rogalski

Es ist nicht Ziel dieses Buches, die Grundschulpädagogik mit Schwerpunkt „Holocaust" neu zu schreiben.

Vielmehr ergab sich für meinen gesamten Unterricht (Deutsch/Religion/MNuK/Französisch/Musik/Bildende Kunst), zusammen mit der Fachschaft Religion, später mit weiteren KollegInnen die Notwendigkeit, Nischen zu finden bzw. zu schaffen, um der Themenbreite gerecht werden zu können. Wir hatten noch keine Ahnung vom 07. Oktober 2023, wo die Hamas brutalst und nach jahrzehntelangen Hasstiraden auf Israel Israeli und zufällig Anwesende ermordete, Geiseln nahm und weiterhin Menschen als Schutzschilde benutzt. Aktuellst war deshalb nur unser Ziel, früh im Grundschulalter Wege anzubahnen für demokratisches Verhalten. Dieses erscheint nicht plötzlich durch ein Themencluster in den weiterführenden Schulen.

Es war also Suchen, Erfahrung und viel Input notwendig für diese Arbeit in den Neunzigern. Heute wird immer noch gefragt, gehört Holocaust in die Grundschule? wie Caterina Quintinis (*1a*) Untersuchung zeigt. Und heute ist es mehr denn je

---

R. Weber (✉) · B. Kleinstück · R. Günter-Bächle · R. Eppler
Kenzingen, Deutschland

J. Brandts
Endingen am Kaiserstuhl, Deutschland

D. Rogalski
Malterdingen, Deutschland

© Der/die Autor(en), exklusiv lizenziert an Springer Fachmedien
Wiesbaden GmbH, ein Teil von Springer Nature 2025
I. Auerbacher et al. (Hrsg.), *Erinnerungen für HEUTE und MORGEN*,
https://doi.org/10.1007/978-3-658-48390-6_5

nötig, die Anbahnung demokratischen Verhaltens schon in der familiären Sozialisierung zu erwarten, um das Kind vom Ich zum Wir-Bewusstsein zu führen (*1b*).

Ab 1993 war eine Zeit, in der Eltern unterstützend tätig waren – Partner im pädagogischen Dreieck Kind-Lehrer- Eltern sein und Transparenz und Qualität wollten. Mehr und mehr wollten Eltern ihr Kind nach der vierten Klasse im Gymnasium sehen. Gleichzeitig erwachte die bis heute zum Teil zu große Sorge der Überforderung des Kindes bis hin zum Individualismus, wo allein die Lehrperson für den Erfolg des Kindes verantwortlich gemacht wird.

Musste ein neues Schulfach her? Ein neues soziales-Miteinander-Profil geschaffen werden? Das ebenfalls neue Medienbewusstsein wurde geschätzt und gab neue Chancen, gleichzeitig ging viel Zeit von einem sinnvoll-ruhigen Raum für Lernen verloren. Zwischen all diesen Anforderungen an LehrerInnen wurde unserem Team und mir klar, dass der Erfolg, eine grundschulgerechte Basis zu schaffen für die Vermittlung – überhaupt Ansiedlung von Empathie, Holocaust – und Vielfaltthema, Erinnerungs- und Willkommenskultur (Abb. 5.17, 5.18, 5.19 und 5.20, 5.21–5.23) – an folgenden Parametern liegt, die nacheinander erarbeitet werden mussten.

5.1 Rahmenbedingungen – Schritte – Erfahrungen

- Sprache, Mittel und Strategien mussten altersgerecht sein und alle Schüler einbeziehen. Wir erprobten schon in den 90er-Jahren Inklusion – als es den Begriff im heutigen Sinn noch nicht gab.
- Die Schule musste den geschützten Raum bieten, in dem vertrauensvoll Halbwissen aus dem Alltag zurechtgerückt werden konnte.
- Empathie angebahnt wurde.
- Authentische Orte besucht und Zeitzeugen erlebt werden konnten.
- Man philosophieren, reflektieren und schließlich handelnd selbst tätig werden konnte – kindgerecht.
- Das heißt, wir brauchten Zeit für Erfahrung und das Schaffen des schulischen Rahmens mitsamt Eltern, Öffentlichkeit, Presse, Evaluation und Dokumentation.
- Die Lehrkraft muss sich im Thema auskennen, um den unterschiedlichen Leistungs- und Interessensniveaus der Kinder gerecht werden zu können mit Grob- und Detailwissen, sorgfältige Wahl der Mittel und Inhalte – aber auch im Hinblick auf die Zusammenarbeit mit Eltern, Öffentlichkeit und Netzwerk.
- Authentische Begegnungen mit Orten, Zeit- und Zweitzeugen, Weiterbildung halfen und unterstützten die Arbeit der Lehrpersonen.

Nur durch die Vielfalt und Vernetzung der verschiedenen Aspekte ist für mich historisches Lernen denkbar.

- Dazu gehörten fächerübergreifende Zusammenarbeit bei den Jahresplänen (die damalige „Stoffverteilung"), mein Projekt.
- „Regelmäßige Treffen der Religionslehrer der Umgebung" und Fortbildungen schärften den Blick.
- Der interkonfessionelle Religionsunterricht wurde zum Ausgangspunkt der Planungen. Bei Projekten, Schulfesten zum Thema Vielfalt erreichten wir auch muslimische Familien, die akzeptierten, dass ein Grundwissen über die Weltreligionen zum Allgemeinwissen gehört.

Was ich faszinierend fand, war die Tatsache, dass sich in manchen Jahrgängen von Eltern zurück gespiegelt bekam, wie sie das Thema im Familienleben verankerten (Ausflüge nach Kippenheim, Inges Buch als Geschenk an andere etc.).

Das soziale Miteinander an der Schule erfuhr einen positiven Schub!

5.2 Ganzheitlicher, fächerübergreifender Ansatz – vernetzt und demokratiebildend

Von Beginn an wurde deutlich, dass in der Grundschule ein Themenpaket – in das der Holocaust eingebettet sein kann – nur möglich ist, wenn sich das 6–10-jährige Kind ihm auf körperlicher, seelischer und geistiger Ebene nähern, damit umgehen und zu selbständig erarbeiteten oder erkannten Konsequenzen z. B. Kritikfähigkeit, Weitergabe, Bezug zu Heute herstellen – Erlebniswelt Alltag – finden kann.

1993 lernte ich bei Schulbesuchen in Frankreich die „Atelierarbeit" kennen und das Atelier erwies sich für die gesamte Projektdauer oder in der End-/Ergebnisphase als ideal für die Klassen 3/4. Vor allem in Klasse 3/4 ließen sich im Atelier Deutsch/Religion/Französisch/Musik – bzw. an Schulfesten das Inge-Auerbacher-Zimmer oder Arbeit in der Schulbibliothek sämtliche Lernformen unterbringen – mit begeistertem Schülerecho und Optimismus der Reggio-Pädagogik (*1*)

- Tandem/Teamarbeit
- Rollenspiel, Schüler-Guide
- Brainstorming, Mindmap
- Klassenrat
- Empathie-Spiele
- Erinnerungskoffer
- Philosophiestunde

- Protokolle und Briefe vorlesen (oder schreiben)
- Ausstellung vorbereiten, Storytelling
- Präsentation vor anderen Klassen (z. B. Abschlussklasse erzählt ihrer Partnerklasse (1) oder vor Schnupperstunde für Eltern/Großeltern; vor Besuchsklasse Erasmusprojekt, der Partner auf dem Schulcampus, vor den Praktikanten oder Referendaren). Natürlich wählte man sich jährlich nur Schwerpunkte, es musste ja auch zeitlich machbar sein im Fächerkanon. In den Klassen 1/2 wird man aufbauend vorgehen, kurze Sequenzen anbieten und mit spielerischer Form, z. B. Tandem und kleiner Lerntheke. Oder Koffergeschichten und Arbeitsblatt.

Der Bildungsplan 2004, im Rahmen dessen wir Profil und Schulleben erarbeiteten, ist 2016 (2) überarbeitet bzw. ergänzt worden und wird aktuell verpflichtend. (*Anmerkung der Autorin: Dabei kamen die neuen Anforderungen des Schulamtes, die Evaluierung jedes Kindes wöchentlich, fortlaufend im Schuljahr, schriftlich zu dokumentieren, hinzu.*)
Das Thema ist angesiedelt in den Bereichen

- Leben in Gemeinschaft
- Kultur und Vielfalt
- Politik und Zeitgeschehen (Zeitzeugen, Quellen)

Man möchte im Grundschulalter das Anbahnen – Wahrnehmen – Umgehen – Reflektieren – Handeln des Kindes fördern. Hierbei zählt Vielfalt zu den Leitperspektiven. J. Baumert beschäftigte sich schon 2002 (3) mit den Anforderungen an Bildungspläne von global-vernetzten „Gesellschaften" und sieht als „Zugänge zum Weltverständnis und der Orientierung" – auch der „Selbstregulation" die „Basiskompetenzen" im Erwerb der Sprache. Dieser Spracherwerb und die damit verbundenen Kompetenzen in allen Fächern, z. B. Entscheidungen – Zivilcourage zu zeigen und zu kommunizieren – stand bei unserem Schulprofil ganz oben! Das galt auch für alle Interaktionen mit Eltern und Öffentlichkeit. Wir sind eine kommunikativ sehr aktive Grundschule.

Bei der gesamten jahrelangen Erprobung war uns allen wichtig, auf Inges Befinden und Meinung zu achten. Es sollte nichts in eine Art Event-Charakter münden. Es ist wichtig, jede Religion in ihrem Kern darzustellen in Respekt und jedem den Respekt zu lassen; z. B. auch Kleidung oder Essenscodes. Vom Toleranzgedanken ausgehend kann trotzdem keine Feld-Wald-Wiesenreligion entstehen!

In der heutigen Zeit stehen der Lehrperson glücklicherweise von verschiedensten PHs, Hotlines von Ministerien, Gedächtnisstätten, Anne-Frank-Zentrum, sogar Bildungsempfehlungen von Yad Vashem zur Verfügung. Netzwerk Widen the

Circle, Hologramme und interaktive Interviews mit Zeitzeugen der Deutschen Nationalbibliothek Frankfurt und zum Beispiel Shoa Foundation.

5.3 Das Miteinander von Eltern und Lehrer in einem Haus des Lernens – Förderverein

Das kindliche Lernen erfuhr durch die Zeiten und gesellschaftlichen Auffassungen, Lebensformen und Rollenverständnis so viele Verwandlungen, dass es Bücher füllt (Abb. 5.1). Erwerb von Wissen und Fertigkeiten ist Anliegen der Eltern, Lehrkräfte sind Lernhelfer und Berater und die Kommunikation darüber Anlass für Elternarbeit oder Bildungspartnerschaft – was jeweils für Diskussion über die Definition sorgt und Anlass für zahllose Formen der Transparenz und Erklärung schulischer Arbeit, Elternabende, Home-Kommunikation und Beteiligung ist. Dabei ging es

Abb. 5.1 Stellwand zum „Haus des Lernens" am Inge Auerbacher Tag 2015, Grundschule an der Kleinen Elz. *(Bildquelle: Bianca Weber-Lewerenz)*

auch schon um Diversität und Teilhabe (und für die Lehrkraft damit um Differenzierung und viel Management, Resilienz).

Ich möchte dies als **Miteinander Eltern – Lehrer im Interesse des Kindes benennen.**

Ausgehend von meinem Erfahrungsmodell machte dies sehr viel – aber lohnende, inspirierende Arbeit!

Als pädagogische Fachkraft vermischt sich heute die Berufsrolle oft vom Lernhelfer zum Sozialarbeiter. Letztendlich gibt es kaum Messbares über dieses soziale Miteinandergeflecht, aber es ist klar, im Zeitalter von Kriegen, Hass, Fake und Mythen müssen Kinder sehr früh und schnell soziale Kompetenzen erwerben (Abb. 5.2), um mit dem alltäglichen Zusammenleben in unserer Vielfalt der Weltgesellschaft einigermaßen umgehen zu können.

Es ist deshalb unumgänglich, im sozialen Bereich von Schulen solche Projekte wie das mit Zeitzeugen zu verankern. Und es ist unumgänglich, deshalb die Lehrerausbildung so zu ergänzen, dass Lehrkräfte befähigt werden, Vermittler zu werden, Übersetzer zwischen Demokratie und Realität (4), Vermittler zwischen dem, was uns die Geschichte lehrt (lehren sollte) und dem Heute.

Das Miteinander Eltern – Lehrer ist eine der wichtigsten Schaltstellen unserer Gesellschaft und bedeutet für beide Seiten große Verantwortung.

Als Motor eines guten Miteinanders sehe ich Angebote der Lehrkraft und Nachfrage der Eltern (in Klasse 3/4 vorwiegend):

- Beteiligung als Impuls für Motivation,
- Information als Grundlage jeglicher Mitarbeit,
- Gute Atmosphäre und Zeit für Probleme,
- Systemischer Ansatz (5) für den Dialog,
- Infoabende zu bestimmten Themen, z. B. Erinnerungskultur entsprechende Ziele in den Bildungsplänen und Planung der Projekte,
- Elternbriefe und Erlaubnis für Teilnahme,
- Mithilfe bei Schulfesten, DRK-Kursen, Ernährungsführerschein und Verkehrsunterricht, Ausflüge und Landschulheim – um Vielfalt und Empathie mitzutragen,
- Schnupperstunden und Mitarbeit bei Partnerschafts- und Kooperationstreffen mit französischen Schulen bzw. Sonderpädagogischem Zentrum,
- Einbeziehung in Öffentlichkeitsarbeit (Bildunterschrift und Foto in der Zeitung oder Beitrag bedeutet Arbeitsentlastung für die Lehrkraft),
- Erziehungstipps (ausgewogene Lebensrhythmen, Ruhe, Stille),
- Freizeittipps (in Bezug zu Unterrichtsthemen, z. B. Rundgang in Kippenheim auf den Spuren Inge Auerbacher, Konzertempfehlung Jüdische Musik etc.)

5 Erinnerungskultur – Shoah in der Grundschule

Abb. 5.2 Stellwand zum „Pausenengel" am Inge Auerbacher Tag 2015, Grundschule an der Kleinen Elz. *(Bildquelle: Bianca Weber-Lewerenz)*

- Beratung (Eltern müssen wissen, dass ihr Kind nicht nur nach Kompetenzen „bewertet" wird).
- Literaturtipps etc.
- Immer wieder bewusst machen: Kinderrechte und Elternpflichten (häusliche Gewalt!),
- Familie macht Arbeit (Interesse zeigen am Kind, Voraussetzungen schaffen für erfolgreiches Lernen und Sozialisation).
- Medienkunde (Aufgabe der Schule). TikToK ist nicht cool …
- Ein Förderverein vereint die Leitteams der Lehrer mit den Eltern und ist Multiplikator und Unterstützer besonderer Anliegen. Dazu zählt man finanzielle Unterstützung besonderer Projekte oder Gelder für Teilhabe. Aber vor allem ist es wichtig, dass der Förderverein jeweils das Profil der Schule (Methodenhaus) oder dessen Aktualisierung mitträgt und kommuniziert, heute vor allem über Facebook und Instagram.

5.3.1 Methodenhaus

5.4 Goldene Regel – Schulschiff und Kompassheft

Julia Brandts

Mit der Frage und unserem Suchen nach Werten für ein Leben und Arbeiten miteinander in unserer Schule fanden wir ein Bild:
Ein Schiff

- Mit Kapitän und einer Mannschaft von Matrosen,
- Auf der Fahrt durch das Meer,
- Mit dem Ziel, den Hafen sicher und gut zu erreichen.

Wir finden uns in diesem Bild als Schulleiterin, Lehrer und einer Mannschaft von Schülern wieder:
Eine Schule

- auf unserer Fahrt, unserem Weg durch die Schulzeit
- mit unserem Ziel, friedvoll und gut miteinander zu lernen und zu leben.

Die Regeln für ein gemeinsames Arbeiten und Leben auf einem Schiff haben wir für uns als Schulregeln in der Schule übertragen:

- Wir gehen freundlich und rücksichtsvoll miteinander um.
- Wir helfen uns gegenseitig.
- Wir wollen, dass alle gut lernen können.
- Konflikte lösen wir im Gespräch.

Als wichtigste Regel steht die **Goldene Regel** wie ein leuchtender Regenbogen über unserem Schulschiff:

Was du von anderen erwartest, das tu du auch ihnen!
Das Bild wurde inzwischen immer wieder neu ergänzt und erweitert:

- Mit Sonnenstrahlen und dunklen Regenwolken für schöne, helle Tage und für schwere, dunkle Tage,
- Mit verschiedenen Fischen, die wir angeln und immer wieder neu als Hilfen in unserem Schulschiff brauchen:
  – den Mut-mach – Fisch
  – den Tröste-mich – Fisch
  – den Stille – Fisch
  – den Herzens – Fisch
  – den Fisch mit zwei Augen

Unser Bild eines großen Schulschiffes, gemalt auf einer großen Leinwand, begleitete einen Gottesdienst zu Beginn eines neuen Schuljahres. Es hängt seitdem für alle sichtbar in unserem Schulhaus. Im Kollegium entwickelten wir gemeinsam die Schulregeln. Sie hängen in jedem Klassenzimmer.

Unser gemeinsames Bild, unsere Gedanken und Regeln begleiten unsere Schüler ihre vierjährige Schulzeit in einem sogenannten **„Kompassheft"**, ein Kompass, eine Orientierung und Richtung unserer Schule. Der Umschlag zeigt unser Schulschiff unter einem bunten Regenbogen.

Alle Erlebnisse und Tage, an denen unser Ziel eines friedvollen und gemeinschaftlichen Miteinanders besonders spürbar wurden, werden in diesem Heft dokumentiert und festgehalten.

So wollen und müssen wir als Religions-, Fach-, oder Klassenlehrer, als Leiterin, Schüler oder Schülerin immer wieder neu unser Ziel sehen und mithelfen, friedvoll gemeinsam in unseren Hafen einfahren zu können (Abb. 5.3 und 5.4).

Abb. 5.3 Schul-Logo Grundschule an der Kleinen Elz Kenzingen seit 2002. (*Quelle: Roswitha Weber*)

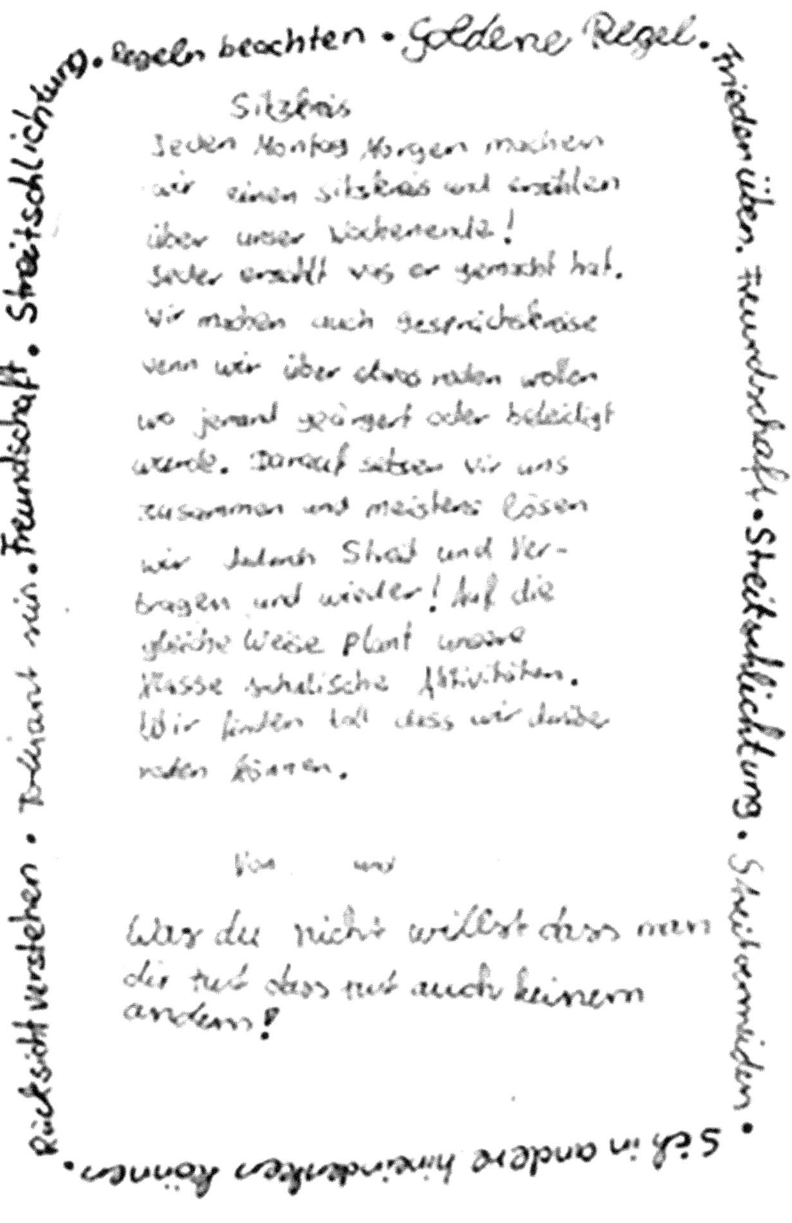

5 Erinnerungskultur – Shoah in der Grundschule

• Regeln beachten • Goldene Regel • Frieden üben • Freundschaft • Streitschlichtung • Streitvermeiden • Sei in andere hineindenken können • Rücksicht verstehen • Tolerant sein • Freundschaft • Streitschlichtung •

Sitzkreis
Jeden Montag Morgen machen wir einen Sitzkreis und erzählen über unser Wochenende! Jeder erzählt was er gemacht hat. Wir machen auch Gesprächskreise wenn wir über etwas reden wollen wo jemand geärgert oder beleidigt wurde. Darauf setzen wir uns zusammen und meistens lösen wir das durch Streit und Vertragen und wieder! Auf die gleiche Weise plant unsere Klasse schulische Aktivitäten. Wir finden toll dass wir darüber reden können.

Von uns

Was du nicht willst dass man dir tut das tut auch keinem andern!

Abb. 5.4 Schülerinterpretation „Goldene Regel" in Klasse 4. (*Quelle: Roswitha Weber*)

5.5 Konzeption des Arbevitsheftes „Mein Inge-Auerbacher-Heft"

Denise Rogalski

1. Zielsetzung

Das Arbeitsheft „Mein Inge-Auerbacher-Heft" (vgl. Abb. 5.80) verfolgt das Ziel, bereits Grundschulkinder der vierten Jahrgangsstufe an ein sensibles und wichtiges Thema der Geschichte altersgerecht heranzuführen: die Verfolgung der jüdischen Bevölkerung im Nationalsozialismus. Es soll den Kindern nicht nur beispielhaft anhand der Schilderungen von Erlebnissen und Erfahrungen einer Zeitzeugin Wissen über den Holocaust, das Judentum und die NS-Zeit vermitteln, sondern auch ihre Fähigkeit zur Empathie, Reflexion und Toleranz fördern.

Ein besonderer Schwerpunkt liegt darauf, Parallelen zwischen der Vergangenheit und dem heutigen Zusammenleben zu ziehen, um Werte wie Menschenwürde, Toleranz und Respekt nachhaltig im Bewusstsein der Kinder zu verankern. Dies geschieht durch altersgerechte Wissensvermittlung, kreative Aufgaben, gemeinsames Reflektieren und handlungsorientiertes Lernen.

Grundlage bildet dabei die Lektüre und eine vielseitige Auseinandersetzung mit dem Buch „Ich bin ein Stern" der Zeitzeugin Inge Auerbacher. Das dafür entwickelte Arbeitsheft versteht sich als Leitmedium, welches sowohl die Grundschulkinder als auch die Lehrkräfte durch das Projekt begleiten kann.

Insbesondere sollen die Kinder dabei:

- Verständnis für das Leben von Inge Auerbacher und die historischen Ereignisse entwickeln,
- Kenntnisse über das Judentum, den Holocaust und den Nationalsozialismus erlangen,
- sich aktiv mit den Themen Menschenwürde, Toleranz und respektvolles Zusammenleben auseinandersetzen,
- Werte wie Empathie, Mitgefühl und Solidarität im Klassenverband entwickeln und stärken,
- ihr eigenständiges und kooperatives Lernen weiterentwickeln,
- einen Bezug zur eigenen Lebensrealität herstellen, um aus der Geschichte für die Gegenwart zu lernen.

2. Inhalt

Das Arbeitsheft gliedert sich in mehrere thematische Abschnitte, die aufeinander aufbauen und verschiedene methodisch-didaktische Zugänge nutzen:

1. Lektüre des Buches „Ich bin ein Stern" von Inge Auerbacher
   - Einführung in das Leben von Inge Auerbacher, ihre Kindheit und die Erfahrungen während der NS-Zeit,
   - Fragen und Aufgaben zu ausgewählten Textstellen im Buch, die das Verständnis fördern,
   - Partner- und Gruppenarbeiten, in denen die Kinder sich über das Gelesene austauschen und ihre Gedanken reflektieren.
2. Hintergrundwissen:
   - Erklärung zentraler Begriffe wie „Nationalsozialismus", „Holocaust" und „Antisemitismus",
   - Einblick in die jüdische Religion und Kultur, um die Vielfalt und Bedeutung des Judentums zu verstehen.
3. Inge Auerbacher als Zeitzeugin:
   - Eine Seite widmet sich Inges Rolle als Zeitzeugin und ihrem Engagement gegen das Vergessen,
   - Vorbereitung eines möglichen Besuches der Zeitzeugin oder eines Briefes an Inge Auerbacher: Die Kinder formulieren Fragen und Gedanken, die sie ihr mitteilen möchten.
4. Stolpersteine und lokale Verankerung:
   - Informationen über Stolpersteine als Erinnerungsprojekt,
   - Recherche und Reflexion: Wo gibt es Stolpersteine im eigenen Ort?
5. Menschenwürde und Toleranz heute:
   - Überleitung von der Vergangenheit in die Gegenwart,
   - Auseinandersetzung mit Artikel 1 des Grundgesetzes („Die Würde des Menschen ist unantastbar") und was dies für das Leben der Kinder bedeutet.
   - Entwicklung von Regeln für ein wertschätzendes Zusammenleben.
6. Planung des jährlich stattfindenden Inge-Auerbacher-Tages:
   - Kreative und handlungsorientierte Aufgaben, bei denen die Kinder Lieder, Gedichte oder Tänze für den jährlichen Inge-Auerbacher-Tag vorbereiten.

3. Aufbau

Das Arbeitsheft ist didaktisch so gestaltet, dass die Inhalte logisch aufeinander aufbauen und durch eine Mischung aus Wissensvermittlung, Reflexion und kreativem Arbeiten den Lernprozess fördern.

- Einstieg:

   Eine altersgerechte Einführung in Inge Auerbachers Leben und die NS-Zeit bildet den Einstieg. Durch biografische Anknüpfungspunkte wird das Interesse der Kinder geweckt und eine emotionale Verbindung aufgebaut.

- Erarbeitung:

   Der Hauptteil des Arbeitshefts kombiniert Textarbeit, Hintergrundinformationen und kreative Aufgaben. Unterschiedliche Methoden (Lesen, Schreiben, Diskutieren, Recherchieren) sprechen verschiedene Lernkanäle an und fördern sowohl individuelle als auch kooperative Lernprozesse.

- Reflexion und Transfer:

   Die Kinder reflektieren, was sie aus der Geschichte für ihr eigenes Leben und ihr soziales Umfeld lernen können. Besonders wichtig ist der Transfer zu heutigen Themen wie Menschenwürde und Toleranz.

- Abschluss:

   Der abschließende Teil ist handlungsorientiert: Die Kinder werden aktiv, indem sie sich auf den Inge-Auerbacher-Tag vorbereiten, Briefe schreiben und konkrete Regeln für ein harmonisches Zusammenleben formulieren.
   Durch diese Struktur wird den Kindern nicht nur Wissen vermittelt, sondern auch die Möglichkeit gegeben, eigenständig zu handeln und ihre eigene Haltung zu entwickeln.

4. Einsatz des Arbeitsheftes als Leitfaden für Lehrkräfte

Dieses Arbeitsheft wurde nicht nur für die Schülerinnen und Schüler entwickelt, sondern dient auch als praxisorientierter Leitfaden für Lehrkräfte, die das Thema „Holocaust" und das Leben von Inge Auerbacher in der Grundschule kindgerecht und sensibel aufbereiten möchten. Gerade für Kolleginnen und Kollegen, die das Thema vielleicht noch nicht unterrichtet haben oder Inge Auerbacher nicht persönlich kennenlernen konnten, bietet das Heft eine fundierte und leicht nachvollziehbare Struktur.
   Es berücksichtigt sowohl die emotionalen Anforderungen des Themas als auch die didaktische Herausforderung, Inhalte auf eine altersgerechte Weise zu vermitteln. Das Heft stellt sicher, dass die Kinder mit Empathie und Respekt an diese Thematik herangeführt werden, ohne sie zu überfordern. Gleichzeitig fördert es

das historische und kulturelle Bewusstsein der Kinder, indem es zentrale Begriffe wie „Nationalsozialismus", „Holocaust" und „Judentum" verständlich erklärt und in einen aktuellen gesellschaftlichen Kontext setzt.

Die beiliegenden Materialien und Aufgaben sind so gestaltet, dass sie sowohl den fachlichen als auch den emotionalen Bedürfnissen der Kinder gerecht werden und den Lehrkräften eine klare Handlungsanweisung geben, wie das Thema in einer Grundschule erfolgreich und verantwortungsvoll behandelt werden kann. Für den Fall, dass Inge Auerbacher in Zukunft nicht mehr persönlich an der Schule zu Gast sein kann, ist das Heft auch als Grundlage für die Gestaltung von Projekttagen und Feierlichkeiten, wie dem Inge-Auerbacher-Tag, geeignet.

Herausforderungen und Chancen Das Thema Holocaust und Nationalsozialismus ist komplex und emotional belastend, was bei Lehrkräften Fragen zur Altersangemessenheit aufwerfen kann. Dieses Heft will zeigen, dass eine behutsame und altersgerechte Annäherung an die Thematik möglich ist und wichtige Werte wie Toleranz, Empathie und Menschenwürde gestärkt werden können.

Das Arbeitsheft bietet daher:

- einen sicheren Rahmen: Die Inhalte und Aufgaben sind so gewählt, dass sie die Kinder weder überfordern noch Ängste auslösen, sondern sie behutsam und nachvollziehbar an die Thematik heranführen.
- Klarheit und Orientierung: Lehrkräfte finden darin eine klare Struktur mit detaillierten Aufgaben und Anregungen, um das Thema schrittweise im Unterricht zu behandeln.
- Verknüpfung mit aktuellen Themen: Das Heft zeigt, wie sich aus der Geschichte Brücken zu heutigen Themen wie Menschenwürde, Toleranz und respektvollem Zusammenleben schlagen lassen. Dies ermöglicht den Kindern, einen sinnvollen Transfer in ihre eigene Lebenswelt zu leisten.
- Praxisnähe: Neben der inhaltlichen Vermittlung gibt das Heft konkrete Impulse für kreative und handlungsorientierte Projekte, wie z. B. das Schreiben von Briefen und Zeitungsartikeln, das gemeinsame Planen des Inge-Auerbacher-Tags oder die Reflexion über Stolpersteine im eigenen Umfeld.

Ermutigung zur Auseinandersetzung
Unsere Lehrkräfte, die das Arbeitsheft nutzen, können sicher sein, dass die Inhalte mit größter Sorgfalt und Blick auf die altersgemäße Vermittlung entwickelt wurden. Gleichzeitig wird ihnen die Möglichkeit gegeben, sich selbst aktiv mit der Thematik auseinanderzusetzen und eigene Unsicherheiten zu überwinden. Das Heft dient dabei nicht nur als Materialsammlung, sondern auch als Inspiration, um mit Grundschülern auf einfühlsame Weise über die Vergangenheit und deren Bedeutung für unsere Gegenwart zu sprechen.

Langfristige Perspektive
Auch wenn Inge Auerbacher selbst vielleicht nicht mehr die Möglichkeit hat, die Kinder persönlich zu besuchen, bleibt ihr Lebenswerk und ihre Botschaft in diesem Heft und in unserem Haus lebendig. Es schafft eine Verbindung zwischen der historischen Dimension und den aktuellen Herausforderungen unserer Zeit. Das Heft will dazu ermutigen, die Erinnerung wachzuhalten und gemeinsam mit den Kindern Werte für ein respektvolles und friedliches Miteinander zu entwickeln – unabhängig davon, ob die Lehrkraft über persönliche Erfahrungen mit Inge Auerbacher verfügt oder nicht.

5.6 Der jährliche Inge-Auerbacher-Tag für alle

Das Projekt (Abb. 5.5–5.9) und Profil „Toleranzerziehung" (offener Titel – natürlich mit dem Ziel der Begegnung mit dem Thema Holocaust) an unserer Schule – die begeisterten Projekttage, Schulfeste, Sternstunden und vor allem die authentischen Begegnungen mit Inge schufen die Voraussetzung für eine Namensgebung des Ganzen. Die versuchte Namensgebung Inge-Auerbacher-Grundschule (ca. 2000) scheiterte am Votum der Gesamtelternschaft knapp und im Stadtrat vollständig mit den Begründungen, Inge sei keine Kenzingerin bzw. die Schule bräuchte gar keinen Namen (ca. 2010). So kamen wir 2015/2016 zum „unverfänglichen" Namen „Grundschule an der Kleinen Elz Kenzingen". Und das auch nur, weil die Schule mit Elternschaft nahezu vollständig dahinterstand, einen Namen haben zu müssen und wollen. Gleichzeitig erfüllten Kollegium, Elternbeirat und Schulkonferenz derartig eindeutig und mehr als termingerecht die Auflagen des Antrages an die Stadt.

Den Inge-Auerbacher-Tag konnte das Kollegium 2006 selbst festlegen und es ist bis heute Alleinstellungsmerkmal in der Landschaft der Erinnerungskultur. Zu diesem Tag 09. Mai kamen wir dadurch, dass dies der Europatag auch ist und Offenheit signalisieren soll. Der zweite Grund ist der sehr berührende: es ist Datum der Befreiung Theresienstadt durch die Russen. Inge sagt, es sei ihr zweiter Geburtstag. Und sie pflegt bis heute Kontakte zu den Nachkommen des russischen Generals und hat die Einladung nach Moskau!

Nach Inges erstem Besuch an der Grundschule 2001 schrieb ich meine Begeisterung in einer Mail/Bericht über den DIA an das Leo-Baeck-Institut:

Inge Auerbacher als Persönlichkeit
Sie ist eine hervorragende Pädagogin!

5 Erinnerungskultur – Shoah in der Grundschule

Abb. 5.5–5.9 Impressionen zum Inge Auerbacher Tag 2015 an der Grundschule an der Kleinen Elz Kenzingen: Ankunft von Inge, Grundschul-Kolleginnen Julia Brandts und Anne Oettlin sind gespannt, Literaturtische und Präsentationsstellwände, Programmaufführungen. *(Bildquelle: Bianca Weber-Lewerenz)*

Durch ihre Natürlichkeit, direkte, kindgerechte, altersgerechte Sprache, ihre Vergleiche, der Bezug zu konkreten Beispielen unserer Zeit, die Herzlichkeit, das aktive Zugehen auf die Menschen, ihre Ausstrahlung, der Instinkt für die Situation etc. hat sie sofort den „Draht" zu jeder Altersgruppe (Abb. 5.10, 5.11 und 5.12–5.16). Damit kann sie ihre Botschaft der Versöhnung wirklich weitergeben. Sie wirkt auf Kinder positiv ein. Kinder lieben ihre Anwesenheit, sind frei, fühlen

Abb. 5.10 Inge mit Roswitha inmitten einer Schulklasse am Inge-Auerbacher-Tag 2008 an der Grundschule Kenzingen. *(Bildquelle: privat)*

Abb. 5.11 Inge's Ankunft beim Inge Auerbacher Tag 2018 an der Grundschule an der Kleinen Elz Kenzingen, deren Schulhof und Zufahrtswege zu der Zeit erneuert wurden. Inge fand es genauso lustig: „Menschenskinder, do wird ebbes gschafft, und mir mit dr'Kinder drinne au glei", im badischen Dialekt. *(Bildquelle: Bianca Weber-Lewerenz)*

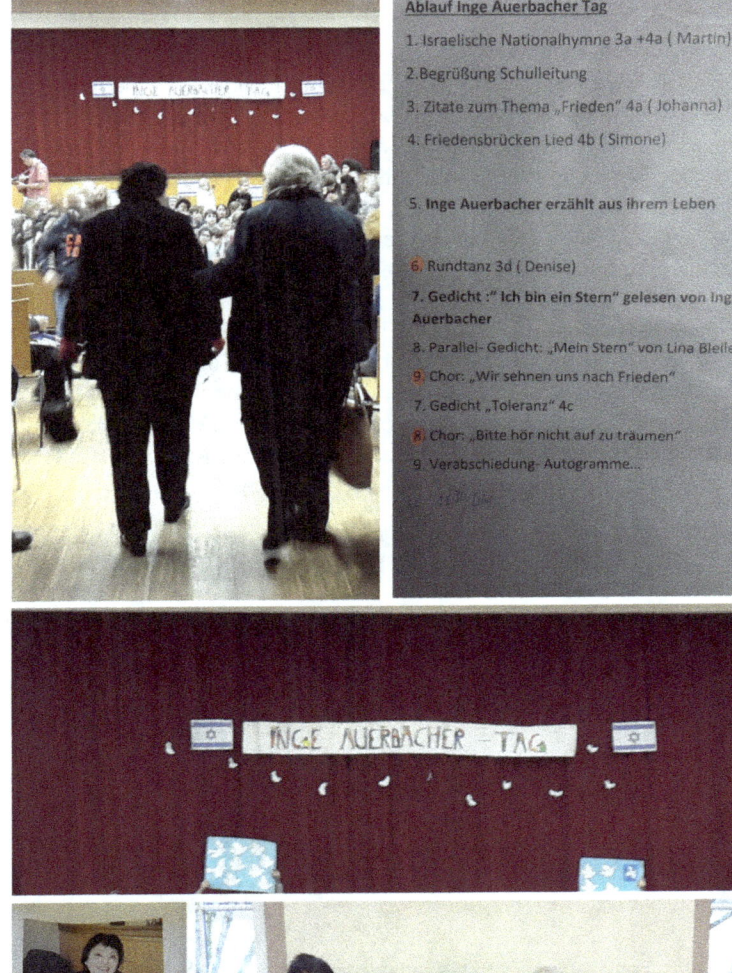

Abb. 5.12–5.16 Impressionen zum Inge Auerbacher Tag 2018 an der Grundschule an der Kleinen Elz Kenzingen: Begrüßung von Inge, Programmablauf, Programmaufführungen, Signierstunde für alle Kinder, Kolleginnen Anne Oettlin, Birgit Beck mit Inge Auerbacher und Roswitha Weber (v.l.n.r). *(Bildquelle: Bianca Weber-Lewerenz)*

sich wichtig, wenn sie die Aufgabe jedes Einzelnen erkennen – dass die Arbeit für eine friedliche Welt eben die Aufgabe jedes Einzelnen ist. Sie sind natürlich auch stolz, ihr als Autorin zu begegnen. Was faszinierend ist, ist, dass man erlebt wie alle Kinder, seien es verwöhnte, vernachlässigte, hochbegabte – aufmerksam und sensibel, nachdenklich und berührt sind von Mensch und Buch.

Inge Auerbacher hat auch das Glück, von Menschen wie Robert Krais (6) angekündigt zu werden, die wiederum als Mensch Vorbild sind und das Umfeld verstehbar machen. Für Schüler, Lehrer, für mich persönlich alles zusammen ein großes Projekt, ein Geschenk.

Zu ergänzen sind: Inge sagt klar ihre Wünsche (z. B. einmal eine Deutschstunde in Klasse 4 miterleben), sie passt sich aber in der Situation an. Inge zeigt Emotionen „ist ein Mensch wie wir", hasst „geschwollene Worte", möchte kein Mitleid, ist immer positiv und auf Zukunft gerichtet, hatte und hat großen Mut, gibt Hoffnung und Zuversicht. Sie ist und bleibt authentisch INGE, egal, wie viele Auszeichnungen sie erhielt (Abb. 5.17, 5.18, 5.19 und 5.20, 5.21–5.23).

Abb. 5.17 Teil des Rahmenprogramms 2018 war der Kinofilm „Menashe", aufgeführt im Kino Kenzingen. *(Bildquelle: Bianca Weber-Lewerenz)*

Abb. 5.18 Privates Rahmenprogramm am Inge Auerbacher Tag 2008 beim Kaffee- und Singnachmittag bei Roswitha Weber: Anne Oettlin spielt Gitarre, Singen badischer Lieder und viele Generationen-Gespräche (v.l.n.r.) Birgit Beck, Friedel Link (Roswitha's Mutter), Julia Brandts (Hinten), Inge, Roswitha und Anne Oettlin. *(Bildquelle: privat)*

Abb. 5.19 und 5.20 Privates Rahmenprogramm am Inge Auerbacher Tag 2018 beim Kaffee- und Singnachmittag bei Roswitha Weber: Anne Oettlin spielt Gitarre, dazu werden Lieder gesungen, feine Kuchenauswahl, runder Gesprächstisch (v.l.n.r.) Inge, Wieslawa Smialkowska, Klaus Weber, Andreas Beyer. *(Bildquelle: Bianca Weber-Lewerenz)*

Abb. 5.21–5.23 Privates Rahmenprogramm am Inge Auerbacher Tag 2022 beim Kaffee- und Singnachmittag und Abendessen bei Roswitha Weber: Singen zu Anne Oettlin's Gitarrenmusik, runder Gesprächstisch (*1. Bild* v.l.n.r. Wieslawa Smialkowska, Anne Oettlin, Julia Brandts, Inge, Birgit Beck, Hansjörg Deng (vorn), Klaus Weber, Roswitha Weber; *2. Bild* v.l.n.r. Wieslawa Smialkowska, Anne Oettlin, Julia Brandts, Inge; *3. Bild* v.l.n.r. Inge, Birgit Beck, Klaus Weber, Roswitha Weber, Karen Jungblut). *(Bildquelle: Bianca Weber-Lewerenz)*

5.6.1 Chronik der Zeitzeugenarbeit mit Inge Auerbacher – Grundschule an der Kleinen Elz Kenzingen ab 1992

1992	Verfasserin Roswitha Weber entdeckte das Taschenbuch „Ich bin ein Stern" und liest es erstmals als Klassenlektüre in einer Klasse 3.
1993	Verfasserin lernt Robert Krais vom DIA bei einer Führung in Kippenheim kennen und wird Mitglied im DIA.
1994/1995	Klassenbriefe (Kl. 4) an Inge und Antwort.
1996	Erneuter Rundgang in Kippenheim, Besuch des Elternhauses von Inge und Besuch der Synagoge. Inge kündigt für 1997 einen Besuch an; klappt aber nicht.
	Eine Schülermutter gibt Hinweise auf ehemals jüdische Familien Dreifuss, Wolf, Epstein und Weil in Kenzingen. Annegret Keßler und Reinhold Hämmerle beginnen damit (DIA), deren Geschichte zu erkunden.

5 Erinnerungskultur – Shoah in der Grundschule

1998	Inge in Deutschland und unter anderem Lesung in Buchhandlung „Bücherwurm/Kenzingen". Verfasserin mit ihrer Klasse bei der Lesung anwesend. Briefwechsel.
1999	Leo Epstein besucht Kenzingen in Begleitung u. a. seiner Nichte Irène Epstein De Cou.
2001	Inge besucht erstmals die Grundschule Kenzingen und hält einen Lichtbildervortrag vor den 4 Klassen der Stufen 3/4.
2003/2004	Im Rahmen des neuen Bildungsplanes entwickelt die GS ein Profil für ihr „Haus des Lernens". Neben all den fachlichen Kompetenzen sollen die Gesamtpersönlichkeit, das soziale Miteinander und die Begegnungen mit Menschen und Traditionen verschiedenster Herkunft und Kultur gefördert und ermöglicht werden. Dies ist möglich durch authentische Begegnungen, Projekte, ein Kompassheft (siehe auch Abschn. 10.4 und 10.7), Partnerschaften mit Schulen im Elsaß und Kroatien, Autorenlesewochen, DRK-Kurse, Streitschlichtung und Pausenengel, Landschulheimaufenthalte, ökumenische Gottesdienste oder Besinnungen, Patenklassen und vieles mehr. Mit besonders motivierten Klassen gelang sogar eine Anbahnung philosophischen Denkens „Wie kommt das Böse in die Welt?" Hauptsächlich in den Fächern Deutsch-Religion ev./kath; Französisch, Musik und Sport. Außerdem führt das Kollegium den Inge-Auerbacher-Tag am 09. Mai ein. (Am 08. Mai 1945 wurde Inge und Eltern in Theresienstadt befreit, heute ist der 09. Mai auch Europatag).
2005	Autorenlesung mit Ruth Worzalla „Es fehlte die Puppe", Kl. Stufe 4.
2006	Einführung des Inge-Auerbacher-Tages am 09.05. in Anwesenheit von Inge und BM Guderjan. Schaufenstergestaltung in Buchhandlung Bücherwurm zum Thema. Eintrag Inges ins Buch der Stadt.
2007	Die Schüler batiken Friedensbänder am 09.05.
2008	05.03. Inge zu Besuch. Projektwochen „Die großen Weltreligionen Judentum-Christentum-Islam", Ausstellung in der Schule.
2010	21.10. Inge zu Besuch, Lieder, Tänze, Handdruck.
2011	01–07. Inge da. Freundschaftsbesuch mit interessierten KollegInnen, Rollenspiel „Inge Auerbacher – wer ist das?"
2013	11.06. Inge zu Besuch, Lieder, Tanz, Rollenspiel, Schaufenstergestaltung in Buchhandlung Bücherwurm.
2014	Inge nur in Freiburg, schreibt Brief an Schüler. 09.05. Verfasserin Roswitha Weberstellt „Erinnerungskoffer" vor. Dieser dient anhand von Buch, Bildern und Requisiten zur Einführung in das Projekt.
2015	04.03. Inge zu Besuch. Buchvorstellung 22 Gedichte zu „Ich bin ein Stern" (8). Schaufenstergestaltung im Bücherwurm. Schule feiert „20 Jahre mit Inge Auerbacher", Teilnahme am Projekt Nazi-Terror gegen Jugendliche der Katholischen Akademie Freiburg.
2015	Ende des aktiven Unterrichts als Klassenlehrerin Roswitha Weber.
2017	Inge-Auerbacher-Zimmer beim Schulfest.
2017/2020	Wunsch Inges – Rede im Deutschen Bundestag.

2018	15.11. Inge zu Besuch, Lieder, Tanz, Inge erzählt aus ihrem Leben, Fragestunde. Familiärer Nachmittag für interessierte KollegInnen bei Webers.
2022	Nach der Rede im Bundestag 27.01.2022 besucht Inge die Grundschule Kenzingen in Form eines Interviews/Zoom (Pandemie) für mehrere Schularten (04.02.2022): Grundschule – Gymnasium – Beruflich-sozialpflegerische Schulen Emmendingen (die das Zoomen ermöglichen).
	01.02.2022 erstes Multiplikatoren Treffen und Würdigung von Inges Lebensleistung, Alte Turn- und Festhalle auf Initiative von Roswitha Weber mit Unterstützung von Monika Rappenecker, ehemalige Studienleiterin Katholische Akademie Freiburg, Initiative „Nazi-Terror gegen Jugendliche".
	04.02.2022 Familiärer Nachmittag bei Webers.

5.7 Der Erinnerungskoffer und der Raum der Stille

Mein 2011 erfundener „Erinnerungskoffer" (Abb. 5.24 und 5.25) kann die

- Medien/Arbeitsanweisungen etc. je nach Bedarf beherbergen – je nach Einführung, Impuls, Projekt, Zusammenfassung o. ä. Die Gegenstände etc. können entdeckt werden im Sitzkreis oder als Ergebnis den Koffer befüllen.

Abb. 5.24 und 5.25 Der Erinnerungskoffer, hier: in 2018. Seit 2015 geht Roswitha Weber i.R. projektmäßig in den Unterricht an der Grundschule. (*Quelle: Roswitha Weber*)

Er schafft bei den Kindern starke Identifikation mit Inge bzw. Identität in Bezug darauf, was er z. B. mitnehmen würde, wenn man ganz schnell auf eine Reise gehen möchte/muss.
- Rollenspiele, guide sein für die Eltern oder im Inge-Auerbacher Zimmer bei einem Schulfest, Storytelling oder eine Präsentation lieben besonders begabte Kinder oder gute Vorleser. Der Koffer bietet solche Möglichkeiten der Zusammenfassung von Projekttagen etc. – gar eine Schaufenstergestaltung im Wohnort – sind Highlights und eignen sich besonders für Eltern/Öffentlichkeits- und Pressearbeit.
- Dokumentation bzw. Archivierung der Materialien sind eine wichtige Aufgabe für Kontinuität im Kollegium. Sie dokumentieren das Schulprofil und sorgen für Arbeitserleichterung bzw. per Evaluation für Weiterentwicklung.

Stille Räume gibt es auf der Welt an besonderen Orten der Natur, den Klöstern, Kirchen, Synagogen, Moscheen, Tempeln, der Kunst, in einem Krankenhaus oder Hospiz – da, wo sich der Mensch aus dem Umtrieb des Alltags herausnehmen möchte oder muss.

In Berlin, beim Brandenburger Tor[1] – mitten in der Großstadt, seit 1994. Pariser Platz 1 steht für Frieden und Gleichheit der Völker.

In Schulen ist es ideal, wenn ein Raum der Stille nur für diesen Zweck vorhanden ist, zur Entspannung mit Matten, Kissen, Sitzen, zur Gruppenbildung und zum Meditieren, im Kreis, als Labyrinth zu begehen oder um Licht und Geräuschwirkungen zu erfahren, bzw. bestimmte Themen „sichtbar, erfahrbar" zu machen, z. B. in Kombination mit dem Erinnerungskoffer. Wir richteten den Raum der Stille z. B. ein zu den Themen:

- Welt der Bibel
- Weltreligionen
- Inge-Auerbacher-Zimmer
- Afrika, Peru.

Ob als Rundgang oder Stationenweg etc. konzipiert, wichtig ist die zeitliche Beschränkung der Personenzahl und Regeln, um die Stille auch zu gewährleisten (Abb. 5.26 und 5.27).

---

[1] http://www.raum-der-stille-im-brandenburger-tor.de/.

Abb. 5.26 und 5.27 Ausstellung „Geschichte lebt … Spurensuche im Heimatraum" der Grundschulklasse 3 im ehemaligen Kloster Wonnental, Kenzingen, 2007. (*Quelle: Bianca Weber-Lewerenz*)

5.8 Authentische Begegnungen mit Menschen – Orten und Dingen

Die Sinngebung dessen füllt Beiträge und Bücher. Und heute, im Zeitalter von „Digitalisierung" – „interaktive Interviews" – und KI, die Videos wie echt ermöglicht usw. fragen sich manche, warum man sich das antut, Eltern zu organisieren, um in Fahrgemeinschaften z. B. auf die Spuren von Inge in ihrem Heimatort Kippenheim zu gehen. Oder in weiterführenden Schulen den Schrecken eines KZ zu begegnen? Noch ist es den meisten Menschen klar, ein Gang mit allen Sinnen kann durch kein Video ersetzt werden. Noch gibt es weltweit ca. 240.000 Holocaust-Überlebende. Und allein in Deutschland ca. 300 Gedenkstätten, Lern- und Begegnungsstätten. Museen, Mahnmale und authentische Orte.

Die interaktiven Interviews, gute Museumspädagogik, Bibliotheken, Gedächtnisstätten, Kunstinstallationen und Performance und natürlich Zweitzeugen ermöglichen für die Zukunft aber auch Nahezu – Authentizität. Deshalb ist es wichtig, diese Möglichkeiten sowohl als Lehrkraft zu nutzen, als auch in der Elternrolle die Leitkompetenz – Kinder/Jugendliche früh an demokratische Basis-Begegnungen mit allen Sinnen heranzuführen (Abb. 5.28), zu ermöglichen. Das ist Aufgabe der Eltern, auch wenn dies vor politischen Wahlen wenig formuliert wird, um keine Stimmen zu verlieren.

Wir alle – jede und jeder – ist Zeitzeuge für die Gegenwart. Zweitzeuge für die Vergangenheit. Dies ermöglicht jedem die Verarbeitung des Geschehens von der

5 Erinnerungskultur – Shoah in der Grundschule 225

Abb. 5.28 „Es kommt auf den Blick an ..." bei der Ausstellung „Geschichte lebt ... Spurensuche im Heimatraum" der Grundschulklasse 3 im ehemaligen Kloster Wonnental, Kenzingen, 2007. (*Quelle: Bianca Weber-Lewerenz*)

Wahrnehmung bis zum eigenen Handeln. Es bedeutet auch – trotz Wahrnehmen der Fakten, die zum Nahostkonflikt z. B. beitragen – nur bedingt etwas dagegen unternehmen zu können. Wir können aber in unserem Umkreis handeln – informieren – argumentieren – ermuntern -nicht nachlassen. Dazu brauchen wir so viel Authentisches wie möglich.

5.9 Die Fächer Religion und Deutsch – Ansätze ökumenischer Zusammenarbeit und Kommunikation

Wie bereits erwähnt (Abschn. 5.15.1 und 5.15.2) fand in der Fachschaft Religion (ev./kath.) die Planung und Abwägung der Möglichkeiten, die anderen Fächer zum Themenbereich Holocaust – Weltreligionen – Toleranz statt (Abb. 5.29). Partnerfach war natürlich Deutsch aufgrund der Bedeutung von Sprache – lesen und deuten können und Kommunikation allgemein. Über allem stehen die Menschen-

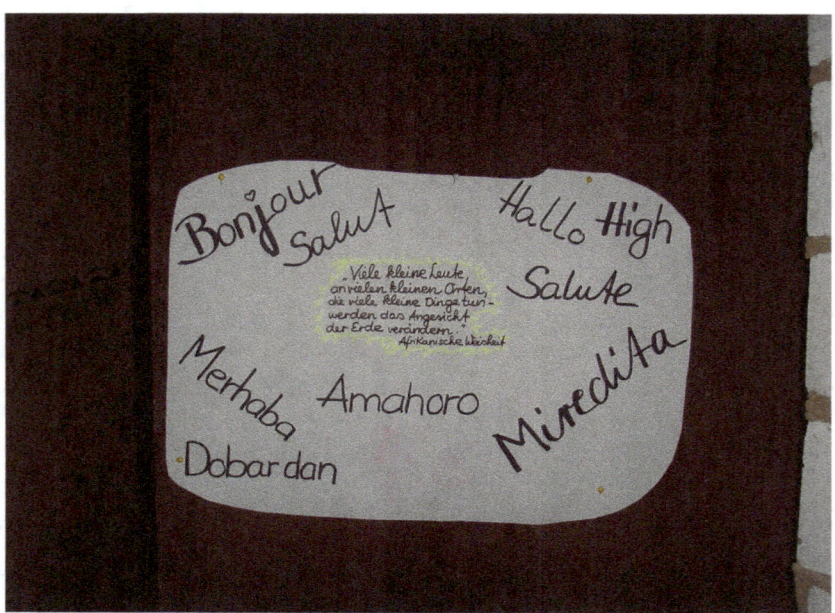

Abb. 5.29 „Viele kleine Leute, an vielen kleinen Orten, die viele kleine Dinge tun, werden das Angesicht der Erde verändern. Afrikanische Weisheit" bei der Ausstellung „Geschichte lebt … Spurensuche im Heimatraum" der Grundschulklasse 3 im ehemaligen Kloster Wonnental, Kenzingen, 2007. (*Quelle: Bianca Weber-Lewerenz*)

rechte, und Kinderrechte waren auch noch nicht sehr lange festgelegt. Was sind und sagen uns die verschiedenen Religionen, die sich doch gerade auf ethische Werte fokussieren, im Sinne von „Gutes", wie der Mensch ein religiöses Leben führen kann und soll. Weshalb dann Diskriminierung, Vorurteile, Hass und Krieg? Warum gegen bestimmte Menschengruppen, Minderheiten?

Dass der Mensch als Wesen auch böse handelt, ist Kindern schnell klar „sonst gäbe es ja keine Sünde – Buße, Reue, Pilgertour, Hadsch usw."

Feste jeder Religion üben möglichst achtsam Verzicht und Besserung – Gebet, Fürbitten, das Fasten, Baden im Ganges u. a. Feste wie Taufe, Kommunion, Konfirmation, Bat Mizwa und Bar Mizwa stärken den Menschen auf dem Weg zum Ziel. Regeln im Alltag halten den Menschen auf dem guten Weg: Shabat, Sonntag, Feiertage, Ramadan, Gebetsregeln u. a.

In der Grundschule, vor allem in Religion, bietet sich am ehesten der geschützte Raum, wo Ängste, Bedenken, Vorurteile, Hoffnungen, Erlebtes zur Sprache kommen und verarbeitend zu Handeln hingeleitet werden können.

Aber schon in der Familie ist die Verantwortung angesiedelt, dem Kind das Miteinander vorzuleben (Abb. 5.18, 5.19, und 5.20, 5.21–5.23). Im Kiga erweitert sich die Gruppe. In verschiedensten Arbeitsformen (Methodenhaus etc.) war es uns vor allem wichtig, ein Grundwissen über die Weltreligionen zu vermitteln (Abb. 5.17), wobei das Judentum als Ausgangspunkt des Christentums bzw. im selben Lebens-/Wissensraum auch des späteren Islam ausführlicher behandelt wurde.

In großer Blütezeit etwa vom 10. Bis 14. Jhd. lebten Juden, Christen und Muslime in Spanien relativ friedlich zusammen und sorgten gemeinsam dafür, dass die alten wertvollen Schriften – das kulturelle Erbe der Griechen und Römer in den Wissenschaften übersetzt wurden und fortschritten. Das gibt Kindern Zuversicht und vermittelt Werte und Verantwortung. Sie lieben Projekttage mit Wissensvermittlung, Praktisches, z. B. Fladen backen oder die Tefillin, Kippa oder den Tallit aus dem Koffer zu holen und im Nachgang sich eigene Gedanken zu machen.

Es wurde den GrundschülerInnen auch klar, warum z. B. muslimische FreundInnen nach dem Ramadan 1–2 Tag fehlten, um das Fastenbrechen, das Zuckerfest mit der Verwandtschaft zu feiern.

Weil in der Straße, in der Inge in New York lebt, auch Hindu und Buddhisten wohnen, wollten die Kinder auch darüber Bescheid wissen, denn Inge feierte mit den Nachbarn die Feste gemeinsam. Traditionen indigener Völker interessierten, weil wir zahlreiche Kontakte zu Menschen aus Burundi bzw. Südamerika pflegten und natürlich MitschülerInnen aus vielen Ländern auch schon damals hatten. Im Zeitraum 1992–2018 war auch unsere Stadtkirche noch gut gefüllt mit SchülerInnen und manchen Eltern, wenn zu Schuljahresbeginn/Ende, Erntedank, Advent oder nach dem Ende dieses Projektes eine Art Wortgottesdienst oder meditative Stunde stattfand, von den Kindern gestaltet. Sozusagen Essenz der Themen. Das/die entsprechenden Arbeitsblätter kamen ins Kompassheft und wurden in der Schulhausgestaltung sichtbar. Entsprechende Lieder sammelte jedes Kind in seinem Liederordner über die gesamte Grundschulzeit. Auch behandelten wir das Thema ausführlicher, weil die Tatsache, dass Judenhass ein altes und immer wieder auftauchendes Problem ist mit schrecklichen Auswüchsen, schien es uns unumgänglich, Detailwissen wie unterschiedliche Auffassung im Judentum mit eigenen Regeln/Kleidung/Gegenständen zu vermitteln. So wurde manches Verhalten, z. B. von orthodoxen Juden, verständlicher.

Die Deutschstunden waren immer zu kurz. Meistens legte man deshalb 2 Wochenstunden auf einen Tag. Ich hatte es besonders einfach, eine 3. Stunde als Block daran zu hängen, weil ich meist auch Fächer wie Musik, Bildende Kunst oder Französisch oder Sachunterricht in den Klassen 3/4 gab. Oder vor einem Inge-Auerbacher-Tag die Vorführungen proben konnte.

Die Klasse gab sich Regeln, nicht nur für Deutsch:

- Respekt (z. B. Wortwahl, Geduld)
- Gleiche Redezeit für alle
- Diskussionsregel (Reihenfolge)
- Vertrauen, ehrlich sein

Da es nicht immer klappte, hatte man die Wochenstunde „Klassenrat", um zu evaluieren, warum es nicht funktionierte, und konnte eine Lösung suchen.

Die Vielfalt der Möglichkeiten, Deutschstunden zu gestalten, füllt selbst wieder Handreichungen und Portfolios. Die Kinder liebten die Abwechslung:

- Vorlesen (Lehrer und nur sichere Leser)
- Lesestunde (1 pro Woche mit Kissen/Ort im Klassenzimmer)
- Diskutieren, philosophieren
- Normales Lernen wie ein Buch entsteht
- Wie sieht ein Titelblatt/ein Klappentext aus, was ist ein Autor?
- Sich orientieren und arbeiten mit einer Lektüre
- Inhaltsverzeichnis/Vorwort/Seiten finden, Kapitel, Abschnitt, Zeile, eine Stelle suchen, nachschlagen unbekannter Wörter
- Leporello/Portfolio und ähnliches selbst gestalten
- Vortragen, präsentieren (Referat/Protokoll usw.)
- Aufsatz schreiben/weitererzählen (roter Faden/Einteilung/Hauptteil/Schluss)
- Achtsam schreiben
- Den Wert eines schön geführten Heftes schätzen
- Zuhören: Erwachsene aus Russland, Sri Lanka, Türkei, Urwaldarzt Dr. Eibach, Thailand (die Familie war auf die Cap Anomur gerettet worden), eine französische Freundin berichtete von ihrer Kindheit in der zerstörten Normandie, Kinder aus der Partnerstadt Vinkovci vom „Heimatkrieg" in ihrer Stadt usw. 2 Mütter mit Töchtern aus der Französischpartnerstadt Ingersheim nahmen sogar 1 Woche am Projekt teil
- Vergleichen im Tandem oder am Forschertisch – Infos sammeln online – egal – der Brief an Inge oder den Bürgermeister, das Protokoll oder Blatt für eine Ausstellung waren der Höhepunkt der Zusammenfassung und zeigten der Lehrkraft den Leistungsstand.

In unserer sich ständig im Wandel befindlichen Gesellschaft sind Schulen ein Ort, an dem Kinder mit ihren LehrerInnen allen möglichen Facetten des menschlichen Lebens begegnen den Fragen nach den Lebensumständen in Vergangenheit, Gegenwart und Zukunft nachgehen – letztendlich über Schöpfung, Verantwortung

5 Erinnerungskultur – Shoah in der Grundschule

des Einzelnen und der Gemeinschaft philosophieren und Basiswissen in den Kulturtechniken von Mathematik, Sprache und Kunst bis hin zu Sport und Umgang mit unserer von Medien geprägten Welt erwerben.

Dass dieses Haus des Lernens in unserer Zeit allen Kindern (Jungen wie Mädchen) zugänglich ist, zeigt **die gewaltige** Entwicklung unseres Bildungswesens, was ein anderes umfassendes Thema wäre. Wir sehen diesen langen Weg – ausgehend vom zweckhaften spielerischen Nachahmungslernen über das „einem Lehrer zuhören", durch Sport ertüchtigt werden" bei den Griechen – der Hauslehrerkultur einer römischen Oberschicht – hin zu den Klosterschulen unserer abendländischen Kultur und bis in unsere heutigen Schulen.

Schon immer waren die Leitgedanken von Bildung und Erziehung abhängig von ihrer Zeit. Lehrpläne wurden verworfen, ergänzt, weiterentwickelt. *„Die neuzeitliche Pflichtschule verdanken wir der Reformation und dem Merkantilismus – alle Menschen sollten die Bibel lesen können und ... einem für das Gemeinwesen nützlichen Gewerbe nachgehen können ... erst im 20. Jhd. bildete sich das Bewusstsein von notwendiger politischer Bildung"* schreibt H. v. Hentig (9) in der Einführung zum heutigen Bildungsplan BW von 2004, überarbeitet/ergänzt 2016. Und wenn Dr. Annette Shavan, die damalige Ministerin für Kultus, Jugend und Sport im Vorwort zum selben Bildungsplan von der Bedeutung sowohl der Qualität schulischer Arbeit spricht als auch von der notwendigen „Bildungs- und Erziehungspartnerschaft mit den Eltern" (10) so formulierte dies endlich die Anliegen und Erfahrungen heutiger Pädagogik.

Der Bildungsplan Baden-Württemberg ist sozusagen der große Rahmen für die schulische Arbeit und – er legt auf der staatlichen Ebene die Leitgedanken (z. B. Mensch sein/Welt und Verantwortung/Bibel und Tradition/Frage nach Gott/ Jesus der Christus/Kirche), die „konfessionsübergreifend" (11) ist, dar!

„Das Neue daran im Vergleich zu herkömmlichen Lehrplänen sind die „Kompetenzen, welche SchülerInnen in bestimmten Klassen erreicht haben sollen, nicht, was jede Kollegin, jeder Kollege unterrichten soll",[3] so Dr. Jutta Nowak vom Institut für Religionspädagogik Freiburg. Diese Kompetenzen sind im **Kerncurriculum** verankert. Die Schule selbst entwickelt das Schulcurriculum, in welchem die Fachschaften die Inhalte, Methoden und Medien festlegen. Sowohl Gesamtlehrerschaft als auch Elternbeirat müssen insgesamt diesem „Schulprofil" zustimmen.

So befindet sich die Schule in einem dauernden Entwicklungsprozess, wird auf Nachhaltigkeit überprüft und wird durch das Messen in „Bildungsstandards" (Fachliche, personale, soziale und methodische Kompetenzen) transportiert.

Einen weiteren Rahmen innerhalb des Schulcurriculum bilden die örtlichen Gegebenheiten, in unserem Fall unsere Stadt Kenzingen. An deren mittelalterlichen Stadtanlage (gegr. 1249) mit Kath. Pfarrkirche St. Laurentius mit sakralen Kunstgütern, aus 7 Jahrhunderten, der Besonderheit, ein von ehemaligen Klöstern geprägtes

Stadtbild bzw. Gemeinwesen zu haben (ehemaliges Zisterzienserinnenkloster Wonnental vor der Stadt, Franziskanerkloster und ökonomisches Johanniterareal in Stadtmitte (*12*)), siehe Pforte 2017/2018, S. 8 ff., lassen sich viele Ereignisse regionaler und weiträumiger Geschichte ablesen. Zwei große festliche Anlässe der evangelischen Kirchengemeinde Kenzingen waren „130 Jahre Evangelischer Gottesdienst in Kenzingen und 100 Jahre Selbständigkeit der Gemeinde. Die Tatsachen, dass die evangelische Kirche ein Teil der ehemaligen Franziskanerkirche St. Josef (1662) ist und sich in Kenzingen ein lebendiges Miteinander „aus einem ökumenischen Geist heraus" (*13*) entwickelte, dokumentiert in einem Kooperations- und Rahmenvertrag von 2005 mit der Katholischen Kirchengemeinde, sind örtliche Gegebenheiten.

Zusammen mit gemeinsamen Projekten im Religionsunterricht und außerschulischen Projektpartnern zählen das Ausfindigmachen dieser Spuren zu den unverzichtbaren Möglichkeiten, Kinder konkret Gemeinsamkeiten erleben und „Besonderheiten" (*14*) verstehen zu lernen, was unserer Meinung nach für die Weltreligionen auch gilt.

Starke Bürokratiehaftung und manches Verhalten stehen zwar in vielem einer spontanen Ökumene immer noch im Weg, aber es lässt sich auch viel Positives feststellen. KoKo RU – kürzt eine konfessionell-kooperative Form des Religionsunterrichtes – zum Beispiel in Baden-Württemberg ab, in dem evangelische und katholische Schülerinnen und Schüler gemeinsam unterrichtet werden, zum Beispiel in Klasse 1/2 (seit 2005). Die Zielsetzung ist, die Gemeinsamkeiten zu stärken, den Unterschieden aber gerecht zu werden (Institut für Religionspädagogik Freiburg). Gottesdienste, evangelische Feste wie Konfirmation werden in der größeren Pfarrkirche St. Laurentius gefeiert.

Im Rahmen der Willkommenskultur seit 2015 sind in der Interkulturellen Woche, Initiativen wie MultiKulticafé und in der Jugendsozialarbeit echte Meilensteine gesetzt worden. Es entstehen in der Regio vereinzelt interkonfessionelle-interkulturelle Kindergärten, es gibt UNESCO-Klassen und Fachberatung, Partnerschaften und Kooperationen zwischen Schulen, Vereinen, Ländern in Wirtschaft, Wissenschaft und Politik, um Gemeinsamkeit zu stärken. Interkulturelle Eltern-MentorInnen helfen beim Übersetzen und Vermitteln in den Schulen. Kinder der weiterführenden Schulen nehmen zum Beispiel am EU-Erasmus-Programm teil mit gemeinsamen auch digitalen Projekten. Studierende können Auslandssemester absolvieren und Menschen aller Länder begegnen. Die Pflege von Kriegsgräbern verlangt tätige Pflege von Jugendlichen und Jedem und bietet Gelegenheit für gemeinsame Arbeit an der Zukunft und dem Frieden. Kinder in dem Alter nehmen sehr wohl wahr, wo es in Familien, in Firmen, bei Projekten, Krankenhäusern Altenpflegeheimen usw. positiv funktioniert mit dem Miteinander über Religionen, Hautfarbe und Herkunft hinweg. Auch in den Schulen prallen aber heute oft Hasswelten aufeinander. Es muss endlich anerkannt werden, welche Arbeit Lehrer und Lehrerinnen an dieser Schnittgrenze leisten!

5.10 Französisch und Partnerschaften – Sport – Musik – Bildende Kunst – Sachunterricht und Kooperationen über Grenzen hinweg – Wir brauchen Europa

Das interaktive Programm „Lerne die Sprache des Nachbarn (1984/1985)" brauchte bis zu seiner Entstehung nach dem Freundschaftsvertrag Deutschland-Frankreich 1963 viele Jahre Aufbau und Erfahrung im Deutsch-Französischen Jugendwerk. Heute aktualisiert, bot es dem Pädagogen über Lieder, Spiele, Landeskunde und Begegnungstage die Chance, die Kinder an eine fremde Kultur und „Brücken" über Sprache heranzuführen, noch spielerischer als in den weiterführenden Schulen. Mehr zum Französisch in der Grundschule, in meinem Artikel in der Pforte (*15*).

Das Sich-besser-verstehen und Wissen um die Andersartigkeit bei Namen/Religion/Gewohnheiten/Schulform/Essen/Freizeitgestaltung der Französischen Brieffreundin/Brieffreund erfüllte die SchülerInnen mit Spannung und Interesse. Ganz selbstverständlich ergänzten die Begegnungen das Wissen vor allem über die muslimischen Schüler. Kirchgang und Besuch der Moschee wurden verglichen, genauso die Unterschiede von vegetarisch/koscher/halal; ein antisemitischer Übergriff in Paris wurde besprochen, da er in den Nachrichten kam.

Man war stolz, Freunde in Frankreich zu haben!
Danach gingen die Kinder meist, ohne Vorbehalte, in die Gastfamilie und ich erinnere mich nur einmal an Unstimmigkeiten weil ein Schüler das Essen „miserabel" fand.

Französisch war ein wichtiges Rahmenfach, trug das Thema Respekt auf eine breite Ebene. Genauso natürlich **Musik** und **Tanz!** Geradezu verrückt nach Tänzen, spielerischen Liedern und szenischen Stücken waren die Klassen und wenn Inge da war, tanzte sie eine Runde mit! Wir erlebten Sternstunden in der Halle bei bestimmten israelischen Liedern und Tänzen sowie Friedensliedern, weil alle begeistert und ergriffen waren. Das Aufeinander Hören und Eingehen Müssen, damit alles klappt, war selbstverständlich. Aber auch „die Schöpfung" von Joseph Haydn wurde nach all den verschiedenen Zugangsmöglichkeiten zum Thema Religionen plötzlich anders verstanden. Ab den 90er-Jahren veranstalteten die Fachschaften Musik (Chor/Orff-Mu-Ag) und Musik sogenannte „Musische Abende" pro Jahr, die zum Thema Vielfalt in der Elternschaft und Öffentlichkeit wesentlich beitrugen.

Über Schnupperstunden für Instrumente bei der Stadtkapelle Kenzingen, bzw. Jugendmusikkapelle ergab sich vor einigen Jahren die **Kooperation** mit der Stadtmusik. 2015/2016 gab es die erste Bläser-Klasse und mehrfach trug die höchst erfolgreiche Zusammenarbeit auch mit dem professionell geführten Chor der Grundschule an der Kleinen Elz Kenzingen zum Thema Vielfalt bzw. Holocaust in der Grundschule bei (siehe auch Kap. 9) Viele ehemalige SchülerInnen sind heute bei der Stadtkapelle!

Sport unter dem Motto Fairness und Teamgeist barg ebenfalls viele Möglichkeiten, die Kinder zu gemeinsamen Zielen, Koordination und Verständnis für verschiedene Leistung, handicap hinzuführen. Die „bewegte Schule" (*16*) war außerdem zum Abbau von Agresssion geeignet und zum „Erlangen" von Spenden bei den Stadtläufen. Beide Kooperationspartner, zum Beispiel in Tischtennis und Handball sowie mit der Arbeitsgemeinschaft für Geschichte und Landeskunde in Kenzingen e. V. profitieren voneinander und unterstützen Empathie. Die Grundschule an der Kleinen Elz in Kenzingen war z. B. die erste Bildungspartnerschaft, die mit einem Geschichtsverein kooperierte (in BaWü). Deshalb gestaltete sie schon öfter Jubiläum der AgGL oder deren Programm bei Pforte-Präsentationen mit.

Im **Sachunterricht** verschwisterte sich in Stunden wie Klassenrat das Fach mit Deutsch, wie es sich überhaupt hervorragend eignete, Begriffe aus dem Fach Religion wie z. B. die Suche auf der Weltkarte nach den Städten Jerusalem in Israel, Mekka in Saudi-Arabien u. a. zu klären. Europa wurde abgesucht nach den KZ Theresienstadt und Auschwitz.

Auch das Verständnis für „koscher" war aufwendig. Ausgehend von einem Tisch mit typisch heutigen Lebensmitteln wurde versucht, anhand der jüdischen Speisegesetze (auf Fachwörter wie Kaschrut wurde verzichtet), einige wichtige Regeln anzuwenden, z. B. Fisch und Milch nicht zusammen zu essen oder kein Schweine- und Wildfleisch. Milchprodukte von Ziege/Schaf/Rind fanden sie hochinteressant und berichteten, ob sie es in den Großmärkten gefunden hätten. Im Zusammenhang mit Fastenregeln wurden Parallelen zu Schlankheitskuren festgestellt. Die Symbole für koscher im Jüdischen, halal im Islam wurden heiß diskutiert und die Eltern befragt, ob sie solche Regeln kennen. Empfohlene Regeln für Buddhisten – vegetarisch und vegan oder dass Hindu kein Rindfleisch essen, weil die Kuh ein heiliges Tier ist, erklärte manches Essen von Klassenkameraden. Beim gemeinsamen Essen mit Eltern nach der „Erlangung" des Ernährungsführerscheines war die Krönung des Wiedererkennens einiger Speisen am „Buffet international"! Die Kinder waren erstaunt, dass es überall auf der Welt das Fasten vor Feiertagen gibt und stellten auch fest, wie schwierig es sein kann, z. B. in der Familie verschiedene Regeln beachten zu müssen, wenn die Eltern verschiedene Religionen haben.

Vom „Ghetto" kam man auf ehemalige Judenviertel in unserer Region, ein Kind kannte das bekannte Warschauer Ghetto, in Kippenheim erfuhr man vom Judengässle und Judenpfad der Händler. Die Kinder malten Flaggen aus und wollten Karteien herstellen.

In **Bildender Kunst** entstanden Wachsstrahlenbilder, als Vorstellung von Gotte mit den verschiedenen Namen auf der Welt und man erlebte das Licht einer Kerze als Symbol. Bei der Beschäftigung mit der Klassenlektüre drückten die Schüler ihre Gefühle wie Angst/Hoffnung/Kleine Freude/Sehnsucht/Liebe der Eltern/Schrecken sehr kreativ aus und die Kinder entwarfen auch Plakate für Frieden oder sahen ausgewählte Collagen von Künstlern an.

Herr Krais hatte wenige Fotos der zerstörten Synagoge nach der Kristallnacht und eines vom Verladen der Menschen in LKWs, die heute in einer Ausstellung in der ehemaligen Synagoge Kippenheim zu sehen sind.

Auch mit hebräischen Schriftzeichen wurde experimentiert, um Gott oder seinen eigenen Namen zu schreiben. Die Kinder konnten nachempfinden, was es für Künstler bedeutete, sein Werk nicht ausstellen zu dürfen. Völlig erstaunte, dass es heute noch viel Raubgut auf der Welt gibt und in vielen Haushalten Möbel, Bilder, Spiegel, Schmuck u. a. sich befinden, die Juden weggenommen wurden.

5.11 Impulse für Klassen 1/2 im Fächerkanon

Die folgenden aufgeführten Arbeitsmaterialien (Abb. 5.31, 5.32, 5.33, 5.34 und 5.35 und alle Bildanlagen unter Abschn. 5.15) bieten Orientierungshilfen für den Unterricht gemäß den von mir entwickelten Impulsen für Klasse 1 und 2 im Fächerkanon (Abb. 5.30, 5.31, 5.32, 5.33, 5.34 und 5.35).

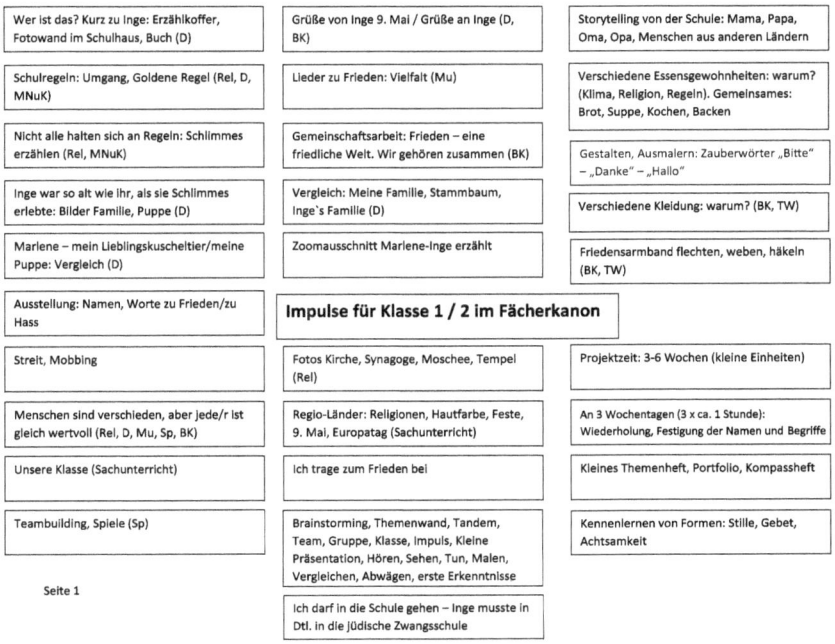

Abb. 5.30 Impulse für Klassen 1/2 im Fächerkanon. *(Quelle: Roswitha Weber)*

Abb. 5.31 Lehrerkarten Klasse 1, Regeln. (*Quelle: Schularchiv*)

Abb. 5.32 Regelkarte Klasse 2, Regeln. (*Quelle: Schularchiv*)

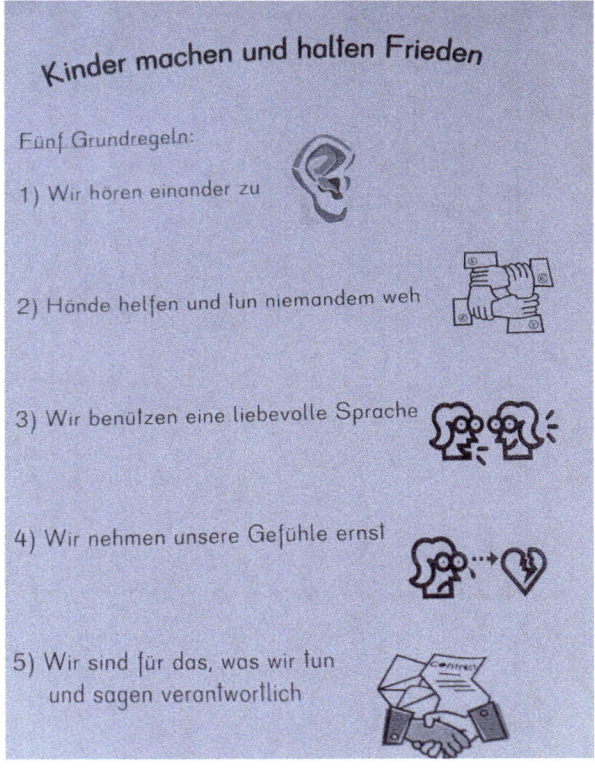

Abb. 5.33 Arbeitsblatt „Stempeln und ausmalen" Klasse 2, Regeln. (*Quelle: Schularchiv*)

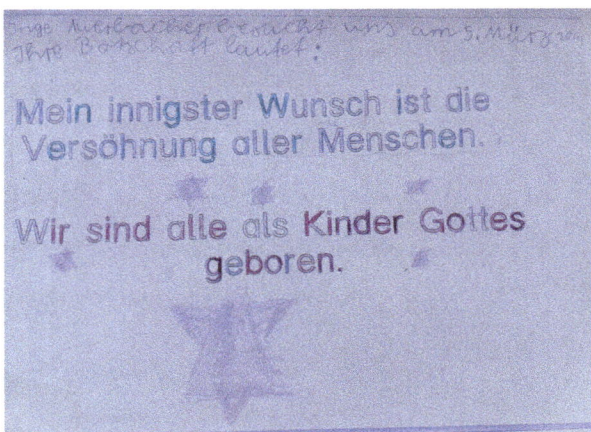

Abb. 5.34 Lehrerkarten Klasse 2, Regeln. (*Quelle: Schularchiv*)

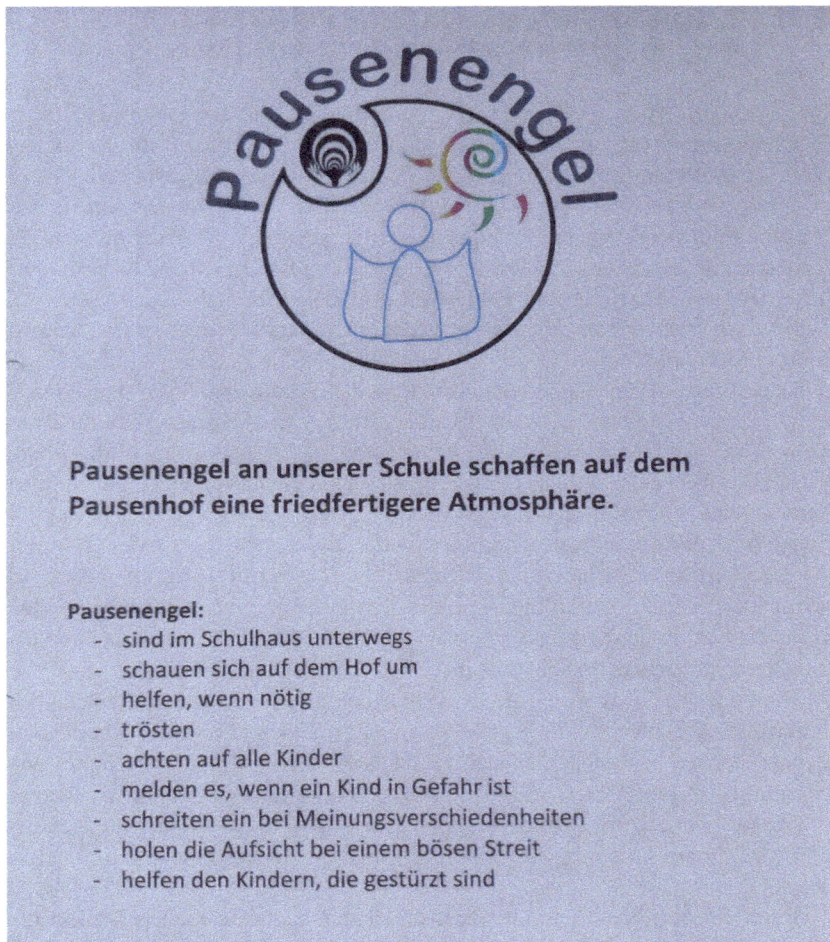

Abb. 5.35 Pausenengel, Regeln. (*Quelle: Gisela Kuschill, Jugendsozialarbeit (Alle Karten/ Regeln ca. 2003/2004)*)

5.12 Schule im Blickfeld von Gemeinde/Stadt/Region – Öffentlichkeitsarbeit und Presse

Im besten Fall ist die „Öffentlichkeit" zufrieden, eventuell sogar stolz auf seine Bildungseinrichtung Schule, hier Grundschule. Allzu oft laufen die Leistungen des Schulalltages innerhalb der immensen Unterrichts-Elternarbeit, außerschulischen Veranstaltungen, den Partnerschaften und Kooperationen, Koordination im Netzwerk, die Schulhausgestaltung, Feste, ein Tag der offenen Tür, Kontakte mit Verwaltung und Presse, Beilegung von Konflikten und die Daueraufgabe der Profilschärfung und Evaluation eher unbeachtet ab. „Man" setzt sich nicht wirklich mit der anspruchsvollen Arbeit der Lehrkräfte auseinander, aber sofort bei Konflikten.

Dabei muss die pädagogische Arbeit an der Scharnierstelle unserer Gesellschaft, wenn Wissen und Können erworben werden, erste Begegnungen mit Achtsamkeit/Respekt/Friede stattfinden, heute unbedingt erklärt werden und immer wieder die Wertschätzung, die Bedeutung dieser Arbeit vor Augen geführt werden. Dies sind in meinem Ansatz Basis-Voraussetzungen. Die oben genannten Begriffe finden sich im dafür entwickelten Flyer wieder. Es ist unabdingbar, dass zum Beispiel die Verwaltung, Bürgermeister, Stadtrat etc. die Arbeit würdigen und die Anerkennung zeigen. Andererseits – und das gilt für das ganze Netzwerk in der Stadt als auch in der Region kann nur mit viel Öffentlichkeitsarbeit die Schule ihre Leistung, ihr Profil zeigen und bewusst machen (Abb. 5.36 und 5.37).

Die Presse ist ein Medium, dieses Profil bei besonderen Anlässen wie Schulfest, Ehrungen, Abschlüssen, Projekten zusammenzufassen. Einzelne, Elternbeirat, Partner können es kommunizieren. Die Schule selbst zeigt in der Schulhausgestaltung, Organigramm, Publikationen, Homepage, Präsentationen, Partnerprojekten ihren Stempel und Anwesenheit im Stadtbild. Bei Veranstaltungen und z. B. bei Sonderaktionen ist unbedingt eine Pressemappe und -gespräch zu empfehlen.

Ein Lehrerteam und natürlich die Fachschaften selbst wären ein Dreamteam, um die Ausstrahlung pädagogischer Arbeit zu gewährleisten, wenn nicht der große Lehrermangel herrschte und zumal, wenn Krankheitsausfälle stattfinden und man als Rektorin keine Vertretung bekommt.

Egal ob man in diesem Buch kurz darüber liest, weil man bestimmte Thementeile sucht, oder ausführlichst – wird man an vielen Stellen Erfahrungen und Überlegungen finden, wo Öffentlichkeitsarbeit vorausgesetzt wird, weil der Dialog von Schule nach außen sein muss. Das schwierige Ziel, der Mensch habe Empathie, könne als Kind lernen, „reif" zu werden im Sinne von mündig sein für Demokra-

5 Erinnerungskultur – Shoah in der Grundschule

Abb. 5.36 und 5.37 Presse- und Medienbereich mit Journalisten der Region und überregional (Bild links) und Schul-Kamerateam für Schulfilm-Aufnahmen von Bodo Alaze (Bild rechts) beim Inge Auerbacher Tag 2015 an der Grundschule an der Kleinen Elz Kenzingen. *(Bildquelle: Bianca Weber-Lewerenz)*

tie – muss in die Breite der Gesellschaft wirken. Nur so kann sowohl im Haus des Lernens, der Schule etwas herauswachsen und ausstrahlen, was uns als Gesellschaft hilft, wieder mehr miteinander zu sprechen, zu denken, leben. Füreinander Verantwortung zu tragen. Und über ein Thema wie Holocaust nachdenken können (Abb. 5.38 und 5.39). Vielfalt zuzulassen.

Und wie in der FAZ-Jubiläumsausgabe vom 08.11.2024 Renate Köcher (*17*) sagt, muss das „Nachdenken und die Geduld trainiert werden" und man muss als Pädagoge wissen – „regionale Information" läuft noch in hohem Maße über „print" ab. Informationen über Weltgeschehen möchten die meisten Menschen jederzeit – beim Joggen oder Einkauf auf dem Smartphone dabeihaben.

Förderverein und Kooperationspartner unterstützen die Öffentlichkeitsarbeit in Posts auf Facebook und Instragram. Und die örtlich-regionale Presse braucht das Gespräch. Und die Zeit zum Nachdenken und gewichten.

Abb. 5.38 Bericht Badische Zeitung, 28. Februar 2015. (*Quelle: BZ-Beitrag „Die Geschichte wird durch Zeitzeugen lebendig" von Illona Hüge, 28.02.2015*)

5 Erinnerungskultur – Shoah in der Grundschule

Abb. 5.39 Bericht Badische Zeitung, 06. März 2015. (*Quelle: BZ-Beitrag „Werben für Toleranz und Miteinander" von Illona Hüge, 06.03.2015*)

5.13 Zeitzeugen- und Erinnerungsarbeit an der GHSE UNESCO Projektschule mit der jüdischen Zeitzeugin Inge Auerbacher: Interview, Dokumentation, Filmarbeit, ZOOM Live-Stream

Benjamin Kleinstück

Dem gesamten Team der Projektgruppe an der GHSE UNESCO Projektschule gebührt höchste Anerkennung: Ihr habt das ZOOM – Interview mit der jüdischen Zeitzeugin Inge Auerbacher und Schülern aus regionalen Schulen, als Live Stream Event am 03. Februar 2022 an der Grundschule an der Kleinen Elz organisiert und mit hoher Zuschauerbeteiligung aus Nah und Fern umgesetzt. Mehr als 12 Klassen und viele interessierte Schüler*innen, Lehrer*innen und Eltern haben teilgenommen.

Die dabei entstandene erstmalige Kooperation der GHSE UNESCO Projektschule (Gewerbliche und Hauswirtschaftlich-sozialpflegerische Schulen in Emmendingen), der Grundschule Kenzingen an der Kleinen Elz und dem Gymnasium Kenzingen kann als Modellprojekt betrachtet werden.

Dieses hervorragende Projekt ist darüber hinaus eines der Ergebnisse aus dem Multiplikatorentreffen am 02. Februar 2022 mit dem Ziel der Förderung nachhaltiger Zeitzeugen- und Erinnerungsarbeit. Die Initiative ist Teil der Zeitzeugen- und Erinnerungsarbeit im Zusammenhang mit Inge Auerbacher's Holocaust-Gedenkrede in 2022 im Deutschen Bundestag.

Projektgruppe Zeitzeugeninterview der SMV/UNESCO der GHSE Emmendingen
Wege zukunftsbezogener Erinnerungsarbeit

Benjamin Kleinstück

1. *Vorgeschichte Projekt Zeitzeugeninterview*

Im Januar 2021 bekamen zehn SchülerInnen und Schüler der Gewerblichen-, Hauswirtschaftlichen- und Sozialpflegerischen Schulen Emmendingen die Gelegenheit, die Holocaustüberlebende Inge Auerbacher zu interviewen. Frau Auerbacher befand sich auf einer Deutschlandreise in ihre ehemalige Heimat. Sie hielt bei Gedenkstunde des Deutschen Bundestages für die Opfer des Nationalsozialismus ihre vielbeachtete Rede „Die Krankheit des Judenhasses muss geheilt werden" vor dem Deutschen Bundestag.

Eine ihrer weiteren Stationen war Kenzingen. Frau Auerbacher ist seit mehreren Jahrzehnten mit der Grundschule verbunden. Auf Initiative von Frau Roswitha Weber erzählt sie regelmäßig am Inge- Auerbacher- Tag den vierten Klassen aus ihrem Leben und steht den Kindern Rede und Antwort.

2. *Go live unseres Projekts „Zeitzeugeninterview"*

In diesem Jahr wurde von Frau Weber ein Multiplikatoren Netzwerktreffen veranstaltet. Hier wurden im Austausch mit vielen Akteuren darüber beraten, wie Erinnerungskultur zukunftsfähig werden kann. Als eine der deutschen UNESCO Schulen wurden wir zu dieser Veranstaltung eingeladen. An diesem Treffen haben Jonas Baumgärtner, Schüler der SG 13 und Gesamtschülersprecher und Benjamin

Kleinstück, StR., Verbindungslehrer SMV, teilgenommen. Die SMV hatte gemeinsam mit Frau Weber ein Projekt entwickelt. In Zusammenarbeit mit dem Gymnasium Kenzingen und der Grundschule an der Kleinen Elz, Kenzingen wurde Frau Auerbacher von den 4. Klassen der Grundschule befragt und von der Eine-Welt-AG des Gymnasiums Kenzingen interviewt. Die UNESCO-Projektgruppe der GHSE interviewte ebenfalls Frau Auerbacher. Jede der drei Gruppen hatte eigene Fragen, die verschiedene Ebenen des Erinnerns berührten. Von der kindlichen Neugier der Grundschülerinnen über klassische Erinnerungsfragen der Gymnasiasten bis hin zu Fragen zu aktuellen Themenkomplexen der Schülerinnen und Schüler der GHSE. Interessant war, dass bereits eine unserer Schülerinnen Inge als Viertklässlerin kennengelernt hatte. Außerdem konnte die Projektgruppe der GHSE Karen Jungblut von der Shoa Foundation für ein Interview gewinnen. Als beruflich orientierte Schule mit technischen Berufsschulen und technischem Gymnasium lag hier der Schwerpunkt auf der beruflichen Ebene des Erinnerns. Frau Jungblut gab Einblicke in ihre Arbeit und die technischen Möglichkeiten und Visionen. Neben der erstmaligen Zusammenarbeit zwischen drei sehr unterschiedlichen Schularten und Altersgruppen lag ein Schwerpunkt auf der Projektidee, die Interviews einem wesentlich größeren Publikum live zur Verfügung zu stellen (Abb. 5.40 und 5.41). Hierfür wurden, unter hohem technischem Aufwand, vier Stunden Interview in die Klassenzimmer der GHSE Emmendingen live gestreamt. Insgesamt 14 Klassen, etliche interessierte Schülerinnen und Schüler in Quarantäne und einzelne Lehrpersonen konnten so den Interviews folgen. Insgesamt waren bis zu 350 Personen online.

Gleichzeitig wurde das gesamte Interview gefilmt. Diese Aufnahmen wurden allen Beteiligten übergeben. Den Schulen dient das Material dem Einsatz im Unterricht. Die Resonanz auf das Projekt war überwältigend. Die Schülerinnen und Schüler der GHSE wurden aus den Reihen um Frau Auerbacher ermutigt, weiter an der Projektart zu arbeiten. Frau Auerbacher selbst lud die Schülerinnen und Schüler zu sich nach New York ein.

3. What's next? Ein neues Projekt wird geboren

Im Nachgang an das Zeitzeugeninterview im Februar 2021 entwickelte die Projektgruppe die Vision einer langzeitigen erinnerungskulturellen Arbeit, die eine Reise in die USA zu Inge Auerbacher, einen möglichen Dokumentarfilm und Podcast beinhalten sollte. Unterstützung für dieses Projekt wurde bereits von Roswitha Weber, Arbeitskreis für Geschichte in Kenzingen, Karen Jungblut, Shoa Foundation und Hansjörg Deng, Auswärtiges Amt der Bundesrepublik Deutschland, zugesichert.

Abb. 5.40 Inge im Zoom Gespräch, Februar 2022, Grundschule an der Kleinen Elz Kenzingen. *(Bildquelle: GHSE Emmendingen)*

Das Projekt lässt sich kurz beschreiben: Mit einer Dauer von 14 Tagen, mit den Teilnehmern der Projektgruppe Zeitzeugeninterview, Roswitha und Klaus Weber, Filmteam aus Filmstudenten (geschätzte Teilnehmerzahl: 20–25 Personen), der wissenschaftlichen Beratung von Dr. Johannes Klotz, Dozent für Geschichte, Roswitha und Klaus Weber, Arbeitsgemeinschaft für Geschichte in Kenzingen, der politischen Beratung von Sandra Schrank und Nadja Harm, Respect Coaches des Landkreis Emmendingen liese sich dieses Projekt realisieren.

Der Projektinhalt wäre wie folgt: Im Rahmen einer Studienreise soll gemeinsam mit Frau Auerbacher, Frau Jungblut von der Shoa Foundation und anderen Partnern nach Wegen gesucht werden, die Erinnerung der Zeitzeugen in die Zukunft zu überführen. Schule ist traditionell der Ort, an dem regelmäßig gemeinsam mit Zeitzeugen die Erinnerung an die Verbrechen Nazideutschlands erinnert wurde und nach wie vor erinnert wird. Dabei greift der Unterricht auf bekannte und erprobte Formen der Wissensvermittlung zurück. Didaktisch aufbereitet und langjährig erprobt sind Zeitzeugengespräche fester Bestandteil der Unterrichtskultur in Deutschland. Dabei ist absehbar, dass die für Schülerinnen und Schüler diese eindrückliche Form des Erinnerns gemeinsam mit Zeitzeuginnen in naher Zukunft so nicht mehr erleben können. Will man der historischen und gesellschaftlichen Aufgabe gerecht

5 Erinnerungskultur – Shoah in der Grundschule

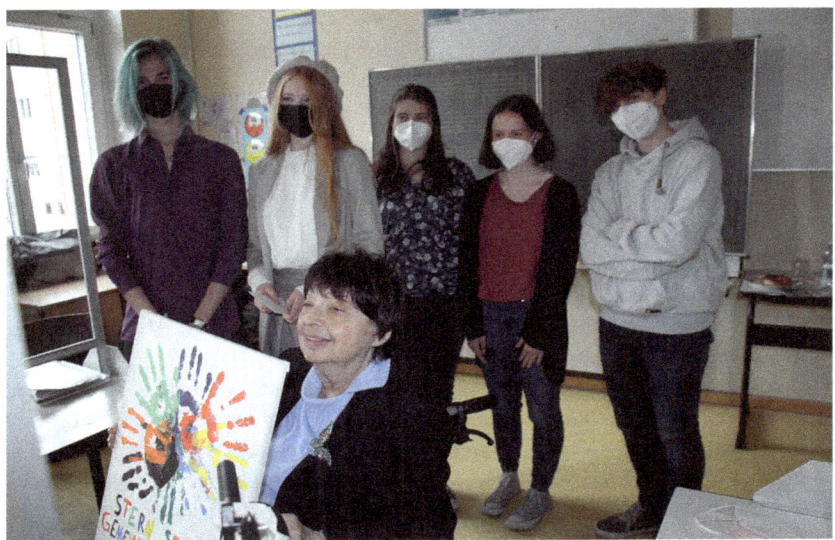

Abb. 5.41 Inge mit SchülerInnen der Projektgruppe Zeitzeugeninterview der SMV/ UNESCO der GHSE Emmendingen nach dem Zoom Gespräch, Februar 2022, Grundschule an der Kleinen Elz Kenzingen. *(Bildquelle: GHSE Emmendingen)*

werden, dieses Thema weiterhin lebendig und interessant zu vermitteln, müssen neue Formen der Erinnerungsvermittlung gefunden und neue Wege beschritten werden. Zukunftsfähige Technik spielt hierbei eine wesentliche Rolle. Künstliche Intelligenz wird dabei einen maßgeblichen Anteil haben. Auch neue Formen und Formate der Wissensvermittlung müssen erprobt und ausgearbeitet werden. Schule als Lernort bietet sich hierzu an. Kreativität, Aufgeschlossenheit, wissenschaftliches Arbeiten und die Erfahrung im Umgang mit historischen Fragestellungen erlauben es Zukunft zu denken und dabei die Vergangenheit als zentrales Thema zu behandeln.

Folgende Projektteile schenken Struktur:

Inge Auerbacher
Mit Inge Auerbacher soll ein weiteres Interview geführt werden. Gemeinsame Unternehmungen sind in Planung. Besuch des Holocaust Museums in Washington, Besuch der UNO, Besuch der Deutschen Botschaft, Besuch und Austausch mit amerikanischen Politikern und gemeinsamer Austausch mit amerikanischen Jugendlichen unter dem Aspekt des gemeinsamen Erinnerns, gemeinsamer Austausch mit Karen Jungblut, Shoa Foundation.

Podcast
Bereits in der Frühphase der Planung wird ein von der Projektgruppe professionell erstellter Podcast ausgestrahlt werden. In ihm sollen alle Themen behandelt werden, die bei Planung, Durchführung und Nachbereitung des Projekts begegnen. Bereits angedachte Themen:

- Inge Auerbacher
- Holocaust
- Erinnerungskultur „Mein Opa …, meine Oma …".
- Erinnerungsarbeit mit Grundschulklassen
- Antisemitismus in seinen aktuellen Formen, u. a. antisemitische Verschwörungstheorien der Querdenker*innenszene,
- Antisemitismus in der Politik, den Vergleich von Antisemitismus aus der lokalen Gegend mit der nationalen, internationalen und globalen Ebene, zum Antisemitismus vergleichende, „moderne" Genozide und den Wandel von Antisemitismus mit dem Laufe der Zeit, in Bezug auf die Strukturen dahinter, die Gewaltformen und Umsetzung eingehen und verschiedene Formen der Erinnerungskultur, mit ihren Problematiken, wie beispielsweise das bloße Nacherzählen von den Ahnen, deren Geschichten sich häufig statistisch nicht mit belegbaren Zahlen decken. Außerdem ist ein Vergleich der deutschen und US-amerikanischen Erinnerungskultur in den genannten Thematiken.

Mit den amerikanischen Jugendlichen soll sich darüber hinaus ausgetauscht werden.

- Straßenumfragen in den USA
- Reiseplanung/Ideen
- Wer unterstützt uns
- Durchführung der Reise, Höhepunkte der Reise.

Podcasts sind das moderne Medium der Wissensvermittlung und bereits jetzt nicht mehr aus dem unterrichtlichen und individuellen Lernen wegzudenken. Die Reichweite und der Einsatz eines solchen Formats sind groß und nicht auf eine spezielle Zielgruppe limitiert. Ein nicht unerheblicher Teil der benötigten Gelder fließt in die mediale Ausstattung. Benötigt werden die Ausrüstung zur Podcast-Erstellung, sowie Laptops und Arbeitsmittel für die Schülerinnen und Schüler der Projektgruppe, sowie der betreuenden Lehrerpersonen. Dies gewährleistet professionelles Arbeiten in den Bereichen Journalismus und wissenschaftlichem Arbeiten. Gleichzeitig sollen Inhalte auf Instagram veröffentlicht werden.

Filmprojekt Dokumentation

Mit ehemaligen Schülerinnen und Schülern der Schule, die beruflich im Bereich Film arbeiten, soll dass Projekt dokumentiert werden. Der Dokumentarfilm soll die wesentlichen inhaltlichen Aussagen und Erkenntnisse unserer Arbeit filmisch darstellen, eventuell auch eine Art bildliche Begleitung unserer Reise sein. Eine weitere Idee ist, thematisch eine Art chronologische Zeitreise der Erinnerungskultur darzustellen, also auf den Holocaust und das NS-Regime an sich eingehen, verschiedene Formen, Ideen und Problematiken der vergangenen und aktuellen Erinnerungskultur aufzuzeigen und schlussendlich einen möglichen Blick in Richtung zukünftige Erinnerungskultur zu geben.

Schülerinnenbegegnung/möglicher Austausch

Der Wunsch der Projektgruppe ist es, sich mit Jugendlichen in den USA auszutauschen. Von großem Interesse ist dabei, welche Rolle der Holocaust in der Lebenswelt der amerikanischen Jugendlichen spielt und welche Formen von Erinnerung dort existieren. Außerdem soll gemeinsam diskutiert und überlegt werden, wie Erinnern in Zukunft gestaltet werden kann. Dazu wird sich die Projektgruppe ein geeignetes College suchen und Verbindung aufnehmen.

Finanzierung

Technische Ausstattung, die Reise und alle damit verbundenen Kosten müssen über Förderung finanziert werden. Die Kosten haben wir bereits mit einer Gesamtsumme berechnet. Die Vorfinanzierung wird bei Förderzusagen vom Förderverein der GHSE übernommen. Alle Förderanträge werden gemeinsam mit der Projektgruppe gestellt. Die endgültige Ausarbeitung des Projekts erfolgt bei sicherer Finanzierung und sicherem Reisezeitraum.

5.14 Literatur- und Referenzangaben zu den Einzelkapiteln

Kap. 6

1a Caterina Quintini
Holocaust Education in der Grundschule, Historisch-politisches Lernen im sozialwissenschaftlichen Sachunterricht, Verlag Barbara Budrich, Opladen-Berlin-Toronto, 2024, Hrsg. Apl. Prof. Dr. Hans-Peter Burth/Prof. Dr. Volker Reinhardt, Bd. 4, Freiburger Studien zur Politdidaktik, 1. Auflage.

1b Ein Zeitzeuge hat ein Geschehen unmittelbar miterlebt oder mitbekommen. Ein Zweitzeuge erzählt darüber, weil er den oder die ZeugIn kennt oder das Geschehen z. B. durch Funk/Fernsehen kennt.

Abschn. 6.2

1. Wikipedia/Reggio-Pädagogik: Pädagogisches Konzept und Praxis der kommunalen Kindertagesstätten in der italienischen Stadt Reggio nell'Emilia: Mit den Stärken der Kinder arbeiten.
2. Bildungsplan BW 2004 wurde 2016 weiterentwickelt; 2024/2025 verpflichtend. Bildungspläne Baden-Württemberg (Ba-Wü), Ministerium für Kultus, Jugend und Sport Ba-Wü, ZSL (Zentrum für Schulqualität und Lehrerbildung Ba-Wü, 2016).
3. Jürgen Baumert, Einführung in die Bildungspläne Ba-Wü (dto Pkt 3), Bildungsplan 2004, S. 109 ff, 2002.

Abschn. 6.3

4. Vgl. Wehling, 1977, S. 179 ff. Beutelsbacher Konsens: 1. Überwältigungsverbot (besagt, Schülermeinung nicht zu manipulieren).
5. Systemische Gesellschaft.de: Systemischer Ansatz: Bestimmte Art, den Mensch als Teil seines sozialen Umfeldes zu sehen, das ihn beeinflusst. Das ist bei Organisation bzw. Therapie zu berücksichtigen.

Abschn. 6.6

6. Robert Krais, (1941–2023), vgl. widenthecircle.org Wegbereiter der Erinnerungsarbeit im DIA/Deutsch Israelischer Arbeitskreis Südlicher Oberrhein.

Abschn. 6.6.1

7. Siehe Abschn. 5.4 Schulschiff/Kompassheft – Idee Julia Brandts: Logo/Heft für soziales Miteinander mit Regeln, wichtigen Tagen, Geschichten, Wortgottesdiensten von Klasse 1–4. Entwicklung vieler Strategien für Zusammenarbeit, Symbole, Arbeitsblätter: Anne Oettlin, Dorothe Moldenhauer, Christine Wangler, 2004–2006.
8. Inge Auerbacher: 22 Gedichte zu „Ich bin ein Stern", 2015, Hartmut-Gorre-Verlag
9. Prof. Dr. Hartmut von Hentig: Einführung in den Bildungsplan 2004 im Auftrag des Bildungsrates Ba-Wü, in: Bildungsplan 2004 – Grundschule, S. 9 ff.

Abschn. 6.9

10 Dr. Annette Shavan, Vorwort zum Bildungsplan 2004, S. 5 dto.
11 Dr. Jutta Nowak, Bild. Standarts Klassen 2/4, in: IRP-Institut für Religionspädagogik Freiburg, 2004, S. 2, 3.
12 Siehe in: Arbeitsgemeinschaft für Geschichte und Landeskunde in Kenzingen e. V., www.aggl-kenzingen.org Die Pforte 2017/2018, S. 8 ff.
13 Pfr. Hanns-Heinrich Schneider, in: Grußwort in der Festschrift der evangelischen Kirchengemeinde Kenzingen, 2009, S. 4.
14 Dr. Jutta Novak, Dr. S. Pemsel-Maier/Regierungspräsidium Freiburg, Lernimpulse RU Klasse ¾: Gemeinsamkeit stärken – Besonderheiten verstehen, katholisch-evangelische, S. 1.

Abschn. 6.10

15 Roswitha Weber: Brücken zu Nachbarn – Gedanken zum Fach Französisch im Grundschulalter, in: Die Pforte 2022–2024, S. 333 ff.
16 Die „bewegte Schule" heisst, dass Wert auf Ausgleich zwischen ruhigen Unterrichtsformen bzw. Formen, die dem kindgemäßen Bewegungsdrang entsprechen, gelegt wird. Also Pausen für Gymnastik, Lauf-Aufträge, wenn möglich bei Lehrermangel die Sportstunden nicht als erstes entfallen lassen. Aber auch Sitzballons und -kissen, Spielgeräte für den Schulhof u. a.
17 Renate Köcher, Prof. Dr., Geschäftsführerin des Instituts für Demoskopie Allensbach, in: FAZ-Jubiläumsausgabe vom 08.11.2024, Nr. 261, S. 3 Geduld muss trainiert werden. Aus der gekürzten Rede der Festansprache/Empfang der Stadt Frankfurt zum 75. Geburtstag der FAZ.

5.15 Anhang

5.15.1 Fach Religion

Noch mehr Impulse (Abb. 5.42, 5.43, 5.44, 5.45 und 5.46):

- Googeln „Essen im Orient"
- Interreligiöses Kochbuch für Kinder als Kalender der jeweilgen Schule
- Interreligiöses Fest-Jahr für GrundschülerInnen/Kalender

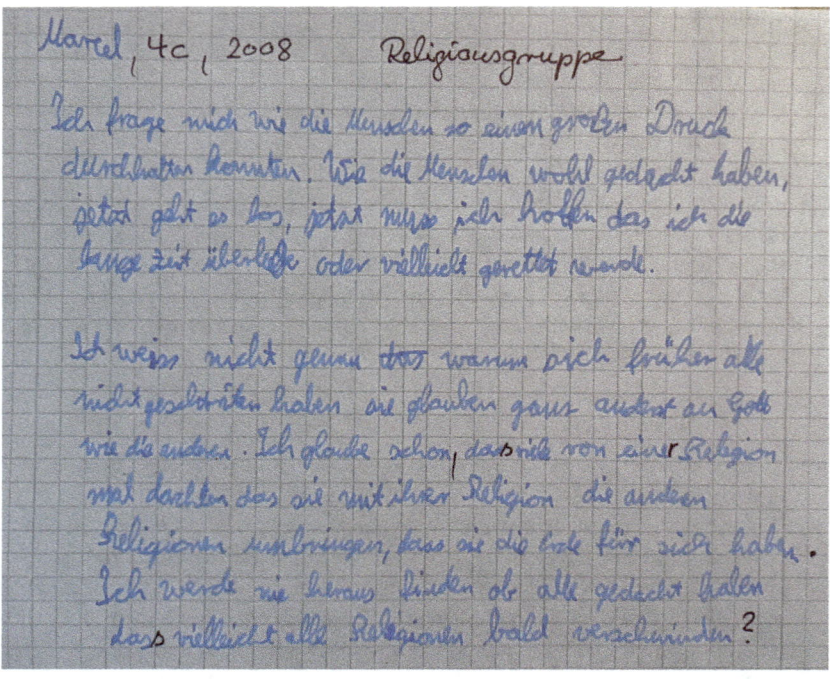

Abb. 5.42 Beispiele einer Schülerarbeit im fachübergreifenden Kooperationsprojekt Religion. *(Quelle: Roswitha Weber)*

- Archiv/Recherchearbeit. Es gibt genug Gemeinden/Städte, wo jüdische Einzelschicksale unaufgearbeitet sind. Einfache Aufgaben für „Forscher in meiner Stadt"
- So leben Kinder der Welt: In Israel oder als Jude/Jüdin, als ChristIn, als Muslim/a, Hindu etc.

Vorspann zu den folgenden Abb. 5.47, 5.48, 5.49, 5.50, 5.51 und 5.52:

Mit den sogenannten „Eglifiguren" lassen sich viele Geschichten, Situationen des täglichen Lebens, Gemeinsamkeiten, Osterwege, Weihnachten, Feste der Religionen u. a. anschaulich den Kindern darstellen.

Ebenso sind die Figuren für den „Raum der Stille" geeignet, für Meditationen, Lebenswege von Abraham, Mohammed u. a. Roswitha's Kollegin Julia Brandts ist kreative Herstellerin und Inspiration für Anwendung!

Abb. 5.43 Backen mit Rezeptanleitung eines „Bibelkuchens" im fachübergreifenden Kooperationsprojekt Religion. *(Quelle: Roswitha Weber)*

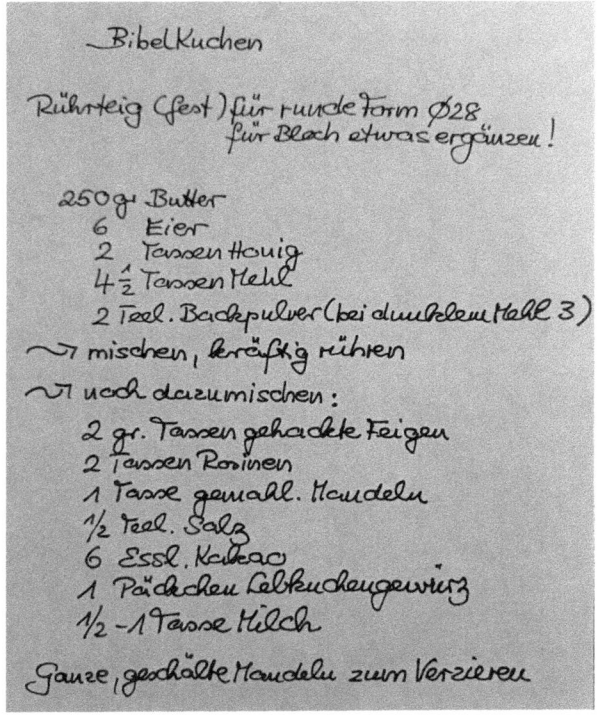

	Thema	Ausstellungs- bzw. Infomaterial	Aktion	Material	Betreuung	Zimmer
	Projekt: Leben und Religion zur Zeit Jesu (Klasse 4) **Donnerstag 28.2.2008 von 13.30- 17.00 Uhr** Gemeinsamer Einstieg: Dias und Infos zum Land Israel (Zi.1040)					
1	Bäume und Tiere	Stellwände mit Infos	AB Bäume AB Tiere	Stellwand, Bilder und Texte (Kamel, Schaf, Ziege, Esel, Rind), Reißnägel, Früchte (Datteln, Feigen, Rosinen, Granatapfel) Tische (Doro)	1	1
2	Land	Landkarte (Magnet)	AB Landkarte ausfüllen	Landkarten – Puzzle (8 Teile) (Anne) Beschriftungskarten (Doro) Lösungsblatt (Doro)	1	2
3	Haus	Einraumhaus	AB Einraumhaus ausfüllen	Plakat: Einraumhaus (Doro) Beschriftungskärtchen (Doro)	1	Anita
4	Beruf	Egli in Vitrine	Weben (Schulwebrahmen) Netz knüpfen Töpfern Korb flechten	Egli Figuren + Zubehör (Julia + Doro)	Julia +1	6
5	Küche	–	Fladenbrot backen Avocadocreme Rezept als Lückentext	9 Tabletts 9 Schüsseln Rezept Fladenbrot (Doro) Rezept Avocadocreme (Anne)	2	Küche und Flur
6	Religion	Lebensgroßer frommer Jude	Gebetsschal basteln und ins Heft einkleben	Stoff (24x10) x Anzahl Kinder Blaue Stifte Kleber	Doro	4
7	Religiöse Gegenstände	Stellwand mit Infos Tisch mit Gegenständen	Mesusa basteln	Stellwand + Bilder (Doro) Tora, Mesusa, Gebetsschal, Gebetsriemen, Kippa, Torazeiger (Anne) Streichholzschachteln Gold- Buntpapier Kleber	Anne	3
8	Synagoge	Synagogen-Modell	AB rel. Gegenstände und Synagoge ausfüllen	Synagogenmodell, Kippa, Menora (Doro)	Roswitha	Andrea
9	Spielstation		Puzzle Fragekarten Hebräisch schreiben	Puzzle über das Leben (Anne) Fragekarten zum Projekt (Doro) Schablonen heb. Buchstaben (Anne)	1	Cornelia

Gemeinsamer Abschluss im unteren Flur: Essen und gemeinsames Singen

Verschiedenes:
- Frau Berger informieren (Roswitha)
- Wollbänder richten Gruppenbildung – 9 Farben (Roswitha)
- lauten Gong besorgen (Alle nach was geeignetem schauen!!!)
- Arbeitsheft zusammenstellen (Doro)

Abb. 5.44 Projekt „Leben und Religion zur Zeit Jesu in Klasse 4" im fachübergreifenden Kooperationsprojekt Religion. *(Quelle: Roswitha Weber)*

Bildunterschrift/ Rückseite Pforte 2011-03-13

„Das Band des Glaubens verbindet uns - "
Die Schüler der Klassen 4abc am 15.07.2010 mit ihren ReligionslehrerInnen auf Spurensuche vor Ort in der Spitalkapelle bzw Evangelischen Kirche (ehem. Franziskanerkirche). Dies war der Schluss des mehrwöchigen ökumenischen Religionsprojektes der Grundschule Kenzingen im Rahmen des Themas „So kam der Glaube zu uns ."

Abb. 5.45 Projekt „Spurensuche vor Ort" im fachübergreifenden Kooperationsprojekt Religion. *(Quelle: Bodo Alaze, 2012)* Evangelische Ökumene-Kirche. (Teil der ehemaligen Kirche des ehemaligen Franziskanerklosters, heute AWO-Senioren-Pflegeheim)

Abb. 5.46 Projekt „Judentum" mit „Wie schreibe ich meinen Namen in Hebräisch?" im fachübergreifenden Kooperationsprojekt Religion. *(Quelle: Schularchiv)*

5 Erinnerungskultur – Shoah in der Grundschule

Abb. 5.47 Wie überall, als Menschen noch nicht lesen und schreiben konnten, wurden Geschichte und Geschichten am Feuer erzählt und weitergegeben. *(Quelle: Julia Brandts)*

Abb. 5.48 Töpfern, ein alter Beruf, egal in welchem Land und mit welcher Religion. Traditionelle Handwerkskunst! *(Quelle: Julia Brandts)*

Abb. 5.49 Baumaterial – früher und heute. *(Quelle: Julia Brandts)*

Abb. 5.50 Erste Schriften: Lehren und Lernen. *(Quelle: Julia Brandts)*

5 Erinnerungskultur – Shoah in der Grundschule

Abb. 5.51 Familie, teilen. *(Quelle: Julia Brandts)*

Abb. 5.52 Reisen. *(Quelle: Julia Brandts)*

5.15.2 Fach Deutsch

5.15.2.1 Ein Beispiel zum Projekterfolg: „Wunderkind"-Schülerin

Eine polnische Schülerin, die bei Ankunft über keine Deutschkenntnisse verfügte, verfasste einen Aufsatz zu Inge Auerbacher (Abb. 5.53). Dies belegt den Erfolg in Klasse 4, wie Kinder erreicht und Verständnis geweckt werden kann, um sich in deutscher Sprache und kompetent auszudrücken. Eine „Wunderkind-Schülerin".

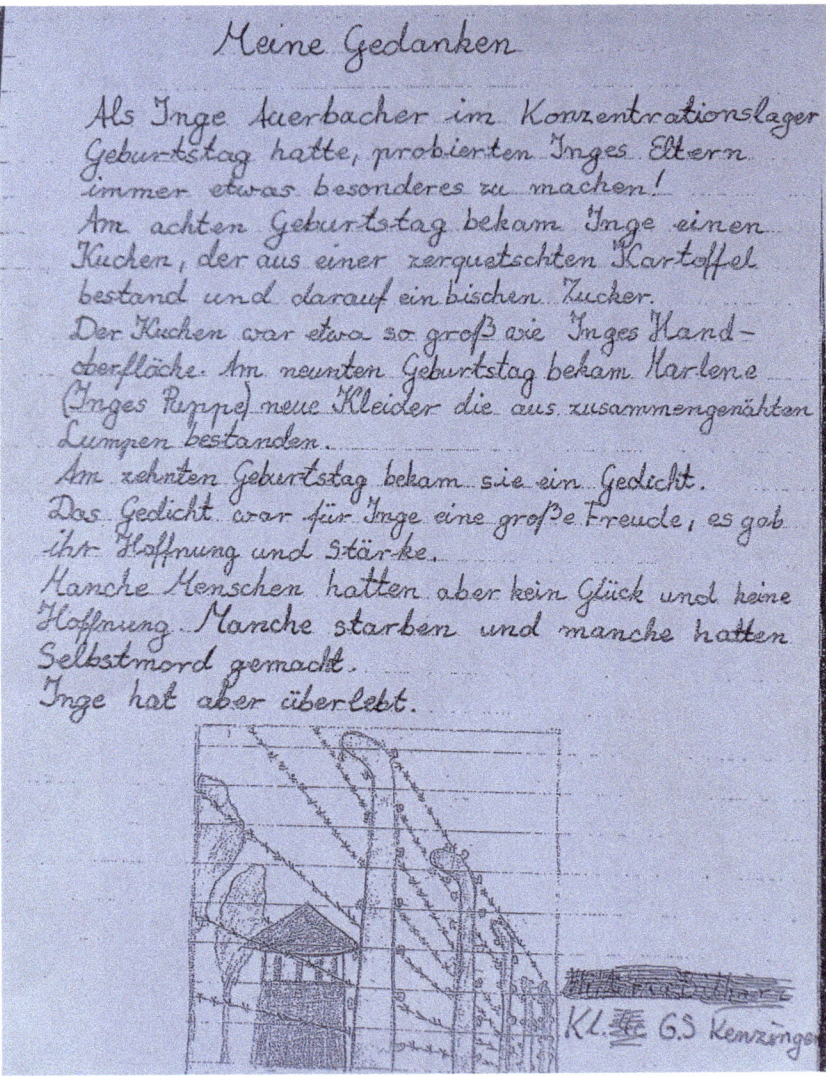

Abb. 5.53 Aufsatz zu Inge Auerbacher. (*Quelle: Schularchiv, Schülerin Klasse 4*)

5.15.2.2 Inge Auerbacher's erste Deutsch-Stunde an einer Grundschule, 1998 (Abb. 5.54, 5.55, 5.56–5.59, 5.60, 5.61, 5.62, 5.63 und 5.64, 5.65, 5.66 und 5.67, 5.68, 5.69 und 5.70, 5.71–5.73, 5.74, 5.75–5.78, 5.79 und 5.80)

Abb. 5.54 Inge Auerbacher's erste Deutsch-Stunde an einer Grundschule. Anmerkung: Inge mußte als Kind die jüdische Zwangsschule besuchen. 1998 war die erste normale Deutsch-Stunde in Inge's Leben. *(Quelle: Roswitha Weber)*

Abb. 5.55 Sichtung von Schülerarbeiten nach der Deutschstunde, 1998, v. li.n.re.: Robert Krais, Inge Auerbacher, Roswitha Weber. *(Quelle: Roswitha Weber)*

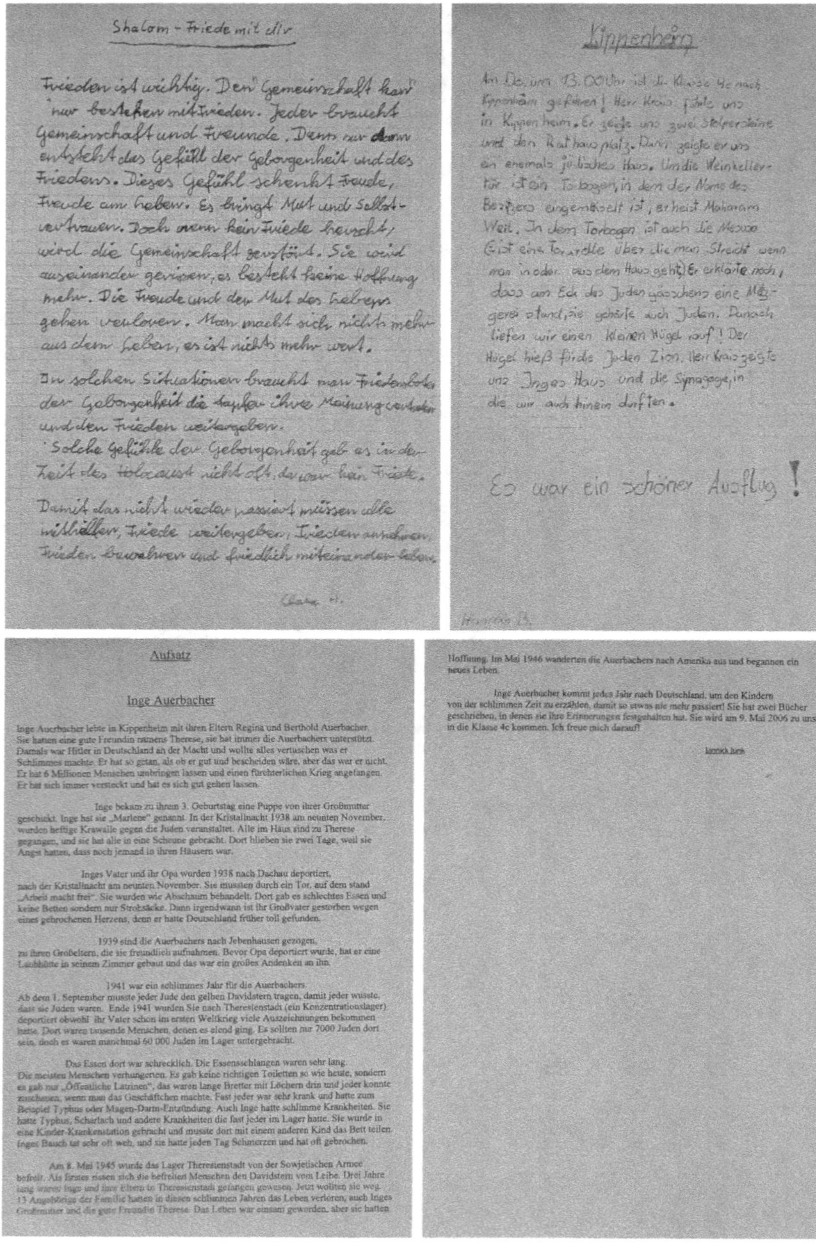

Shalom – Friede mit dir

Frieden ist wichtig. Den Gemeinschaft kann nur bestehen mit Frieden. Jeder braucht Gemeinschaft und Freunde. Denn nur dann entsteht das Gefühl der Geborgenheit und des Friedens. Dieses Gefühl schenkt Freude, Freude am Leben. Es bringt Mut und Selbstvertrauen. Doch wenn kein Friede herrscht, wird die Gemeinschaft zerstört. Sie wird auseinander gerissen, es besteht keine Hoffnung mehr. Die Freude und der Mut des Lebens gehen verloren. Man macht sich nichts mehr aus dem Leben, es ist nichts mehr wert.

In solchen Situationen braucht man Friedensboten der Geborgenheit die tapfer ihre Meinung vertreten und den Frieden weitergeben.

Solche Gefühle der Geborgenheit gab es in der Zeit des Holocaust nicht oft, da war kein Friede.

Damit das nicht wieder passiert müssen alle mithelfen, Friede weitergeben, Frieden annehmen, Frieden bewahren und friedlich miteinander leben.

Clara H.

Kippenheim

Am Di. um 13.00 Uhr ist die Klasse 4c nach Kippenheim gefahren! Herr Krais führte uns in Kippenheim. Er zeigte uns zwei Stolpersteine und den Rathausplatz. Dann zeigte er uns ein ehemals jüdisches Haus. Um die Weinkellertür ist ein Torbogen, in dem der Name des Besitzers eingemeißelt ist, er heist Maharam Weil. In dem Torbogen ist auch die Mesusa (Es ist eine Torarolle über die man streicht wenn man in oder aus dem Haus geht) Er erklärte noch, dass am Eck des Judengässchens eine Metzgerei stand, sie gehörte auch Juden. Danach liefen wir einen kleinen Hügel rauf! Der Hügel hieß für die Juden Zion. Herr Krais zeigte uns Inges Haus und die Synagoge, in die wir auch hinein durften.

Es war ein schöner Ausflug!

Hannah B.

Aufsatz

Inge Auerbacher

Inge Auerbacher lebte in Kippenheim mit ihren Eltern Regina und Berthold Auerbacher. Sie hatten eine gute Freundin namens Therese, sie hat immer die Auerbachers unterstützt. Damals war Hitler in Deutschland an der Macht und wollte alles vertuschen was er Schlimmes machte. Er hat so getan, als ob er gut und bescheiden wäre, aber das war er nicht. Er hat 6 Millionen Menschen umbringen lassen und einen fürchterlichen Krieg angefangen. Er hat sich immer versteckt und hat es sich gut gehen lassen.

Inge bekam zu ihrem 3. Geburtstag eine Puppe von ihrer Großmutter geschickt. Inge hat sie „Marlene" genannt. In der Kristallnacht 1938 am neunten November, wurden heftige Krawalle gegen die Juden veranstaltet. Alle im Haus sind zu Therese gegangen, und sie hat alle in eine Scheune gebracht. Dort blieben sie zwei Tage, weil sie Angst hatten, dass noch jemand in ihren Häusern war.

Inges Vater und ihr Opa wurden 1938 nach Dachau deportiert, nach der Kristallnacht am neunten November. Sie mussten durch ein Tor, auf dem stand „Arbeit macht frei". Sie wurden wie Abschaum behandelt. Dort gab es schlechtes Essen und keine Betten sondern nur Strohsäcke. Dann irgendwann ist ihr Großvater gestorben wegen eines gebrochenen Herzens, denn er hatte Deutschland früher toll gefunden.

1939 sind die Auerbachers nach Jebenhausen gezogen, zu ihren Großeltern, die sie freundlich aufnahmen. Bevor Opa deportiert wurde, hat er eine Laubhütte in seinem Zimmer gebaut und das war ein großes Andenken an ihn.

1941 war ein schlimmes Jahr für die Auerbachers. Ab dem 1. September musste jeder Jude den gelben Davidstern tragen, damit jeder wusste, dass sie Juden waren. Ende 1941 wurden Sie nach Theresienstadt (ein Konzentrationslager) deportiert obwohl ihr Vater schon im ersten Weltkrieg viele Auszeichnungen bekommen hatte. Dort waren tausende Menschen, denen es elend ging. Es sollten nur 7000 Juden dort sein, doch es waren manchmal 60 000 Juden im Lager untergebracht.

Das Essen dort war schrecklich. Die Essensschlangen waren sehr lang. Die meisten Menschen verhungerten. Es gab keine richtigen Toiletten so wie heute, sondern es gab nur „Öffentliche Latrinen", das waren lange Bretter mit Löchern drin und jeder konnte zuschauen, wenn man das Geschäftchen machte. Fast jeder war sehr krank und hatte zum Beispiel Typhus oder Magen-Darm-Entzündung. Auch Inge hatte schlimme Krankheiten. Sie hatte Typhus, Scharlach und andere Krankheiten die fast jeder im Lager hatte. Sie wurde in eine Kinder-Krankenstation gebracht und musste dort mit einem anderen Kind das Bett teilen. Inges Bauch tat sehr oft weh, und sie hatte jeden Tag Schmerzen und hat oft gebrochen.

Am 8. Mai 1945 wurde das Lager Theresienstadt von der Sowjetischen Armee befreit. Als Erstes rissen sich die befreiten Menschen den Davidstern vom Leibe. Drei Jahre lang waren Inge und ihre Eltern in Theresienstadt gefangen gewesen. Jetzt wollten sie weg. 13 Angehörige der Familie hatten in diesen schlimmen Jahren das Leben verloren, auch Inges Großmutter und die gute Freundin Therese. Das Leben war einsam geworden, aber sie hatten Hoffnung. Im Mai 1946 wanderten die Auerbachers nach Amerika aus und begannen ein neues Leben.

Inge Auerbacher kommt jedes Jahr nach Deutschland, um den Kindern von der schlimmen Zeit zu erzählen, damit so etwas nie mehr passiert! Sie hat zwei Bücher geschrieben, in denen sie ihre Erinnerungen festgehalten hat. Sie wird am 9. Mai 2006 zu uns in die Klasse 4c kommen. Ich freue mich darauf!

Jannick Jank

Abb. 5.56–5.59 Beispiele aus Schülerarbeiten in der Deutschstunde. *(Quelle: Roswitha Weber)*

> **Gedanken**
>
> Ein paar Leute z.B. Jan Korczak, Maximilian Kolbe, Gertrud Luckner und Schindler retteten Juden oder gingen mit ihnen in den Tod.
> In der Kristallnacht wurden viele Judenhäuser zerstört, auch Synagogen.
> Ein Mann gab Inge ein Schächtelchen damit Inge an ihn denkt, denn er wurde in die nächste Gruppe zum Transport nach Auschwitz eingeteilt, wo er dann vergast werden sollte.

Abb. 5.60 Beispiel einer Schülerarbeit in der Deutschstunde mit Ansätzen für philosophisches Denken. *(Quelle: Roswitha Weber)*

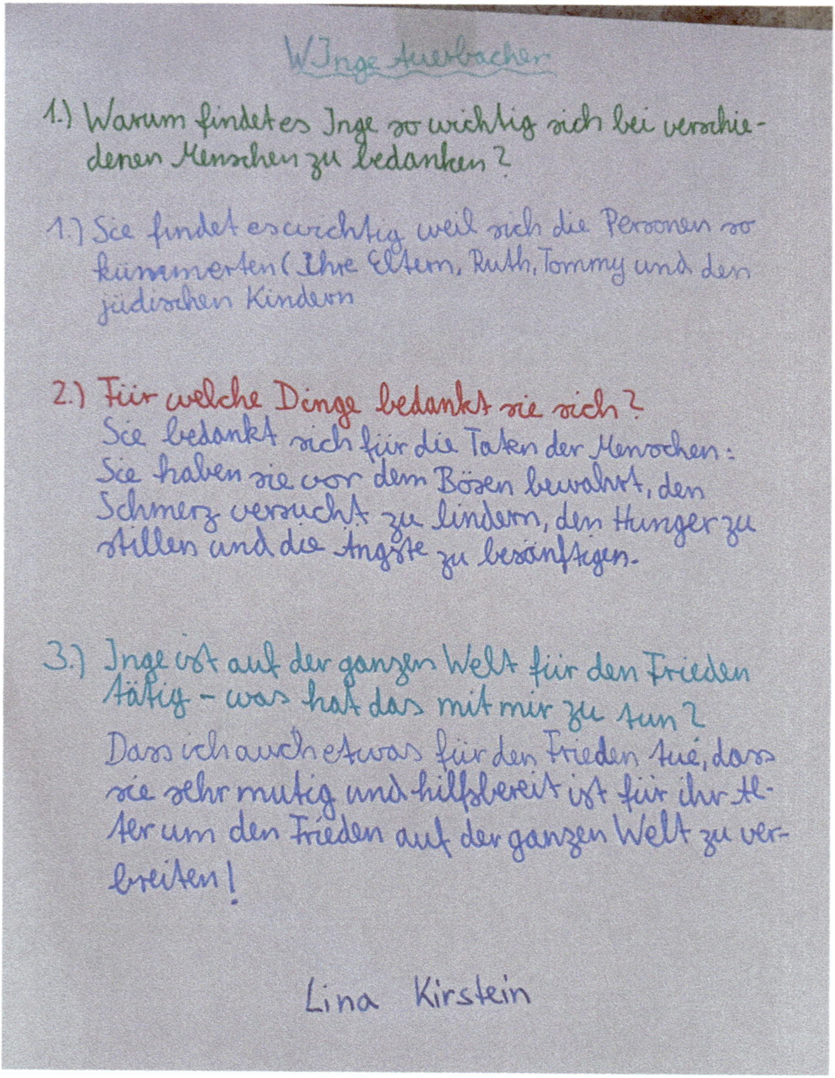

W Inge Auerbacher

1.) Warum findet es Inge so wichtig sich bei verschiedenen Menschen zu bedanken?

1.) Sie findet es wichtig weil sich die Personen so kümmerten (Ihre Eltern, Ruth, Tommy und den jüdischen Kindern

2.) Für welche Dinge bedankt sie sich?
Sie bedankt sich für die Taten der Menschen: Sie haben sie vor dem Bösen bewahrt, den Schmerz versucht zu lindern, den Hunger zu stillen und die Ängste zu besänftigen.

3.) Inge ist auf der ganzen Welt für den Frieden tätig – was hat das mit mir zu tun? Dass ich auch etwas für den Frieden tue, dass sie sehr mutig und hilfsbereit ist für ihr Alter um den Frieden auf der ganzen Welt zu verbreiten!

Lina Kirstein

Abb. 5.61 Beispiele aus Schülerarbeiten in der Deutschstunde, hier: Interviewfragen. *(Quelle: Roswitha Weber)*

5 Erinnerungskultur – Shoah in der Grundschule

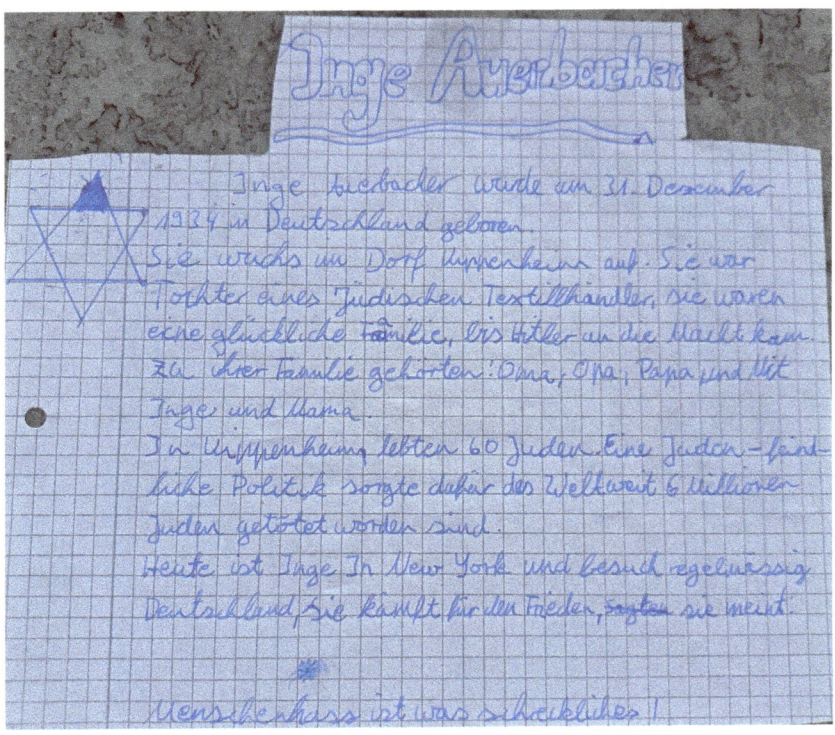

Abb. 5.62 Beispiele aus Schülerarbeiten in der Deutschstunde. *(Quelle: Roswitha Weber)*

Abb. 5.63 und 5.64 Beispiele Buchvorder- und -Rückseiten Gestaltung in der Deutschstunde. *(Quelle: Roswitha Weber)*

5 Erinnerungskultur – Shoah in der Grundschule

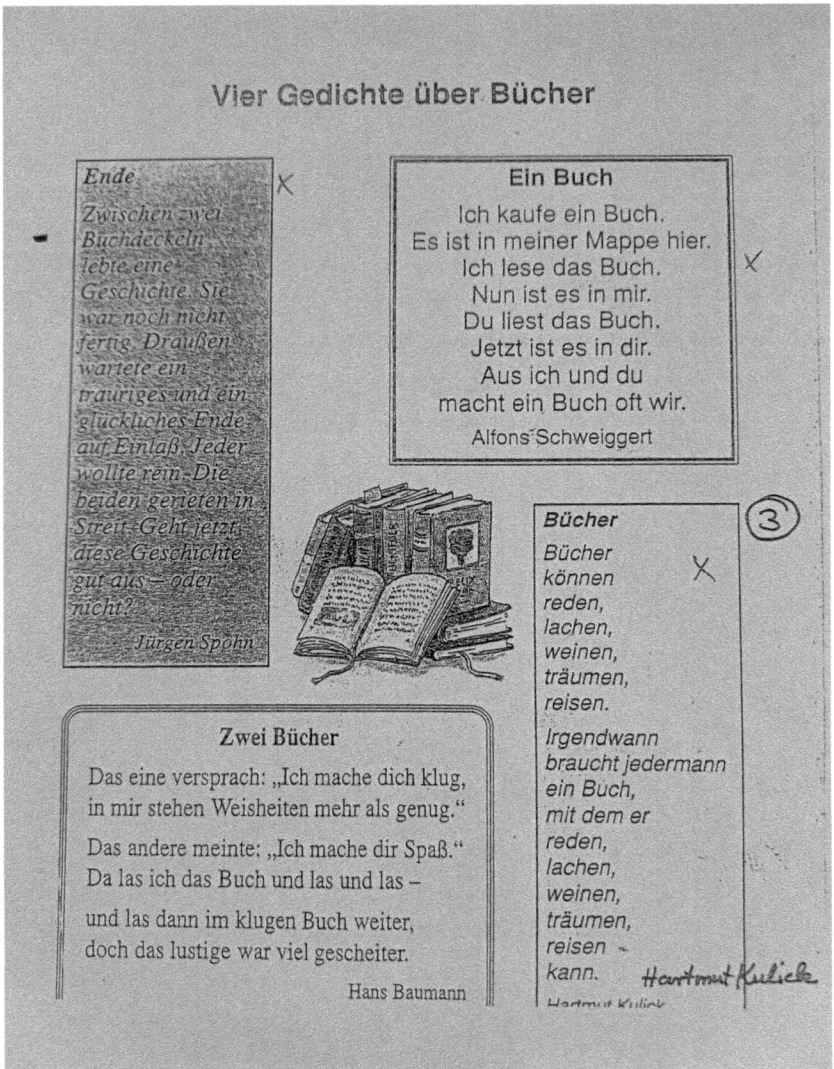

Abb. 5.65 Beispiel Buchgedichte in der Deutschstunde. *(Quelle: Roswitha Weber)*

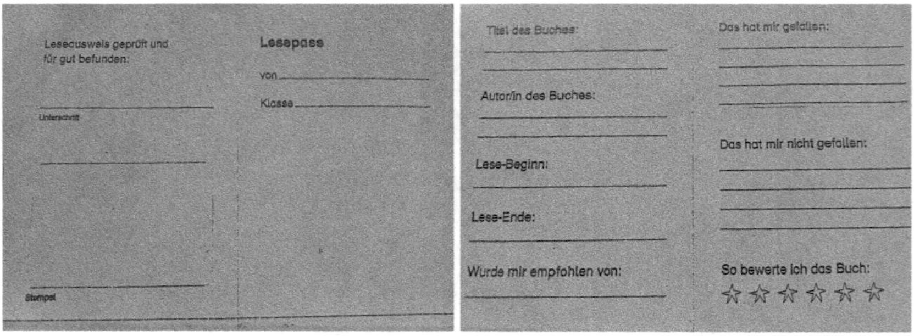

Leseausweis geprüft und für gut befunden:

Unterschrift

Stempel

Lesepass

von

Klasse

Titel des Buches:

Autor/in des Buches:

Lese-Beginn:

Lese-Ende:

Wurde mir empfohlen von:

Das hat mir gefallen:

Das hat mir nicht gefallen:

So bewerte ich das Buch:

☆ ☆ ☆ ☆ ☆ ☆

Abb. 5.66 und 5.67 Beispiel Lese-Pass in der Deutschstunde. *(Quelle: Roswitha Weber)*

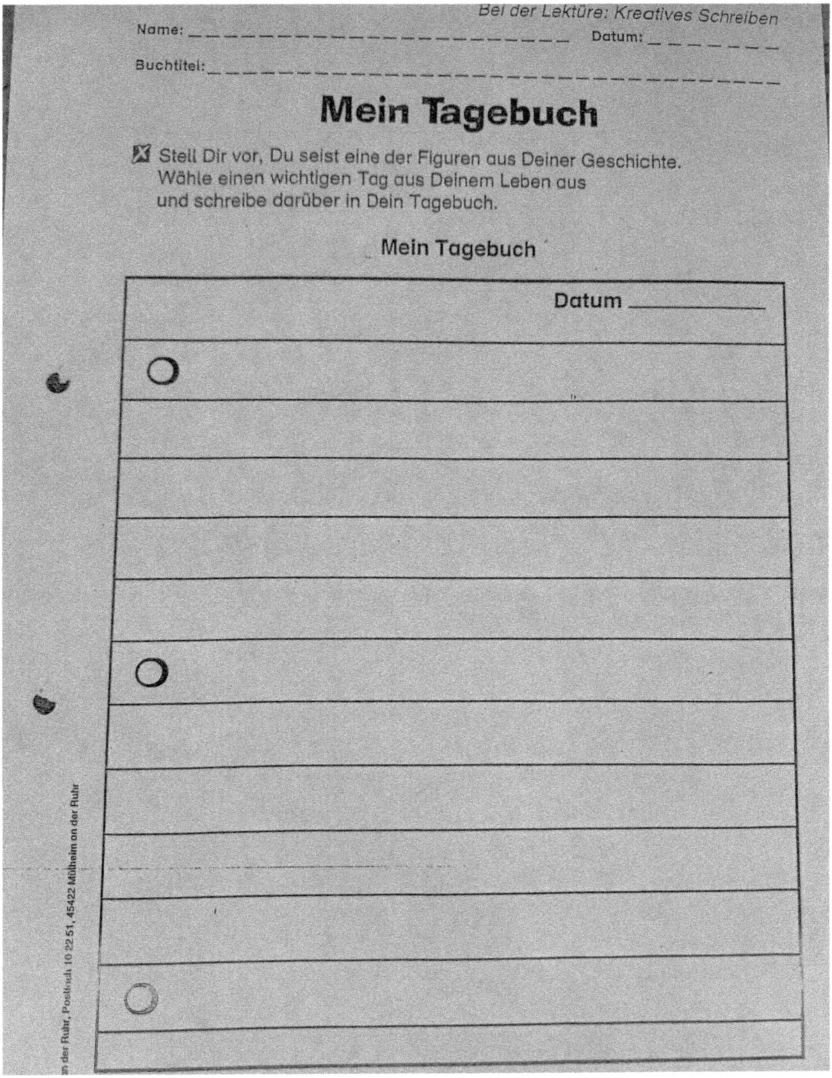

Bei der Lektüre: Kreatives Schreiben

Name: ________________________ Datum: ________

Buchtitel: ____

Mein Tagebuch

☒ Stell Dir vor, Du seist eine der Figuren aus Deiner Geschichte.
Wähle einen wichtigen Tag aus Deinem Leben aus
und schreibe darüber in Dein Tagebuch.

Mein Tagebuch

Datum ____________

n der Ruhr, Postfach 10 22 51, 45422 Mülheim an der Ruhr

Abb. 5.68 Beispiel Tagebuch-Schreiben in der Deutschstunde. *(Quelle: Roswitha Weber)*

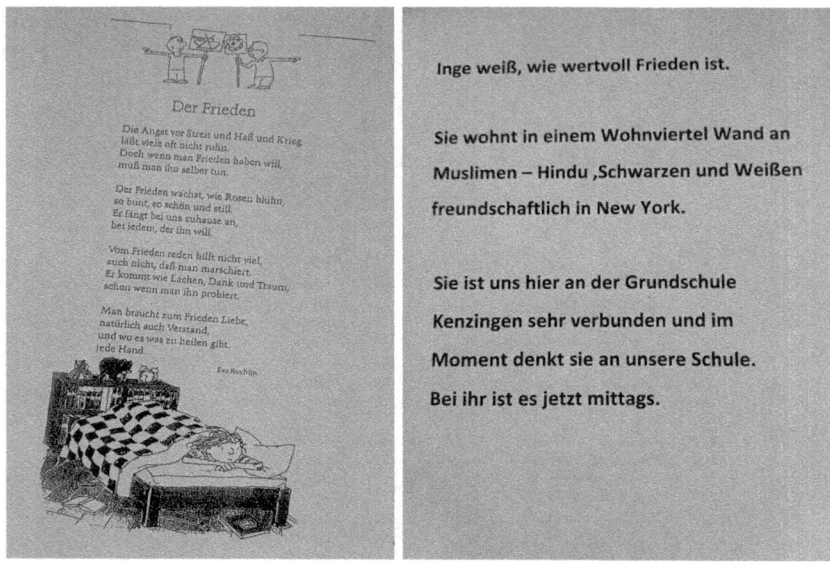

Abb. 5.69 und 5.70 Beispiel Gedichte-Interpretation und Arbeit zum Thema „Friede" in der Deutschstunde. *(Quelle: Roswitha Weber)*

5 Erinnerungskultur – Shoah in der Grundschule

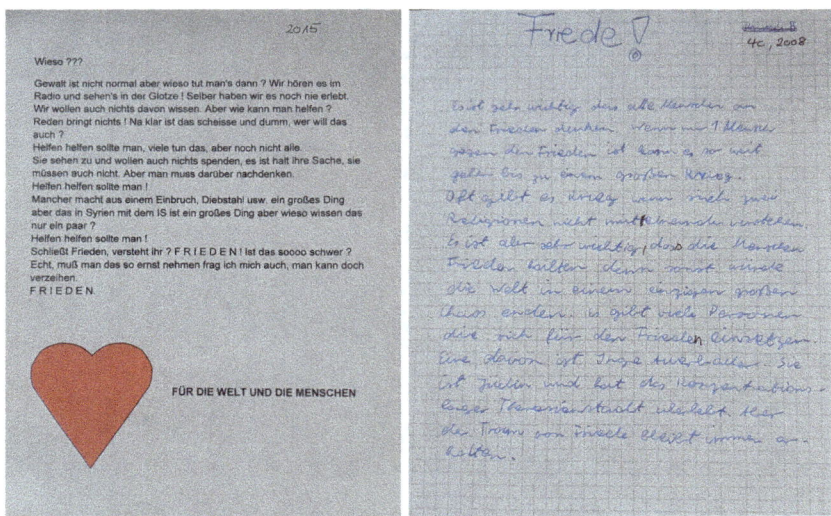

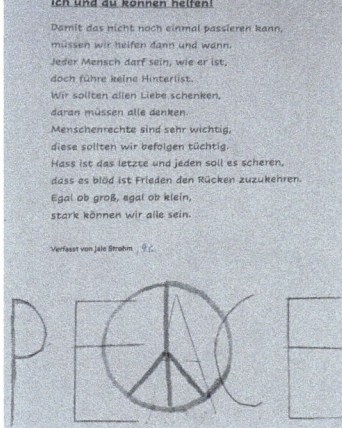

Abb. 5.71–5.73 Beispiele zur Arbeit zum Thema „Friede" in der Deutschstunde. *(Quelle: Birgit Beck, Schularchiv, 2024)*

Abb. 5.74 Beispiele zu Schularbeiten zum Thema „Friede" in der Deutschstunde. Hier: Besprechung der Person Albert Schweitzer und seinem Anliegen zum „Frieden", sowie Arbeiten der Deutschen Kriegsgräberfürsorge e. V. im Rahmen von „Arbeit für den Frieden". *(Quelle: Roswitha Weber)*

5 Erinnerungskultur – Shoah in der Grundschule

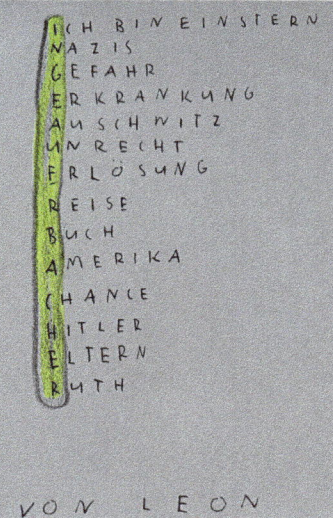

Gedicht für Inge

Die Eltern der Inge Auerbacher wollten mit dem Gedicht (**Ich bin ein Stern** S.55-56) Inge Hoffnung geben weil sie ja im Konzentrationslager Theresienstadt waren. Es bedeutete auch, dass sie ein Sonnenkind war.
Wenn sie ein Sonnenkind ist bedeutet es, dass sie viel Glück hat!
Im Mai 1945 kamen dann die Russen und haben sie befreit.
Sie sollte ein tüchtiges Mädchen werden. Nun arbeitet sie für den Frieden und reist von Land zu Land!
Ihre Eltern wären stolz auf sie!!!

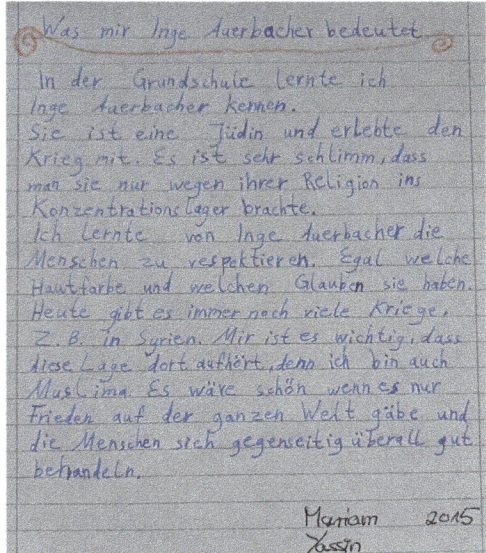

Was mir Inge Auerbacher bedeutet

In der Grundschule lernte ich Inge Auerbacher kennen. Sie ist eine Jüdin und erlebte den Krieg mit. Es ist sehr schlimm, dass man sie nur wegen ihrer Religion ins Konzentrationslager brachte.
Ich lernte von Inge Auerbacher die Menschen zu respektieren. Egal welche Hautfarbe und welchen Glauben sie haben. Heute gibt es immer noch viele Kriege, z. B. in Syrien. Mir ist es wichtig, dass diese Lage dort aufhört, denn ich bin auch Muslima. Es wäre schön wenn es nur Frieden auf der ganzen Welt gäbe und die Menschen sich gegenseitig überall gut behandeln.

Mariam 2015
Yassin

Abb. 5.75–5.78 Beispiele Schülerarbeiten in der Deutschstunde. *(Quelle: Birgit Beck, Schularchiv)*

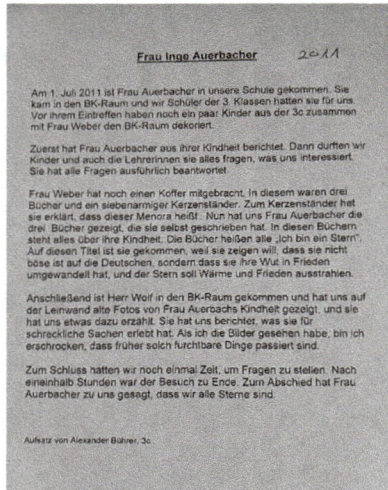

Abb. 5.75–5.78 (Fortsetzung)

Abb. 5.79 Beispiel Gestaltung einer Stellwand in der Deutsch- und Kunststunde. *(Quelle: Roswitha Weber)*

Abb. 5.80 Beispiel Gestaltung „Mein Inge-Auerbacher-Heft" in der Deutschstunde. *(Quelle: Denise Rogalski, 2024)*

5.15.3 Fächerübergreifendes Kooperationsprojekt Fach Sport und Fach Musik (Abb. 5.81, 5.82, 5.83 und 5.84 und 5.85)

Abb. 5.81 Fächerübergreifendes Kooperationsprojekt Fach Sport, 2005. (*Quelle: Schularchiv, Grundschule an der Kleinen Elz Kenzingen*)

5 Erinnerungskultur – Shoah in der Grundschule 277

Abb. 5.82 Fächerübergreifendes Kooperationsprojekt mit dem SC-Freiburg im Fach Sport (li) und Integration und sportliche Leistungen ausgezeichnet mit einer Spende der Sparkasse Freiburg/Nördlicher Breisgau (re), 2015 und 2023. (*Quelle: Grundschule an der Kleinen Elz Kenzingen*)

Abb. 5.83 Fächerübergreifendes Kooperationsprojekt im Fach Sport: „Integration und sportliche Leistungen" ausgezeichnet mit einer Spende der Sparkasse Freiburg/Nördlicher Breisgau (re). (*Quelle: Beitrag im Breisgauer Wochenbericht am 27.09.2023*)

5 Erinnerungskultur – Shoah in der Grundschule

Abb. 5.84 und 5.85 „Das Fremde ist bereichernd." Fächerübergreifendes Kooperationsprojekt Fach Musik bei Schulfesten. Bild links: Trommelgruppe von Herrn Kofi. Bild rechts: Herr Adams vom Kindermissionswerk Aachen immer wieder zu Besuch an unserer Schule für die Themen Peru, Indien und Afrika. (*Quelle: Grundschule an der Kleinen Elz Kenzingen*)

5.15.4 Fach Bildende Kunst (Abb. 5.86, 5.87 und 5.88)

Abb. 5.86 Beispiel im fachübergreifenden Projekt Kunst-AG: Schulhausgestaltung mit einem Gemeinschaftsfisch, der aus Einzelfischen der SchülerInnen gefertigt wurde, 2019. *(Quelle: AG Kunst, Schularchiv)*

5 Erinnerungskultur – Shoah in der Grundschule

Abb. 5.87 Beispiel im fachübergreifenden Projekt Kunst-AG: Schul-Logo und Regenbogen (Noah) zum Grundschulfest 2018. *(Quelle: Schularchiv)*

Abb. 5.88 Kunstwerk im Inge-Auerbacher-Zimmer, Schulfest 2018: Schüler gestalten ein Picasso-Bild „Friede beginnt im Kopf" als Beispiel im fachübergreifenden Projekt Kunst-AG. (*Quelle: Roswitha Weber*)

5.15.5 „L'Atelier" – Fach Französisch

Im kooperativen Fach Französisch benutzte ich gerne eine Arbeitsform, genannt „L'Atelier". L'Atelier bot alle Möglichkeiten für Begegnungen und schulische Arbeit zu Kultur, Vielfalt über Grenzen hinweg, durch beidseitiges Vokabeln-Lernen die Fremdsprache des Gegenübers lernen und das Sich-Verständigen dar. Der Umgang der Schüler mit Unterschieden im Essen und Traditionen und Bräuche schaffen Nähe zum Nachbarland. Die Schulhausgestaltung im Elsaß und an der Grundschule Kenzingen boten gute Gelegenheit das Miteinander-arbeiten kennenzulernen.

Bei insgesamt drei Schulklassen-Treffen im Elsaß wurde für den dort regional-landestypischen „Stockbrunnentanz" geprobt. Einmalig war, dass alle SchülerInnen in der gleichen elsässischen Tracht probten und auftraten.

Weltoffenheit beginnt im Kindesalter und Ausflüge ins Elsaß machen den Landesnachbar Frankreich nah- und direkt erlebbar. In einer Boulangerie „Bonjour" zur Begrüßung sagen, oder beim Entgegennehmen einer Crêpe „Merci beaucoup", oder wenn man wissen will, wie es dem anderen geht, fragen zu können „Ca va?" bringt Leben in das interkulturelle Lernen und Begegnen in einer Fremdsprache wie französisch. Oh là à! (Abb. 5.89 und 5.90, 5.91 und 5.92)

5 Erinnerungskultur – Shoah in der Grundschule

Anlässlich des Schulfestes der GS 1992 führten die Französischklassen der GS gemeinsam mit der Ecole Mixte Roggenhouse den „Stockbrunnentanz" auf – alle in der elsässischen Tracht.

Abb. 5.89 und 5.90 Ateliers anlässlich des Grundschulfestes 1992. *(Bildquellen: Roswitha Weber)*

Bei insgesamt über 70 SchülerInnen (Parallelklassen) waren die ateliers äußerst beliebt mit Angeboten in Sport und musischen Fächern. Hier beim Besuch der Ecole Mixte Pasteur aus Ingersheim.

Ein Highlight war das Projekt „Malen wie Claude Monet" im Freien. Natürlich erfuhr man noch mehr über sein Leben und Werk und kochte eine Suppe á la Monet…

Der Besuch des Mundenhofs in Freiburg passte hervorragend zum Thema" Tiere", als 2016 die Schule aus Brunstatt zum Treffen nach Kenzingen kam.

Abb. 5.89 und 5.90 (Fortsetzung)

Abb. 5.91 Beispiel Gedicht lernen. *(Quelle: Roswitha Weber)*

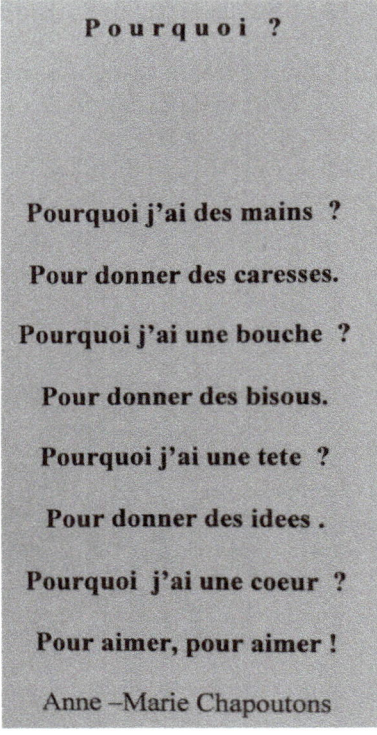

Abb. 5.92 Den französischen Nachbarn, le voisin, kennenlernen. Privater Ausflug zwei meiner Töchter mit Enkelin nach Colmar, 2024. *(Quelle: Bianca Weber-Lewerenz)*

5.15.6 Beispiel für den Ablauf eines Inge-Auerbacher-Tages

5.15.6.1 Bewertung/Evaluierung: Rückblick auf Inge-Auerbacher-Tag

Ein Rückblick auf den Inge-Auerbacher-Tag erfolgt durch dessen Evaluierung durch die Lehrerin i.R. Roswitha Weber für das Leo-Baeck-Institut Berlin[2] weitergeleitet von Robert Krais, 2013 (Abb. 5.93 und 5.94, 5.95, 5.96 und 5.97 und 5.98).

Öffentlichkeitsarbeit Grundschule an der Kleinen Elz Kenzingen
- Elternbrief vor dem Besuch (Schulleitung)
- Schaufenstergestaltung bei der örtlichen Buchhandlung „Bücherwurm", Roswitha Weber mit SchülerInnen der Klassenstufe 3a, b, c
- Handordner mit Infos und Arbeitsmaterialien zu Inge Auerbacher für das Kollegium, zusammengestellt von Roswitha Weber
- Elternbrief für die Klassenstufe 3 für das Fach Deutsch und Religion zu Elternarbeit, Argumente für Erinnerungsarbeit, Arbeitsblätter, Infos (Auslage im Lehrerzimmer)
- Arbeitsblätter für das Kompassheft (unser Heft für das Soziale Miteinander)
- Klassen-Pressemappe für die Mitarbeit der Zeitungen a) für die Stadt Kenzingen, Bürgermeister Guderjan, b) für das Team der Buchhandlung „Bücherwurm", c) für Inge Auerbacher.

---

[2] www.lbi.org/de/.

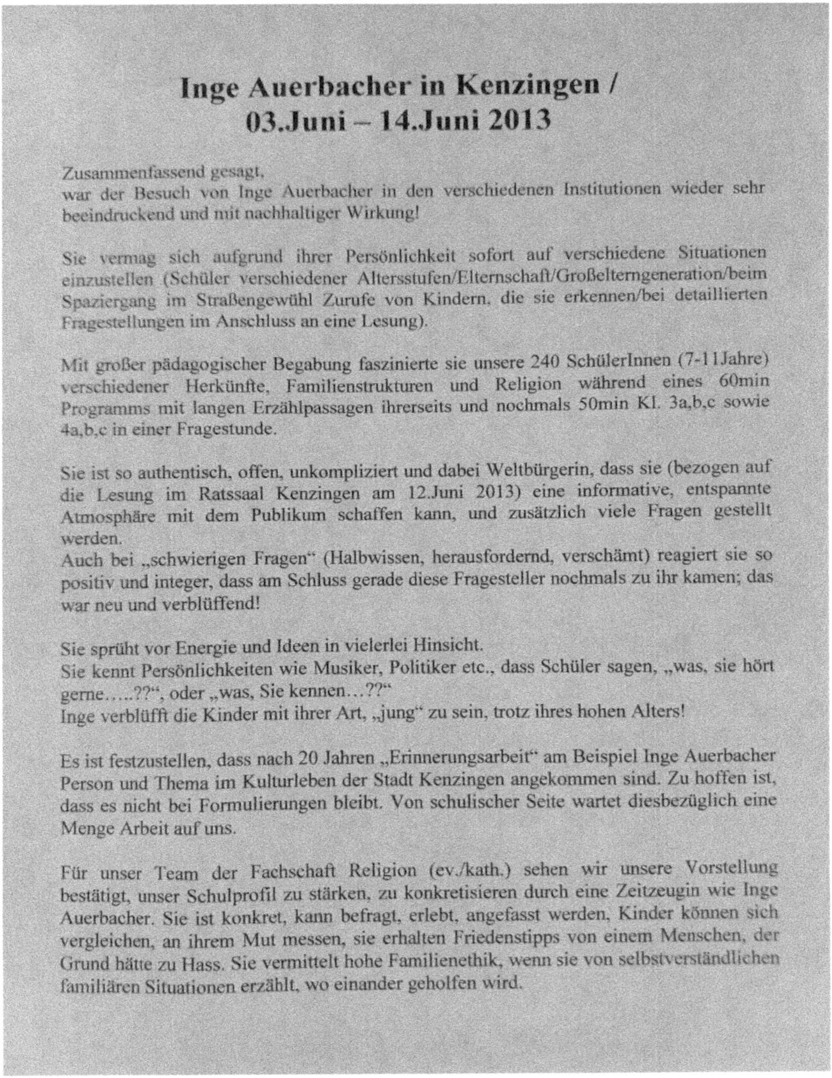

Inge Auerbacher in Kenzingen / 03. Juni – 14. Juni 2013

Zusammenfassend gesagt,
war der Besuch von Inge Auerbacher in den verschiedenen Institutionen wieder sehr beeindruckend und mit nachhaltiger Wirkung!

Sie vermag sich aufgrund ihrer Persönlichkeit sofort auf verschiedene Situationen einzustellen (Schüler verschiedener Altersstufen/Elternschaft/Großelterngeneration/beim Spaziergang im Straßengewühl Zurufe von Kindern, die sie erkennen/bei detaillierten Fragestellungen im Anschluss an eine Lesung).

Mit großer pädagogischer Begabung faszinierte sie unsere 240 SchülerInnen (7-11Jahre) verschiedener Herkünfte, Familienstrukturen und Religion während eines 60min Programms mit langen Erzählpassagen ihrerseits und nochmals 50min Kl. 3a,b,c sowie 4a,b,c in einer Fragestunde.

Sie ist so authentisch, offen, unkompliziert und dabei Weltbürgerin, dass sie (bezogen auf die Lesung im Ratssaal Kenzingen am 12.Juni 2013) eine informative, entspannte Atmosphäre mit dem Publikum schaffen kann, und zusätzlich viele Fragen gestellt werden.
Auch bei „schwierigen Fragen" (Halbwissen, herausfordernd, verschämt) reagiert sie so positiv und integer, dass am Schluss gerade diese Fragesteller nochmals zu ihr kamen; das war neu und verblüffend!

Sie sprüht vor Energie und Ideen in vielerlei Hinsicht.
Sie kennt Persönlichkeiten wie Musiker, Politiker etc., dass Schüler sagen, „was, sie hört gerne.....??", oder „was, Sie kennen...??"
Inge verblüfft die Kinder mit ihrer Art, „jung" zu sein, trotz ihres hohen Alters!

Es ist festzustellen, dass nach 20 Jahren „Erinnerungsarbeit" am Beispiel Inge Auerbacher Person und Thema im Kulturleben der Stadt Kenzingen angekommen sind. Zu hoffen ist, dass es nicht bei Formulierungen bleibt. Von schulischer Seite wartet diesbezüglich eine Menge Arbeit auf uns.

Für unser Team der Fachschaft Religion (ev./kath.) sehen wir unsere Vorstellung bestätigt, unser Schulprofil zu stärken, zu konkretisieren durch eine Zeitzeugin wie Inge Auerbacher. Sie ist konkret, kann befragt, erlebt, angefasst werden, Kinder können sich vergleichen, an ihrem Mut messen, sie erhalten Friedenstipps von einem Menschen, der Grund hätte zu Hass. Sie vermittelt hohe Familienethik, wenn sie von selbstverständlichen familiären Situationen erzählt, wo einander geholfen wird.

Abb. 5.93 und 5.94 Bericht zum Inge-Auerbacher-Tag in 2013. (*Quelle: Roswitha Weber*)

Im vor- und nachbereitenden Unterricht, oft auch in einer Pausensituation (Streit wegen Ballbesitz), bei den Klassen- und Schulregeln, in Mensch-Natur-Kultur (Frieden etc. in verschiedenen Zeiten/bei Ernährungserziehung im Umgang mit Brot etc.), um nur einige Beispiele zu nennen, versuchen wir zu vernetzen. So, wie das Thema seit 2003 endlich im Bildungsplan für die Grundschulen verankert ist, hoffen wir, Worte zu finden für Trauer usw., Werte wie Achtung und Mut zur Gerechtigkeit zu stärken.

In der Elternarbeit wollen wir den Begriff des Vorbildes beleben.
Im Gesamtkollegium werden diese Bemühungen dankbar aufgenommen und unterstützt. Auch bei unserer Methodenvielfalt legen wir Wert auf Arbeitsformen, die das Selbstbewusstsein stärken und den Gemeinschaftssinn fördern. Projekte, Feste etc. unterliegen denselben Wir-Gefühl stärkenden Regeln. Auch im praktischen Alltag ließen sich problemlos Beispiele aufzeigen, bei denen das tiefere Mitdenken, das Nachhaken, das „im Blick haben" wünschenswert wäre.

Bei diesem Zeitzeugenbesuch erwies es sich als sehr wichtig und erfolgreich, in Vorgesprächen mit der Presse an gezielter Stelle zu informieren und auf das Wichtige hinzuweisen, auf das Nachhaltige in unseren Bildungszielen aufmerksam zu machen und auf das hinzuweisen, wovon wir uns Nachhaltigkeit wünschen. Auch hartnäckig auf Einzelberichten zu beharren, wenn plötzlich drei Veranstaltungen in einer am wenigsten wichtigen Bildunterschrift zusammengepackt werden sollen.

Schließlich ist es wünschenswert, ein kommunales Netzwerk zu nutzen, um den Rahmen für einen Zeitzeugenbesuch oder dergleichen schaffen zu können (Unterbringung/mögliche Zielgruppen für Lesungen kennen, Schulbesuche organisierenetc.).

Und nicht zuletzt ist es unumgänglich, einer Institution wie dem DIA (Deutsch-Israelischer Arbeitskreis) anzugehören oder zumindest in enger Verbindung zu sein, um die Informationen zu haben, in die Gesamtorganisation eingebaut zu sein und vor allem die Finanzierung transparent und ordnungsgemäß zu gewährleisten.

Abb. 5.93–5.94 (Fortsetzung)

5 Erinnerungskultur – Shoah in der Grundschule

Abb. 5.95 Schaufenstergestaltung in der örtlichen Buchhandlung „Bücherwurm" 2015. (*Quelle: Roswitha Weber*)

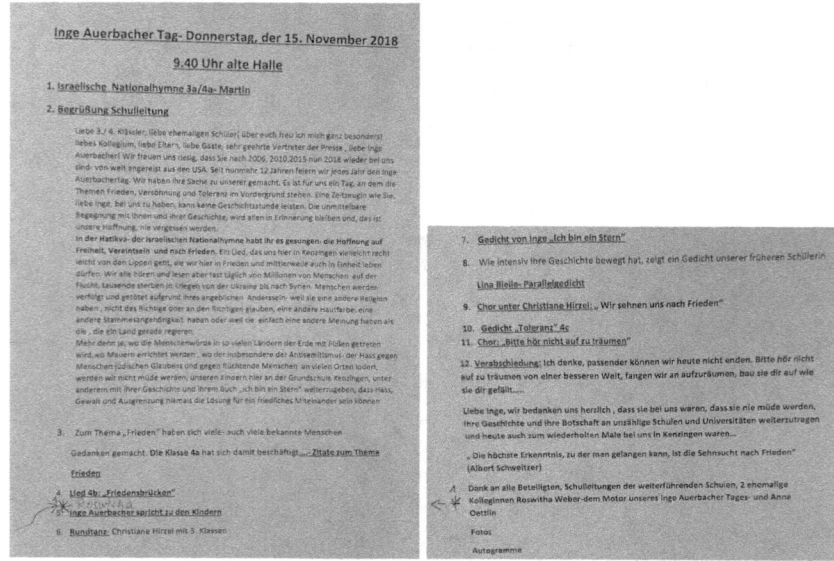

Abb. 5.96 und 5.97 Beispiel für Programmgestaltung des „Inge-Auerbacher-Tages", hier in 2018. (*Quelle: Roswitha Weber*)

5 Erinnerungskultur – Shoah in der Grundschule

Abb. 5.98 Arbeitsessen mit Inge Auerbacher, Schul-Organisationsteam und örtlichen Vereinsvertretern als Teil des Programmes des „Inge-Auerbacher-Tages", hier in 2018. (*Quelle: Roswitha Weber*) Herausgabe der Gedichte (22) zu „Ich bin ein Stern" mit der Übersetzerin Susanne Bruckner, Hartung-Gorre-Verlag, 2015

5.15.7 Interkulturelle Willkommenskultur: Wir sind Kenzingen – Andere Kulturen – Andere Kuchen

Von Renate Günter-Bächle und Regina Eppler (Auszug aus ihrem Beitrag in: DIE PFORTE, 45. und 46. Jahrgang, 2025–2026, 28. Band)
Kenzingen ist eine lebendige Stadt mit Menschen aus 84 Nationen (Stand 06/2024). Die Gründe für Migration sind so vielfältig wie die Menschen es sind. Flucht vor Krieg und Vertreibung ist nur einer davon. Mit der Flüchtlingswelle 2015/2016 kamen Menschen vorwiegend aus den Ländern Syrien, Irak und Afghanistan. Der DRK-Ortsverein gründete mit Rudi Nadler an der Spitze den Flüchtlingshelferkreis.[3]

---

[3] Vgl. Georg Fischer, Ehrenamtliche Flüchtlingsbetreuung in Kenzingen 2014–2019, in: Die Pforte 2022–2024.

Er initiierte mit Gemeindereferentin Regina Eppler das Multi-Kulti-Café, das bis heute regelmäßig einmal im Monat als Ort der Begegnung im katholischen Gemeindehaus stattfindet. 2016 fand auch die erste Interkulturelle Woche in Kenzingen statt und ist seither fest eingeplant im Jahreskalender mit Lesungen, Filmen und interkulturellen Begegnungsfesten.

Mit dem DRK Integrationsmanagement und der 2016 neu geschaffenen Stelle der Integrationsbeauftragten im Rathaus, wurde die bis dahin ehrenamtliche Flüchtlingshilfe des DRK Ortsvereins verstärkt. Das seither entstandene Netzwerk für Integration mit dem DRK Ortsverein, der Stadt, den Kirchen, Vereinen und weiteren Akteuren der Stadt setzt sich ein für Chancen und Beteiligung der zugewanderten Menschen in Kenzingen. Ehrenamtliche Deutschangebote, Hausaufgabenhilfen, die Initiative „Handarbeit und Deutsch sprechen" von Genevieve Buck aus Ghana, ein interkultureller Garten mit Walter Willaredt und viele weitere Projekte entstehen.

Längst sind die Flüchtlinge von damals Nachbarn, Arbeitskollegen und Freunde geworden. Sie und viele andere Zugewanderte mit und ohne Fluchtgeschichte engagieren sich vielfältig für ein gutes Miteinander in der Stadt. Als Sprach- und Kultur-Übersetzer sind sie im Netzwerk für Integration eine große Stütze. Als Interkulturelle Elternmentoren begleiten sie seit 2022 Eltern mit Migrationsgeschichte in Schule und Kitas, bei Gesprächen und Elternabenden.

Hilfen für ukrainische Kriegsvertriebene

Mit dem Überfall von Russland auf die Ukraine im Februar 2022 war Kenzingen erneut gefordert und hat bis heute (Stand 11/2024) 270 ukrainischen Kriegsvertriebenen Türen geöffnet. Der Überfall hat die Menschen tief berührt und an eigene familiäre Fluchtgeschichten erinnert. *Die Stadt mit dem Netzwerk Integration hat schnell gehandelt.* Mit einer Welle der Hilfsbereitschaft wurde Wohnraum und persönliche Hilfe bereitgestellt. Das Corona bedingt geschlossene Multi-Kulti-Café der katholischen Kirchengemeinde öffnete vorübergehend als Ukraine Café und wurde zur Anlaufstelle für Hilfen (Abb. 5.99).

Der Nordweiler Chor organisierte eine Fahrradbörse; Kleidung und Sachspenden wurden verteilt. Die evangelische Kirchengemeinde hat für die ukrainischen Mütter mit Kindern einen Spielkreis angeboten. Kenzingerinnen und Kenzinger mit russischen und ukrainischen Sprachkenntnissen meldeten sich zahlreich und leisten bis heute wertvolle Hilfe. Jugendfeuerwehr und Schwarzwaldverein luden die Kriegsvertriebenen Familien zu Aktionen ein.

Noch immer ist für die Ukraine kein Frieden in Sicht. Die Menschen aus Syrien hoffen nach dem Sturz des Assad Regimes in diesem Monat auf Freiheit und Frieden und die Krisenherde sind nicht weniger geworden.

Abb. 5.99 Multi-Kulti-Café Kirchplatz, St. Laurentius. Das Multi-Kulti Café der kath. Kirchengemeinde ist unverzichtbarer Treffpunkt für interkulturelle Begegnung in Kenzingen. Im Sommer wird der Kirchplatz zum Ort der Begegnung, im Winter das kath. Gemeindehaus. Zahlreiche Ehrenamtliche unterstützen tatkräftig vor Ort oder mit einer Kuchenspende. (*Quelle: Regina Eppler, 2024*)

Und wir in Kenzingen?
Das Zusammenleben in kultureller Vielfalt ist längst in den Firmen, Verwaltungen, Arztpraxen und Geschäften vor Ort Realität und bereichert uns als Stadtgesellschaft. Menschen nach Flucht und Vertreibung zu helfen, ist zutiefst menschlich und Kenzingerinnen und Kenzinger tun es selbstverständlich auf vielerlei Art und Weise. Die Offenheit und Hilfsbereitschaft prägt ein gutes Klima und den Zusammenhalt in der Stadt. Dafür lohnt es sich einzusetzen. Kulturelle Vielfalt kann zur Stärke einer Stadt werden. Die Anstrengung lohnt sich, sicher!
    WIR SIND KENZINGEN

5.15.8 Einbinden der Eltern und des familiären Umfeldes (Abb. 5.100–5.105)

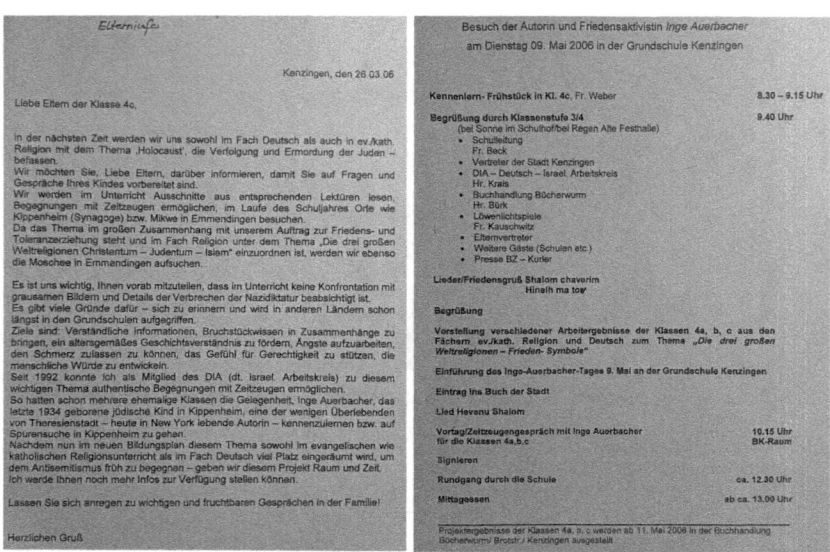

Abb. 5.100–5.105 Beispiele zur Gestaltung der Elterninformationen und -briefe. *(Quelle: Roswitha Weber)*

5 Erinnerungskultur – Shoah in der Grundschule

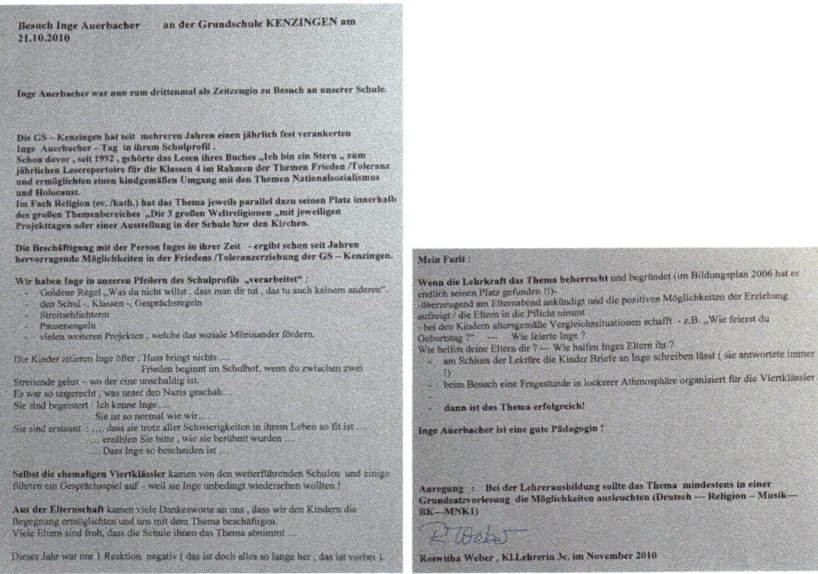

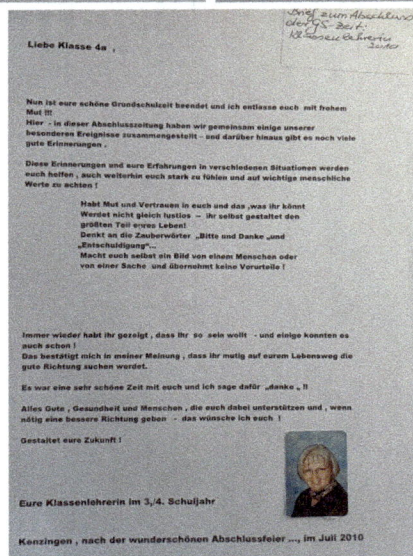

Abb. 5.100–5.105 (Fortsetzung)

5.15.9 Lerngang: Auf den Spuren von Inge Auerbacher in Kippenheim (Abb. 5.106)

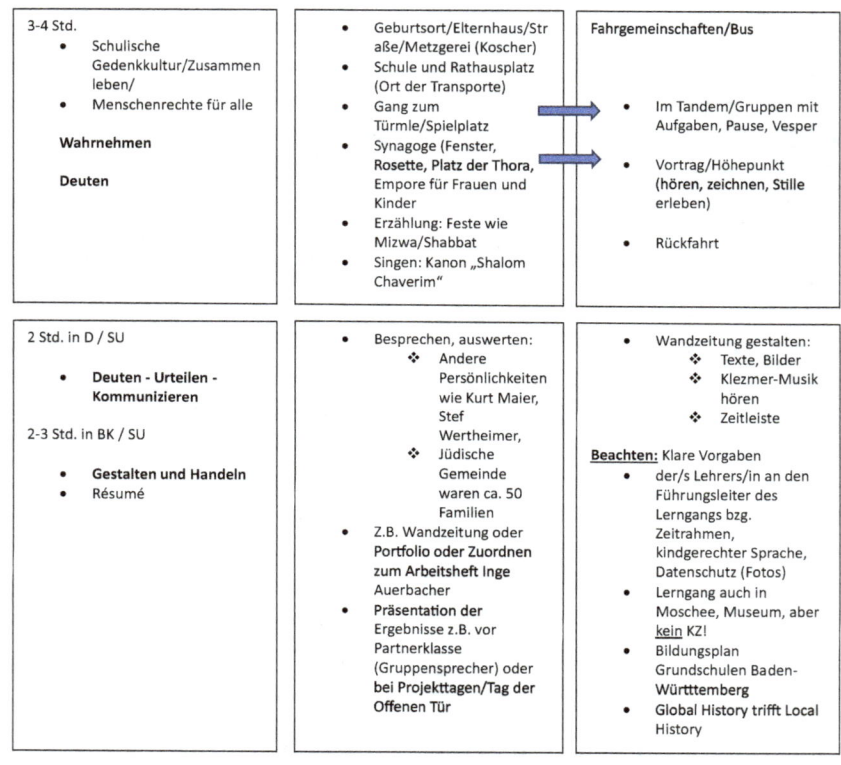

Abb. 5.106 Lerngang Kippenheim – Lernort und Bildungspartnerschaft. *(Quelle: Roswitha Weber)*

5.15.9.1 Kippenheim: Ein Blick auf nächstgelegene Gedenk-, Lern- und Begegnungsstätten im Umkreis

Damals gerade in den Anfängen der Aufarbeitung begriffen ist Inges **Geburtsort Kippenheim** heute ein authentischer Ort – ein Buch zum Aufschlagen – zum Begehen und durch den Förderverein Ehemalige Synagoge mit dem Vorsitzenden Jürgen Stude eine Stätte des Erinnerns, des Lernens und der Begegnung geworden, zum Beispiel als sogenannter „Lerngang Inge Auerbacher" in Kippenheim (Abb. 5.106)! Es gibt Bildungspartnerschaften mit:

- Anne-Frank Gymnasium-Rheinau-Rheinbischofsheim 2015,
  Max-Planck-Gymnasium Lahr, 2021,
  St. Ursula-Gymnasium, Freiburg, 2023,
  Real- und Werkrealschule, Friesenheim, 2023
- Jüdischer Kulturweg in der Ortenau, Radtour (als Teil des geplanten Jüdischen Kulturweges am Oberrhein), www.schwarzwald-tourismus.info.de
- Christlich-Jüdischer Kulturweg mit Wanderkarte, Flyer zum Herunterladen, Verein Ehemalige Synagoge Kippenheim in Zusammenarbeit mit dem Schwarzwaldverein, 2024.
- Ausstellung Deportationsfotos 1940 in der Synagoge Kippenheim. Das Buch dazu „Von der Bevölkerung kaum wahrgenommen", Hellberg Florian, Jürgen Stude (Hsg.), 2024.
- Jüdisches Leben in Südbaden, Neues Materialheft für Lehrerinnen und Lehrer zur Vor- und Nachbereitung einer Tagesexkursion zur ehemaligen Synagoge Kippenheim (zu Bildungsplan 2016), auch digital, Stude, Jürgen, Hellberg, Florian, Roth, Heinke, Roth, Tobias, Minet-Lasch, Silja, www.bullgard.com, Kippenheim, 20121, Lpb.
- Mehr:
  SWR 2 Leben
  In Kontakt und Erinnerung – Die einstigen Juden im badischen Kippenheim, Igal Avidan, Autor und Journalist, Berlin, Nahostexperte
  Lesung/Gespräch mit Igal Avidan in der Ehemaligen Synagoge Kippenheim, April 2022, Mod Helmy.

5.15.9.2 Emmendingen

Als nächster wichtiger Lernort ist **Emmendingen** zu nennen, mit seinem Jüdischen Museum mit Mikwe, Lehrhaus, Friedhof und vor allem seit den 90er-Jahren wieder mit einer jüdischen Gemeinde. Das Museum versteht sich „als Ort des Erinnerns, Lernens und vor allem der Begegnung mit jüdischem Leben in heutiger Zeit" (www.gedenkstaetten-bw.de). Es ist ein wichtiger Ort des friedlichen Miteinanders geworden mit jüdischer, christlicher und muslimischer Gemeinde und herausragenden gemeinsamen Projekten! Stern der Nationen auf dem Synagogenplatz. Inges Familie war auch in Emmendingen ansässig und sie selbst sehr oft an diesem Ort.

Es gibt einen Lese- und Seminarraum mit Literatur und Videos und aktuell neu eine Medienstation mit Schwerpunkt „Neubeginn", „Vermittlung" und „Erinnerung". Aufwendige Reisen nach Gurs usw. zeigen aktive Erinnerungskultur mit Jugendlichen.

5.15.9.3 Gedächtnisstätten

Das Blaue Haus Breisach ist das ehemalige jüdische Gemeindehaus. Seit 2003 eine Denk- und Bildungsstätte für die Geschichte der Juden am Oberrhein. Das Besondere sind Hörstationen, Wohngefühl usw. also modernste didaktische Museumsarbeit, um den jüdischen Alltag zu vermitteln.

Für Kinder ab Klasse 3 geeignet. Enge Kontakte mit der **„Geschichtswerkstatt" Lessing-Realschule Freiburg (ehemalige Zwangsschule** für jüdische Kinder) sind ein Partnerprojekt seit 2001 (enge Kontakte zu Inge).

Seit 2020 fand auch ein Multiplikatorentraining statt. Das Blaue Haus gehört seit 2020 zu den geförderten Projekten der Beauftragten der Bundesregierung für Kultur und Medien und lädt 2025 mit einem großen Projekt Pont pour l'avenir – Brücke für die Zukunft (Brücke nach Gurs) zur Entdeckung ein mit vielerlei Schwerpunkten.

Julius Leber (1891–1945) sagt in einem Beitrag „Die Brücke. Eine Mission des Elsaß" im Lübecker Volksboten, 1925: *„Heute ist das Elsaß eine Schranke zwischen Deutschland und Frankreich – morgen soll es eine Verbindungsbrücke zwischen beiden sein."* Sie wird Julius Leber-Brücke heißen.

Einblick in das reiche Literaturangebot/auch digital über www.gedenkstaetten-bw.de

Enger Kontakt besteht auch zur Straßburger Künstlerin/Psychaterin **Francine Mayran**, die dem Antisemitismus, Rassismus und jede Art von Diskriminierung ihre Kunstprojekte entgegensetzt. Mit Sandra Butsch (Blaues Haus) und dem Historiker Friedrich Peter macht sie Projekte mit SchülerInnen und hat dabei ganz Europa im Blick. Sie hat auch Inge gezeichnet (Facebook/Instagram).

Über die Newsletter der Lern- und Gedenkstätten ist man deutschlandweit informiert über das reiche Angebot für Familien, LehrerInnen und Studierende.

Als Mitglied des Widen the Circle-Netzwerkes ist man über Initiativen verschiedenster Art und Interessensgruppen national und international informiert und im Dialog (Abb. 5.107–5.109).

5 Erinnerungskultur – Shoah in der Grundschule 299

Abb. 5.107–5.109 Projekt „Judentum" mit Aufsatz und Besuch zum Kennenlernen einer Ehemaligen Synagoge (hier: Synagoge Kippenheim, Räumlichkeit, Architektur) im fachübergreifenden Kooperationsprojekt Religion, Führung durch die Synagoge und Frage-/Antwortstunde mit Robert Krais. *(Quelle: Roswitha Weber)*

Zukunftswerkstatt

Roswitha Weber

Unter dem Aspekt der „VERKNÜPFUNG" interdisziplinärer, internationaler Erfahrungen, Projekte, Forschung und Weiterentwicklung lässt sich heute 2025/2026 – nach 30 Jahren Projekt Inge-Auerbacher-Tag (6–10-Jährige) feststellen, dass aus dem Vielfaltspuzzle eine höchst notwendige Zukunftswerkstatt wurde! Und dies, obwohl man aktuell viele Bücher sieht, in welchen schon die Erinnerungsarbeit der verschiedenen Etappen der Erkenntnis analysiert werden. Jedes „Modell" hat seine Geschichte. Man erwartet eigentlich, dass die Menschen „daran" gelernt hätten, man hofft es. Die Wahl 2025 in Deutschland zeigt etwas anderes, unbegreiflich.

Zukunftswerkstatt Frieden – Demokratie. Dazu brauchte es Leidenschaft – beherzt an alles Neue/Fremde heranzugehen; Beobachtungen, Erfahrungen, Strategien, Austausch, viel Dialog und immer wieder INSPIRATION und Glaube an die Machbarkeit!

Die folgenden Aspekte und Ideen können als Impulse gesehen werden – ein winziger Blick auf das Riesen-Potenzial!

Nach Jahren des Suchens nach wirksamen Strategien gegen Hass, Verrohung der Dialoge, des Terrors weltweit und vor unserer Haustür sehen manche die Erinnerungskultur als gescheitert an. Es mag wieder mit der Schnelllebigkeit unserer Zeit zusammenhängen, dass „man" ein Thema wie dieses sensibel sofort und immer wieder aktualisieren muss. Wer ist „man"? Solange „man" – und das sind wir alle – darauf warten, dass Empfehlungen aus Politik und Wissenschaft kommen, wird sich nichts ändern und verbessern. Nein – wie das didaktische Dreieck aus Kind – Eltern – Lehrer nur durch Zusammenarbeit gelingen kann, so ist es auch

R. Weber (✉)
Kenzingen, Deutschland

hier: Ich nenne es das gesellschaftliche Dreieck: Eine Führung (aus Schulen/PH/ Unis) – die Öffentlichkeit mit Ehrenamt und Experten – und die Politik/Kommune müssen – unabhängig von Parteiinteressen sich zusammentun und Ziele Schritt für Schritt umsetzen, bis das Ziel „was habe ich heute schon für unsere Demokratie getan"? Bei jedem im Alltag normal angekommen ist. Und das muss den sorglosen Individualismus entgegengesetzt werden, der nur von anderen die Lösung seiner Probleme erwartet.

6.1 Momentaufnahmen Geschichte und Gegenwart

Entwicklungsgeschichte Menschheit, Kriege (also Konfliktlösung), Mythen, Kommunikation, der ganze Fortschrittsbereich bis hin zu KI, Klima – im Gegensatz aber soziales Miteinander und Kultur. Und vor allem die innere Entwicklung des Einzelnen sowie der Gesellschaft im Hinblick auf Gewissen, Verantwortung, das Ganze sehen, Glaube-Religionen. Menschen scheinen überfordert zu sein, zeitlich und intellektuell, sozial sowieso. Gerade LehrerInnen sollten ein Profil haben, wofür sie stehen.

Die Jugend wurde seit Seneca vor 2000 Jahren als „respektlos und undiszipliniert" angesehen und musste als Generation ihren Weg suchen. Die Einteilung in Generationszeiten ist sehr unterschiedlich. Betrachtet man nur die Entwicklung der deutschen Entwicklungsarbeit zur Erinnerungskultur heute, so lassen sich die verschiedenen Stufen feststellen (laut Wikipedia):

Traditionalisten	ca. bis 1945	Schweigen, Grundgesetz
Baby Boomer	1946–1964	Analyse, Forderung nach Transparenz, Archivarbeit, Prozesse
Generation X	1965–1979	dto, Aufklärung, Einzelinitiativen
Generation Y	1979–1994	Entstehung von Vereinen, erste Literatur, Israel- und KZ-Besuche
Generation Z	1995–2010	Aktualisierung der Bildungspläne, Konzepte zur Toleranzerziehung ab weiterführende Schulen
Generation Alpha	ab 2010	Erkenntnis – Bildung des Menschen zur Demokratie muss in frühem Alter beginnen (für mich in der Familie! Neue Konzepte für Grundschulen). Erste Holocaust Überlebende und Zeitzeugen berichten und verarbeiten in Literatur. Nachlässe für Museen in der Generation Y.

Menschen wie der 2024-Friedensnobelpreisträger Schigemitsu Tanaka, setzen immer wieder leuchtende Beispiele früher Erkenntnis: Er, Direktor des Rates der Atombombenüberlebenden von Nagasaki, gründete schon 1956 diese Gruppe und zeigte damit „Handeln" und nicht Verdrängung des Schocks.

Aktuell stelle ich die Forderung auf, dass Friede-Demokratie und ein Nie-Wieder (?) nur möglich sein können, wenn alle Generationen in respektvollem Miteinander vehemente, dauernde Anstrengungen im gesamten Alltag machen.

Und nur, wenn ein politischer Rahmen nicht die Abschaffung jeglicher Kontrolle im Medienbereich erlaubt! Das ist ein Schlag ins Gesicht und fördert mit Fake News, Beeinflussung von Wahlen, Cyberattacken Hass und Rechte Parteien. Werteverfall scheint cool zu werden. Dann müssen WIR alle Kraft entgegensetzen.

Der Blick über die Grenze nach Frankreich lässt ebenso Bemühungen erkennen, neue Gedenkformen zu entwickeln: Die Débarquementfeier 80 Jahre, in der Normandie in 2024 zeigt ein Kaleidoskop von Erinnerungsformen für die Öffentlichkeit: Authentische Begegnungen mit Veteranen und Nachfahren, Orten, Friedenslauf, Friedenstreffen und Essen wie 1944, interaktive Reden, Patenschaften, Aufarbeitung des Themas Kinder deutscher Soldaten in der Normandie, Kriegsgräberfürsorge, Pilgern zur „Merveille" (Mt. St. Michel), Erweiterung des pädagogisch wertvollen interaktiven Museums Mémorial in Caen, Schaffung von Friedensparks zur Begegnung (wie zum Beispiel der Rosengarten auf dem Schuttberg der Stadt Caen). Weiterhin waren die Olympiade in Paris 2024 und die Fertigstellung der Kathedrale Notre-Dame de Paris 2024 (nach dem Brand) Ereignisse von Weltinteresse.

Hingegen besteht für die echte „Erinnerungsarbeit und Dokumentation" sowohl in Frankreich wie in anderen europäischen Ländern noch viel Raum nach oben, vor allem die Richtigstellung des kolonialen Erbes muss in Würde noch erfolgen und erinnert werden. Widen-the-Circle-Mitglieder bringen bei Foren reiche Aktivitäten und Erfahrungen ein.

6.2 Inspiration und Impulse für Jugendliche/Erwachsenen/Familien aber auch Initiativen

- Erstes Kriegs- und Friedensmuseum Luzern
- Museum und Park – Hiroshima/Nagasaki
- Gedenkstätte – Yad Vashem/Israel
- Friedenszentrum Nobel – Norwegen
- Freiheitsmuseum (päd./hist.) Groesbeck, Niederlande
- Kriegs-Friedensmuseum Navian Porcien/Ardennen

- United States Holocaust-Memorial-Museum-Washington/USA
- Internationales Friedensmuseum (Strategien), Dayton/Ohio/USA
- 300.000 Patenschaften für Kinder
- Deutsche Nationalbibliothek DNB Frankfurt mit Exilarchiv
- Literatur, Fachverlage
- Doku- und Kulturzentrum Deutsche Sinti und Roma
- Städte wie Berlin
- Dokuzentrum München
- NS-Dokuzentrum Freiburg
- Friedhöfe wie Prag u. a.
- Lager, KZ's, Heilanstalten u. a., Archive, digitale Findbücher in Gedächtnisstätten, Museen, Initiativen in Gemeinden, Bibliotheken, Ausstellungen und Sammlungen lassen die Vielfalt ahnen, mit der sich Historiker und viele Laien/Experten im Ehrenamt beschäftigen.
- Ehemalige Synagogen, Denkmale, Hinweistafeln, Straßennamen, Wikipedia, Publikationen von Geschichtsvereinen, Akademien und Eigenverlage.

6.3 Impulse für die Persönlichkeitsbildung in Familie – Kindergarten – Schulen – Berufsausbildung

6.3.1 Beginn in der Familie

Es beginnt in der Familie durch Vorbild, Zuwendung, Regeln, Rücksicht, Bildung (vor allem Herzensbildung), Verantwortung. Basiswissen. Gewaltfreie Erziehung. Das Regel- und Wertebewusstsein des Kindes sollte bei Schuleintritt so entwickelt sein, dass Unterricht möglich ist. Eltern/Erziehungsberechtigte tun gut daran im Sinne von Förderung des Kindes, intensiv mit Kiga und Schulen zusammenzuarbeiten.

6.3.2 Persönlichkeitsbildung in den Kindergärten/Schulen

Die Kindergärten und Schulen sollten gut vernetzt sein mit Eltern, Elternmentoren (zum Übersetzen), Beratungsstellen, Hotlines Ministerien, Medienbildung, PH's und den nächstgelegenen Gedächtnisstätten, Kreismedienzentrum.

Forderung an Rahmenbedingungen (Erkenntnisstand nach dem Multiplikatorentreffen 01.2022):

- Pro Kollegium sollten 1–2 Lehrer Beauftragte für das Thema Friedenserziehung sein
- Gymnasiallehrer brauchen mehr Pädagogik in der Ausbildung.
- Volle Unterstützung für Erasmusprojekt
- Mehr Lehrerstellen (in Krisen wie einer Pandemie fehlen Personen für AG's und besondere Themen. Lehrer i. R., Handschlag-Stunden).
- Im Hinblick auf den Lehrermangel sollte jede Grundschule einen Pool für Handschlaglehrer (i. R.) aufbauen und nutzen für Ags oder Friedenserziehung.
- Zweitzeugen übernehmen Vorträge etc., also jede/r, die/der einen Zeitzeugen/in kennt und von ihr/ihm weitererzählen kann.
- Organisation von Veranstaltungen und finanzielle Förderung durch LpB, EVZ und weiteren Stiftungen auf Bundes- und Landesebene.
- Vereinfachung der Bürokratie.
- Es fehlt eine Stelle (z. B. LpB) gebündelter Beratung und Transparenz bei FördermöglichkeitenMan hat keine Zeit, sich als Lehrkraft mit den Regeln der vielen Förderstellen und Stiftungen zu befassen und Einreichungstermine dadurch zu verpassen. Auch Entbürokratisierung notwendig.
- Intensivierung Französisch in der Grundschule (Rheinschiene). Es fehlen Lehrer.

Schulverwaltung
Diese Bemühungen um mehr Vernetzung regionaler Voraussetzungen/Institutionen/Aktiven braucht die Schaffung neuer Stellen (kann nicht nur von Ehrenamt geleistet werden!) in der Schulverwaltung, Regierungspräsidium oder angesiedelt an der Pädagogischen Hochschule, zum Beispiel als Modell für 3 Jahre, um Erfahrung zu sammeln.

Da man in der Erinnerungskultur **Ehrenamtliche** braucht, wäre es auch hier an der Zeit, eine *einfache* Bürokratie zu schaffen, um wenigstens ein Entgeld für Reisekosten (km-Geld/Übernachtung mit Verpflegung oder Pauschalen) zu bekommen, für Coaching in Kollegien usw., Vorträgen an Gedächtnisstätten.

6.3.3 Berufsbildung, Schulen, Firmen

Fach Lebenskunde; interdisziplinäre Konferenzen, Beratung, Medienerziehung, Kooperationen, Projekte und Aktionstage mit dem Thema „Wie sind Schmierereien und Schändungen von jüdischen Friedhöfen und Denkmalen zu verhindern?", Ausbildung von jugendlichen StadtführerInnen.

6.3.4 Kirchliche Einrichtungen

Im Ort und Landkreis mehr aufeinander zugehen, Gemeinsames pflegen, Feste, Wir-Gefühl, Ökumene „Engel der Kulturen" (www.engel-derKulturen.de)

Reisen nach Israel
- Forderung nach Schulen im Grenzgebiet nach dem Prinzip „Global Citizenship Education" mit Profil Streitschlichtung.
- Überprüfung der Fördergelder an Grenzstaaten Israels für Schulbücher (in denen dann Hetze zu lesen ist??!!)
- Jugendwerk ja!
- Lehreraustausch Gymnasium/Realschulen. Auf das Bewusstsein hinarbeiten, dass Jerusalem eine internationale Stadt des Friedens wird: Weltstadt des Friedens.
- Studienjahr Jerusalem

Impulse für LehrerInnen Aus- und Fortbildung an PH's unter Berücksichtigung regionaler Netzwerke zum Thema Erinnerungskultur und Ansätze zu neuen Strategien gegen Antisemitismus (besonders für handlungsorientierte Strategien im Grundschulalter).

Praktika während dem Studium
- Themenpraktika (1–3× oder Wochenendpraktikum) bei Gedächtnisstätten
- Bzw. eine Vorlesung, wo ein(e) KuratorIn die Arbeitsfelder darstellt (d. h. also, auch z. B. Vertreter des Anne Frank Zentrums Berlin/Museum EM/Blaues Haus Breisach u. a.)
- Organisation vor Ort/mit Förderverein Ehemalige Synagoge Kippenheim, z. B. Pflege und Führung auf dem Jüdischen Friedhof Schmieheim mit Schulklassen (je nach Altersgruppen)
- Rundgang Online pdf. des Fördervereins Ehemalige Synagoge, Kippenheim
- Tagespraktika „Auf den Spuren von ..." Inge Auerbacher, Kippenheim u. a.
- Besonders motivierte Student*Innen sollten sich z. B. durch bestimmte Anzahl pro Semester geleistete Std./oder Tage – (mind. 4 Wochen) Sozialpunkte oder dgl. erwerben können (Motivation). Es wäre auch hervorragend, wenn es einen Pool an StudentInnen gäbe, den Schulen abrufen könnten, wenn sie für große Aktivitäten – zum Thema Erinnerungskultur-Projekt-bezogen (z. B. Projekttage) Unterstützung brauchen (Digitalisierung von Materialien bis Einüben israel. Tänze oder dgl.). Schulen müssten dazu ihre Jahresthematik auf ein Online-Portal stellen.
- Eine Bezeichnung wäre wichtig: (wie Religionslehrer) z. B. Botschafter*In für Erinnerungskultur oder dgl. ZweitzeugIn ... BegleiterIn Erinnerungskultur

6 Zukunftswerkstatt

- Vorlesung/zumindest Kurzseminar über Öffentlichkeitsarbeit (Einbeziehung Eltern/Stadt/Gemeinde)
- Seminar über finanzielle Fördermöglichkeiten LpB/EVZ u. a.
- Vorlesung über interreligiöse Schulstiftungen, z. B. Osnabrück, Konzeption etc. oder über **Unesco-Schulen**, (auch als Zulassungsarbeit!)
- Global Citizenship Education
- Einzelne/Themen für Zulassungsarbeiten regional aufzuarbeiten:

• Was heißt jüdisch sein?	Kurzfilm
• Was heißt koscher, usw.	Kurzfilm

- Umgang mit dem Holocaust in den Nachgenerationen von Zeitzeugen, zum Beispiel anhand der in Kenzingen geborenen Alice Dreifuss Goldstein (heute in USA lebend): siehe Pforte 2019.
- Diese Impulse sind auch Themen für Seminar- und Zulassungsarbeiten, Dissertationen
- Hologramme nutzen
- Zusammenarbeit von PH's auch mit Widen the Circle

6.3.5 Verwaltung

Personal in Bürgerbüros, zum Beispiel kann Willkommenskultur befördern, wenn es durch Basiswissen geschult ist. Dasselbe gilt für alle Gremien. Die Anerkennung der immensen Bildungsarbeit der Schulen, Einzelinitiativen, Arbeitskreisen, Geschichts- und anderen Vereinen für die Wertegesellschaft und das Profil der Stadt/Gemeinde sollte von der Verwaltung in Wort und Tat und finanzieller Unterstützung sichtbar sein! Ebenso bei Besuchen von Zeitzeugen oder deren meist aus USA/Brasilien/Australien anreisenden Nachfahren/Verwandte sollten Räumlichkeiten für Lesung/Empfang, Bürgerbus und Unterbringung nicht erst nach langen Diskussionen und Rechtfertigungen zur Verfügung gestellt werden.

Im Sinne der unabdingbaren Forderung nach „konkret mehr Demokratie", Präsenz des Themas „gegen Hass und Ausgrenzung" ist die Verwaltung, die einzelnen Personen – die Schnittstelle für das Gelingen oder Nichtgelingen in einer Stadt/Gemeinde. Es muss einen professionellen Ansprechpartner geben! „Kultur" hat oft keine Lobby und fällt dem Zwang zum Sparen zum Opfer, wenn Stadträte und Parteien entscheiden müssen.

Dabei ist ein politischer Rahmen, der genug Pädagogen und das Unterrichtsfach Religion oder Ethik überhaupt möglich macht, so wichtig für den Erfolg unserer Bildung und Entwicklung eines Demokratiebewusstseins, ja absolut Voraussetzung!

....kommt zu Wort

Toby Axelrod, Joel Obermayer, Matthias Guderjan, Birgit Beck, Lara Rückriem, Bodo Alaze, Karen Jungblut, Hansjörg Deng und Bianca Christina Weber-Lewerenz

7.1 Die Obermayer Stiftung kommt zu Wort

Toby Axelrod and Joel Obermayer

Widen the Circle wurde 2019 als gemeinnützige Organisation gegründet und wird von der Obermayer-Stiftung unterstützt. Derzeit konzentrieren sich die Aktivitäten auf drei Bereiche: Obermayer Awards, Widen-the-Circle-Netzwerk und Internationaler Brückenschlag.

> *„Dear Roswitha Weber,*
> *Congratulations on being a 2023 Obermayer Award winner!"*
> **Rebecca Richards-Kramer, Widen the Circle, The Obermayer Foundation**

T. Axelrod (✉) · H. Deng
Berlin, Deutschland

J. Obermayer
Dedham, USA

M. Guderjan · B. Beck · L. Rückriem · B. Alaze
Kenzingen, Deutschland

K. Jungblut
Kelkheim, Deutschland

B. C. Weber-Lewerenz
Aichtal, Deutschland
E-Mail: bianca.christina@gmx.de

© Der/die Autor(en), exklusiv lizenziert an Springer Fachmedien
Wiesbaden GmbH, ein Teil von Springer Nature 2025
I. Auerbacher et al. (Hrsg.), *Erinnerungen für HEUTE und MORGEN*,
https://doi.org/10.1007/978-3-658-48390-6_7

Die Obermayer Stiftung zeichnete Roswitha Weber am 23. Januar 2023 in Berlin mit dem renommierten Obermayer Award aus[1] (Abb. 7.1, 7.2, 7.3 und 7.4). Der Preis würdigt ihre Pionierarbeit, den Holocaust an Grundschulen zu vermitteln: *„Roswitha Weber führt Grundschulkinder an die jüdische Kultur, die Verbrechen der Nazis und die Bedeutung der Empathie heran."*[2]

Seit mehr als zwei Jahrzehnten würdigen die Obermayer Awards Einzelpersonen und Organisationen in Deutschland, die mit kreativem und uneigennützigem Engagement dazu beigetragen haben, die jüdische Geschichte und Kultur in ihren Gemeinden zu bewahren und Hass, Vorurteilen und Antisemitismus entgegenzuwirken. Unter den bislang Ausgezeichneten waren Lehrerinnen und Lehrer ebenso wie Menschen aus technischen Berufen, Sport, Jugendarbeit, Justiz und Rechtswesen, Kunst und Kultur, Verlagsgeschäft, Bankwesen und Unternehmensführung aus allen Regionen Deutschlands. Sie haben in ihren Gemeinden und weltweit Brücken geschlagen und dadurch enge Beziehungen zu ehemaligen jüdischen BürgerInnen und ihren Nachfahren aufgebaut. Gleichzeitig gelingt es dank ihrer Arbeit, auch jüngeren Generationen die Lehren der Geschichte zu vermitteln.

Die Preisverleihung findet jedes Jahr im Januar im Rahmen der Veranstaltungen anlässlich des Internationalen Holocaust-Gedenktages im Abgeordnetenhaus von Berlin statt.

Weiter würdigt die Stiftung: *„Die Lehrerin Roswitha Weber hat in ihrem gesamten Berufsleben Kindern geholfen, ihre natürliche Fähigkeit zur Empathie zu*

Abb. 7.1 PreisträgerInnen der Obermayer Awards 2023. (Bildquelle: Widen the Circle)

---

[1] www.widenthecircle.org/de/obermayer-awards/winners-2023.
[2] widenthecircle.org/de/profiles/roswitha-weber.

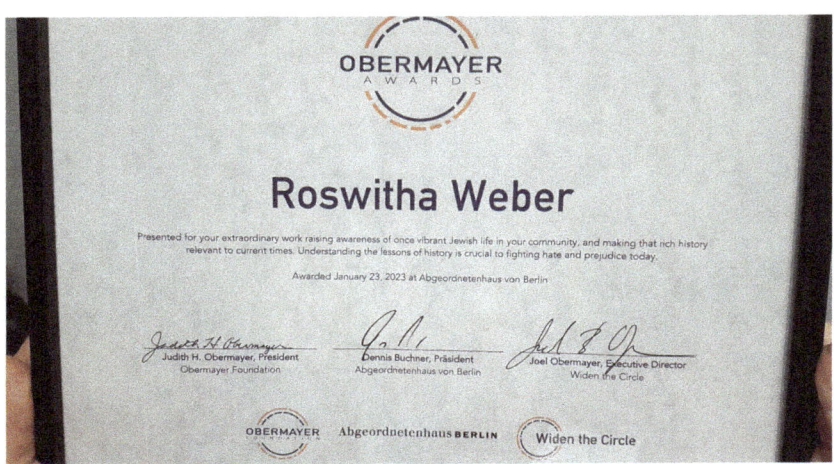

Abb. 7.2 Obermayer Award 2023 an Roswitha Weber. (Bildquelle: Bianca Weber-Lewerenz)

Abb. 7.3 Roswitha Weber grüßt in ihrer Laudatio ihre per Livestream zuschauende Freundin Inge Auerbacher in New York, USA, Obermayer Award 2023 Preisverleihung in Berlin. (Bildquelle: Bianca Weber-Lewerenz)

erkennen und sie sich zu eigen zu machen. Gleichzeitig hat sie ihnen beigebracht, wie das Schlimmste geschehen kann, wenn Menschen sich nicht umeinander kümmern.

Von 1988 bis zu ihrer Pensionierung 2015 hat Weber an der Grundschule in Kenzigen, einem Ort in Baden-Württemberg, Deutsch, Französisch, Religion und

Abb. 7.4 Obermayer Award Preisträgerin Roswitha Weber zusammen mit ihrem unterstützenden Netzwerk und Familie, am 23. Januar 2023 im Abgeordnetenhaus, Berlin (v.l.n.r. Rebecca Richards-Kramer, Joel Obermayer, Ulrike Alaze, Birgit Beck, Klaus Weber, Roswitha Weber, Bodo Alaze, Bianca Weber-Lewerenz, Jörn Lewerenz, Andreas Beck). *(Bildquelle:* https://widenthecircle.org/obermayer-awards/ceremony-2023*)*

andere Fächer unterrichtet. Mitte der 1990er-jahre brachte sie Kindern der 3. und 4. Klasse die Nazivergangenheit nahe, um Toleranz und Akzeptanz von Vielfalt zu fördern.

In Deutschland ist es höchst ungewöhnlich, mit Schüler*innen in diesem Alter das Schicksal der Jüdinnen und Juden in Deutschland während des Zweiten Weltkriegs durchzunehmen. Weber ist jedoch davon überzeugt, dass dies in altersgemäßer Art und Weise thematisiert werden kann – und soll.

Für die ganz jungen Kinder bedeutet dies, ihnen die jüdische Kultur beispielsweise durch Lieder, Feiertage und Speisen nahezubringen. Für ältere Kinder, ihnen zu helfen, sich mit jüdischen Kindern zu identifizieren, die in Nazideutschland verfolgt wurden.

Und die Kinder sind wissbegierig. „Kinder wollen nicht von Erwachsenen hören: ‚Das verstehst du noch nicht' oder ‚lassen wir das Thema, wir wissen da eigentlich nicht Bescheid' oder ‚das ist so lange her, lassen wir das'", sagt Weber.

Im Laufe der Jahre hat sie viel Widerstand überwunden, ob von Menschen, die denken, dass jüngere Kinder dieses Thema nicht bewältigen könnten oder von anderen, die meinen, man sollte das Thema endlich auf sich beruhen lassen und nicht mehr darüber sprechen.

Webers Antwort auf die skeptischen Stimmen: Unterschätzen Sie Kinder nicht! Sie wissen mehr als man vielleicht denkt, und es gibt Möglichkeiten, sie sogar an die schwierigsten Themen heranzuführen. Am wichtigsten: ein Kind, das lernt, die eigene natürliche Empathie zu aktivieren, wird sich mehr für Geschichte interessieren und wird besser in der Lage sein, die Lehren daraus in die eigenen Interaktionen mit Familienmitgliedern, Freund*innen und Fremden einzubringen.

Mit ihrer Beharrlichkeit hat sie diese Kritiker*innen überzeugen können. Als Pensionärin ist sie noch heute damit beschäftigt zu schreiben, neue Lehrkräfte als Mentorin zu betreuen und Veranstaltungen zu organisieren, die an das jüdische Leben ihrer Stadt und der Region erinnern.

Um nur einige ihrer zahlreichen Aktivitäten zu nennen: mit ihrem Mann gibt sie die Buchreihe „Die Pforte" über die Geschichte der Stadt/Region heraus, veröffentlicht viele Artikel zur Geschichte, hat ein interdisziplinäres Netzwerk von Multiplikator*innen in der Holocaust-Pädagogik gegründet, um neue Lehrkräfte zu coachen, und sie hat ein regelmäßiges ökumenisches Treffen von Religionslehrer*innen aus der Umgebung initiiert, um sie in die Holocaust-Pädagogik einzubinden.

Ihre ehemaligen Kolleg*innen digitalisieren gerade ihre Unterlagen zum Holocaust.

Weber wurde aktiv, nachdem sie 1992 „Ich bin ein Stern" von Inge Auerbacher gelesen hatte. Die Holocaustüberlebende hatte ihre Autobiografie 1986 veröffentlicht. Auerbacher kam in Kippenheim zur Welt, nur 15 Autominuten nördlich von Kenzingen. Sie und ihre Eltern wurden 1942 in das Nazi-Konzentrationslager Theresienstadt in der ehemaligen Tschechoslowakei deportiert. Auerbacher war damals sieben Jahre alt.

„Es war das erste Buch zu dem Thema, von dem ich überzeugt war, dass ich es unbedingt meiner 4. Klasse nahebringen musste", sagt Weber, die 1952 in Müllheim, etwa 60 km südlich von Kenzingen, geboren wurde.

Auerbacher „nimmt die Perspektive eines Kindes" auf die Geschichte ein, sagt Weber. „Sie hat ihre Angst beschrieben, wenn sie Menschen mit Stiefeln sah oder hörte – es lief ihr kalt den Rücken herunter. Sie erzählte davon, wie sie im Lager Geburtstag feierte – einmal bastelte ihre Mutter etwas für ihre Puppe aus einem alten Lappen" als Geschenk.

„Ich frage die Kinder, wie sie ihren eigenen Geburtstag feiern, und dann sollen sie das mit Inges Geburtstagsfeier vergleichen", sagt Weber. „Ich kann nicht in die

Klasse kommen und sagen: ‚Heute lernen wir über den Holocaust'. Das würde nicht funktionieren. Zunächst muss ich mir sicher sein, dass sie verstehen und sich einfühlen können. Und dann gebe ich ihnen den Impuls, zu Hause darüber zu sprechen."

Ausgehend von dem, was sie im Unterricht gelernt haben, waren die Schüler*innen daran beteiligt, Regeln zu entwickeln, um Mobbing in der Klasse zu verhindern, sagt Weber. „Alle können ihre Meinung sagen, niemand wird beschimpft, und wir haben Streitschlichter*innen. Wenn es während der Pause zu einer Rauferei kommt, dann versuchen ‚Pausenengel', die selbst Schüler*innen sind, zu helfen, das Problem zu lösen. Wenn das nicht gelingt, müssen sie sich an eine Lehrkraft wenden."

„Erwachsene unterschätzen oft Kinder, aber das sollten sie nicht tun", ergänzt Weber. „Kinder verstehen. Was geschah, war ungerecht. Es waren Kinder wie alle anderen, nur dass sie jüdisch waren. Warum mussten sie so sehr leiden? Warum haben die Menschen mitgemacht?"

Auerbacher hat sich im Laufe der Jahre häufig mit den Schüler*innen in Kenzingen getroffen, besonders am jährlichen Inge-Auerbacher-Tag, den Weber vor mehr als 20 Jahren ins Leben gerufen hat. „Man muss den Kindern etwas Bekanntes zeigen", sagt Auerbacher, die immer noch Badisch spricht, obwohl sie seit 1946 in den USA lebt. „Die Kinder erkennen: nein, sie sieht gar nicht anders aus als wir. ‚Sie trägt dieselben Kleider wie wir und sie spricht wie wir.'"

Roswitha Weber „ist ein enormer Glücksfall", ergänzt sie. „Seit vielen Jahren erfüllt sie diese ganze Situation, die jüdische Situation, mit Leben und hilft den Kindern dabei, bessere Menschen zu werden, sodass das nicht wieder geschehen kann."

Als Jugendliche besuchte Weber in der Nachkriegszeit ein Internat mit liberalen Werten nahe der Grenze zu Frankreich und der Schweiz. Ein Onkel war in der SS gewesen. „Meine Großeltern haben sich wegen ihres Sohnes geschämt", sagt Weber. „Aber er hatte keine Wahl. Er war blond, hatte blaue Augen, und er musste mitmachen. Er diente im Osten, in Lettland. Ich wollte nicht über alles, was dort geschehen ist, Bescheid wissen, und ich habe festgestellt, dass einige in meiner eigenen Familie überhaupt nichts wissen wollten."

Weber hatte also Verständnis dafür, dass manche Eltern und Großeltern ihrer Schüler*innen nicht wollten, dass dieses Thema in der Schule durchgenommen wurde. „Ich habe mich mit den Großvätern getroffen und sie in den Unterricht eingeladen", erinnert sie sich. Sie versuchte, sie davon zu überzeugen, „dass es nicht um Schuld ging, sondern dass sie die Verantwortung haben, über ihre Erinnerungen zu sprechen und diese Erinnerungsarbeit zu leisten."

Nach und nach, sagt sie, haben die meisten das verstanden und sogar mit den Schüler*innen über ihre eigenen Erfahrungen während des Krieges gesprochen. Daraufhin haben sich andere Kinder bemüht, etwas über ihre eigene Familie herauszufinden.

Ein paar Mal haben Eltern ihre Methoden kritisiert, beispielsweise als sie den Kindern jüdische Kultur nahegebracht hat, unter anderem Tänze und wie man traditionelle jüdische Leckereien bäckt. Als Hausaufgabe sollten sie mit ihrer Familie darüber sprechen. „Denn jetzt wisst ihr mehr als sie", sagte sie den Schüler*innen.

„Dafür wurde ich angegriffen", sagt sie.

Ein anderes Mal hat ein Elternteil sie bedroht, nachdem sie ältere Kinder zurechtgewiesen hatte, weil sie Mitschüler*innen, deren Vater aus dem Kongo war, gemobbt hatten. „Sie konnten kein Deutsch außer ‚guten Tag' und ‚danke'. Kinder aus rechten Familien haben sie in der Pause angegriffen und beschimpft. Ich brachte sie dazu, um Entschuldigung zu bitten, und wir haben darüber gesprochen. Ich erklärte, dass diese Kinder aus Frankreich kommen, aber es war ihnen egal. Sie wollten nicht verstehen. An dem Nachmittag wurde ich von einem Elternteil bedroht: ich sollte auf unsere eigenen Kinder aufpassen. Damals hatten wir drei kleine Kinder zu Hause. Sie wollten mich einschüchtern. Es ging lange hin und her. Das ist aber das einzige Mal gewesen, dass so etwas vorgekommen ist, und letztlich sind die Spannungen im Sande verlaufen."

Einige Kolleg*innen waren auch nicht richtig überzeugt. „Sie sagten: ‚Warum machen Sie so viel Aufhebens darum?' Irgendwann hat sich das auch totgelaufen."

Sie ergänzt: „Ich hatte das Gefühl, dass meine Bildungsarbeit mit den Eltern sich ausgezahlt hat. Am Ende haben die Eltern sich bei uns dafür bedankt, dass wir dieses Thema behandelten und diese Werte in der Schule förderten. Bis heute bekomme ich viel Unterstützung."

Filmemacher Bodo Alaze konnte Roswitha Webers Engagement ganz aus der Nähe betrachten, als sein jüngstes Kind in ihrer Klasse war. Damals war Alaze in der Schule ehrenamtlich tätig und wurde gebeten, den Besuch von Inge Auerbacher zu filmen. „Das war der Anfang einer wunderbaren Zusammenarbeit bis heute", sagt Alaze, der die Schule jetzt auch als Webmaster unterstützt.

Zunächst hat er sich gefragt: „Wie können wir mit Kindern in dem Alter über den Holocaust sprechen?" Im Laufe einiger Monate haben die Kinder, darunter auch sein Sohn, Auszüge aus Auerbachers Büchern gelesen. Sie wurden angeregt, sich in ihre Lage zu versetzen. Als Auerbacher aus den USA anreiste, um die Schule zu besuchen, hat Alaze gefilmt. „Sie war eine wunderbare Brücke, weil sie aus der Perspektive eines Kindes geschrieben hat", erinnert er sich.

Ein anderes Mal hatte Weber „einen alten Koffer und machte ihn gemeinsam mit den Kindern auf. Drinnen war ein Davidstern, und sie erklärte den Kindern, was das ist."

Webers Leidenschaft für das Thema hat nicht nur die Kinder angesteckt, sagt Alaze. „Sie hat mit ihrer unermüdlichen Phantasie und einer unglaublichen Ausdauer ihre Vision in dieser Schule umsetzen können", schrieb er in seinem Empfehlungsschreiben für ein Obermayer Award. Das Kollegium wurde auf dieser Reise mitgenommen. Inge Auerbacher kommt – das betrifft die ganze Schule. Eltern waren eingebunden. Ich auch."

Die Bundesregierung hat Auerbacher eingeladen, im Januar 2022 am jährlichen Holocaust-Gedenktag vor dem Bundestag zu sprechen. Weber hatte dies vorgeschlagen und die Idee mit Nachdruck verfolgt. Danach hatten Schüler*innen an der UNESCO-Schule in Emmendingen, nicht weit von Kenzingen, die Gelegenheit, mit Auerbacher ein Interview zu führen. Ihr Gespräch wurde live an andere Schulen in der Region übertragen.

„Sie spricht vor Angela Merkel und anderen Politiker*innen, und es ist verrückt, dass Roswitha Weber es geschafft hat, sie hierher in ein kleines Dorf zu holen, sodass sie mit uns spricht", sagt Nina Adolph, 17, die beim Interview dabei war.

„Man konnte spüren, wie stark sich alle darauf konzentrierten, was [Auerbacher] sagte", ergänzt Leo Sillmann, 16.

„Sie gab uns das Gefühl, dass wir damals in dem Moment bei ihr waren", sagt Sophia Fischer, 18.

Die jungen Leute sammeln jetzt Geld, sodass sie nach New York reisen und ein Interview mit Auerbacher aufzeichnen können, sagt Geschichtslehrer Benjamin Kleinstück, Leiter des Inge Auerbacher Zeitzeugenprojekts an der Schule. „Wenn wir mit Kindern über den Tod und über Gott sprechen können, dann können wir mit ihnen über den Holocaust sprechen, in ihrer spezifischen Sprache", sagt Kleinstück, dessen Tochter früher in Webers Klasse war. „Sie können fühlen, sie können lernen und – am wichtigsten – sie können Fragen stellen."

„Jetzt können wir erkennen, dass sie in den oberen Klassen immer noch interessiert sind", ergänzt er. „Sie alle wollen Inge Auerbacher nächstes Jahr sehen. Jeden Montag sitzen zehn dieser jungen Leute in der Schule und planen: ‚Wie können wir nach New York fliegen? Wie können wir mit Inge ein Interview führen und sie für die Zukunft bewahren?' Ohne Roswitha gäbe es das alles nicht."

– Obermayer Award 2023

QR Code zum Profil Roswitha Weber „Obermayer Award 2023" mit Film zum Projekt „Inge Auerbacher Tag" (Quelle: https://widenthecircle.org/de/profiles/roswitha-weber)

7.2 Ein Bürgermeister kommt zu Wort

Matthias Guderjan

Die Stadtverwaltung Kenzingen machte am 03. Februar 2022 ein follow-up im Nachgang zu von Inge Auerbacher's Rede zum Holocaust-Gedenktag im Deutschen Bundestag mit dem Beitrag „Vom Bundestag in die Turn- und Festhalle: Dr. hc. Inge Auerbacher zu Gast".[3]

Am 27. Januar fand die bewegende Rede der Zeitzeugin und Holocaust-Überlebenden Dr. hc. Inge Auerbacher im Bundestag bundesweit Beachtung. Am 02. Februar war sie zu Gast in der Grundschule an der Kleinen Elz und nahm an einem Multiplikatoren Treffen zur Erinnerungskultur teil (Abb. 7.5 und 7.6). Hierzu konnte Bürgermeister Matthias Guderjan unter anderem MdB Yannik Bury und MdL Alexander Schoch begrüßen. Neben dem Ehrengast galt sein besonderer Dank der Initiatorin Roswitha Weber sowie der Rektorin Birgit Beck.

In meiner damaligen Funktion als Bürgermeister der Stadt Kenzingen konnte ich die jährlichen Aktivitäten rund um den Inge-Auerbacher-Tag mitverfolgen und meinen Beitrag dazu leisten. Als es um die Empfehlung des Projektes zur Auszeichnung mit dem Obermayer Award ging, schrieb ich dazu im Mai 2022:

---

[3] Homepage der Stadtverwaltung Kenzingen, Veröffentlicht am Donnerstag, 3. Februar 2022.

Abb. 7.5 Inge Auerbacher beim 1. Multiplikatoren-Treffen an der Grundschule an der Kleinen Elz Kenzingen. *(Bildquelle: Bianca Weber-Lewerenz)*

Abb. 7.6 Inge-Auerbacher-Tag 2015 an der Grundschule an der Kleinen Elz Kenzingen. *(Bildquelle: Bianca Weber-Lewerenz)*

Stadt Kenzingen
Der Bürgermeister

Empfehlungsschreiben
der Stadt Kenzingen
im Zusammenhang mit den

Obermayer Awards 2023

Frau Roswitha Weber, wohnhaft in Kenzingen-Bombach, soll für die Obermayer Awards 2023 vorgeschlagen werden. Dieser Vorschlag wird seitens der Stadt Kenzingen und durch deren Bürgermeister ausdrücklich unterstützt.

Frau Weber setzt sich seit mehr als drei Jahrzehnten nachhaltig für Versöhnung, Toleranz und Frieden ein. Als Lehrerin der Grundschule Kenzingen und weiter nach Eintritt in den Ruhestand organisiert sie z.B. regelmäßige Begegnungen mit der Holocaust-Überlebenden Dr. Inge Auerbach, New York. Frau Dr. Auerbacher hat am 27. Januar, dem Tag des Gedenkens an die Opfer des Nationalsozialismus, als Zeitzeugin vor dem Bundestag gesprochen, geleitet von Bundespräsident und Bundeskanzler, eingeführt von der Bundestagspräsidentin, ihre Rede stehend gefeiert. Auf der Reise nach Berlin wurde Frau Dr. Auerbacher von Frau Weber begleitet.

Die Grundschule Kenzingen begeht seit 2006 immer den 9. Mai als Inge-Auerbacher-Tag. Begegnungen mit Schülerinnen und Schülern des Gymnasiums Kenzingen gehören ebenso zu den regelmäßigen Besuchen von Frau Dr. Auerbacher in Kenzingen wie Veranstaltungen, zuletzt etwa ein von Frau Weber organisiertes und vielbeachtetes Multiplikatorentreffen am 1. Februar 2022 in Kenzingen.

Frau Weber setzt sich so aktiv und fortwährend ein für die Auseinandersetzung der Bürgergesellschaft mit den Folgen von Intoleranz, Verfolgung und Krieg. Sie verbindet das Bewusstsein für diese Themen und mit der Schulung zu Sensibilität, dem Wirken gegen Vorurteile, Rassismus, Ausgrenzung, Stigmatisierung, Diskreditierung und Unrecht und damit die Persönlichkeitsbildung insbesondere auch unserer Kinder und Jugendlichen.

Es wäre eine Ehre auch für die Stadt Kenzingen, würde das Wirken ihrer Mitbürgerin Roswitha Weber im Rahmen der Obermayer Awards 2023 ausgezeichnet.

Kenzingen, den 13. Mai 2022

Matthias Guderjan
Bürgermeister

7.3 Eine Schulleiterin kommt zu Wort

Birgit Beck

Rektorin der Grundschule an der Kleinen Elz Kenzingen
Es war über all die Jahre für viele Schüler- und Lehrergenerationen ein großes Geschenk, dass sie dich, liebe Inge, kennenlernen und an den Inge-Auerbacher-Tagen unmittelbar erleben durften.

Prägende und berührende Begegnungen sind bleibend in Erinnerung bei uns verankert. Für uns Grundschullehre/innen war es zu Beginn durchaus eine große Herausforderung, auch in der Auseinandersetzung mit verschiedenen Eltern, das Thema

„Holocaust" unseren Grundschulkindern nahe zu bringen.

Doch durch deine ganz eigene persönliche Art auf Kinder zuzugehen, ihnen deine Geschichte zu erzählen, hast du bei ihnen bruchstückhaftes Halbwissen geordnet und in einen unmittelbaren Zusammenhang mit deiner Person gestellt. Da dein Buch aus der Perspektive des Kindes geschildert ist, konnten wir als Lehrer/innen immer einen guten Vergleich zur heutigen erlebten Kindheit unserer Schüler/innen ziehen.

Deine Geschichte ist auch in dieser Zeit leider aktueller, denn je und so werden wie nicht müde diese zu erzählen.

Momentan sind wir dabei ein „Inge-Auerbacher-Arbeitsheft" für unsere Schüler/innen zu erarbeiten und die vielen Materialien, die wir im Laufe der Jahre gesammelt haben, zu digitalisieren.

So wollen wir auch in Zukunft deine Lebensgeschichte exemplarisch für Millionen jüdischer Menschen lebendig bewahren und in die nächsten Generationen weitertragen.

Seit 2006 feiern wir jährlich den Inge-Auerbacher-Tag am 9. Mai (in Gedenken an deine Befreiung aus Theresienstadt) (Abb. 7.7, 7.8 und 7.9).

Welchen Wunsch hast du für diesen besonderen Tag an uns?

Gibt es ein Lied, einen besonderen Gedanken, einen Text, der immer dabei sein soll?

Die Kinder und das Kollegium der Grundschule an der kleinen Elz Kenzingen

Abb. 7.7 Inge zu Besuch beim Inge-Auerbacher-Tag an der Kenzinger Grundschule. (Bildquelle: Grundschule an der Kleinen Elz Kenzingen)

Abb. 7.8 Leporello der Klassenstufe 4 zum Thema „Auschwitz"/Schularchiv, 1. Multiplikatoren-Treffen im Februar 2022, GS an der Kleinen Elz Kenzingen. (Bildquelle: Grundschule an der Kleinen Elz Kenzingen)

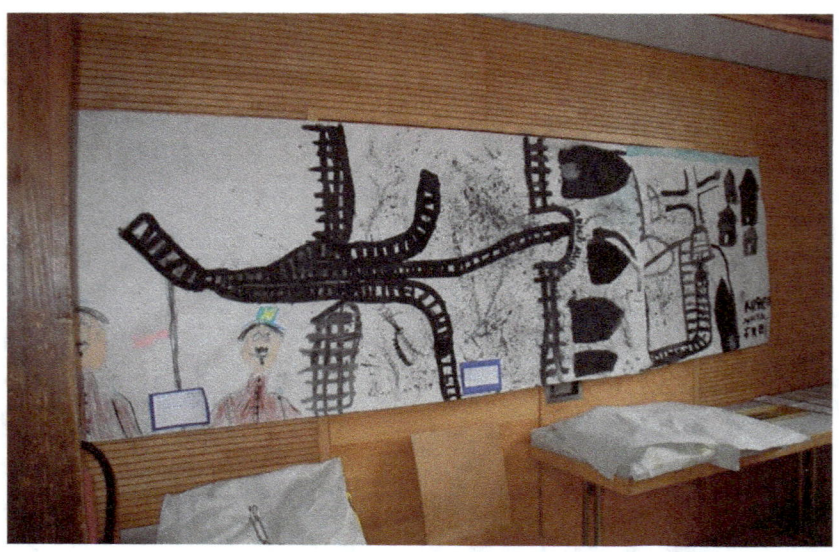

Abb. 7.9 Leporello der Klassenstufe 4 zum Thema „Auschwitz"/Schularchiv, 1. Multiplikatoren-Treffen im Februar 2022, Grundschule an der Kleinen Elz Kenzingen. (Bildquelle: Grundschule an der Kleinen Elz Kenzingen)

7.4 Eine Schülerin kommt zu Wort

Lara Rückriem

Der Unterricht bei Frau Weber war etwas ganz Besonderes. Bis heute kann ich mich noch sehr gut daran erinnern. Frau Weber unterrichtete die Themen rund um Inge Auerbacher, den Holocaust und Weltreligionen mit sehr viel Empathie. Sie ist immer auf uns Schüler eingegangen und lehrte uns, wie wichtig es ist, Frieden in die Welt zu tragen. Bei Frau Weber hatte man das Gefühl bekommen, etwas in der Welt verändern zu können. Ihr Unterricht hat auch jetzt, fast 10 Jahre später, noch Spuren hinterlassen. Ich erinnere mich, dass wir das Buch von Inge „Ich bin ein Stern" als Klassenlektüre gelesen haben. Ich besitze das Buch immer noch und denke gerne an die ausführliche Aufklärung von Frau Weber zurück. Sie kannte ihre Klassen sehr gut und wählte ihre Themen und Methoden mit Bedacht aus. Frau Weber hat viele Projekte auf die Beine gestellt. Ganz besonders war natürlich der Inge-Auerbacher-Tag. Es war total ereignisreich, denn im Vorfeld durften wir für diesen besonderen Tag alles vorbereiten. Mit Frau Weber zusammen durften wir im Schaufenster des Bücherladens unserer Stadt ausstellen, haben Tänze wie auch Lieder vorbereitet und freuen uns darauf, Inge diese zu zeigen. Als Inge dann endlich zu Besuch kam, war das für mich sehr aufregend. Wir hatten viel Zeit, um ihr unsere Fragen zu stellen, die Lieder und Tänze, die wir geübt hatten, vorzuführen und ihr Geschenke wie auch Briefe zu geben. Ich bin sehr dankbar, die Möglichkeit bekommen zu haben, Inge persönlich kennenzulernen und würde behaupten, dass es eines der bedeutsamsten Begegnungen in meinem Leben war. Ohne Frau Weber wäre dies nicht möglich gewesen. Denn sie brachte Geschichte zum „anfassen" ins Klassenzimmer und diese prägte mich. Ich habe diese sensiblen Themen verstehen können, da ich einen Bezug dazu hatte und im Unterricht mitwirken konnte. Auch meine Eltern waren begeistert von der Art des Unterrichts von Frau Weber. Sie vertrauten ihr voll und ganz und unterstützten sie dabei, indem sie auch mit mir Zuhause viel darüber gesprochen haben. Meine Eltern und ich sind Frau Weber und ihrem Unterricht sehr dankbar. Es gibt ein paar ganz besondere Worte, die Frau Weber immer zu uns gesagt hat. Die lauten: „Seid mutig, etwas zu verändern!" Und daran halte ich mich bis heute. Es führte dazu, dass ich mich für Geschichte und Politik interessiere und seit der Grundschule versuche, mich in vielen verschiedenen Bereichen sozial zu engagieren. Dies fiel dann auch auf meine Berufswahl zurück. Wenn ich zurück denke wird mir bewusst, dass dieser Unterricht das Fundament für meinen bisherigen Lebensweg war.

7.5 Ein Vater kommt zu Wort

Bodo Alaze

Als Vater von drei Schülern bin ich auch nach deren Schulabschluss darüber hinaus eng mit dem Projekt „Inge Auerbacher" und den Gestaltern verbunden. Ein Highlight war das Filmen und Produzieren des Dokumentationsfilmes der Grundschule an der Kleinen Elz Kenzingen (Abb. 7.10), zur kindgerechten Aufarbeitung des Nationalsozialismus an der Grundschule Kenzingen.

Ich bin Vater von 3 Kindern. Alle haben in der GS Kenzingen ihre Schullaufbahn begonnen. 2007 hatte ich eine Erlebnispädagogikausbildung absolviert. Mit meinem jüngsten Sohn konnte ich diese erworbenen Fähigkeiten in Landschulheimaufenthalt als unterstützendes Elternteil einbringen. Dieser Aufenthalt wurde mit meiner Filmkamera dokumentiert. Damit begann eine sehr interessante Zusammenarbeit, die in der Form als Webmaster für die Webseite der Grundschule bis heute andauert … das freut mich :-) (Abb. 7.11)

Abb. 7.10 Dokumentationsfilm-CD „Inge Auerbacher" von Roswitha Weber und Bodo Alaze, im Mai 2014. (Bildquelle: Bianca Weber-Lewerenz)

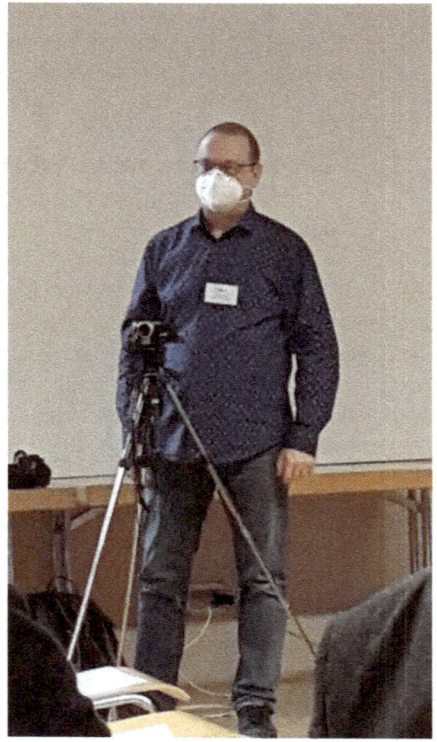

Abb. 7.11 Bodo Alaze beim Fotodokumentieren des ersten Multiplikatoren Netzwerktreffens im Februar 2022 an der Grundschule an der Kleinen Elz Kenzingen. (Quelle: Bianca Weber-Lewerenz)

Inge Auerbacher sollte an die Schule kommen. Ob ich das denn nicht filmen möchte. Es wäre doch schön.

Die Vorstellung eine Aufarbeitung des Holocaust kindgerecht in der Grundschule zu wagen, erschien mir bis dato ziemlich fern. Ich empfand die Vorbereitung auf dieses besondere Ereignis jedoch sehr spannend. Einige Bücher von Inge Auerbacher habe ich bis dahin gelesen und bin sehr beeindruckt, wie vorsichtig vieles mit der Gefühls- und Erlebniswelt des Kindes Inge Auerbacher passend für Kinder angesprochen wird, ohne zu überfordern und gleichzeitig nicht zu unterschlagen. Über Monate hinweg lasen die Kinder Auszüge der Bücher, versetzten sich in die Lage von Inge hinein (ich bin ein Stern). Ich filmte. Einen Ausflug an das Geburtshaus in Kippenheim gab es. Es gab auch Gegenstände aus der damaligen Zeit zum Anfassen. Und dann, endlich, kam der „Popstar" wirklich aus Amerika zu uns zu Besuch und es wurde erzählt, gelesen und getanzt – was für ein Fest! Und ich filmte.

Letztens sah ich auf dem Nachttisch meines Sohnes ein Buch von Inge, er muss wohl wieder darin geblättert oder gelesen haben. Er schloss vor 2 Jahren seine Schullaufbahn mit dem Abitur ab.

Diese Art der Aufarbeitung ist aus meiner Sicht nicht einfach nur eine Abhandlung vom Holocaust im Unterricht, sondern ein gelebtes Plädoyer für Toleranz, Gewaltfreiheit und Respekt allen Menschen gegenüber. Besonders beeindruckte mich die Freude im Umgang, ja, das Miteinander zu sehen und zu spüren – auch im Unterricht. Ich denke die Filme zeigen dies.

Dass diese Aufarbeitung so einfühlsam, hautnah erlebbar ist verdanken wir Roswitha Weber. Sie hat mit ihrer unermüdlichen Phantasie und einer unglaublichen Ausdauer ihre Vision in dieser Schule umsetzen können. Das Kollegium wurde auf dieser Reise mitgenommen. Inge Auerbacher kommt – das betrifft die ganze Schule. Eltern waren eingebunden. Ich auch.

Mir ist bewusst, dass dieses Engagement ein Besonderes ist und auch einen außergewöhnlichen Stellenwert in unserer Gesellschaft haben muss. Naja, auch Aufgrund jüngster Ereignisse, die in den Medien aktuell zu sehen sind. Ich wünsche mir daher, dass diese Art des Umganges und Aufarbeitens auf andere Schulen übertragen wird. Dafür müssen sich weitere finden … und diese Leidenschaft darf entfacht werden.

7.6 Im Interview mit Karen Jungblut im Februar 2025

Karen Jungblut and Bianca Christina Weber-Lewerenz

Karen ist Inge-Begleiterin bei ihren Zeitzeugen-Reisen und insbesondere bei der Deutschlandreise 2022 mit Rede zum Holocaust-Gedenktag vor dem Deutschen Bundestag (Abb. 7.12).

Wann und wie hast Du Inge kennengelernt?
Im Frühjahr 2021 hatte mein damaliger Chef der USC Shoah Foundation, Dr. Stephen Smith, in einem Telefonat von Inge Auerbacher erzählt und gefragt, ob ich mit ihr mal sprechen könnte. So bin ich mit Inge zum ersten Mal in Kontakt gekommen. Inge war daran interessiert, ein interaktives Zeitzeugnis zu machen. Aufgrund meiner langjährigen Erfahrung in der Leitung des „Dimensions in Testimony"-Pro-

Abb. 7.12 Gespräche und Empfang von Inge Auerbacher im Deutschen Bundestag in Berlin, 27. Januar 2022, vor Ihrer Rede zur Gedenkstunde des Deutschen Bundestages für die Opfer des Nationalsozialismus. V.li.n.re. Karen Jungblut, Inge Auerbacher, Klaus Weber, Roswitha Weber, Hansjörg Deng und Ulrike Haas. (*Quelle: privat*)

gramms sowie meine damalige Position als Director of Global Initiatives der USC Shoah Foundation in Frankfurt war ich eine ideale Kontaktperson. Zu dieser Zeit arbeitete ich außerdem intensiv an der Entwicklung deutschsprachiger interaktiver Zeitzeugenprojekte. Inge, die von Beginn an eine große Begeisterung für die innovative Arbeit des Programms zeigte, brachte ihre unvergleichliche Energie und Entschlossenheit ein.

Wer Inge kennt, weiß, wie außergewöhnlich beharrlich und leidenschaftlich sie ist, vor allem, wenn es darum geht, junge Menschen über den Holocaust aufzuklären und für ein Leben in Toleranz und Mitgefühl zu inspirieren. Was sie sich vornimmt, setzt sie mit beeindruckendem Elan um. Aus unserem ersten Telefonat entwickelte sich ein intensiver, regelmäßiger Austausch, der letztlich dazu führte, Inges lang gehegten Traum im Sommer 2022 Realität werden zu lassen.

Was ist Inge für ein Mensch?

In Inge begegnet man einer Persönlichkeit von außergewöhnlicher Offenheit, tiefer Herzlichkeit und bemerkenswertem Mut, deren Neugierde auf das Leben ungebrochen ist. Als wahre Weltbürgerin hat sie die entlegensten Winkel der Erde bereist – ein faszinierendes Kaleidoskop an Erfahrungen gesammelt. Aber es sind nicht nur ihre weitgespannten Reisen, die ihren Charakter prägen. Vielmehr ist es ihre bewundernswerte Fähigkeit, trotz – oder vielleicht gerade wegen – ihrer erschütternden Erfahrungen von Ausgrenzung, Verfolgung und dem Grauen der NS-Konzentrationslager, dem Leben mit offenen Armen zu begegnen. In einer bemerkenswerten Demonstration innerer Stärke hat sich Inge bewusst gegen die Verbitterung und für die Lebensfreude entschieden. Ihre unerschöpfliche Energie und ihr ansteckender Optimismus durchdringen jeden Raum, den sie betritt. Inges Fähigkeit, das Schwere mit Leichtigkeit und das Tragische mit Hoffnung zu verbinden, macht sie für mich eine Botschafterin der Menschlichkeit.

Was war für Dich der auslösende Moment, Inges Anliegen zu unterstützen und weiterzuverfolgen?

Es gab keinen einzelnen auslösenden Moment. Vielmehr war es die Kombination aus Inges Wärme, Offenheit, unermüdlicher Energie und ihrem tief empfundenen Anliegen, die nächste Generation zu erreichen (Abb. 7.13). Diese Eigenschaften machen es beinahe unmöglich, sich ihrer Mission nicht anzuschließen, wenn man die Gelegenheit dazu hat.

Abb. 7.13 Erstes Multiplikatoren-Netzwerktreffen beim Inge-Auerbacher-Tag an der Grundschule an der Kleinen Elz Kenzingen am 01. Februar 2022, Karen und Inge in der Mitte am Tisch. *(Quelle: Bianca Weber-Lewerenz)*

Du konntest das langjährige Projekt von Inge und Roswitha näher kennenlernen und bei verschiedenen Anlässen in der schulischen Umsetzung, der Netzwerkarbeit, und zu feierlichen Würdigungen dabei sein. Wie war das bisher und wie ist das für Dich?

Die Entstehungsgeschichte dieser bemerkenswerten Partnerschaft erscheint im Rückblick wie ein faszinierendes Zusammenspiel aus überraschendem Zufall und innerer Logik. Je besser man beide Persönlichkeiten kennenlernt, desto deutlicher wird, dass ihre Verbindung einer tieferen Notwendigkeit entsprang. In der Begegnung von Inges weltumspannender Herzlichkeit mit Roswithas tiefem Bedürfnis, sich der nationalsozialistischen Vergangenheit in ihrer – und auch Inges – Heimat zu stellen, entstand eine Freundschaft von außergewöhnlicher Strahlkraft. Ihre gemeinsame Arbeit hat Kreise gezogen, die weit über das Persönliche hinausreichen und deren Wirkung sich über Generationen hinweg entfaltet. Es ist ein bewegendes Beispiel dafür, wie zwei Frauen, die sich mutig den Schatten der Vergangenheit stellen, neue Wege des Verstehens und der Versöhnung eröffnen können. In ihrer gemeinsamen Mission, junge Menschen gegen die Gefahren von Hass zu immunisieren und für ein Leben in Verständnis, Offenheit und Toleranz zu begeistern, liegt eine zeitlose Botschaft von unschätzbarem Wert.

Gab es für Dich Highlights? Und welches waren für Dich Momente zum dringenden Handeln?
Die Highlights mit Inge sind vielfältig: von offiziellen Anlässen (Abb. 7.14), wie ihrer beeindruckenden Rede im Deutschen Bundestag, über die Verwirklichung des interaktiven Interviews mit ihr für die USC Shoah Foundation und das Deutschen Exilarchive 1933–1945 der Deutschen Nationalbibliothek in Frankfurt, bis hin zur Arbeit am VR-Projekt Tell me, Inge mit StoryFile und Meta. Ebenso wertvoll, und eigentlich unersetzbar und unvergesslich sind die ruhigeren Momente und Gespräche dazwischen.

Während dieser Erlebnisse mit Inge wird schnell klar, dass sie immer sie selbst bleibt. Ganz gleich, wen sie trifft – ihre Offenheit und ihr Fehlen jeglicher Berührungsängste machen es jedem leicht, sich mit ihr zu unterhalten oder auseinanderzusetzen.

Wie schätzt Du die Arbeit der Zeitzeugen, die Erinnerungsarbeit und -kultur ein – vor dem Hintergrund des aktuellen Weltgeschehens?
Hmm also eine schwierige Frage bzw. eine Antwort, die mir schwer fällt positiv zu bleiben bzw. zu sein.

Denn der explodierende Anstieg des Judenhasses seit den Geschehnissen vom 7. Oktober 2023 lässt einen an vieles zweifeln, was sogenannte Erinnerungsarbeit und -kultur sowie die Arbeit mit Zeitzeuginnen und Zeitzeugen angeht.

Abb. 7.14 Karen Jungblut beim Empfang von Inge Auerbacher in der Landesvertretung Baden-Württemberg in Berlin, 2022. (*Quelle: Landesvertretung Baden-Württemberg*)

Die Zeitzeugen- und Erinnerungsarbeit befindet sich an einem entscheidenden Wendepunkt, wenn nicht sogar in einer existentiellen Krise. Einerseits ist es der Fakt, dass der schwindende Kreis der Überlebenden, die bisher eine zentrale Rolle in der Vermittlung – bzw. Holocaust Education – gespielt haben, uns vor die Herausforderung stellt, ihre Erzählungen und ihre Botschaft in neuer Form ‚lebendig' und authentisch zu halten. Die erschreckenden Ereignisse am und seit dem 7. Oktober 2023, der explodierende Anstieg des Judenhasses und anti-Israelischen Bedrohungen, die mit Israel-Kritik nichts zu tun haben, sind aber eigentlich der Grund dieser existentiellen Krise.

Seit Jahrzehnten war Holocaust-Education ein wesentliches Mittel, um das Bewusstsein für die Schrecken von Ausgrenzung und Genozid zu schärfen. Doch es zeigt sich, dass die bisherigen Ansätze an ihre Grenzen gestoßen sind bzw. nicht die Wirkung hatten, die man sich seit Jahrzehnten erhofft hatte.

Es lässt sich mittlerweile wirklich nicht mehr leugnen, dass die Holocaust-Education bzw. Vermittlung in ihrer bisherigen Form weitgehend erfolglos geblieben ist, sei es in der Reduzierung von Antisemitismus oder in der Prävention anderer Genozide, oder in der Hoffnung, Wissen über den Holocaust nachhaltig zu übermitteln.

Die gegenwärtigen Konflikte, in der Ukraine, und insbesondere der im Nahen Osten, stellen eine mittlerweile für manche unüberwindbare Belastung, was das Lehren des Holocaust angeht, dar. Es häufen sich nicht nur die antisemitischen Vorfälle in Bildungsstätten, sondern es gibt auch Fälle, in denen sich Lehrerinnen und Lehrer überfordert fühlen, über den Holocaust zu unterrichten, in einer Zeit und Umfeld, das von politischen Spannungen, Missverständnissen und Vorurteilen mittlerweile geprägt zu scheinen seid.

Trotzdem bleibt für mich Yehuda Bauers Konzept der „permanenten Präsenz" des Holocaust weiterhin von zentraler Bedeutung. Es geht darum, den Holocaust nicht als isoliertes historisches Ereignis zu betrachten, sondern die Kontinuitäten und Brüche in der Geschichte von Gewalt und Unterdrückung zu verstehen, ohne Relativierung des Holocaust, oder anderer Verbrechen der Menschlichkeit.

Über und von dem Holocaust zu lernen, sollte junge Menschen dazu befähigen, Empathie und Toleranz zu lernen, kritische Fragen stellen zu können, aber auch historische Kontinuitäten erkennen und sich gegen jede Form von Hass und Diskriminierung zu positionieren. In der gegenwärtigen Situation ist das Umsetzen dieses Ziels jedoch eine der größten Herausforderungen für Holocaust Education bzw. jeglicher Erinnerungskultur.

Es ist an der Zeit, vergangene Ansätze und Methoden radikal zu überdenken.

Wir müssen Wege finden, politischer Instrumentalisierung und Verleugnungen nicht nur widerstandsfähig zu begegnen, sondern sie auch frühzeitig zu erkennen und zu benennen. Dies erfordert eine intensive Auseinandersetzung mit tief gespaltenen historischen Perspektiven, die durchdacht analysiert, bearbeitet und überbrückt werden müssen. Dabei gilt es, sowohl den Fallstricken eines starren Partikularismus als auch einem naiven Universalismus zu entgehen. Eine differenzierte Beschäftigung mit Erinnerungskulturen ist notwendig, die aufzeigt, wie diese sich gegenseitig beeinflussen und miteinander in Wechselwirkung stehen. Konzepte wie Michael Rothbergs „multidirektionale Erinnerung" und das „implicated subject" bieten dabei wertvolle Ansatzpunkte, um neue Wege für eine reflektierte und zukunftsgerichtete Erinnerungskultur zu entwickeln.*

Diese Aufgabe denke ich, ist heute von essenzieller Bedeutung, um die Botschaft der Holocaust-Überlebenden in einer sich dynamisch wandelnden Welt nachhaltig zu verwirklichen. Das Leben und die Botschaft von Inge Auerbacher sind hier für mich auch weiterhin von exemplarischer Bedeutung und sie zeigt, wie persönliche Erfahrungen in universelle Prinzipien von Menschlichkeit und Verantwortung übersetzt werden können.

7.7 Im Interview mit Hansjörg Deng im Dezember 2024

Hansjörg Deng and Bianca Christina Weber-Lewerenz

Wann und wie hast Du Inge kennengelernt?
Im Herbst 2018, als sie zu einer Vortragsreise nach Oslo zur deutschen Auslandsschule gekommen ist und wir den Dokumentarfilm „Home away from Home" des deutschen Regisseurs Robert Gücker gezeigt haben. Es war Riesensymphathie auf den ersten Blick. Schließlich stammen wir beide aus Süddeutschland: Inge aus dem Badischen, ich aus dem Allgäu!

Was ist Inge für ein Mensch?
Offenherzig, bescheiden und zugewandt. Eine wirklich gute Seele (Abb. 7.15).

Was war für Dich der auslösende Moment, Inge's Anliegen zu unterstützen und weiterzuverfolgen?
Als ich festgestellt habe, wie ehrlich und authentisch sie ist um Ihr Anliegen, das Erinnern und zugleich Aussöhnung voranzubringen. Sie geht auf alle zu und erzählt freiherzig ihr Lebensschicksal, damit es weitergetragen und nicht vergessen wird.

Abb. 7.15 In Begleitung von Inge im Rahmen ihrer Deutschlandreise und Rede vor dem Deutschen Bundestag in Berlin im Januar 2022. (Bildquelle: Hansjörg Deng)

Du konntest das langjährige Projekt von Inge und Roswitha näher kennenlernen und bei verschiedenen Anlässen in der schulischen Umsetzung, der Netzwerkarbeit, und zu feierlichen Würdigungen dabei sein. Wie war das bisher und wie ist das für Dich?

Eine wunderbare Erfahrung, von der ich immer wieder gerne erzähle. Und ein Wunder, dass Inge mit uns allen ihre so ergreifende Geschichte unentwegt teilt. Besser lässt sich wahre Nächstenliebe nicht leben und erfahren.

Gab es für Dich Highlights? Und welches waren für Dich Momente zum dringenden Handeln?

Sicherlich ihre ergreifende Rede vor dem Deutschen Bundestag im Januar 2022, bei der viele Abgeordnete – wie auch ich auf der Zuschauer-Tribüne-feuchte Augen bekommen haben. Bewegend fand ich auch ihr Gespräch mit Markus Lanz und die Aufnahmen im Filmstudio in Potsdam. Mit der spontanen Idee zum Besuch des Grabs von Marlene Dietrich in Berlin – der Namensgeberin von Inges Puppe –

Abb. 7.16 Überraschender Besuch an Marlene Dietrich's Grab in Berlin im Januar 2022. (Bildquelle: Hansjörg Deng)

konnte ich dann etwas zurück geben an Inge (Abb. 7.16). Das hat sie sichtlich bewegt und es war ein für sie bedeutender Moment.

Du begegnest Inge immer wieder in New York, in ihrem Zuhause, und auf Ihren Reisen. Wie schätzt Du die Arbeit der Zeitzeugen, die Erinnerungsarbeit und -kultur, ein – vor dem Hintergrund des aktuellen Weltgeschehens?
Die Arbeit der Zeitzeugen hat einen ganz besonderen Stellenwert, wenn man dabei so wie Inge, menschlich stark zugewandt und vollkommen unverbittert auftritt. Das nimmt uns alle besonders stark mit. In einer solch schweren Zeit sind Zeichen für Aussöhnung und ein Miteinander in Frieden unschätzbar wichtig (Abb. 7.17 und 7.18).

Abb. 7.17 In Begleitung von Inge zu Gesprächen im Außenministerium im Rahmen ihrer Deutschlandreise und Rede vor dem Deutschen Bundestag in Berlin im Januar 2022. (Bildquelle: Hansjörg Deng)

Abb. 7.18 In Begleitung von Inge und Bärbel Bas zum Elternhaus ihrer in Theresienstadt umgekommenen Freundin Ruth in Berlin im Januar 2022. (Bildquelle: Hansjörg Deng)

Aus Deiner internationalen Sicht, wie schätzt Du die Zeitzeugen- und Erinnerungsarbeit global ein?

Deutschland geht mit gutem Beispiel international voran. In Kyjiw fördert die Deutsche Botschaft unter anderem Projekte zum Verlegen von Stolpersteinen und steht in regem Austausch mit jüdischen Organisationen. Das wird von Partnern überaus geschätzt.

7.8 Erfahrungen als Zweitzeugin

Bianca Christina Weber-Lewerenz

Deutschland –

Dieses Land ist wie seine Menschen: reich an Kontrasten, warm, herzlich, heimatverbunden, stolz, gleichermaßen kritisch, im Heimatstolz immer zögerlich und dabei Bezug nehmend zu seiner Nazi-Vergangenheit abgründig, voller Hass und voller Liebe, hingebungsvoll, leidenschaftlich – doch stets voller Geschichten. Geschichten, die mir etwas über mein Herkunftsland erzählen, das, in das ich hineingeboren wurde. Darüber, warum das Geschichtensammeln, -festhalten, – bewahren Teil meiner Identität ist. Und warum das lebendige Bewahren an Erinnerungen, an Geschichten von Zeitzeugen, die nunmehr ein hohes Alter erreicht haben, auch meine Geschichte ausmacht, und die der nachfolgenden Generationen.

Als Deutsche. In der Welt zuhause.

Als Kriegsenkelin. Ein Opi Schreiner. Ein Opi Bäcker. Beide Soldaten im 2. Weltkrieg. Eine Omi, die viel zu früh zur Vollwaisen wurde, damit gleichzeitig zur „Mutter" für ihre eigenen Geschwister und sich selbst dabei fast vergaß. Eine Omi, deren Leben gefüllt war mit Liebe und Hingabe zur Großfamilie, aber auch dem Erlebten als Krankenschwester in Lazaretten im 2. Weltkrieg. Schwäbisch-Badische DNA in meinem Blut.

Als Enkelin zweier Großväter, die als Soldaten in den 2. Weltkrieg – von Anfang bis Ende – eingebunden waren. Der eine hat die französische Kriegsgefangenschaft, der andere Rommels Lybien-Feldzug durch die Sahara überlebt; sie hinterließ Sprachkenntnisse, die sie zu meiner Schulzeit aufleben lassen konnten.

Als mit einem in der ehemaligen DDR geborenen Zeitzeugen verheiratete Ehefrau. Und dankbar dafür, die Wiedervereinigung und Empathie füreinander tagtäglich lebend.

Als ehrenamtliche Dolmetscherin und Handy-Internet-Anlaufstelle ab Ankunft der Flüchtlinge im Aichtal in 2015 (Abb. 7.19 und 7.20) und vom 1. Tag Vollzeit arbeitend in einer Halle mit 250 Mann – geflüchtet aus aller Welt, traumatisiert,

Abb. 7.19 Erstes Treffen des von mir gegründeten „DolmetscherTeams" vom Runden-TischAichtalFlüchtlingsarbeit, November 2015. *(Bildquelle: Bianca Weber-Lewerenz)*

ihre Familien verlassend – nach Leben, Friede und Normalität in Wohnen und Arbeiten suchend. Die Unterstützung ging später über in die Pflege der dabei entstandenen freundschaftlichen Begegnungen und immer wieder Integrations-Mentoring. Das Kennenlernen führten darüber hinaus zur Fortsetzung der Kontaktpflege zu Rückkehrern z. B. in den Irak.

Als Zeitzeugin gelebter Erinnerungsarbeit zwischen New York City und Kenzingen-Bombach (Abb. 7.22).

Als Tochter einer Grundschullehrerin, die leidenschaftlich, empathisch und nachhaltig, und als eine der ersten, kindgerecht ab der 1. Klasse zum Holocaust schulte.

Als Tochter einer Mutter, für die Bildung, Respekt und Toleranz das Lebens- und beruflichen Wirkungsfundament bilden und eine soziale Gesellschaft ermöglichen. DNA. Tochter einer Mutter, die für dieses Zeitzeugen- und Erinnerungsarbeitsprojekt, welches mit dem Obermayer Award 2023 ausgezeichnet wurde, volle Unterstützung von Schulleitung und -kollegiums erfahren durfte und dort in die Breite tragen konnte.

Abb. 7.20 Besuch der Friedensgala Stuttgart 2015 zur Verleihung des Stuttgarter Friedenspreises an Bürgermeisterin Giusi Nicolini, Lampedusa. Mit den von mir gegründeten „DolmetscherTeam", „Handy&IT-Team" und „Schreibwerkstatt" vom RundenTischAichtal-Flüchtlingsarbeit, November 2015. *(Bildquelle: Bianca Weber-Lewerenz)*

Als Tochter eines Vaters, der die Arbeitsgemeinschaft für Geschichte und Landeskunde AgGL e. V. Kenzingen gegründet und seit über 45 Jahren mit leidenschaftlichem Einsatz mit Leben füllt. Ein Vater, der Geschichte, Hier und Jetzt, Bildung und Kultur vernetzt und sein Umfeld inspiriert. DNA. Immer ein offenes Ohr und konstruktive sachliche Lösungen parat.

Als Freundin einer deutschen Jüdin, die als einzige von 100 Kindern das KZ Theresienstadt überlebte.

Als die, die die Freundschaft dieser beiden außergewöhnlichen Frauen Inge und Roswitha von Anfang an und seit über 30 Jahren hautnah miterleben und – wo eingebunden – mitgestalten darf (Abb. 7.21).

Als Suchende nach neuen Wegen, um die Gesellschaft zu sensibilisieren und aus der Vergangenheit zu lernen.

Als Buchautorin, die erlebte, mitgestaltete Geschichte und die Reise dieser Freundschaft der neuen, jungen Generation mit auf den Weg geben möchte, um die eigene – in Zeiten von Krieg in der Welt, des Dranges nach Freiheit und nach

Abb. 7.21 Bianca bei der Buchlektorierung dieses Buchmanuskriptes. *(Bildquelle: Bianca Weber-Lewerenz)*

Selbstverwirklichung, der Suche nach dem individuellen Lebensweg inmitten von komplexen Gestaltungsmöglichkeiten – so frei gestalten zu können wie nur möglich: fern von Hass, umso mehr voller Empathie, dem Miteinander und Füreinander.

Als Teil einer Gemeinschaft, die mir in Deutschland so nah und so verbunden ist. Ein Ort des Wohlgefühls, aber auch des steten behutsamen Bemühens und Ringens um den Respekt vor dem Menschsein in allen seinen Facetten, mit Rechten, geschützt, aber auch mit Verantwortung seiner Umwelt gegenüber. Nämlich einer, die bunter, vielfältiger ist denn je, eine Demokratie (Abb. 7.22).

Abb. 7.22 Bianca und Inge beim Kaffeenachmittag bei Roswitha und Klaus Weber, Teil des Rahmenprogramms des Inge Auerbacher Tages 2018. *(Bildquelle: Bianca Weber-Lewerenz)*

Wie lassen sich Holocaust-Erlebnisse in Musik und Theater übertragen? 8

Franz Schindler, Walter Willaredt, Andreas Vetter,
Tristan Römer, Dennis Droll, Thilo Feucht,
Julian Burmeister, Aisha Hellberg, Martin Ries,
Bianca Christina Weber-Lewerenz
und Inge Auerbacher

8.1 Uraufführung von Inge Auerbacher's Buch „Ich bin ein Stern": Kenzingen Musikorchester

Franz Schindler, Walter Willaredt, Andreas Vetter, Tristan Römer und Dennis Droll

F. Schindler (✉)
Oberkirch, Deutschland

W. Willaredt · T. Römer · D. Droll · T. Feucht · J. Burmeister
Kenzingen, Deutschland

A. Vetter
Herbolzheim, Deutschland

A. Hellberg · M. Ries
Lahr, Deutschland

B. C. Weber-Lewerenz
Aichtal, Deutschland

I. Auerbacher
New York, USA

© Der/die Autor(en), exklusiv lizenziert an Springer Fachmedien
Wiesbaden GmbH, ein Teil von Springer Nature 2025
I. Auerbacher et al. (Hrsg.), *Erinnerungen für HEUTE und MORGEN*,
https://doi.org/10.1007/978-3-658-48390-6_8

8.1.1 Uraufführung: Ein neues Musikstück würdigt das Leben von Inge Auerbacher

von Illona Hüge (Auszug aus: Badische Zeitung, 08. November 2022)
Beim „Wintertraum 2022" der Kenzinger Stadtkapelle führt das Jugendorchester erstmals das Werk von Andreas Vetter auf (Abb. 8.1). Dieser lernte die Holocaust-Überlebende per Videocall kennen.

Das Jahreskonzert von Stadtkapelle und Jugendorchester steht an, am Samstag, 19. November. Und es wird eine Uraufführung geben. Am Ende des Probenwochenendes für den „Wintertraum 2022" mit dem Titel „Heimat?!" stellten die Verantwortlichen das Konzertprogramm vor. Eine Runde um den Komponisten Andreas Vetter gab Erläuterungen zum neuen Auftragswerk, das das Jugendorchester und der Kinderchor der Grundschule uraufführen. Das Werk soll das Lebenswerk von Inge Auerbacher musikalisch würdigen.

Andreas Vetter (von links) hat ein Werk über das Leben von Inge Auerbacher komponiert. Er stellte es zusammen mit Dennis Droll, Tristan Römer, Walter Willaredt, Michael Csakalla und Roswitha Weber vor.

Abb. 8.1 Vorbesprechung der Uraufführung. (Quelle: Illona Hüge)

Holocaust-Überlebende ist eng mit Kenzingen verbunden

Die Idee kam von Franz Schindler, Dirigent des Jugendorchesters und über die Bläserklasse mit der Grundschule an der Kleinen Elz verbunden. Die Schule hat jährlich am 9. Mai einen Inge-Auerbacher-Tag: Inge Auerbacher, 1934 in Kippenheim in einer strenggläubigen jüdischen Familie geboren, wurde zur NS-Zeit im August 1942 ins Ghetto Theresienstadt deportiert. Seit 1946 lebt die heute 87-Jährige in den USA. Sie veröffentlichte ihre Kindheitserinnerungen im Buch „Ich bin ein Stern" und ist mit dem autobiografischen Werk, ihren Gedichten und als Zeitzeugin seit 2001 regelmäßig in der Schule zu Gast.

„Es gibt ganz viele junge Musiker, die etwas mit Inge Auerbacher anfangen können", sagte Jugendleiter Tristan Römer. Auch für ihn selbst war das Thema nicht unbekannt, wohl aber die musikalische Interpretation. Die Begegnung mit der Musik war spannend, sagte er nach dem Probenwochenende, an dem Komponist Andreas Vetter sich die Zeit nahm, seine Musik zur Geschichte zu erläutern.

Musikstück trägt denselben Titel wie Auerbachers Buch

Für Vetter war die Beschäftigung mit dem Leben von Inge Auerbacher Neuland. Inzwischen habe er sie gut kennen- und schätzen gelernt: Sie tauschten sich in E-Mails und über Skype aus. Das neue, knapp zwölfminütige Musikstück trägt nach Absprache den Titel „Ich bin ein Stern". Andreas Vetter gliederte es in die drei Sätze „Backstein-Dämonen", „Dunkle Tyrannen" und „Leuchten der Sterne". Im ersten Satz wird das Ankommen in den Mauern von Theresienstadt musikalisch erzählt, im zweiten Satz sind die Erlebnisse chaotisch und dissonant verarbeitet. Der dritte Satz endet mit Hoffnung, passend zu dem Optimismus, den Inge Auerbacher ausstrahlt und den Andreas Vetter voll Staunen und Respekt im Austausch mit ihr erlebt habe. Vetter hatte bei seiner Komposition aber nicht nur das Thema im Kopf: Er berücksichtigte auch die Zusammensetzung des Jugendorchesters und den Leistungsstand der jungen Musiker. „Das ganze Werk ist anspruchsvoll und sehr komplex geworden", sagte Vetter (Abb. 8.2 und 8.3).

Auch neben der Uraufführung wird beim „Wintertraum" viel geboten

Die Konzertbesucher erwartet beim „Wintertraum" neben der Uraufführung klassische und moderne Musikstücke. Der Titel „Heimat!?" bot Dirigent Dennis Droll und der Stadtkapelle eine große Bandbreite: Es gibt den Marsch für einen badischen Großherzog und die Kaiserstuhl-Ballade „Grapes of the sun". Auch die ferne Heimat ist vertreten: Chris Condon, seit 2021 Saxophonist bei der Stadtkapelle und in Kenzingen zu Hause, wird seine Heimat, den US-Staat Georgia, musikalisch würdigen.

Abb. 8.2 und 8.3 Flyer zur Aufführung „Wintertraum 2022". (*Quelle: Jugendkapelle Kenzingen*)

8 Wie lassen sich Holocaust-Erlebnisse in Musik und Theater übertragen?

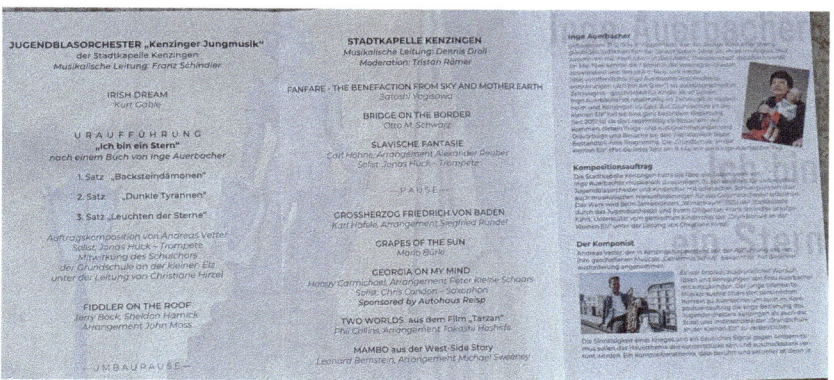

Abb. 8.2 und 8.3 (Fortsetzung)

8.1.2 Wie ein junger Komponist ein Stück nach dem Buch „Ich bin ein Stern" von Inge Auerbacher schrieb

von Illona Hüge (Auszug aus: Badische Zeitung, 20. November 2022)

Kenzingens Jungmusiker sorgten beim Jahreskonzert „Wintertraum" der Stadtkapelle für hochemotionale Momente bei der Uraufführung der Komposition „Ich bin ein Stern" von Andreas Vetter.

Zum „Wintertraum" hatte die Stadtkapelle Kenzingen am Samstagabend in die Üsenberghalle eingeladen. Im Mittelpunkt stand die Uraufführung von „Ich bin ein Stern" (Abb. 8.4). Das Werk komponierte Andreas Vetter für die Kenzinger Jungmusik. Das Jugendblasorchester wurde dabei vom Profimusiker Jonas Huck (Trompete) und dem Kinderchor der Grundschule unterstützt. Die Stadtkapelle hatte ihre Musikauswahl unter das Motto „Heimat?!" gestellt.

Programm mit vielen bewegenden Momenten

Die Üsenberghalle war zum Wintertraum der Stadtkapelle gut besetzt. Der Konzertabend mit dem Titel „Heimat?!" zeigte ein abwechslungsreiches Programm mit vielen bewegenden Momenten. Wie immer wurde der Abend von Musikern und Musikfreunden mit Spannung erwartet: Das galt in diesem Jahr ganz besonders, denn für den Wintertraum 2022 war eine Uraufführung angekündigt. Sie stand im ersten Teil des Abends auf dem Programm, beim Jugendblasorchester „Kenzinger Jungmusik" unter der Leitung von Franz Schindler.

Uraufführung von „Ich bin ein Stern" nach dem Buch von Inge Auerbacher: Andreas Vetter komponierte, Franz Schindler studierte es mit Jugendorchester und Kinderchor der Grundschule ein. Foto: Ilona Hüge

Abb. 8.4 Uraufführung. (Quelle: Illona Hüge)

Inge Auerbacher forderte: Stück soll „mit Hoffnung enden"

„Ich bin ein Stern": So heißt der Titel eines Buches der Holocaust-Überlebenden Inge Auerbacher – und so heißt auch das Werk in drei Sätzen, das Andreas Vetter für das Jugendorchester komponierte. Vetter gab auf der Bühne eine „kleine Werkeinführung": Er erzählte vom Austausch mit Inge Auerbacher und ihrem Auftrag. Die Geschichte einer Kindheit im Ghetto Theresienstadt mit der Vertreibung aus Kippenheim, der Verfolgung und Bedrohung, der die jüdische Familie ausgesetzt war, müsse „mit Hoffnung enden", forderte sie. Vetter folgte der Vorgabe. Er schuf ein sehr emotionales Musikstück mit einer Fülle von spannenden Details.

Von „Backsteindämonen" über „dunkle Tyrannen" zum „Leuchten der Sterne"

Vetter gestaltete den ersten Satz „Backsteindämonen" musikalisch zwischen Hoffnung und Enttäuschung, mit Anklängen wie aus einem Kinderlied, das Vetter das „Inge-Auerbacher-Thema" nannte, mit Trommelwirbeln und „viel Hörnern, wenn es bedrohlich wird". Der Kinderchor der Grundschule an der Kleinen Elz – 58 Kinder unter der Leitung von Christiane Hirzel – machte mit Rufen und Geräuschen mit. Nach dem Chaos im zweiten Satz („dunkle Tyrannen") mit Dissonanzen, schrägen Tönen, viel Schlagzeug und einem Solo für Trompete des Profimusikers Jonas Huck kam der Kinderchor im dritten Satz zum vollen Einsatz. Dieser letzte Satz trägt den Titel „Leuchten der Sterne" und ist die Vertonung eines Auerbacher-Gedichts.

Der Beifall war groß, für den Komponisten und für den Solisten, für die Kenzinger Jungmusik und für den großen Schulchor, für die musikalischen Leiter und für alle, die beim Zustandekommen der Uraufführung mitwirkten. „Es wird sehr viel darüber geredet werden", zeigte sich Walter Willaredt sicher, zweiter Vorsitzender der Stadtkapelle und am Abend Moderator fürs Jugendorchester. Musikalisches Bekenntnis zu Georgia

Jugendleiter Tristan Römer übernahm die Moderation fürs Konzert der Stadtkapelle. Unter der Leitung von Dennis Droll gab es Musik für jeden Geschmack – vom klassischen „richtigen" Marsch über die „Slavische Fantasie" mit Solist Jonas Huck (Trompete) bis zur mitreißenden Musik aus Film und Musical. Einen Solisten aus den eigenen Reihen stellte die Stadtkapelle Kenzingen beim Titel „Georgia on my mind". Chris Condon spielte auf dem Saxophon mit Leidenschaft das Bekenntnis zu seiner ersten Heimat Georgia, auf der Bühne seiner zweiten Heimat Kenzingen. Die Gäste in der Üsenberghalle geizten nicht mit Beifall und durften Saxophon-Solist und Stadtkapelle noch einmal am Ende eines spannenden und interessanten Konzertabends bei der Zugabe genießen.

8.1.3 „Alle Menschen sind Sterne"

(Auszug und Bildquellen: Fach- und Verbandszeitschrift des Bundes Deutscher Blasmusikverbände e. V., blasmusik, No. 02 Februar 2023, S. 14–17)

BDB

„Alle Menschen sind Sterne"

Musik hat die Macht, Geschichte und Schicksale lebendig werden zu lassen. Die Jugendlichen des Jugendblasorchesters der Stadtkapelle und die Kinder des Schulchors der Grundschule an der kleinen Elz in Kenzingen konnten das im Herbst 2022 hautnah erleben. Mehr noch: Sie waren diejenigen, die die Musik bei einem hochemotionalen Konzert zum Klingen brachten, mit der der junge Komponist Andreas Vetter die Schicksalsjahre der Inge Auerbacher vertonte.

Inge Auerbacher wurde 1934 in Kippenheim geboren und wuchs dort in einem streng gläubigen jüdischen Elternhaus auf. Im Holocaust wurden die meisten ihrer Familienangehörigen ermordet, sie selbst und ihre Eltern überlebten im KZ Theresienstadt und emigrierten in die USA, wo sie noch heute in New York lebt. In ihrer Autobiografie „Ich bin ein Stern", erzählt Inge Auerbacher von der schrecklichen Zeit im Konzentrationslager, von der Verzweiflung und der ständigen Angst. Mitte der 1960er-Jahre kehrte sie erstmals in die Ortenau zurück, später immer wieder in regelmäßigen Abständen, um als Zeitzeugin nachgeborenen Generationen vom Schrecken der Judenverfolgung in Deutschland zu berichten. Noch im Januar 2022 hielt die 88-Jährige im Deutschen Bundestag eine bewegende Rede. In Kippenheim und auch drei Ortschaften weiter südlich in Kenzingen ist nicht nur der Name Inge Auerbacher den meisten Menschen ein Begriff, viele konnten sie persönlich kennenlernen oder bei einem ihrer Besuche – zuletzt im Februar 2022 – in der Ortenau erleben. Es gibt in Kenzingen einen deutsch-jüdischen Freundeskreis, der den Kontakt zu Inge Auerbacher pflegt und die Erinnerung lebendig hält sowie eine intensiv gelebte Patenschaft der Grundschule mit der Holocaust-Überlebenden.

In dieser Grundschule, die alljährlich am 9. Mai einen Inge-Auerbacher-Tag veranstaltet, geht auch Franz Schindler, Leiter des Jugendorchesters Kenzingen, auf dem Weg zum Instrumentalunterricht oder zur Bläserklassenstunde seit vielen Jahren ein und aus. „Und immer komme ich am Schaukasten vorbei, in dem die Patenschaft mit Inge Auerbacher dokumentiert wird und ihr Gedicht ‚Ich bin ein Stern' zu lesen ist.", erzählt er. Mit jedem Mal reifte die Idee, das Gedicht und das Leben der Inge Auerbacher zu vertonen, mehr heran. Dank der Förderung durch das Förderprogramm IMPULS konnte Franz Schindler die Idee zu einer Auftragskomposition realisieren. Einen Komponisten musste er dafür nicht lange suchen. Er fand ihn gleichsam

Im Interview mit Vorstandsmitglied Walter Willaredt erklärte Komponist Andreas Vetter dem Publikum in der Üsenberghalle Kenzingen die Hintergründe seiner Komposition

8 Wie lassen sich Holocaust-Erlebnisse in Musik und Theater übertragen?

Der Schulchor der Grundschule an der Kleinen Elz Kenzingen sorgte für Gänsehaut-Momente, als er unter der Leitung von Christiane Hirzel das Lied „Ich bin ein Stern" anstimmte.

In den eigenen Reihen: Andreas Vetter, Vize-Dirigent und Saxophonist der Stadtkapelle Kenzingen. Mit ihm hatte Franz Schindler 2019 das große Musical „Schiwa" inszeniert. Auch damals hatte Vetter die Musik komponiert. Zunächst jedoch galt es die Erlaubnis von Inge Auerbacher einzuholen. Sobald sie vorlag – und Inge Auerbacher gewährte sie mit Freude – nahm sich der Impulsgeber Franz Schindler für den Moment raus und brachte Andreas Vetter direkt mit Inge Auerbacher zusammen. „So wurde die Geschichte nicht über Dritte transportiert, sondern die Hauptperson selbst hat dem Komponisten ihr Leben erzählt", berichtete Schindler.

Ihr einziger Wunsch: ein positiver Schluss

Andreas Vetter nahm Kontakt zu Inge Auerbacher auf und lernte sie per Videocall kennen. „Aus Hochachtung vor ihrer Person und vor dem, was sie erlebt hat, habe ich mich zunächst vorsichtig per Mail rangetastet. Aber von Anfang an war Inge per Du und sehr herzlich, so dass sich schnell eine Freundschaft entwickelte", erzählt Andreas Vetter. Im engen Skype- und E-Mail-Austausch mit ihr hat Vetter die Idee für seine Komposition entwickelt und Inge Auerbacher dabei als lebensfrohen, herzlichen und offenen Menschen kennengelernt. Inge Auerbachers einziger Wunsch im Hinblick auf das entstehende Werk war für ihn deshalb absolut stimmig: Die Geschichte ihrer Kindheit mit der Vertreibung aus Kippenheim, der Verfolgung, ständigen Bedrohung und Deportation nach Theresienstadt, müsse „mit Hoffnung enden". Andreas Vetter hat ihr diesen Wunsch erfüllt. Mehr noch: Er hat ein „sehr emotionales Musikstück mit einer Fülle von spannenden Details" geschaffen, wie die Lokalzeitung nach der Uraufführung urteilte. Das rund 12-minütige Werk hat Andreas Vetter in drei Sätze unterteilt und mit Percussion- und Voicing-Effekten atmosphärisch stark aufgeladen und verdichtet – drei Sätze, weil auch Inge Auerbacher selbst immer von ihren „drei Leben" spricht.

Die drei Leben der Inge Auerbacher

Im ersten Satz, der den Titel „Backstein-Dämonen" trägt, wird das Ankommen in den Mauern von Theresienstadt musikalisch erzählt. Im zweiten Satz, der mit „Dunkle Tyrannen" überschrieben ist, wird das düsterste Kapitel Inge Auerbachers Lebensgeschichte dissonant und mit dunklen Klangfarben in Szene gesetzt. Der dritte Satz, der den Titel „Leuchten der Sterne" trägt, setzt dem Werk einen hoffnungsvollen Schlusspunkt – passend zur positiven Einstellung von Inge Auerbacher, die sie selbst in einem Spiegel-Interview einmal auf den Punkt brachte: „Für Hass bin ich nicht am Leben geblieben!" Und deren Satz „Man muss immer Hoffnung haben!" wie ein Lebensmotto klingt. Tief beeindruckt von Auerbachers Optimismus setzt Andreas Vetter diesen Satz in helle Klangfarben und lässt dazu helle Kinderstimmen erklingen. Der Schulchor der Grundschule an der Kleinen Elz unter der Leitung von Christiane Hirzel studierte dazu das Lied „Ich bin ein Stern" ein, mit dem Andreas Vetter versuchte, Inge Auerbachers Kernaussagen auszudrücken.

Bei Vetters Komposition ging es aber nicht nur darum, dem Thema gerecht zu werden. Auch die Zusammensetzung des Jugendorchesters und den Leistungsstand der jungen Musizierenden galt es zu berücksichtigen. Eine große musikalische Herausforderung wurde das Werk für die Jugendlichen dennoch. „Da sind viele atonale Sachen, dissonante Intervalle und rhythmische Herausforderungen drin. Im zweiten Satz gibt es außerdem anspruchsvolle solistische Passagen für Trompete, die nur ein Profi spielen kann", berichtet Franz Schindler, der das Werk deswegen im Oberstufenniveau ansiedelt. Auch Andreas Vetter weiß, „das ganze Werk ist anspruchsvoll und sehr komplex geworden". Zudem war die Probenzeit ziemlich knapp. Denn als das Jugendorchester unter der Leitung von Franz Schindler im September mit den Proben begann, lag nur der erste Satz vor. „Dieser ‚work in progress' ist typisch für Andreas", weiß Schindler aus anderen gemeinsamen Projekten. Eine Schlüsselbedeutung bei der Erschließung des Werkes kam,

> **Andreas Vetter**
>
> Andreas Vetter ist ein Saxophonist, Dirigent und Komponist aus dem südbadischen Herbolzheim. Den 26-Jährigen hauptberuflichen Bauingenieur führte seine Leidenschaft zur Musik bereits zu zahlreichen Projekten, für die er im Bereich der sinfonischen Blasmusik komponieren durfte. Seine Arbeit spiegelt die Freude und Offenheit für diverse Stilistiken sowie seine Experimentierfreudigkeit wider. Andreas Vetter besucht aktuell im zweiten Studienjahr das Kompositionsstudium bei Rolf Rudin an der BDB-Musikakademie Staufen.

laut Schindler, deshalb dem Probenwochenende zu. „Andreas Vetter hat sich eine Stunde lang Zeit genommen, um den Jugendlichen seine Komposition, dessen Hintergründe und was er wie ausdrücken wollte, zu erläutern", erzählt Schindler, „das hat uns menschlich auf die Geschichte programmiert und motiviert, dran zu bleiben." Jugendleiter Tristan Römer fand die Begegnung mit der Musik spannend. „Es gibt ganz viele junge Musiker, die etwas mit Inge Auerbacher anfangen können", sagt Römer. Auch für ihn selbst war das Thema nicht unbekannt, wohl aber die musikalische Interpretation, sagte er nach dem Probenwochenende. Mit „Proben, Proben, Proben", der Einbeziehung der Instrumentallehrer und viel Motivation konnten letztlich auch die musikalischen Herausforderungen gemeistert werden. Eine besondere Motivation waren für Franz Schindler die Kinder. Als sie zum ersten Mal das Lied gesungen haben, ging allen das Herz auf", erzählt Schindler.

Die Botschaft der Musik kam an

Dem Publikum in der Üsenberghalle in Kenzingen erging es bei der Uraufführung nicht anders. Eingebettet ins Jahreskonzert der Stadtkapelle, das unter dem Motto „Heimat" stand, präsentierten die Kenzinger Jungmusiker:innen und der Schulchor der Grundschule Andreas Vetters Komposition „Ich bin ein Stern" und sorgten für zahlreiche Gänsehaut-Momente vor und auf der Bühne. Besonders eindrücklich war für Franz Schindler der Moment nach dem zweiten Satz, der mit vielen schrägen Tönen und musikalischem Chaos die bedrückende Situation im KZ Theresienstadt darstellte. „Aus der absoluten Stille heraus begann der dritte Satz mit hellem Licht und dem Gesang der Kinder – ein Gänsehaut-Moment", erinnert er sich – der im Refrain des Liedes seinen Höhepunkt fand:

„Alle Menschen sind Sterne.
Wir sind Kinder dieser Welt.
Jedes Lächeln ist ein Leuchten,
das die dunkle Nacht erhellt."

Aus gesundheitlichen Gründen konnte Inge Auerbacher selbst leider nicht bei der Uraufführung dabei sein. Die

Der junge Komponist Andreas Vetter hat die Lebensgeschichte von Inge Auerbacher in Töne gesetzt und ein bewegendes Werk geschaffen.

8 Wie lassen sich Holocaust-Erlebnisse in Musik und Theater übertragen?

Video-Aufnahme aber hat sie in der Zwischenzeit erhalten. „Sie hat sich wahnsinnig gefreut und geehrt gefühlt, dass ihr Leben vertont wurde und fand die Komposition sehr passend und bewegend", berichtet Andreas Vetter. Etwas zu bewegen und etwas beizutragen zu Frieden und Versöhnung – das war und ist Inge Auerbacher immer ein Anliegen. „Und sie kann auch etwas bewegen", ist sich Andreas Vetter sicher, „das hat das Konzert gezeigt". In der Tat: Ihre Geschichte hat das Publikum nachdenklich gemacht, bewegt und berührt – und die Botschaft kam an – auch in der Sprache der Musik. Daran ließen die Reaktionen des Publikums keinen Zweifel. Am Ende war der Beifall groß und der zweite Vorsitzende der Stadtkapelle sicher: „Da wird viel darüber geredet werden." Auch das zu hören wird Inge Auerbacher freuen. Schließlich hat sie selbst ihr Leben lang gegen das Vergessen und das Schweigen angeredet. Und da, wo sie nicht sprechen kann, legt jetzt die Musik Zeugnis ab von ihrem Schicksal.

Martina Faller

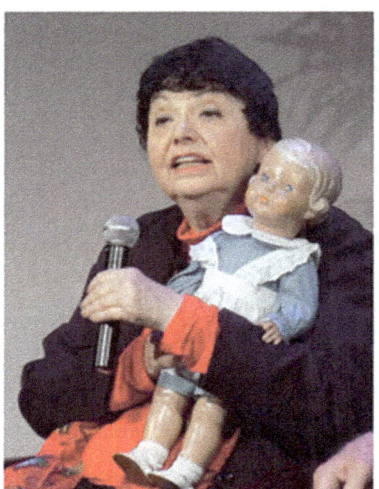

Die deutsch-jüdische Holocaust-Überlebende Inge Auerbacher erzählte im April 2013 im Lincoln Theatre, Washington, DC, von ihrer Kindheit. Sie erinnerte an die Inhaftierung im Konzentrationslager Theresienstadt im August 1942 und sprach auch über ihre Kinderpuppe „Marlene", die sie mehrere Jahre bei sich behalten durfte. Die eigentliche Puppe ist im US Holocaust Memorial Museum ausgestellt; die abgebildete ist eine Nachbildung der Puppe, die während der Olympischen Spiele 1936 in Deutschland verkauft wurde.

Foto: USDAgov, Lance Cheung, Wikimedia Commons

Inge Auerbacher, ihre Lebensgeschichte, ihr Gedicht

Inge Auerbacher hat ihre Lebensgeschichte aufgeschrieben und veröffentlicht. Insgesamt sind zwei Bücher von ihr erschienen.

„Ich bin ein Stern". Weinheim, 1990, 1992. ISBN 3-407-78136-9 (Übersetzt von Mirjam Pressler) – Original I Am a Star: Child of the Holocaust. Puffin Books, 1993, ISBN 0-14-036401-3

„Jenseits des gelben Sterns". Konstanz, 2005. ISBN 3-89649-969-6 (Herausgeber Erhard R Wiehn. Übersetzt von Irmi Cummings) – Original Beyond the Yellow Star to America. Royal Fireworks Pub, 2003. ISBN 0-88092-252-4. http://www.ingeauerbacher.com

Darüber hinaus hat Inge Auerbacher schon als Kind begonnen, Gedichte zu schreiben. Das nachstehende Gedicht „Ich bin ein Stern" hat der Komposition von Andreas Vetter den Titel verliehen.

Ich bin ein Stern
Gedicht von Inge Auerbacher

Sterne am Himmel, ein Stern auf der Brust.
Mama, ich weiß, ich hab's längst gewusst,
Kein Zeichen der Schande ist er, mein Stern,
Ich trag ihn mit Stolz, ich trage ihn gern.

Ein Stern als Lohn, der höchste Preis,
So war es immer, ja, Papa, ich weiß.
Es ist mir egal, was die anderen sagen,
Ich will ihn für mich und trotz allem tragen.
Ich bin ein Stern.

Wenn sie über mich lachen, wenn sie mich schelten,
für mich soll der Stern etwas anderes gelten.
Sie starren mich an, sie zeigen auf mich,
sie sind ohne Stern, der Stern bin ich.

Sie sind von Gott, die Sterne der Nacht.
Auch mich, auch mich hat er gemacht.
Weine nicht, Mama, hör mein Versprechen,
Niemand wird meine Seele zerbrechen.
Ich bin ein Stern.

in: Kinderwelten, ein jüdisches Lesebuch von Alexa Brum, Rachel Heuberger, Manfred Levy, Kovar Verlag, 1996

Inge Auerbacher bedankte sich im Nachgang beim gesamten Theater- und Musik-Team:

Am 08.11.22, 11:45 PM schrieb inge auerbacher:
Zum Vorlesen von Herrn Vetter. Das habe ich vor einigen Tagen geschickt. Es soll ein kleiner Gruß von mir für das Konzert sein. Much love, Inge. Der Artikel war wunderschön. Vielen Dank. Inge

From: inge auerbacher ingeauerbacher@yahoo.com
Date: November 6, 2022 at 3:03:46 PM EST
To: Andreas Vetter andy-pat.vetter@web.de
Subject: Konzert Beilage

Sehr geehrter Herr Bürgermeister Matthias Guderjan und liebe Freunde in Kenzingen: Es war mein Herzenswunsch Heute bei diesem festlichen Konzert dabei zu sein, aber leider machte meine Gesundheit gerade jetzt nicht mit. Ich musste wegen Bandscheiben operiert werden.

Ich bin so dankbar das der Komponist Andreas Vetter und die Stadt Kenzingen ihn ausgesucht hat mit so einem tollen Werk mich zu ehren. Bravo Andreas. Ich wurde schon öfters von der Grundschule in Kenzingen eingeladen, obwohl ich in New York wohne. Alle Lehrer und Schüler waren immer sehr herzlich zu mir. Es war der Wunsch von der wunderbaren Lehrerin: Frau Roswitha Weber schon kleine Kinder Toleranz zu lernen und speziell über den Holocaust. Da ich von dieser Gegend stamme und im Alter war wie die Schüler als ich die bösen Sachen mitmachen musste, nahm sie mich in ihr Herz und arrangierte den Inge Auerbacher Tag Menschenhass ist etwas schreckliches. Wir sind alle als Brüdern und Schwestern geboren. Mein innigster Wunsch ist die Versöhnung aller Menschen. Entzünde eine Kerze für das Leben, und halte die Dunkelheit zurück. Wir sind alle als Kinder Gottes geboren. Zusammen wollen wir beten für Einigkeit auf Erden.

ALLES LIEBE UND GUTE

Inge Auerbacher

8.2 Offene Bühne, Gymnasium Kenzingen: Vielfalt verbindet – 100. Offene Bühne

Von Thilo Feucht und Julian Burmeister (Auszug und Bildquelle: Website Gymnasium Kenzingen, 100. Offene Bühne, 20. Juni 2023)

Unter dem Motto „Vielfalt verbindet" lud das Gymnasium Kenzingen am vergangenen Freitagabend, dem 16. Juni in die Alte Halle in Kenzingen ein, um feierlich die 100. Offene Bühne der Schule zu begehen (Abb. 8.5 und 8.6). Dabei machten sowohl Programm, Mitwirkende als auch Zuschauer dem Motto alle Ehre.

Denn bereits im anwesenden Publikum aus Schülern, Lehrern, Eltern, Ehemaligen und Gemeindevertretern spiegelte sich die vielfältige über 30-jährige Geschichte der Offenen Bühne wider. Persönlich begrüßt wurden so etwa die ehe-

Abb. 8.5 und 8.6 100. Offene Bühne, Gymnasium Kenzingen, am 16. Juni 2023. (Quelle: Gymnasium Kenzingen)

maligen Lehrkräfte Ortwin Vollmer, Wolfgang Hampel und Renate Oesterle, die einst das Zustandekommen vieler Offenen Bühnen ermöglicht bzw. lange Jahre die Eine-Welt-AG geleitet hatten, welche stets und auch an diesem Abend das Fundament der Veranstaltung bildete. Schulleiter Thilo Feucht zeigte sich in seiner Begrüßungsrede gespannt auf die diesmalige Offene Bühne, da es die erste seit 2019 wäre, und lud die Zuschauer ein, die vielfältigen Talente der Schulgemeinschaft zu erleben. Der Abend stünde aber auch im Gedenken des kürzlich verstorbenen Manfred Schlenkers, einst Lehrer am Gymnasium, der auch mal eine Offene Bühne „ganz alleine geschmissen" hätte, so Feucht.

Den musikalischen Einstieg in den Abend beging die Schulband unter Leitung Anna Koch-Baders mit fünf Stücken, die bereits eine vielfältige Bandbreite aus persischen, türkischen und popkulturellen Merkmalen aufwiesen.

Sodann trat das Schülermoderationsteam auf die Bühne, das durch den Abend führen sollte, und blickte zurück auf die Anfänge der Offenen Bühne vor über 30 Jahren. Hierzu wurde Wolfgang Hampel aus dem Publikum geholt, der die erste Ausgabe 1991 initiiert hatte und erzählte, wie er den Titel „Offene Bühne" als Alternative zum altmodisch klingenden „Hauskonzert" gewählt hatte. Hampel zeigte sich gerührt vom langwährenden Erfolg seiner Idee und dankte den Mitschaffenden von heute, was die Moderation mit einem Dank an alle jemals an einer Offenen Bühne Mitwirkenden beantwortete. Hierfür gelte der Wahlspruch „Wenn viele kleine Leute viele kleine Schritte machen, können sie das Gesicht der Welt verändern", den sich auch die Eine-Welt-AG auf die Fahnen geschrieben hat und für deren Projekte in diesem Zusammenhang um Spenden gebeten wurde. Anschließend wurde Hampel die Bühne ganz überlassen, der am Klavier eine fröhlich anmutende Country-Anlehnung namens „Black forest blue grass" zum Besten gab.

Einen kulturellen Sprung zum afrikanischen Kontinent machte das Programm danach, indem Schulpate Raphael Kofi nach vorne gebeten wurde. Die Moderation stellte den gebürtigen Ghanesen als Vorbild für Integration, interkulturellen Austausch und Tradition vor. Nach dem Ursprung seiner Trommelleidenschaft gefragt, erzählte der Trommler von seinen Kindheitserfahrungen in ghanaischen Kirchen, wo Musizieren einen zentralen Aspekt ausmache.

Mit Iréne Epstein De Cou aus Frankreich hieß man außerdem eine ehemalige Kenzinger Bürgerin willkommen, deren Geschichte ebenfalls kurz aufgegriffen wurde: Die Tochter des jüdischen Kenzinger Bürgers Alfred Epstein ging noch als Kind mit ihrer Familie nach Frankreich, wo ihr Vater Widerstand gegen das Vichy-Regime leistete und 1944 den Nationalsozialisten zum Opfer fiel. De Cou, die sich heute für die Erinnerung an jene Zeit einsetzt, wurde als „immer gern gesehener" Ehrengast begrüßt.

Mit Mariia Kryvych trat hiernach eine junge Vertreterin der ukrainischen Sache auf die Bühne, um mit „Davnja vesna" ein Gedicht aus ihrer ukrainischen Heimat zu präsentieren. Zuvor jedoch machte sie das Publikum auf Deutsch mit der Dichterin Lesja Ukrainka vertraut, um anschließend mit bewegter und bewegender Stimme das Gedicht, dessen Titel „vergangener Frühling" bedeutet, vorzutragen. Trotz der fremden Sprache übertrug sich die melancholische Stimmung der Worte eindrücklich, was das Publikum mit großem Beifall anerkannte.

Klassische musikalische Töne ließen dagegen Sonja und Daniel Himmelseher an Geige und Klavier erklingen, die von Jean-Babtiste Accolay das Concertino Nr. 1 in a-Moll gewählt hatten. Auch bei diesem Stück ließ man das Publikum nicht mit der Musik alleine, sondern brachte darüber hinaus die Hintergrundgeschichte zu Stück, Komponist und Erstaufführung nahe.

Für eine schauspielerische Abwechslung sorgte im Anschluss ein kurzer Ausschnitt aus dem Schillerstück „Kabale und Liebe", das das Wahlfach Literatur und Theater der Kursstufe aufführte. Leiterinnen Simone Biehler und Hanne Meyer wiesen im Voraus auf die traditionelle Vielfalt im Theater hin und dass schon Schiller in seinem Werk die Trennung zwischen Adel und Bürgertum problematisierte. Angesichts aktueller Debatten habe man jedoch das Stück auf die Themen gleichgeschlechtliche Liebe und ökonomische Ungleichheit hin umgeschrieben. Dies machte die folgende Darbietung deutlich, wobei der vorgetragene Dialog in der skandalträchtigen Aussage der Hauptdarstellerin „Ich habe eine Freundin!" kulminierte.

Die Rückkehr zur Musik folgte mit einem Beitrag Natalie Himmelsehers am Klavier, die Frédéric Chopins Etüde in f-Moll sowie „Valse Etude" von William Gillock spielte. Dass Chopins auch als „The Bees" bekanntes Stück diesem Spitznamen alle Ehre machte, verdankte sich der flinken Finger Himmelsehers, die dieses anspruchsvolle Lied scheinbar mühelos zum Leben erweckten.

Nach einer Pause, in der die Eine-Welt-AG Waren aus fairem Welthandel anbot, kulinarische Spezialitäten aus der Ukraine probiert werden konnten und Schülergemälde zur näheren Betrachtung einluden, führte auf der Bühne ein Quartett die Zuschauer in spanische Gefilde. Zum Spiel von Michael Faßbender am Klavier und Nikolaus Gündel an der Geige sowie zum Gesang von Pedro Molina Campana tanzte Bettina Sander einen Flamenco, der selbst ein buntes Gemisch aus vielfältigen Einflüssen sei, wie die Tänzerin zu Beginn angemerkt hatte. Während die Darbietung langsam, ruhig und gesangslos begann, nahmen Musik, Gesang und Tanz schrittweise an Fahrt auf und gingen zum Ende hin in einen energiegeladenen Rhythmus über, der sich in einem tosenden Applaus des Publikums entlud.

Philipp Kaiser bot im Kontrast dazu am Klavier eine geruhsame und erheiternde Darbietung zweier Lieder Bodo Wartkes. Mit „Nicht in meinem Namen" nahm der ehemalige Schüler die Rolle eines Gottes ein und problematisierte auf humoristische Weise religiöse Intoleranz: „Wenn ihr das zerstört, was ich erschuf, dann handelt ihr nicht in meinem Namen", so Kaiser und schloss mit „Schalom, Inschallah, Amen". Auch mit dem „Liebeslied" hatte er die Lacher auf seiner Seite und lehrte dem Publikum Liebeserklärungen in insgesamt neun Sprachen, darunter Niederländisch, Türkisch und Jugendsprache.

Einen ganz neuen Aspekt des Abends erlebten die Zuschauer mit einem Potpourri der schuleigenen Zirkus-AG, wobei Schülerinnen und Schüler sich als gekonnte Einradfahrerinnen, Jongleurinnen und Turnerinnen bewiesen und selbst eine vierstöckige menschliche Pyramide zustande brachten.

Noch einmal klassisch wurde es mit einer Flöteninterpretation des Concerto Opus 3, Nr. 11 von Antonio Vivaldi, die drei Schülerinnen und ein Schüler darboten, bevor eine Musikgruppe aus weiteren Schülerinnen und Schülern die abschließende Darbietung des Abends geben durften. Die sich selbst als „Gelegenheitsensemble" bezeichnende Gruppe berichtete von ihrer Begegnung mit Menschen mit Down-Syndrom im Rahmen einer Sanitätsausbildung, die sie ganz neu über Vielfalt habe nachdenken lassen. Sodann spielten sie zum einen „Highlights from Fiddler on the Roof" von Jerry Bock und zum anderen den Popklassiker „We are the world" aus dem Jahre 1985, die ihre Auffassung von Vielfalt am besten widerspiegeln würden.

Bevor die Anwesenden in den ausklingenden Abend entlassen wurden, dankte die Moderation sowohl den Mitwirkenden als auch den Gekommenen. Insbesondere gedankt wurde den Veranstalterinnen Mira Bannwarth, Jana Bauch sowie Anna Koch-Bader, die Blumen entgegennehmen durften. Dem Dank schloss sich Schulleiter Feucht an, der selbst die überzogene Zeit gar nicht bemerkt habe. „Nehmen Sie dieses tolle Gefühl der Zeitlosigkeit mit nach Hause", richtete er sich Abschied nehmend an die Zuschauer.

8.3 Kooperation der Kompositions-AG Clara-Schumann-Gymnasium, Lahr, mit der Theater-AG des Max-Planck-Gymnasiums, Lahr: „Sterne in der Finsternis" – Theateraufführung über die Geschichte von Inge Auerbacher

Von Aisha Hellberg und Martin Ries

Mit freundlicher Unterstützung von Aïsha Hellberg, Lehrerin und verantwortlich für Text und Regie des Projektes mit der Theateraufführung „Sterne in der Finsternis und Schulleitung Martin Ries am Max-Planck-Gymnasium in Lahr" (mit einem Auszug: Lahr Kooperationsprojekt der Kompositions-AG Clara-Schumann-Gymnasium, Lahr, mit der Theater-AG des Max-Planck-Gymnasiums, Lahr „Theateraufführung Miteinander Musizieren", Januar und Februar 2022)

Frau Aïsha Hellberg, Lehrerin für Deutsch, Französisch, Philosophie/Ethik, Literatur und Theater, am Max-Planck-Gymnasium in Lahr war verantwortlich für Text und Regie des Projektes mit der Theateraufführung „Sterne in der Finsternis"[1,2,3] (Abb. 8.7 und 8.8, 8.9, 8.10, 8.11 und 8.12). Eine musikalisch-szenische Inszenierung von Inge Auerbachers „Ich bin ein Stern" anlässlich des Tags des Gedenkens an die Opfer des Nationalsozialismus am 27. Januar 2022. Die Aufführung zeichnete sich durch eine außerordentliche Symbiose von Musik, Schauspiel, Licht und Kulisse aus.

Besonders hervorzuheben ist dabei die Darstellung einer tapferen, hoffnungsvollen und zuversichtlichen Inge mit ihrer Puppe Marlene, trotz der unvorstellbaren zunehmenden psychischen und physischen Gewalt gegen sie und ihre Familie im Rahmen der nationalsozialistischen Rassenpolitik, darunter Stigmatisierung, Verfolgung, Deportationen und der Tod sowie die Ermordung von Familienangehörigen.

Der Bewegungschor schilderte Gefühlslagen und Situationen, gefolgt von einem Sprechchor auf der Empore. Beide erläuterten zu Beginn den historischen Kontext und ließen gegen Ende die erbarmungslose Behördensprache der Nationalsozialisten auf die Bühne wie die Zuschauerinnen und Zuschauer einprasseln. Umrahmt wurde das Stück zu Beginn und Ende durch das von den SchauspielerInnen gesungene Lied „Weißt du wie viel Sternlein stehen", bei einer fast vollständig dunklen, scheinbar nur von schemenhaften Sternen beleuchteten Umgebung.

Dabei wurden während der gesamten Inszenierung zusätzlich immer wieder historische Quellen, Bilder oder Hintergrundinformationen an die Wand projiziert, darunter auch die Erinnerung an Inges später ermordete Freundin Ruth. Das Stück gipfelte in der Befreiung der wenigen Überlebenden des

---

[1] https://max-planck-gymnasium.de/berichte/das-war-sterne-der-finsternis.

[2] https://max-planck-gymnasium.de/berichte/sterne-der-finsternis.

[3] https://www.max-planck-gymnasium.de/index.php/berichte/theater-der-aelteren-gewinnt-preis-von-care.

8 Wie lassen sich Holocaust-Erlebnisse in Musik und Theater übertragen?

Abb. 8.7 und 8.8 Theater AG bei der Aufführung von „Sterne der Finsternis" 2022. (*Bildquelle links:* https://www.max-planck-gymnasium.de/index.php/berichte/theater-der-aelteren-gewinnt-preis-von-care; *Bildquelle rechts:* https://max-planck-gymnasium.de/berichte/sterne-der-finsternis)

Abb. 8.9 Titel Programmheft Sterne in der Finsternis – Theater über die Geschichte von Inge Auerbacher von Jula Frischauf. (Quelle: Daniel Zonsius)

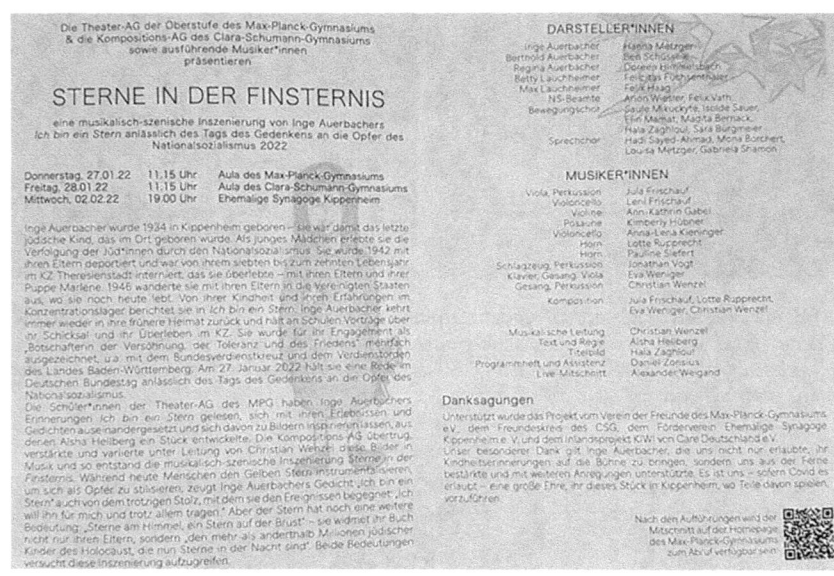

Abb. 8.10 Programmheft. (Quelle: Daniel Zonsius)

Konzentrationslagers Theresienstadts durch die Rote Armee 1945, darunter Inge Auerbacher. Das Schauspiel endete, wie es begann: Dunkel, jedoch mit einem leichten Lichtschimmer und dem Lied „Weißt du wieviel Sternlein stehen", deren im Lied besungene „große, große Zahl" mit der Einblendung der 6.000.000 ermordeten Jüdinnen und Juden parallelisiert wurde. Dies griff abschließend erneut die doppelte Symbolik des Sterns auf und mahnte die Erinnerung dieser unvorstellbaren Geschehnisse.

Die Schüler der Theater-AG des Max-Planck-Gymnasiums Lahr haben Inge Auerbachers Erinnerungen „Ich bin ein Stern"[4] gelesen, sich mit ihren Erlebnissen[5,6,7] und Gedichten[8] auseinandergesetzt und sich davon zu Bildern inspirieren

---

[4] Inge Auerbacher: Ich bin ein Stern. Weinheim Basel, 1990.

[5] Inge Auerbacher/Bozenna Urbanowicz Gilbride: Verlorene Kindheit. Aus dem Amerikanischen von Robert Zwarg. Chemnitzer Verlag, 2012.

[6] Inge Auerbacher: Jenseits des gelben Sterns. Nach Theresienstadt ein neues Leben in Amerika für Versöhnung. Aus dem Amerikanischen von Irmi Cummings. Konstanz, 2005.

[7] Gardy-Käthe Ruder: Holocaust im Gedächtnis einer Puppe. Unterwegs auf Lebensspuren von und mit Inge Auerbacher. Baden-Baden, 2006.

[8] Inge Auerbacher: 22 Gedichte zu Ich bin ein Stern. Übersetzt aus dem amerikanischen Englisch von Susanne Bruckner. Ettenheim, 2015.

Abb. 8.11 Synagoge Kippenheim, Theateraufführung „Ich bin ein Stern" am 02. Februar 2022. (Quelle: Bianca Weber-Lewerenz)

Abb. 8.12 Theateraufführung „Ich bin ein Stern" am 02. Februar 2022. (Quelle: Bianca Weber-Lewerenz)

lassen, aus denen Aïsha Hellberg ein Stück entwickelte. Die Kompositions-AG übertrug, verstärkte und variierte unter Leitung von Christian Wenzel diese Bilder in Musik und so entstand die musikalisch-szenische Inszenierung Sterne in der Finsternis. Während heute Menschen den Gelben Stern instrumentalisieren, um sich als Opfer zu stilisieren, zeugt Inge Auerbachers Gedicht Ich bin ein Stern auch von dem trotzigen Stolz, mit dem sie den Ereignissen begegnet: „*Ich will ihn für mich und trotz allen tragen.*" Aber der Stern hat noch eine weitere Bedeutung: „*Sterne am Himmel, ein Stern auf der Brust*" – sie widmet ihr Buch nicht nur ihren Eltern, sondern „*den mehr als anderthalb Millionen jüdischer Kinder des Holocaust, die nun Sterne in der Nacht sind*". Beide Bedeutungen versucht diese Inszenierung aufzugreifen.

Das Projekt passt hervorragend zum Profil der Schule und der Theater-Arbeitsgemeinschaft. Mit diesem Theaterprojekt anlässlich des Gedenktags für die Opfer des NS gehört das Max-Planck-Gymnasium zu den Preisträgerschulen des „KIWI-Preis[9] für Vielfalt und Begegnung an Schülerinnen und Schüler aus NRW, Berlin, Schleswig-Holstein und Baden-Württemberg", der von der internationalen Hilfsorganisation CARE – in Kooperation mit dem Förderpartner Deutsche Bank Stiftung – jährlich an besonders engagierte und kreative Schulprojekte verliehen wird.

---

[9] Die Abkürzung und der Name KIWI steht für ‚Kinder und Jugendliche Willkommen'.

Unterstützt wurde das Projekt von dem Verein der Freunde des Max-Planck-Gymnasiums e. V., Freundeskreis des CSG, dem Förderverein Ehemalige Synagoge Kippenheim e. V. und dem Inlandsprojekt KIWI von Care Deutschland e. V. Der besondere Dank des Projektteams gilt Inge Auerbacher, die nicht nur erlaubte, ihre Kindheitserinnerungen auf die Bühne zu bringen, sondern dieses aus der Ferne bestärkte und mit weiteren Anregungen unterstützte. Es ist dem Projektteam eine große Ehre gewesen, Inge's Stück in Kippenheim, wo Teile davon spielen, vorzuführen.

Ende Januar 2023 konnte nach viel zu langer Pause endlich wieder eine Kooperation der Kompositions-AG mit der Theater-AG des Max Planck-Gymnasiums auf die Bühne gebracht werden. Hierbei handelt es sich um eine Biographie von Inge Auerbacher, einer Überlebenden des Nationalsozialismus, die in dem Buch „Ich bin ein Stern" über die grausamen Ereignisse ihrer Kindheit berichtet, unter anderem auch die Zeit in dem Konzentrationslager Theresienstadt. Die Leiter der beiden AGs, Christian Wenzel und Aïsha Hellberg, haben zusammen mit den SchülerInnen trotz Pandemiebedingungen ein beeindruckendes, aber auch erschreckendes Stück auf die Beine gestellt. Um einen Eindruck dieser Arbeit zu geben, hat Aïsha Hellberg ein paar Fragen über den Prozess hinter den Kulissen beantwortet. Was waren die Herausforderungen bei der Auseinandersetzung mit einem solchen Thema für ein Theaterstück? Zum einen wäre die grundsätzliche Schwierigkeit zu nennen, sich mit biografischem Material, mit einer konkreten Biografie, mit historischen Ereignissen auseinanderzusetzen: Dieses Tatsächliche, also das, was wirklich passiert ist, schränkt die Gestaltungsfreiheit ein, es setzt in gewisser Form Grenzen. Das wird einem natürlich umso bewusster, wenn die Aussicht besteht (wie das bei uns der Fall war), dass die Person, deren Biografie man erzählen möchte, auch wirklich bei der Aufführung anwesend sein wird und in irgendeiner Form auch darauf reagieren wird, was wir aus ihrer Biographie gemacht haben. Neben dieser Schwierigkeit stellt sich natürlich auch die große Herausforderung, dass man eigentlich nicht-Vorstellbares auf die Bühne bringen möchte. Wie sollten wir Inge Auerbachers Zeit im Konzentrationslager überhaupt darstellen? Wollten wir das darstellen? Wir haben uns dann dazu entschieden, das eben nicht direkt zu tun. Die Bühne ist bis auf Koffer und Puppen leer. Der hierdurch erzeugte bedrückende Effekt wird dann dadurch verstärkt, dass rund um das Publikum SprecherInnen verteilt sind, die ihre Gesichter mit Taschenlampen beleuchten. Sie tragen einzelne Erinnerungen Inge Auerbachers aus dem KZ vor. Aber trotz aller Schwierigkeiten bei der Auseinandersetzung mit dem Thema glaube ich, dass das Theater ein ganz ausgezeichneter Ort ist, um an diese Geschichten zu erinnern, auch wenn, und besonders wenn, irgendwann vielleicht keine ZeitzeugInnen mehr da sind, die wir danach befragen können. Können Sie etwas über die Entstehung des Drehbuchs erzählen? Dazu muss man vielleicht wissen, dass die Kooperation der Theater-AG des MPG und der ehemaligen Synagoge Kippenheim schon seit mehreren Jahren besteht. Das geht auf meine Vorgängerin Andrea Wels zurück. Sie hatte schon mehrere Stücke gemeinsam mit SchülerInnen erarbeitet, die Biografien von Opfern des Nationalsozialismus auf die Bühne bringen. Schon früher war Frau Wels einmal mit Inge Auerbacher im Gespräch, und als dann zur Debatte stand, dass Inge Auerbacher vielleicht im Bundestag eine Rede halten würde, hab ich es für den richtigen Moment empfunden, sich dieser Biographie anzunehmen. Der Förderverein der Synagoge hat für alle Mitglieder der Theater AG ihre Erinnerung „Ich bin ein Stern" zur Verfügung gestellt, und ausgehend von der Lektüre haben wir uns dann gemeinsam auf die Suche nach Bildern gemacht, haben uns mit ihren Gedichten auseinandergesetzt.

Und jedes Mal, wenn ich dann wiederum aus der Probe nach Hause gekommen bin, hab ich mich daran gemacht, die Bilder, die dort entstanden sind, in ein Drehbuch umzusetzen, das dann auch am Ende ein ganzes Stück ergeben hat. Der rote Faden war hier eigentlich durch die Erinnerung, das Buch, vorgegeben. Es ging dann eher darum, das noch mal etwas zu konzentrieren und zu fokussieren. Wie kommt es zur Kooperation mit der Kompositions-AG des CSG? Diese Kooperation hab ich von meiner Vorgängerin Andrea Wels „geerbt". Sie hat schon seit mehreren Jahren mit Christian Wenzel und seiner Kompositions-AG zusammengearbeitet, und das wollte ich dann auch fortführen, als ich die Theater-AG übernommen habe. Die Kooperation ist für mich immer sehr bereichernd. Das ist etwas sehr besonderes, wenn Musik und Theater das erste Mal zusammenkommen, nachdem sich die AGs davor nur getrennt mit dem Stoff auseinandergesetzt haben. Durch so eine eigens für das Stück komponierte Musik gewinnt das Schauspiel auch an bestimmten Stellen eine viel größere Intensität, und Musik und Theater ergeben dann am Ende ein Ganzes. Inwiefern hat die Pandemie die Arbeit an dem Theaterstück beeinflusst? Sagen wir's mal so: Dass wir aufführen konnten, und das noch dazu mit einem kleinen Publikum, grenzt eigentlich schon fast an ein Wunder. Unsere Aufführungen haben Ende Januar/Anfang Februar stattgefunden, im Zusammenhang mit dem Gedenktag für die Opfer des Nationalsozialismus, und wenn man sich daran erinnert, war das eine Zeit, in der es viele Einschränkungen gab, in der die Inzidenz sehr hoch war. Sobald es in beteiligten Klassen einen Fall gab, fehlten wieder SchülerInnen aufgrund von Kohortisierung, einige fehlten aufgrund von Quarantäne länger. Immer wieder mussten wir umdenken, mussten neu besetzen. Die Hauptdarstellerin mussten wir beispielsweise eine Woche vor der Aufführung ersetzen. Bei der Aufführung selbst haben wir das erste Mal wirklich ohne FFP2-Masken gespielt, selbst bei der Generalprobe haben wir sie getragen. Also insgesamt hat es enorm viele Nerven gekostet und es ist dem unbedingten Willen aller Beteiligten geschuldet, dass diese

Aufführungen so stattfinden konnten. Und gerade deswegen, nach zwei Jahren endlich wieder gemeinsam ein Theaterstück und Musik auf die Bühne zu bringen, das was wirklich etwas ganz besonderes, und wir wussten alle sehr zu schätzen, dass das möglich war und auch wirklich geklappt hat.

8.4 New Yorker Kinderchor „PS22 Chorus"

Der PS22 Chorus ist ein Grundschulchor der Public School 22 in Staten Island, New York City.

Der Kinderchor wurde im Jahr 2000 vom Musiklehrer Gregg „Mr. B" Breinberg gegründet. Seit September 2006 hat der Chor seinen eigenen Blog und entwickelte sich dank seiner YouTube-Videos zu einer Internetsensation. Zahlreiche Radio- und Fernsehauftritte, sowie Kollaborationen mit renommierten Künstlern folgten.

Er besteht aus 60–70 Fünftklässlern und wird von Gregg Breinberg geleitet. Die Schüler des Chors werden jedes Jahr am Beginn des Schuljahres neu ausgewählt. Sie treffen sich zwei Mal die Woche und treten sowohl bei Schulveranstaltungen als auch bei besonderen Veranstaltungen in New York und Umgebung auf. Berühmt wurde der Chor durch Videos auf der Internet-Plattform YouTube und durch den Auftritt bei der Oscarverleihung 2011 in Los Angeles. Bis Juli 2014 wurden die Videos des Chors über 63 Mio.-Mal angeschaut.

Der Chor ist für das Singen von bearbeiteten R&B- und Popsongs bekannt, vor allem für seine Interpretationen von Künstlern wie Tori Amos und Björk. Teilweise singen die Grundschüler aber auch von Breinberg selbst geschriebene Lieder. Bei einer Preisverleihung sangen sie für Beyoncé und Lady Gaga. Zusammen mit dem Rapper Common traten die Schüler auf dem National Tree Lighting Fest am Weißen Haus in Washington, D.C. auf und sangen für Präsident Barack Obama und Vize-Präsident Joe Biden.

Das Lied *Who am I* gemäß Inge Auerbacher's Liedertext wurde von PS22 Chorus 2019 anlässlich der United Nations Holocaust Remembrance Ceremony aufgeführt,[10] wo Inge ihre Rede hielt (Abb. 8.13).

Die Musik schenkt den Rahmen für Inge's Appell an die Welt bei diesem historischen Auftritt.

---

[10] www.youtube.com/watch?v=zGBxAdFSmj8.

Abb. 8.13 PS22 Chorus performance of „Wo Am I?" at United Nations' Holocaust Remembrance Ceremony as of 29th of January 2019 of this beautiful song by Holocaust survivor, Inge Auerbacher. (Quelle: www.youtube.com/watch?v=zGBxAdFSmj8)

QR Code zum Song des PS22 Chor „Who am I?" von Inge Auerbacher und Madeline Stone, 2019 (Quelle: https://www.youtube.com/watch?v=zGBxAdFSmj8)

QR Code zum Song des PS22 Chor „A world of Peace" von Inge Auerbacher, Madeline Stone, & Alvin Love (Quelle: https://www.youtube.com/watch?v=A_RtIu5uVZc)

Besondere Highlights

9

Inge Auerbacher, Bianca Christina Weber-Lewerenz, Roswitha Weber und Klaus Weber

---

I. Auerbacher (✉)
New York, USA

B. C. Weber-Lewerenz
Aichtal, Deutschland

R. Weber · K. Weber
Kenzingen, Deutschland

9.1 Rede Inge Auerbacher zum offiziellen Gedenken an den Holocaust vor den Vereinten Nationen (UN) in New York 2019

V.li.n.re.: Cantor Benny Rogosnitzky of the Park East Synagogue; Inge Auerbacher, survivor of the Teresienstadt concentration camp; Sandro De Bernardin, Chair of the International Holocaust Remembrance Alliance; Jonathan R. Cohen, Acting Permanent Representative of the United States to the United Nations; Mr. Guterres; María Fernanda Espinosa Garcés, President of the seventy-third session of the General Assembly; Danny Danon, Permanent Representative of Israel to the United Nations; Marian Turski, Chair of the Council of the Museum of the History of Polish Jews in Warsaw, Deputy Chair of the Association of the Jewish Historical Institute of Poland, and survivor of the Holocaust; Sara J. Bloomfield, Director of the United States Holocaust Memorial Museum; and Alison Smale, Under-Secretary-General for Global Communications. (Quelle: UN)

„Ich bin eineinhalb Millionen stille Mädchen und Jungen,
ICH BIN HEUTE HIER, UM IHRE STIMME ZU SEIN.
Ich wurde am 31. Dezember 1934 in einer religiös-jüdischen Mittelstandsfamilie in Kippenheim geboren; ein Dorf im Südwesten Deutschlands. Ich blieb ein Einzelkind. Papa hatte im Ersten Weltkrieg in der deutschen Anny gedient; wurde verwundet und mit dem Eisernen Kreuz ausgezeichnet. Unsere Welt brach zusammen, als meine

Eltern und ich am 22. August 1942 in den Transport von Stuttgart in das Konzentrationslager TEREZIN (THERESIENSTADT auf Deutsch) in der Tschechoslowakei einbezogen wurden. Ich war 7 Jahre alt, trug einen GELBEN STERN und bekam die Nummer XIII-1-408; der Jüngste in der Gruppe von fast 1200 Personen. Ich kam mit wenigen Habseligkeiten und meiner geliebten Puppe Marlene im Arm an. Theresienstadt war eine alte Festungsstadt, die in ein Konzentrationslager umgewandelt wurde.

Es war durch hohe Ziegelmauern, Holzzäune und Stacheldraht von der Außenwelt abgeschottet und wurde von einem SS-Kommandanten kontrolliert. Zu Propagandazwecken wurde es als MODELL-GHETTO bezeichnet. Unter den Gefangenen waren ältere und prominente Juden. Sie kamen aus der Tschechoslowakei, Deutschland, Österreich, Holland und Dänemark.

Theresienstadt war tatsächlich ein Haftort, bevor die Häftlinge zur Tötung in die Gaskammern von Auschwitz und anderen Tötungszentren geschickt wurden. Für die Inspektion des Internationalen Roten Kreuzes im Sommer 1944 wurde das Lager verschönert. Sie nahmen die Täuschung leider in Kauf. Für Kinder war das Leben besonders hart. Wir schliefen auf dem Boden oder, wenn wir Glück hatten, auf mit Stroh gefüllten Matratzen, die wie Sardinen auf Doppel- und Dreifach-Etagenbetten gepackt waren. Wir sind schnell erwachsen geworden. Die wichtigsten Wörter in unserem Wortschatz waren Brotkartoffeln und Suppe. Wir gewöhnten uns an die mit Leichen beladenen Karren. Dreimal am Tag standen wir in langen Schlangen mit unserem Metallgeschirr in der Hand, um unsere dürftigen Essensrationen zu bekommen. Hunger, Überfüllung, schlechte Hygiene, Mäuse, Ratten, Flöhe, Bettwanzen, Läuse und die Angst, in den Osten geschickt zu werden, plagten uns täglich.

Am 8. Mai 1945 wurden wir schließlich von der Sowjetarmee befreit. Ich war 10 Jahre alt. Ich hatte drei Jahre in dieser Hölle verbracht. Etwa 144.000 Menschen wurden nach Theresienstadt geschickt. Davon wurden 88.000 hauptsächlich zur Tötung nach Auschwitz geschickt und 33.000 starben an Hunger und Krankheiten. Von den 15.000 nach Theresienstadt geschickten Kindern überlebten nur sehr wenige. Die meisten wurden in den Tod nach Auschwitz geschickt; einschließlich meiner besten Freundin und Schlafgenossin Ruth. Wir kehrten für weniger als ein Jahr nach Deutschland zurück und wanderten im Mai 1946 nach Amerika aus. Wir hatten 20 Familienmitglieder verloren; einschließlich meiner geliebten Oma. Von unserem Transport nach Theresienstadt hatten nur eine Handvoll überlebt; einschließlich meiner Eltern und mir. Unser Ziel war New York.

Leider war meine neu gewonnene Freiheit nur von kurzer Dauer und ich wurde durch die Folgen meines Lebens in Theresienstadt sehr krank. Bei mir wurde eine schwere Tuberkulose beider Lungen diagnostiziert. Es folgten jahrelange Krankenhausaufenthalte und vollständige Bettruhe sowie schmerzhafte Eingriffe. Schließlich wurden Medikamente entdeckt, die mir eine Heilung ermöglichen könnten. Während meiner langen Krankheit fand ich Trost im Schreiben, das mir einen Sinn im Leben gab und mir die Einsamkeit nahm, die ich empfand. Schließlich kehrte ich im Alter von 15 Jahren zur Schule zurück, nachdem ich acht Jahre Bildung verloren hatte. Ich habe einen Hochschulabschluss in Chemie und war 38 Jahre lang im medizinischen Bereich tätig. Es folgten sechs veröffentlichte Bücher; darunter I AM A STAR – Kind des Holocaust. Ich bin meiner Co-Autorin – der Komponistin Madeline Stone – und

dem Chorleiter Gregg Breinberg von PS 22 in Staten Island außerordentlich dankbar. Besonderer Dank gilt den wunderbaren Kindern des Chores, die die Mischung vieler ethnischer Hintergründe verkörpern. Vielen Dank an alle, die unser Lied „WHO AM I" zum Leben erweckt haben. Meine Hoffnung, mein Wunsch und mein Gebet ist, dass jedes Kind in Frieden ohne Hunger und Vorurteile aufwächst. Ich flehe dich an, Welt: Triff gute Entscheidungen. Das Gegenmittel gegen Hass ist Bildung. Keine weiteren Völkermorde und ein weiterer Holocaust und kein weiterer Antisemitismus.
Herzliches Dankeschön."

QR Code zur Rede vor den Vereinten Nationen bei der Holocaust Gedenk-Zeremonie 2019 (Quelle: https://news.un.org/en/story/2019/01/1031502 und https://www.un.org/sites/un2.un.org/files/2020/08/2019_remarks_by_mrs_inge_auerbacher.pdf)

9.2 Rede von Inge Auerbacher zum Tag des Gedenkens an die Opfer des Nationalsozialismus am 27. Januar 2022 vor dem Dt. Bundestag Berlin

„*Sehr verehrte Frau Bundestagspraesidentin Bas,*
  Sehr geehrter Herr Knesset-Präsident Levy,
  Sehr geehrter Herr Abgeordneter Dr. Schaeuble,
  Liebe Abgeordnete und Gaeste des Deutschen Bundestages,
  Meine Damen und Herren,
  Ich danke herzlich fuer die Einladung!
  Wer bin ich?

Ich bin ein juedisches Maedel aus dem badischen Dorf Kippenheim und dem schwaebischen Jebenhausen Goeppingen. Ich wurde am 31. Dezember 1934 in Kippenheim geboren. Juden und Christen wohnten friedlich zusammen. Ich war das letzte juedische Kind, das dort geboren wurde. Ich blieb ein Einzelkind von Berthold und Regina Auerbacher.

Papa war im Ersten Weltkrieg Soldat in der deutschen Armee und wurde schwer verwundet. Er ist mit dem Eisernen Kreuz ausgezeichnet worden. Sein Beruf war Textilhaendler. Mama stammte aus dem schwaebischen Jebenhausen. Ihre Mutter, meine Oma, kam aus einer grossen Familie mit 14 Kindern, von denen vier Brueder im Ersten Welt Krieg kaempften. Zwei gaben ihr Leben fuer das deutsche Vaterland. Meine seelige Oma wurde von den Nazis ermordet und liegt in einem Massengrab in Bikernieki, einem Wald in der Naehe von Riga in Lettland. Berthold Auerbach (eigent-

lich hiess er Moses Baruch Auerbacher) war ein Mitglied meiner Familie und war im 19. Jahrhundert ein sehr bekannter Schriftsteller. Nach ihm ist auch heute wieder eine Straße in Berlin benannt.

Ich wohne seit 75 Jahren in New York, aber habe noch die grauenhafte Zeit des Schreckens und Menschenhasses gut im Gedaechtnis. Leider ist dieser Krebs wieder erwacht und Judenhass ist in vielen Laendern der Welt, auch in Deutschland wieder alltaeglich. Diese Krankheit muss so schnell wie moeglich geheilt werden.

Wir waren eine glueckliche Gemeinde in Kippenheim, bis der Frieden unseres ruhigen Dorfes gestoert wurde. Am 9. und 10. November 1938 fanden in Deutschland gewaltsame Ausschreitungen und Uebergriffe gegen die Juden statt. Dieses Ereignis wird heute Pogromnacht genannt.

Das Pogrom fand in Kippenheim am 10. November statt. Ich war in dieser Zeit noch nicht einmal vier Jahre alt. DieNazi-Rowdies schmissen Backsteine durch die Fenster. Ein Stein hat mich beinahe getroffen.

Unsere Synagoge wurde nicht niedergebrannt wegen der Feuergefahr fuer die christlichen Haeuser in der Nachbarschaft. Alle Maenner ueber 16 Jahren wurden in KZ's gebracht. Opa und Papa wurden in das KZ Dachau transportiert, wo sie in der Barracke 16 untergebracht wurden. Nach einigen Wochen wurden sie entlassen und kamen nach Hause. Sie erzaehlten von den furchtbaren Torturen und Misshandlungen, die sie erleiden mussten.

Es war Zeit Deutschland zu verlassen. Wir verkauften unser Haus in Kippenheim 1939 und Papa verlor sein Geschaeft. Wir zogen zu den Grosseltern in Jebenhausen mit der Hoffnung bald Deutschland zu verlassen. Aber die Tueren zum Auswandern wurden bald geschlossen. Opa starb an einem Herzleiden.

Immer wieder kamen neue antisemitische Bestimmungen und Gesetze gegen Juden. Viele der Einwohner von Jebenhausen hielten an ihrer Freundschaft mit uns fest. Obwohl den Christen und Nachbarn der Umgang mit Juden verboten war. Einige Bauern versorgten uns manchmal mit Lebensmitteln. Die meisten Kinder spielten auch weiter mit mir.

Dann war ich 6 Jahre alt. Es war Zeit fuer den Schulanfang. Juedische Kinder durften nicht mehr die staatlichen Schulen besuchen. Ich musste zu Fuss drei Kilometer nach Goeppingen gehen und dann eine Stunde mit dem Zug nach Stuttgart zur juedischen Schule fahren. Diese war die einzige juedische Schule in der Gegend. Ich brauchte einen Sonderausweis fuer diese Reise, denn Juden durften sich nicht mehr frei bewegen. Zuerst brachte mich Papa in die Schule. Spaeter mussten meine Eltern Zwangsarbeit in einer Fabrik in Goeppingen leisten. Ich fuhr dann alleine zur Schule. Die Fahrt zur Schule wurde noch gefaehrlicher als ab dem 1. September 1941 alle Juden ueber 6 Jahren den gelben Davidstern tragen mussten. Manche christliche Kinder verhoenten und piesackten mich.

Eines Tages liess eine Frau eine Tuete mit Broetchen neben meinem Sitz liegen. Sie muss meinen gelben Davidstern erblickt haben und hatte Mitleid mit dem kleinen Maedchen, das so ganz allein im Zug fuhr. Die Deportationen nach dem Osten begannen Ende 1941. Meine Oma und die meisten Kinder der juedischen Schule wurden nach Riga in Lettland deportiert. Die Schule in Stuttgart wurde bald geschlossen bevor ich die erste Klasse beenden konnte.

Wir mussten das Haus meiner Grosseltern in Jebenhausen verlassen und wurden in einem „Judenhaus" in Goeppingen einquartiert. Im August 1942 wurden meine Eltern und ich und andere Juden in der Turnhalle der Schillerschule in Goeppingen versammelt. Unser Gepaeck wurde durchsucht.

Einer der Aufseher fand Gefallen an einer Holzbrosche, die ich angesteckt hatte und nahm sie von mir. Er bruellte: „Du brauchst das nicht wo du hingehst." Dann riss er meine Puppe aus meinen Armen und untersuchte sie, ob ich etwas versteckt haette. Traenen ergossen sich ueber meine Wangen. Ich war ueberglueklich als er meine Puppe Marlene wieder in meine Haende gab. Von Goeppingen ging es nach Stuttgart zu dem Sammellager Killesberg, wo wir am 22. August 1942 mit einem zusammengesetzten Transport von Juden aus Wuerttemberg in das KZ Theresienstadt deportiert wurden.

Ich war 7 Jahre alt und die Juengste von ca. 1100 Personen, von denen meine Eltern und ich und ganz wenig andere ueberlebt haben. Es dauerte ca 2 Tage, bis wir zusammengedraengt in einem ueberfuellten Personenzug den Bahnhof von Bauschowitz erreichten. Wir wurden empfangen vom Bruellen der Aufseher: „Lasst Alles liegen, und nehmt nur eure Bettrolle und das Blechgeschirr; Los marschieren! Kein Wiederstand!" Wachleute mit Peitschen umringten uns. Meine Elterngingen jeder auf einer Seite von mir, um mich vor Schlaegen zu schuetzen. Ich hielt meine Puppe fest im Arm. Wir gingen ungefaehr drei Kilometer.

Es war sehr schwer fuer die aelteren Leute, diesen langen Weg zu laufen. Wir wurden durch einen Bogeneingang in einer grossen Kaserne im Dachgeschoss auf dem kalten Boden ohne Betten untergebracht. Ueberall wimmelte es von Menschen. Theresienstadt bestand aus riesigen Backsteinkasernen und alten, halb zerfallenen Haeusern. Das KZ war von der Aussenwelt durch hohe Mauern, Holzzaeune und Stacheldraht voellig abgeschlossen. Die Verbindung nach draussen war strengstens verboten. Am 10. Oktober 1941, hatten Reinhard Heydrich, Adolf Eichman und andere Nazigroessen Theresienstadt zum Durchgangslager fuer Juden vor ihrer Vernichtung bestimmt. Die Nazis tarnten das Lager fuer Propagandazwecke als Musterghetto und machten eine verlogene Show fuer das Internationale Rote Kreuz 1944.

Die Gefangenen kamen aus mehreren Laendern aus Europa. Sie waren aeltere und prominente Menschen, und viele waren mit Orden ausgezeichnete Kriegsteilnehmer aus dem Ersten Weltkrieg. Das Leben im KZ Theresienstadt war besonders schwer fuer solch ein junges Kind. Es gab keinen Ausweg; Nur die Gaskammern in Auschwitz, zu verhungern, Selbstmord, oder an Krankheiten zu sterben. Die Familien, Maenner, Frauen und Kinder mussten meistens getrennt voneinander naechtigen, aber sie durften sich besuchen. Ich konnte gluecklicherweise mit meinen Eltern im Quartier der Kriegsversehrten bleiben. Wir schliefen auf Strohsaecken eng zusammengepfercht auf zwei oder dreistoeckigen Pritschen.

Wir Kinder wurden schnell selbstaendig. Die wichtigsten Woerter fuer uns waren : Brot, Kartoffel, und Suppe. Das ganze Leben drehte sich um Essen. Es gab nur Latrinen, die weit weg waren. Wenige Male bekamen wir Erlaubnis uns zu duschen. Unser Spielplatz war ein faulriechender Abfallhaufen. Hier wuehlten wir stundenlang herum und hofften, einen Schatz zu finden: Halb verfaulte Rueben, und Kartoffelschalen, bei denen man noch einen essbaren Schnitz abschneiden konnte. Schule war fuer uns Kinder verboten. Heimlich lehrten uns manche etwas lesen und schreiben. Das wurde dann Beschaeftigung genannt.

Fuer meine Puppe machte ich aus einem schmutzigen Pappkarton ein Bett am Kopfende der oberen Pritsche, wo ich zusammen mit meinen Eltern schlief. Eines Tages entdeckte ich in dem Karton eine tote Maus, ebenfalls ein Opfer des Hungers. Immer wieder gab es Epidemien wegen des Mangels an hygienischen Einrichtungen und weil wir so zusammengepfercht leben mussten. Typhus war eine grosse Gefahr. Wir waren sehr von Ratten, Maeusen, Floehen, Laeusen, und Wanzen geplagt. Immer wieder wurden Leute abtransportiert – meistens nach Auschwitz.

1944 mussten alle Kriegsversehrten nach alphabetischer Reihenfolge sich bei der Kommandantur melden. Sie hatten keine Ahnung, dass es sich dabei um eine Auswahl fuer die Deportation nach Auschwitz handelte. Wir teilten unsere Pritsche mit einer Familie namens Abraham aus Berlin. Sie hatten eine gleichalte Tochter Ruth Nelly, die wie ich, auch ein Einzelkind war. Ihr Vater hinkte an einem Fuss und war verwundet worden im Ersten Weltkrieg. Unsere beiden Vaeter gingen zur gleichen Zeit zur Kommandantur. Einige Wochen spaeter waren alle drei im Transport nach dem Osten. Wie ein Wunder sind wir zurueckgeblieben.

Ruth und ich waren wie Schwestern und wir versprachen uns gegenseitig zu besuchen: Sie nach Jebenhausen und ich nach Berlin: „Liebe Ruth, ich bin hier in Berlin um dich zu besuchen!" Ruth und ihre Eltern wurden ermordet in einer der Gaskammern in Auschwitz. Sie erlebte noch nicht einmal ihren zehnten Geburtstag. Am 8. Mai 1945 sind wir endlich von unserem Elend durch die Rote Armee befreit worden. Von 140.000 Personen, die nach Theresienstadt deportiert wurden, sind 33.000 dort gestorben, und 88.000 ueberwiegend in Auschwitz oder anderen Lagern ermordet worden.

Wir waren 15.000 Kinder und nur wenige davon sind am Leben geblieben; darunter wie ein Wunder bin auch ich.

Die Stadt Stuttgart holte die wenigen Ueberlebenden ab. Wir wohnten nur 9 Monate in Goeppingen und emigrierten im Mai 1946 nach New York. Ich war 11 Jahre alt. Meine Eltern fanden Arbeit bei einer reichen Familie; Meine Mama als Dienstmaedchen und mein Papa als Diener. Amerika war fuer mich wie ein Zauberland. Aber leiderwurde ich aus dem Traum bald geweckt. Ich hatte einen boesen Husten und man brachte mich zum Arzt. Nach seiner Untersuchung teilte er meinen Eltern mit: „Ihre Tochter ist schwer krank und hat Tuberkulose in beiden Lungen. Sie muss sofort ins Krankenhaus."

Der Arzt erklaerte meinen Eltern, dass diese Krankheit von den 3 Jahren im KZ herstammte, wo ich unterernaehrt und im Dreck leben musste. Ich wurde in ein staatliches Krankenhaus gebracht. Ich konnte es kaum glauben: „Jetzt werde ich wieder eingesperrt!" Die Traenen rannten wie Fluesse ueber mein Gesicht. Ich musste zwei Jahre dauernd im Bett liegen und schmerzhafte Untersuchungen erleiden. Endlich hatten meine Eltern eine Wohnung in Brooklyn und nahmen mich nach Hause. Nach einigen Monaten war ich in einem noch schlechteren Zustand mit Lungenblutungen und ganz kraftlos.

Ich betete zu Gott: Bitte lass mich nicht sterben, ich will leben!

Wie ein Wunder ist Streptomycin, das erste Antibiotika gegen Tuberkulose erfunden worden. Dafuer gab es auch den Nobel Preis. Ich musste wieder ein Jahr im Bett liegen. Aber ich war heilfroh, dass mich die schmerzhaften Spritzen an Streptomycin geheilt haben. Endlich mit 15 Jahren ging ich in die Schule und absolvierte die High School in drei statt vier Jahren. Die Wissenschaft interessierte mich sehr. Ich begann an der Uni Chemie zu studieren. Nach ein paar Wochen erkrankte ich wieder und musste nochmals 12 Monate im Bett verbringen und bekam zwei Spritzen und 26 Pillen taeglich.

Endlich ging ich wieder in die Uni und vollendete mein Studium. Ich arbeitete 38 Jahre als Chemikerin in medizinischer Forschung und klinischer Arbeit.

Summa sumarum

Soviel ich weiss, bin ich das einzige Kind, das unter allen Deportierten aus Stuttgart zurueckkehrte

20 Personen von unserer Familie sind von den Nazis ermordet worden

3 Jahre KZ Theresienstadt

4 Jahre im Bett wegen der schweren gesundheitlichen Folgen

8 Jahre Schulverlust

4 Jahre Stigmatisierung, den Judenstern zu tragen

Stigma wegen der boesen Krankheit, die Partner daran hinderte, mich zu heiraten. Ich durfte nie ein Brautkleid tragen.

Ich werde nie Mama oder Oma werden.

Aber ich bin glücklich und die Kinder der Welt sind meine

Ich schliesse mit meinem Herzenswunsch: Menschenhass ist etwas Schreckliches. Wir sind alle als Brueder und Schwestern geboren. Mein innigster Wunsch ist die Versoehnung aller Menschen. Entzuende heute eine Kerze zur Erinnerung an die ermordeten unschuldigen Kinder, Frauen und Maenner.

Entzuende eine Kerze fuer das Leben, und halte die Dunkelheit zurueck.

Sei Hueter deiner Schwestern und Brueder, dann wird dein Glueck immer bluehen.

Wir sind alle als Kinder Gottes geboren.

Fuer Einigkeit und Frieden oeffnen sich die Tore.

Die Vergangenheit darf nie vergessen werden.

Zusammen wollen wir beten fuer Einigkeit auf Erden.

Lasst uns gemeinsam einen neuen Morgen sehen.

Dieser Traum soll nie verlorengehen.

Vielen Dank."

QR-Code zur Rede von Inge Auerbacher zum Tag des Gedenkens an die Opfer des Nationalsozialismus am 27. Januar 2022 (Quelle: https://www.bundestag.de/dokumente/textarchiv/2022/kw04-gedenkstunde-rede-auerbacher-879226)

9.3 Inge's 2-wöchige Deutschlandreise und Facharbeit an Schulen 2022

Besondere Würdigung erlebte Inge Auerbacher im Rahmen ihrer zweiwöchigen Deutschlandreise – im Anschluss an ihre Rede vor dem Deutschen Bundestag am 27.01.2022 in Berlin – in der Region ihres badischen Geburtsortes Kippenheim und ihrer großelterlich schwäbischen Heimat Jebenhausen.

> **01. Februar 2022: Erstes Multiplikatoren Netzwerktreffen, Begegnung und Würdigung Inge Auerbacher**

Inge Auerbacher's nachhaltige Erinnerungsarbeit führte zu einem *Multiplikatoren Netzwerktreffen* (Abb. 9.1–9.4) in der Grundschule an der Kleinen Elz Kenzingen am 01.02.2022. Dort wurde sie für ihre über 2 Jahrzehnte Zeitzeugenarbeit im Kenzinger Bildungsangebot gewürdigt. Neben der Begegnung und Würdigung Inges standen Perspektiven und Strategien zukünftiger Erinnerungskultur im Fokus. Das Besondere war die Erkenntnis, wie grundlegend wichtig der Umgang mit Erinnerung und Holocaustgeschehen für Kinder des Grundschulalters

Abb. 9.1–9.4 1. Multiplikatoren Netzwerktreffen am 01. Februar 2022 in der Festhalle neben der Grundschule an der Kleinen Elz Kenzingen. (*Quelle: Bianca Weber-Lewerenz*)

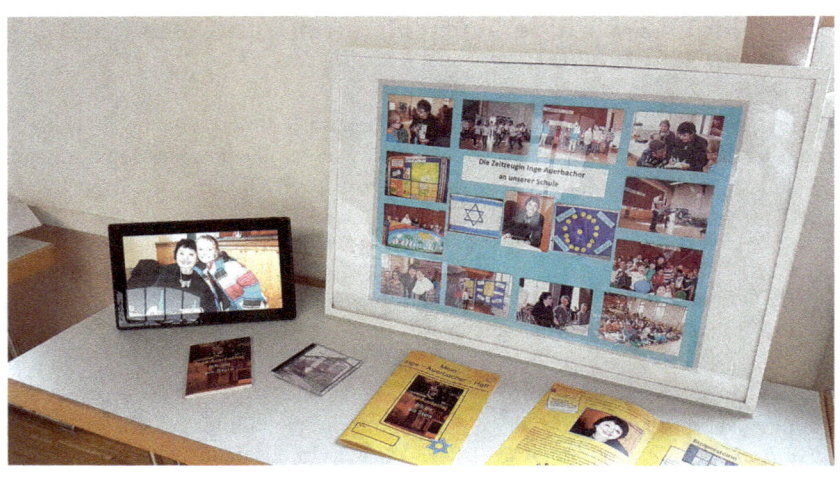

Abb. 9.1 (Fortsetzung)

9 Besondere Highlights

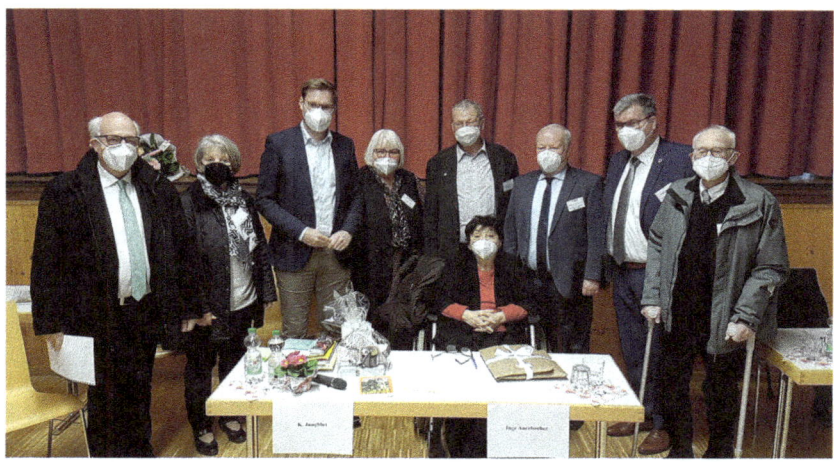

Abb. 9.1 (Fortsetzung)

dabei ist – in kindgerechter Sprache, Wir-Pädagogik und mit umfassender Eltern – und Öffentlichkeitsarbeit. Die Grüße von Muhterem Aras, Landtagspräsidentin von Baden-Württemberg, bestätigten das Modell Grundschule Kenzingen an der Kleinen Elz insbesondere als Pioniere in den 90er-Jahren.

Initiiert wurde das Netzwerktreffen von Roswitha Weber, Lehrerin i. R. Grundschule Kenzingen an der Kleinen Elz. Sie ist Initiatorin des Inge Auerbacher-Tages an der Schule in einer über 30-jährigen Kooperation mit Inge und Gruppenbotschafterin Widen the Circle. Das für Roswitha Weber, auch Initiatorin der Rede im Dt. Bundestag und Koordinatorin mit dem Protokoll des Dt. Bundestages, der 2-wöchigen Reise Inge Auerbachers zu verschiedenen Lebensstationen ein besonderer Tag: ein Tag höchster Anerkennung, wie grundlegend wichtig und richtig Friedenserziehung und Empathie Förderung bereits im Grundschulalter 6 bis 10 Jahre sind und insbesondere für unsere gemeinsame Zukunft sein werden.

Es war eine große Ehre, dass der Gedankenaustausch zum Thema neue Ansätze für eine nachhaltige, zukünftige Erinnerungskultur – verbunden mit der Begegnung und Würdigung Inge Auerbachers für deren herausragenden Anteil daran- durch die Anwesenheit so zahlreicher Aktiver gewürdigt wurde.

Teilnehmer waren VertreterInnen der PH-Freiburg, der regionalen Gedächtnisstätten und Jüdischen Museen, Fördervereine, des DIA, der AgGL Kenzingen e. V., Arbeitsgruppen an Schulen, Peter Weiß (Präsident des Maximilian-Kolbe-Werkes und Vorsitzender der Maximilian-Kolbe-Stiftung und Vermittler über den damaligen Bundespräsidenten für den Besuch von Inge Auerbacher vor zwei Jahren),

Yannick Bury (Mitglied des Deutschen Bundestages Abgeordneter des Wahlkreises Emmendingen-Lahr), Alexander Schoch (MdL Wahlkreisbüro Emmendingen), Karen Jungblut (Director of Global Initiatives Emerita, USC Shoah Foundation), Matthias Guderjan (Bürgermeister Stadt Kenzingen), Birgit Beck (Schulleiterin der Grundschule Kenzingen an der Kleinen Elz), Detlef Freßle (Schulleiter i. R. Grundschule Kenzingen an der Kleinen Elz), Thilo Feucht (Direktor Gymnasium Kenzingen), Aktive i. R., LehrerInnen und Pressevertreter.

Bodo Alaze setzte die *„Filmdokumentation zum Multiplikatorentreffen"* um.

Zum historisch erstmaligen, innovativen Multiplikatorentreffen wurde eigens dafür ein *„Erinnerungsbuch für Inge Auerbacher"* erstellt.

Die LehrerInnen der Grundschule Kenzingen an der Kleinen Elz haben ein *„Inge-Auerbacher-Arbeitsheft"* für ihren Unterricht erstellt und digitalisieren die über Jahre gesammelten Materialien.

02. Februar 2022: Würdigung als 1. Ehrenbürgerin an Inge Auerbacher's Geburtsort Kippenheim mit Theatervorstellung in der Synagoge

Bei der *Gedenk- und Erinnerungsstunde mit Bundestagspräsident a. D. Dr. Wolfgang Schäuble* (Abb. 9.5) mit feierlicher Eintragung ins Goldene Buch der Gemeinde Kippenheim (Abb. 9.7 und 9.8), in der ehemaligen Synagoge, wurde der

Abb. 9.5 und 9.6 Gedenk- und Erinnerungsstunde mit Auszeichnung zur Ehrenbürgerin der Gemeinde Kippenheim. (Quelle: Bianca Weber-Lewerenz)

Abb. 9.5 (Fortsetzung)

Holocaust-Überlebenden Inge Auerbacher eine besondere Ehre zu teil: Bürgermeister Matthias Gutbrod ernannte sie für „ihre Tätigkeit als Botschafterin der Versöhnung, der Toleranz und des Friedens" als erste *Ehrenbürgerin der Gemeinde Kippenheim* (Abb. 9.6). An der Gedenk- und Feierstunde nahmen unter anderem der Vorsitzende der ehemaligen Synagoge Kippenheim, Jürgen Stude, teil, sowie Bundes- und Landtagsabgeordnete der Region u. a. Yannick Bury, Peter Weiß, Mitglieder des Gemeinderats und Wegbegleiter Auerbachers.

„Sterne in der Finsternis" heißt die für diesen Anlass *uraufgeführte musikalisch-szenische Inszenierung* von Schülern des Max Planck- und des Clara-Schumann-Gymnasium über das Leben von Inge Auerbacher – basierend auf ihrem Buch „Ich bin ein Stern". Die Theater AG schrieb dazu ein Theaterstück, die Musik AG komponierte die Musikstücke und den Gesang auf Hebräisch.

Einträge von Wolfgang Schäuble und Inge Auerbacher in das Goldene Buch der Stadt Kippenheim, anlässlich der Verleihung der Ehrenbürgerschaft an Inge Auerbacher am 02. Februar 2022, Synagoge Kippenheim (Abb. 9.7 und 9.8):

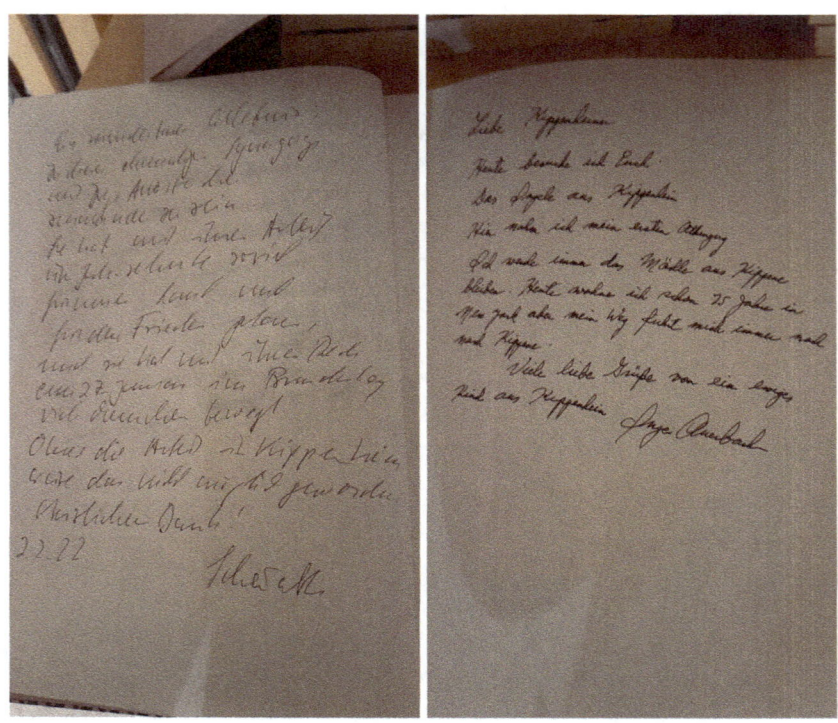

Abb. 9.7 und 9.8 Eintrag Dr. Wolfgang Schäuble (li) und Inge Auerbacher (re). (*Quelle: Bianca Weber-Lewerenz*)

03. Februar 2022 Grundschule Kenzingen an der Kleinen Elz: Modellprojekt mit Inge Auerbacher per Zoom Interview

Mit der *„Zeitzeugen- und Erinnerungsarbeit mit der jüdischen Zeitzeugin Inge Auerbacher: Interview, Dokumentation, Filmarbeit, ZOOM Live-Stream"* hat die **Projektgruppe an der GHSE UNESCO Projektschul**en mit ihrem Lehrer Benjamin Kleinstück ein eigenes Projekt entwickelt. Das ZOOM Interview mit der jüdischen Zeitzeugin Inge Auerbacher und Schülern aus regionalen Schulen konnte als Live Stream Event am 03. Februar 2022 an der Grundschule Kenzingen an der Kleinen Elz mit hoher Zuschauerbeteiligung aus Nah und Fern umgesetzt werden (Abb. 9.9 und 9.10). Mehr als 12 Klassen und viele interessierte Schüler*innen, Lehrer*innen und Eltern haben teilgenommen.

9 Besondere Highlights

Abb. 9.9 und 9.10 Modellprojekt der GHSE UNESCO Projektschule mit Inge Auerbacher per Zoom Interview am 03. Februar 2022, Grundschule an der Kleinen Elz Kenzingen. (Quelle: GHSE UNESCO Projektschule)

Die dabei entstandene erstmalige Kooperation der GHSE UNESCO Projektschulen (Gewerbliche und Hauswirtschaftlich-sozialpflegerische Schulen in Emmendingen), der Grundschule Kenzingen an der Kleinen Elz und dem Gymnasium Kenzingen kann als **neuartiges Modellprojekt der 4 kooperierenden Schulen** betrachtet werden.

Dieses hervorragende Projekt ist darüber hinaus eines der Ergebnisse aus dem Multiplikatorentreffen am 02. Feb 2022 mit dem Ziel der Förderung nachhaltiger Zeitzeugen- und Erinnerungsarbeit!

Es steht für die gelebte Pionierarbeit Hand in Hand mit Erinnerungsarbeit.

05. Februar 2022: Würdigung als Ehrenbürgerin der Stadt Göppingen

Oberbürgermeister Alex Maier würdigte Inge Auerbacher als *Ehrenbürgerin der Stadt Göppingen*. Die Feier wurde als Live-Stream ausgestrahlt (Abb. 9.11–9.14).

QR-Code zur Zeremonie der Verleihung der Ehrenbürgerschaft der Stadt Göppingen an Inge Auerbacher (Quelle: https://www.youtube.com/watch?v=5zwCyXOsX0Q)

Abb. 9.11–9.14 Empfang von BM Alex Maier zur Würdigung von Inge Auerbacher als Ehrenbürgerin der Stadt Göppingen mit Live-Zuschaltung von Dr. Wolfgang Schäuble und Eintrag ins Goldene Buch der Stadt am 05. Februar 2022. Die Feierlichkeit wurde öffentlich per Zoom ausgestrahlt. (*Quelle: Stadt Göppingen*)

In einem sensibel vorbereiteten Rahmenprogramm würdigte auch an dieser Lebensstation der Förderkreis Jüdisches Leben in Kooperation mit Stadtverwaltung und aktiven Wegbegleitern den Beitrag Inge Auerbacher's als Zeitzeugin.

In Göppingen gibt es den vormals angelegten Inge-Auerbacher-Erinnerungsweg und ein jahrelanges Fördernetzwerk, mit dem sie Shabbat feiern durfte.

Davor besuchte Inge Auerbacher ihren großelterlichen Heimatort Jebenhausen, in dem sie die glücklichsten Jahre ihrer Kindheit verbrachte und den sie zuletzt vor Deportation in das KZ Theresienstadt verlassen musste.

Würdigungen von Inge Auerbacher gab es in allen Medien und auf fast allen Kanälen mit über 200 Berichten und Beiträgen aus aller Welt. Inge Auerbacher's Wirken und die mit ihr im Zusammenhang stehende Erinnerungsarbeit wurde in Hörfunk und Fernsehen, Internet und Zeitungen rund m den Globus dokumentiert.

9.4 Redebeiträge zum Nationalen Gedenktag des Endes des Zweiten Weltkrieges, in Pirou, Normandie, Frankreich, am 8.Mai 2022

Roswitha Weber and Klaus Weber

9.4.1 Redebeitrag Roswitha Weber

„Meine sehr verehrten Damen und Herren, mein Name ist Roswitha Weber und ich bin mitten in Europa im Dreiländereck geboren Schweiz, Frankreich, Deutschland, unweit von Basel – am Rhein im Jahr 1952.

Zum Glück durfte mein Vater in der französischen Gefangenschaft bei Soissons positive Erfahrungen bei Verwandten des Hauses Peugeot machen. So war ihm erlaubt, am Familienessen teilzunehmen und am Wochenende die Umgebung kennenzulernen. So war das „trou normand" bei unseren eigenen Festessen normal! Und dass ich als Kind schon große Kathedralen kennenlernte, Thann, Straßbourg etc. auch. Ich kenne viele Geschichten aus der Kindheit, in denen von Handel mit Fisch, Münsterkäse und Edelbränden erzählt wurde und von freundschaftlichen Treffen bei Nacht am Rhein während des Krieges.

Frankreich war für mich von Anfang an ein Land, das man unbedingt kennenlernen musste!

Seit über 50 Jahre habe ich deshalb meine Brieffreundin aus Schulzeit in Le Mans. Dank der Medien sind wir bis heute verbunden über Themen der Familie, Aktuelles auf der Welt. Eine Freundin in St. Gué und die Freunde in Caen und im Elsaß sowieso – unsere 3 Töchter wuchsen mit dieser „Normalität" auf. Die älteste hat selbst seit der Schulzeit ihre Freundin in Le Havre!

Als ich die Chance bekam, als Lehrerin 1988 Partnerschaften mit französischen Schulen im Elsass aufzubauen, war es klar, dass dies eine Lebenseinstellung wurde, nicht nur ein Beruf!

Der Deutsch-Französische Freundschaftsvertrag 1963, Adenauer/De Gaulle hatten es möglich gemacht!

Zeitweise hatte unsere Schule 5 Partnerschulen im Elsaß, weil wir eine große Schule waren.

Und ich hatte das Glück, mit meinen Partnerkollegen Freundschaften fürs Leben zu schließen und hervorragende Tage des Miteinanders zu gestalten: Ausflüge, miteinander arbeiten, kochen, einmal sogar 1 Woche classe verte gemeinsam in den Vogesen. Wir hatten dieselben Werte und Ziele: Die Kinder im Alter von 8–12 Jahren sollten einen Minimalwortschatz erwerben für Verständigung! Außerdem – und das ist uns sehr wichtig – sie sollten wichtige Traditionen, Spezialitäten, Besonderheiten des Landes kennenlernen und bei Liedern, Spielen sich einfach begegnen -> Miteinander!

Das wurde inzwischen mein Modell, ein Schulmodell, was gerade in aktueller Zeit anerkannt wurde, in der Bildungsarbeit weiterentwickelt und an vielen anderen Schulen praktiziert werden soll: Erziehung zu Toleranz – Respekt – Frieden. In jedem Fach gibt es pädagogische Möglichkeiten, Empathie zu fördern. Es verlangt aber den gesellschaftlichen Rahmen: Offenheit und Gespräch in der Familie von klein auf – Kinder wollen und brauchen Vorbilder, Wahrheit, Zuverlässigkeit, Konsequenz. Das macht uns Erwachsenen viel Arbeit, ist aber nach persönlichem Empfinden die einzige Chance für eine friedliche Welt.

Wenn Kinder und Jugendliche in der Gemeinschaft an einem solchen Denkmal stehen und sich die älteren Menschen an die schrecklichen Erlebnisse erinnern – fragen sich ja junge Menschen – was kann ich für eine Friedliche Zukunft tun?? Dann ist es gut, wenn sie wissen: Man hält es für unfassbar, was Menschen sich antun auch heute noch, nach vielen solcher Erfahrungen.

Man erinnert sich- aber der Blick geht vorwärts, ein Lächeln ist wichtig, ein Salut, ein Händedruck, ein Gespräch, gemeinsame Ziele und Handeln im Sinne von: Was du nicht willst, das man dir tut, das tu auch keinem anderen! Deshalb, danke für ihren Blick auf uns als Nachbarn in Europa!"

9.4.2 Redebeitrag Klaus Weber

„Sehr geehrte Damen und Herren,

es ist mir eine große Ehre, hier und heute zu Ihnen als Deutscher – besser als langjähriger Urlauber in Pirou Plage, als „Europäer" – sprechen zu dürfen (Abb. 9.15). Ganz herzlichen Dank für die Einladung Mdm Forestier, Maire de la ville Pirou! Diese Veranstaltung heute ist für uns beide ein Zeugnis der Geschichte und eine Mahnung gegen Krieg und Nationalismus und dass wir uns gemeinsam aktiv für Frieden, Demokratie und Völkerverständigung einsetzen.

Mein Name ist Klaus Weber, bin 1948 – also 3 Jahre nach Kriegsende – in Backnang bei Stuttgart geboren. Wir wohnen heute in Kenzingen, eine Kleinstadt gegenüber von Straßburg und haben 3 Töchter mit Familien und 2 Enkel.

Ich hatte das Glück, früh in meinem Leben Frankreich kennenlernen zu dürfen:

Abb. 9.15 Roswitha und Klaus Weber sprechen am Nationalen Gedenktag in Pirou, Normandie, am 08. Mai 2022. (Quelle: Pirou Mairie)

9 Besondere Highlights

- Meine Tante lernte im Krieg einen französischen Offizier kennen und sie heirateten nach dem Krieg. Das ist die Wurzel, warum wir bis heute meine zwei Cousinen Madeleine und Francois in Dreux und an der Loire sowie meinen Vetter Dominique in Paris auf dem Weg in die Normandie besuchen.
- Dann profitierte ich in meiner Schulzeit von der Städtepartnerschaft zwischen Backnang und Annonay, eine Stadt in Südfrankreich, bekannt durch die Brüder Montgolfier. Ich durfte dort und am Mittelmeer bei Marseille im Rahmen der Deutsch-Französischen Freundschaft Ferien genießen und Land und Leute kennenlernen. Dann war ich – dank meiner französischen Sprachkenntnisse 1965 auch im Schüleraustausch in St. Ouen bei Paris.
- Als Student der Agrarwissenschaften besuchte ich 1970 die Internationale Landwirtschaftsausstellung in Paris. Die gleichen Erinnerungen kommen mir bei der jährlichen Foire de Lessay im September.
- Als Lehrer an einer Landwirtschaftsschule mit Weinbau profitierte ich auf meinen Studienreisen durch die Champagne, Burgund, Provence und Bordaux sehr von dem Wissen und den Erfahrungen der Bauern und Winzer um das Kulturerbe Wein und den landwirtschaftlichen Produkten.
- 1989 tauschten wir für 4 Wochen die Wohnungen mit Familie Jacques und Geneviève Thillay in Caen-Herouville. Von dort aus machten wir später Urlaub in der Bretagne und Kairon Plage, près de Granville.
- In Pirou machen wir seit über 20 Jahren Urlaub bei Mdm. Sophie Marie in der rue de Tourterelles. Die Urlaube lassen Kontakte und Freundschaften entstehen und fördern das Verständnis für Ihren Alltag, zum Beispiel Wohnen und Arbeiten in Lisieux und ein Ferienhaus in Pirou-Plage. Für uns ist Pirou und die Umgebung ein Mosaik zum Entdecken eines patrimoine millenaire exceptionnel:
  - Der maritime Charakter, der Strand, das Meer mit den Fischerbooten, die frische Luft, das Licht, die Dünen, die Ebenen und Höhen von Pirou La Pont, die Klippen, der Hafen von Lessay und die Schafe auf den Salzwiesen, der Gemüseanbau unter freiem Himmel, vor allem Karotten und Lauch, machen Créance und aus Pirou einen vielfältigen Garten. Zum Schluss noch ein Geheimnis: Im Garten einer Familie in La Bourg entdeckte ich mit Hilfe der Zeitschrift des Geschichtsvereins Pirou Spuren de la voie ferrée (Lessay-en direction de Coutance) de 1908 den ehemaligen Bahnhof von Pirou La Bourg – heute ein Gartenhaus. Daraus ergab sich eine wunderbare Bekanntschaft bei Café und Croissant!

In Gesprächen mit den Nachbarn erleben wir: Wir haben den gleichen Blick auf die Zukunft wie Sie. Fremdsprachen lernen, sich kennenlernen, Toleranz und Respekt vor dem Kulturerbe. Ich bin seit über 40 Jahren Vorsitzender eines Geschichtsvereins und trage deshalb gerne das Etikett auf unserem Auto: *„Pirou m'interesse"*
Merci beaucoup!"

Erfahrung als Modell

10

Roswitha Weber, Bianca Christina Weber-Lewerenz, Norbert Giovannini, Lena Senoner, Alexander Schoch, Johannes Fechner, Peter Weiß und Robert Krais

10.1 Zusammenarbeit und Erfahrung als Modell

Als ich Inges Buch vom Stern das erste Mal las, sagte mein Verstand sofort und bei jedem Kapitel „*Ja, genau dieser Text, diese Sichtweise, diese Sprache Inges gehört in die Bildungserfahrungen auch von GrundschülerInnen!*" Ich wollte mehr über das ganze Thema wissen – ich selbst. Das hieß, forschen, dazulernen. Immer wieder neu bewusst machen. Und ich brauchte die Stille um zu überlegen, denn man musste mit solch einem Thema achtsam umgehen.

R. Weber (✉)
Kenzingen, Deutschland

B. C. Weber-Lewerenz
Aichtal, Deutschland

N. Giovannini
Dossenheim, Deutschland

L. Senoner · J. Fechner
Berlin, Deutschland

A. Schoch
Waldkirch, Deutschland

P. Weiß
Waldkirch-Buchholz, Deutschland

R. Krais (Deceased)
Ettenheim, Deutschland

© Der/die Autor(en), exklusiv lizenziert an Springer Fachmedien Wiesbaden GmbH, ein Teil von Springer Nature 2025
I. Auerbacher et al. (Hrsg.), *Erinnerungen für HEUTE und MORGEN*,
https://doi.org/10.1007/978-3-658-48390-6_10

Das Ziel war gleich erkennbar:

Ich wollte erreichen, dass die Kinder durch die Beschäftigung mit dem Thema Holocaust ihrerseits Erfahrungen machen können, und natürlich wollte ich Empathie erreichen und für spätere Zivilcourage – insgesamt für Demokraten – sorgen. In dieser Verantwortung fühlte ich mich sofort. Und wie Inge über mich sagt: *„ich schloss sie in mein Herz"*. Ja, sofort und ohne zu überlegen.

Ich glaube, das war der Schlüssel zum ganzen Projekt und allem, was darüber hinaus – an den Außengrenzen der Projektarbeit möglich war.

Die Erfahrung wuchs, gab Sicherheit, neue Energie, gab Planung und Handeln vor. Von Sokrates stammt die Sicht *„ich weiß, dass ich nichts weiß."*

Aber es kam immer ein wenig mehr dazu.

Und heute weiß ich,

Erinnerungskultur braucht Erfahrung. Rundum, das heißt, das Fremde in den Traditionen, der jüdischen Kultur, der verschiedenen religiösen Auffassungen, usw. muss jemand kennenlernen und damit Erfahrung sammeln, um tolerant, respektvoll zu sein. Das gilt für alles Fremde, sonst kann vielleicht ein Mensch Vielfalt schwer oder gar nicht ertragen. Davor wollte ich meine SchülerInnen bewahren.

Wir wissen alle aus „Erfahrung", dass es ohne politische Rahmenbedingungen und einer demokratischen Gesellschaft zu schlimmsten Erfahrungen kommen kann (Abb. 10.1, 10.2, 10.3 und 10.4). Und was geschehen kann, wenn Menschen nicht mehr aus Kenntnis der Auswirkungen und wertorientiert wählen.

Inge hat durch ihre Erfahrungen höchste Menschlichkeit erreicht, in dem sie aus den schrecklichen Erlebnissen Friedens-Handeln entwickelte und für die Zukunft mitdenkt in der Erinnerungskultur. Das war meine Erfahrung auf dem 30 Jahre-Weg mit ihr.

Ich hätte diesen Weg nirgends abbrechen können. Wo auch? Und weshalb? Nein, es war einfach ihr Vorbild, ihr Leben und es war ein MITEINANDER.

Dass es aktuell, 26. Juli 2024 eine BZ-Meldung gibt „Jung, jüdisch – in Gefahr" über die antisemitischen Übergriffe – 13 pro Tag (Heimbach, Tobias, BZ 145/26.–29. Jg. 2024, Antisemitismus) erschüttert mich und viele. Mein Netzwerk meldet im Prinzip *„Wir sind in Dauerstress und Sorge deshalb."* Aber auch in Elternschaften unterschiedlicher Nationen in den Schulen zeigen sich Übergriffe. Da komme ich mir mit meinen Erfahrungen höchst fehl am Platz vor und es sieht nach einer Farce aus. Dabei möchte ich meine Erfahrungen einfach mitteilen, weil sie mir als ein Weg erscheinen, Menschen, in dem Fall Kinder, deren Eltern/Großelterngeneration, deren Umfeld und mein eigenes Netzwerk auf diesem **Erfahrungsweg** mitzunehmen, um sie dazu zu ermutigen.

10 Erfahrung als Modell 387

Abb. 10.1–10.4 Ausgrenzung-Verfolgung-Vernichtung von Jüdinnen und Juden durch Gesetze und Verordnungen. (Quelle: Kallmeyerische Verlagsbuchhandlung, Grundschule Religion 12/2005)

10.1.1 Friedenslicht von Sarajewo

Zur wiederkehrenden Ideen-Austausch-Teestunde mit früheren Kolleginnen Religion/Ökumene brachte A. vor kurzem mir ein Friedenslicht aus Sarajewo mit dem Impuls „*Alles Gute für das Buch.*"

„*Liebe Roswitha,*

eben habe ich deinen Bericht gelesen und bin sehr bewegt über die Vielfalt und Differenziertheit der Darstellung eines so wichtigen, persönlich erlebten Themas, bei dem ich auch einen kleinen Beitrag Teil beitragen konnte. Dir ist wirklich der große Wurf gelungen! Wer beim Lesen nicht die Wichtigkeit und vor allem die aktuelle Brisanz dieses Themas erkennt, das zu Herzen gehende Werben um Empathie und Interesse daran, dem ist wirklich nicht mehr zu helfen! Ich bin dankbar, mit euch in Freundschaft verbunden zu sein!"

Und da war wieder das Gefühl, das wir Kolleginnen durch unsere gemeinsamen Anstrengungen, Ideen, Erfahrungen beim Aufbau des „sozialen Schulprofils" ab 1998/2004 alle kennen:

Regelmäßig trug eine von uns irgendwann irgendwie zur Inspiration bei – und es entstand wieder eine Idee zu einem passenden Projekt, ganzheitlich angedacht. Und aus diesem Wir-Gefühl schöpfen wir heute noch kreative pädagogische Ideen. Dieses Verstehen, diese Freundschaft gibt Sicherheit, Energie und bringt uns vorwärts.

Seither grüßt mich das Sarajewo-Friedenslicht in der schönen Metalldose aus meiner Bücherwand, bei anderen symbolhaften Kleingegenständen aus der ganzen Welt und aus vielen Religionen. Dort steht auch der kleine siebenarmige Leuchter, ein Geschenk aus einem Schweizer Nachlass neben einem kleinen Buddha, einem kleinen Malteser-Jerusalem-Kreuz und einer Maske kongolesischer Naturreligion. Und Sarajewo zählt für mich seither zu den ins Bewusstsein gerückten Orten, die durch ihre verschiedenen Nationen und Religionen geprägt wurden. dass sie allein schon deshalb Friedensstätten der Welt sein müssten! Auch dort würde sicher ein Mahnmal auf die Mauern des Flusses Milijacka passen wie die Schuhe in Budapest.

Ich frage mich, warum kreieren Künstler, d. h. „sehende Menschen", so vieles, was die Menschheit mahnen soll – und viele Menschen können nicht darüber nachdenken und kennen keine Alternative zu Macht und Krieg.

10.2 Geschichte der „Erinnerungsarbeit" hin zur Erkenntnis „Erinnerungskultur im Alltag" – Lernfortschritte (Rolle der Lehrerin/des Lehrers)

Und ich kann das dokumentieren und empfinde dies als Auftrag. Als Auftrag empfinde ich auch jederzeit die Erfahrung bei den Projekten mit den Kindern und Eltern in deren Gesichter: das Erstaunen, Wissen wollen, das Echo *„So habe ich das noch nie gesehen".* Dieses Vorgehen öffnet Herzen, sorgt für Dialog, muss eng an Alltag orientiert sein. Und die Lehrperson muss einfach sie selbst sein, dann ist sie authentisch. Und kann dadurch selbst Mythen widersprechen, denn das Gegenüber akzeptiert dies oft als persönlichen Zweifel und nicht als politische Äußerung.

10 Erfahrung als Modell

Wie eben angeklungen, hat mein Lernprozess viele Wegemarken, längere Stationen und Gedankenblitze. Man lernt selbst – durch Mitgestalten in der Kirchen- und politischen Gemeindearbeit. Man lernt mit den Kindern – wie sie es auffassen, was sie mit den Erkenntnissen machen. Man lernt mit den Eltern/Großeltern durch Zuhören, durch Diskussionen. Man lernt von allen, die dazukommen, und es kamen viele: aus Russland, Litauen, Polen, Rumänien, Kroatien, Türkei, Sri Lanka, Thailand, Vietnam, afrikanischen Ländern, wo es anfangs keine Verständigungssprache gab. Und Deutschland zeigte den Gastarbeitern, Flüchtlingen, Migranten nicht immer ein freundliches Gesicht. Es war bald für mich erkennbar, wir müssen alle miteinander und voneinander lernen! Und dazu gehörte die Willkommenskultur.

Die Idee – der Funke oder Anlass – das Projekt einer einzelnen Person in einer bestimmten Klasse wird zum Projekt – zum Schulprojekt – wächst in der Bevölkerung – Stadt – Region (durch Netzwerke). Und schon spätestens an diesen Eckpunkten zeigt sich, dass daraus mehr – nämlich eine Kultur werden muss.

Erinnerungsarbeit allein bleibt auf der Strecke. Erinnerungskultur hingegen beinhaltet, dass viele Menschen „das Thema" verinnerlicht haben und danach handeln. Und zwar selbständig. Und dass es darum herum den politischen Rahmen gibt als Unterstützung und Korrektiv. Kleinste und kleine Schritte – wie schon erwähnt – Stationen brachten oder zeigten mir die Fortschritte beim ganzen Lernweg. Und ich wiederum sehe mich eingebettet in das Ganze und bin nur ein kleiner Teil. Erfahrungen macht man immer wieder, neue kommen hinzu, bekannte fallen weg. Kommen persönliche, berufliche Erfahrungen und Selbstevaluation zusammen und möchte man dann immer noch mehr wissen, kann das Projekt gelingen. Ich würde behaupten, so gelingt „Leben" und Mensch sein. Der Einzelne braucht andere, um Erfahrungen zu machen. Die Gesellschaft braucht den Einzelnen, seine Innovation, Kreativität, um insgesamt sich zu entwickeln. Zusammenarbeit in der Vielfalt.

In meiner Kindheit erlebte ich Weichenstellungen, die Vielfalt (allgemein bzw. der Menschen) kennenlernen zu wollen. Im Schul- und Studienalter fand ich schon viele Antworten darauf. In der Partnerschaft, Familie und Beruf überschlugen sich die Erfahrungen beinahe und ich fand mein Lebensthema Toleranz/Respekt/Handeln unter besonderer Berücksichtigung des jüdischen Kulturerbes und der Shoa. Das beinhaltet viel Erinnerungs **ARBEIT.** Ich kann aber absolut feststellen, durch die Gespräche und Begegnungen mit Inge wurde schnell klar, sie sah diese ARBEIT schon viel umfassender als KULTUR. Die schulische Konsequenz daraus hieß für mich ganzheitlich – fächerübergreifend – Haus des Lernens -> Multiplikatoren -> Öffentlichkeitsarbeit in die Region bzw. mit dem Ziel -> in die Gesellschaft. Das war ca. 2000 bis 2004.

Parallel privat forschte ich meine Großfamilie durch und machte dort die Erkenntnisse, auch 2 Nazionkels zu haben. Bei einem weiß ich es sicher, beim anderen liegt die Vermutung sehr nahe, weil er an sensiblen Orten war und den Dienstgrad als Entscheidungsträger hatte, Gräuel zu befehlen. Durch mich änderte sich der Familiengesprächsstoff mit den Elterngenerationen.

Zeit und Wissen über meinen Mentor und viele mit dem Thema Holocaust vertraute Personen ermutigten mich zu mehr gezielter Öffentlichkeitsarbeit. Und ich stellte fest, gehört zu werden an vielen Stellen. Weltgeschichte (Kriege und Flüchtlingswellen) taten ein Übriges, das Thema Vielfalt und damit wieder mehr Antisemitismus, Rassismus in den gesellschaftlichen Mittelpunkt zu rücken. Aber die Mehrheit gab es noch nicht zu.

Nach Beendigung des Schuldienstes und der täglichen Berufsausübung meines Mannes hatten wir dann die Gelegenheit, den Erfahrungshorizont durch Widen the Circle, die Mitorganisation von Inges Deutschlandreise, das Zutrauen meines Mentors, ich könnte den DIA übernehmen und in seinem geplanten Buch das Kapitel über Inge übernehmen, so enorm zu erweitern, dass ein zweiter Beruf daraus entstand.

Die Reiseorganisation brachte große Nähe zum politischen Rahmen und öffentliche Aufmerksamkeit für das Projekt Inge-Roswitha, weil man sich bewusst wurde, dass auch Kinder im Alter 6–10 Jahren, also Grundschule, schon die Begegnung mit dem Thema brauchen, um Empathie zu entwickeln. Höhepunkte des Bewusstwerdens war 2022 um die Zeit der Rede Inges vor dem Deutschen Bundestag und der weltweiten Presseberichte darüber. Es blieb kein Eintagsinteresse, wie man es leider oft erlebt, sondern die Zunahme antisemitischer und allgemein ausgrenzender Vorfälle sorgte für Daueraktualität. Zeitungen mahnten und Institutionen wuchsen; Jugendarbeit, Geschichtomat, Arbeitsgruppen für Pflege und Erhaltung der KZ's sind zahlreich und auch Privatpersonen zum Teil sehr aktiv. Es wird viel Erinnerungs**arbeit** geleistet – um eine Erinnerungs- und Willkommenskultur in der Gesellschaft zu installieren. Aber solange es auch Erscheinungen gibt wie Reichsbürger, zu viele extreme Rechte Gruppen, Desinteresse und Unzufriedenheit und die „Anderen" schuld sind an Missständen (auch vermeintlichen!), muss man hellwach im Alltag auch kleinen Vorkommnissen, selbst Witzeleien – begegnen. Ausgrenzung ist zurzeit hoffähig, seien es Witze und Bemerkungen wie „Auf zum Badener Lied – Schwaben bleiben sitzen" – in Baden 2024 nach einem Festakt vom Moderator formuliert.

Es entsteht viel Literatur, Musik und Kunst. Menschen finden einen Nachlass in Truhen mit Briefen, Zeichnungen von Zwangsarbeitern und Überlebenden tauchen auf und werden aufgearbeitet. Hologramme entstehen, Lehr- und Lernmaterialien werden entwickelt, die Landes- und Bundesregierung bietet Material und Hotlines an und es gibt die Antisemitismusbeauftragten. Sie zum Beispiel brauchen Berichte über den Jetztstand, insofern funktionier Demokratie. Auch 2022 im Rahmen Inges Deutschlandbesuch erkannte ich, wie wichtig Verknüpfungen in einem breiten Netzwerk sind und wie erfolgversprechend für Zusammenarbeit. Die modernen Medien sind hier die große Chance mit Zoom etc. Wie kann zukünftig die „IT" organisiert und gefördert werden? Diese ist für einen Verein in der Regel zu teuer, für einzelne Ehrenamtliche sowieso.

Die Anerkennung 2023 durch den Obermayer Award, öffentlichkeitswirksam überreicht im historischen Gebäude des Berliner Senats, war deshalb eine riesengroße Überraschung für mich, Verantwortung, Freude, Dankbarkeit und Chance, das Thema noch mehr ins öffentliche Bewusstsein zu rücken! Von Inge lernte ich dabei, den Preis auch gerne anzunehmen (ich hatte eigentlich gedacht, sie hätte doch diese Ehrung verdient), aber sie meinte, ich würde ja hier arbeiten für ihr Thema. Kurz vor der Verleihung am Rednerpult flüsterte mir eine erfahrene W the C – Frau wie die beste Freundin ins Ohr, ich solle alles Wichtige jetzt sagen – denn eine solch weltweite Aufmerksamkeit hätte ich nie mehr! Ja, und ich konnte – dank der Kamera – Inge über den Atlantik zuwinken Liveblog Award-Verleihung 2023. Einer der bewegendsten Minuten war auch, dass mich 2 jüdische ältere Damen so herzlich in die Arme schlossen und weinten und sich dafür bedankten, dass ich diese Arbeit schon mit Kindern machen würde.

Jetzt, heute – ist die Arbeit an unserem „Projekt", das immer miteinander wuchs, an der Stelle, dass wir es dokumentieren. Dazu gehören der Vollständigkeit wegen auch persönliche Eindrücke und Geschichten, wie man sieht.

10.3 Impulsmöglichkeiten in der Rolle des Lehrers/der Lehrerin

Man hat im Beruf des Lehrers das Glück (wenn man gerne gestaltet), an einer Schaltstelle zu sein. Im Leben – Kindheit, Schule, Ausbildung, Beruf hat man doch einiges gelernt. Und kann immer dazulernen. Es wird sehr viel angeboten an Literatur, online, Fortbildungen und Selbststudium, d. h. man lebt mit einem offen neugierigen Blick nach allen Seiten. Auch fachfremden. Und, indem man Herausforderungen annimmt.

Das war für mich in erster Linie eine Familie zu haben mit 3 Töchtern, die neugierig in die Welt schauten und denen wir mit allen Erziehungsidealen das Beste tun wollten, damit sie ein erfülltes, glückliches Leben führen konnten. Durch unsere eigenen vielen Interessen und Beschäftigungsfelder war ihr Alltag allerdings ziemlich bestimmt, das empfand ich öfter als Einengung für sie. Und wir sahen viel Selbständigkeit als gut an. Manche Bekannte meinten, ich sei oft eine Rabenmutter. Aber ich versuchte, bei wichtigen Dingen immer dabei zu sein und jeden Abend hatten wir eine lange Zeit, Resumé zu ziehen, was bedeutsam war. Ich konnte gut nachts arbeiten. Wir sind auch heute eng verbunden und jeder weiß alles vom anderen. Ich denke sehr dankbar an meine Mutter, die oft als „Vertretung" – aber eben wunderbare Omi aushalf in Wochen mit Schüleraustausch, Konferenzen und Besuch Inge.

Eine große Herausforderung war, das Fach Französisch an der Schule aufzubauen und mehrere Partnerschulen zu finden und zu pflegen. Mein Mann baute einen Geschichtsverein auf und ich realisierte Projekte dadurch, und überall ergaben sich Netzwerke, zu denen man als Lehrerin guten Zugang und einigen Einfluss hat.

- Familie
- Beruf
- AgGL
- Französisch
- Religion (Fach- und Engagement in Kirchengemeinde, Liturgieausschuss, Gestaltung Kigos, St. Martin, Fronleichnam, Rel-Lehrer-Treff). Mit wenigen Frauen der Kirchengemeinde begannen wir, Kindergottesdienste und -Betreuung einzuführen, Jugend-Wortgottesdienste oder Meditationen; dabei stellten wir fest, dass man als „Kommunion-Gruppenmutter oder Firm-Gruppenleiterin" viel Information über Weltreligionen und Traditionen in die Familien tragen kann. Die Gruppen gestalteten einen Altar zur Fronleichnamsprozession und konnten sich im Thema der Station ausdrücken. Sie hatten das Gefühl mitzugestalten. Familie und Schule wurden miteinander verknüpft. Die Aktivitäten waren personengebunden. Heute wird viel von Gemeindereferenten geleistet, auch in Zusammenarbeit mit Integrationsstellen und auf ökumenischer Basis. Je nach Oberministranten wird auch von deren Seite viel initiiert.

Kirchentage können die Weltjugend vereinen für wenige Tage, aber neue Ideen und Projekte im Heimatort bewirken. Die Kirchen hätten dabei gute Chancen, die Religionen zusammen zu bringen. In einigen Orten unserer Umgebung gelingt das. Der Religionslehrer-Treff war eine Idee unserer Gemeindereferentin, die ich nach deren Weggang übernahm, 2–3-mal pro Kalenderjahr. Er brachte Ideenaustausch, Zeitersparnis für die Einzelnen, Sicherheit in der Auswahl von Medien, d. h. miteinander – statt parallel zu arbeiten. Ganze Projekttag-Programme und Medien zu aufwändigen Themen wie „Weltreligionen" wanderten durch die Schulen der Umgebung. Es gab zu diesem Thema bis ca. 2005 kaum Materialien der Schulbuch-

verlage. Heute hat man eher das Problem der gezielten Auswahl bei der Flut der Neuauflagen ähnlicher Inhalte.
- MENUK (Mensch-Natur-Kultur-Weiterentwicklung)
- Soziales Lernen (u. a. mit Zeitzeugen, DRK-Kurs „Wie leiste ich einem anderen Hilfe?")
- DIA (Dt. Israelischer Arbeitskreis Südlicher Oberrhein)
- Im Team für Schulfeste, Elternarbeit, Fö-Verein
- Öffentlichkeitsarbeit
- Über die Töchter und deren Ausbildung/Studium/Lebensort Projekte mit deren Netzwerk
- Und immer wieder Inge und das Innehalten auf das Wichtige im Leben
- Später kam noch die Erfahrung hinzu, die eigenen Eltern + Schwiegereltern zu begleiten
- Und irgendwann – zum Glück sehr spät – die kleinen Wehwechen, die einem zu mehr Langsamkeit und Ruhe zwangen – aber auch Chance für Neues boten.

Die Freude, Dankbarkeit und Erkenntnis, dass vieles von dem, was man „angeschubst" hat, vielleicht installiert – nachhaltig ist oder wird, ist groß. Der Beruf der Lehrerin, des Lehrers ist für mich persönlich die ideale Basis, um zur Erinnerungs-Willkommenskultur in unserem Gemeinwesen an der Basis zu arbeiten.

10.4 Umgang mit Zeitzeugen

Wie in meinem „Lebenslauf" erwähnt, trifft das Allerweltswort „normal" das, was wir gelernt haben in allen Kontakten und Freundschaften mit Zeit- und Zweitzeugen, Nachkommen und zwar in der persönlichen Begegnung wie auch im Umgang mit persönlichen Dingen. Auch in der Presse, auch mit der Vergangenheit.

Es war mir auch unwohl und meine Mutter früher in der aktuellen Zeit empfand es sicher als Mobbing, als Katholikin, ich als „kleine Katholikin" bezeichnet zu werden. Mein Vater als Spinner und eingebildet, bloß weil er als erster „Grenzgänger" mehr Geld in der Schweiz verdiente. Sowohl von Nachfahren Emigrierter oder Holocaust Überlebender wie Inge hörten wir immer wieder, sie wollen nicht wie „mit Heiligenschein" behandelt werden, sondern wie alle. Auch nicht (vor allem in der Presse) immer der Zusatz „die Jüdin X", die „jüdische Mitbürgerin X". Wollen wir die „katholische R. We" genannt werden? Die vergangene Geschichte, die Erinnerung an die Nazi-Gräuel und die Differenzierung Holocaust machen das mit unserer Sprache.

Wir haben als Gesellschaft, als heutige Demokraten, alle Chancen und Verpflichtung – die unermesslichen Leistungen jüdischer Kultur in Bildung, Kunst, Wirtschaft etc. zu sehen und als Fundament unserer Gegenwart zu würdigen.

Wertschätzung, Ehrenbürgerschaften, Auszeichnungen, gute Presse, Selbstverständlichkeit, im Bildungsplan zu stehen und Selbstverständnis in Kollegien, auch im Unterricht behandelt zu werden, Normalität im Straßenbild mit Kippa. Null Akzeptanz von Antisemitismus, Antimuslimischen Übergriffen, Antiziganismus und einfach Hass im Schulhof, in Vereinen, Einrichtungen wie Rathäuser, auch Firmen nicht ausgenommen *muss* für jeden Bürger Verantwortung sein, sonst bewegt sich unsere Gesellschaft wieder in einen Abgrund.

Zeitzeugen wollen „normal" leben. Aus ihren Erfahrungen heraus ist es natürlich, dass sie die gesellschaftlichen Strömungen wie Seismographen sofort bemerken und wir können uns darauf verlassen, wenn sie mahnen ist es höchste Zeit.

Ich finde es deshalb ein Jahrhundertbild – Margot Friedländer auf dem Titelbild der Zeitschrift „Vogue" (bravo – warum nicht – und besonders schön – sie ist 102) und am anderen Tag mahnt sie vehement in Schulen – *„so hat es damals auch angefangen."*

Natürlich muss der religiöse Ablauf des Tages auch in den Arbeitsablauf der Gesellschaft passen und es gibt Einschränkungen bei der Ausübung religiöser Traditionen. Als unsere Tochter mit ihrem damals iranischen Freund (dt. iranische Eltern) mehrere Wochen im Iran weilte, musste sie hier auch ein neues Passbild mit Shador machen lassen. Das belebte unsere Familiengespräche. Und sie reiste dann tief verschleiert und wäre in einem Heiligtum beinahe verloren gegangen in der Menge, hätte die Oma des Freundes sie nicht trotzdem erkannt.

Und noch: Wir sind heute auch wieder Zeitzeugen von Aufarbeitung und neuem Unheil, – „große" Veränderungen sind uns selbst nicht möglich. Der „kleine Beitrag" ist trotzdem wichtig, um „das Soziogramm" unseres Alltages ständig zu verbessern. Das wird täglich am Arbeitsplatz unserer jüngsten Tochter deutlich. Eine empatische Begrüßung an der Pforte der Klinik, wo sie tätig ist, zeigt den Menschen aus allen Nationen und über Sprachbarrieren hinweg – hier finde ich Rat und Hilfe!

10.5 Umgang mit Geschichte: Denk-mal!

Durch unser als Familie intensives leben mit Geschichte (und Geschichten von allen Seiten sozusagen) habe ich, haben wir die Erfahrung machen dürfen – dass geschichtliche Daten/Fakten/Regeln/Identifikation/Authentisches uns in den meisten Gesprächen/Diskussionen/im Handeln und Planen prägen.

Jeder Gegenstand, jedes Haus, jede Aussage, Ereignis, Buch, Fest usw. erzählt etwas, wird in Bezug gebracht. Man lebt bewusst – DENK-MAL! Deshalb war es für mich selbstverständlich den Bereich Mensch – Natur und Kultur = MENUK mit Projekt- und Expertenunterricht weiter zu entwickeln.[1]

Im Hinblick auf das Projekt mit Inge entwickelte sich mit Wertschätzung und Respekt (und dieses musste ich in den ersten Projektjahren bis ca. 2000 auch immer noch definieren, Zusammenhänge erklären und einfordern): Materialien wie die Lesespuren, das Kompassheft als „Sozialer Kompass", der Erinnerungskoffer, Film, die Liedermappe international, die Lerngänge an authentische Orten, die Fächer, die Wortgottesdienste (Ergebnisse der Unterrichtsarbeit) ökumenisch, die Schulfeste, die Grundschulabschlussfeiern. An der Zusammenstellung sieht man, dass das Projekt das ganze Profil des „Haus des Lernens" ergriffen hat. Auch darüber hinaus.

Und die SchülerInnen liebten es zu verstehen, dass in ihrer „Little Town Kenzingen" – in dieser liebenswerten alten Stadt (eine der ersten unter Denkmalschutz in Baden-Württemberg!) die Auswirkungen der großen Geschichte offensichtlich abzulesen sind. Auch die großen Errungenschaften in Bildung, Wirtschaft, Kunst etc. Auch der Umgang der Verwaltung, der BürgerInnen mit Andersgläubigen, mit den jüdischen Nachbarn in der Nazizeit. Die Schulen, AgGL, Stadtverwaltung und wenige Einzelne bemühten sich um mahnende Stolpersteine, Gedenkstein und Gedenktafel, vor allem um Begegnung im „Heute". Verweigerung von Akteneinsicht und die Distanzierung von Schuld zeigen aber noch viel Bedarf an Erinnerungskultur. Dabei gäbe es auch hier die Chance, wie in Kippenheim zum Beispiel die noch in Kenzingen geborene, heute 92-jährige Alice Dreifuss Goldstein, dazuhin noch Autorin des Buches zur ersten Ehrenbürgerin vorzuschlagen. Diese hochangesehene Großfamilie wurde entrechtet (Ausschluss aus dem Vereinsleben, Entzug des Holzrechtes als Geschäftsleute gemieden), Klein Alice von den Spielkameraden ferngehalten. Wenige Nachbarn hielten Kontakt, was höchst riskant für sie selbst war. Hitler nutzte geschickt die Vorurteile der Bevölkerung und das Bemühen vieler Handlanger, ihren Dienst zügig auszuführen. In Kenzingen wie in Kippenheim oder woanders. Heute haben wir in der GS 18 Nationen und ich hoffe, dass wir Lernende bleiben.

---

[1] http://dL.ub.uni-freiburg.de/diglit/pforte Denk-mal/Begegnung mit Geschichte im Grundschulalter, Die Pforte, 2017/2018, S. 239ff.

10.6 Globale Sicht durch Netzwerk

Genauso wie ich mir als Kind beim Blick aus dem Fenster die Welt hinter dem Waldhorizont vorstellte, so kam ich allein durch meinen individuellen Weg mit dieser wunderbaren Welt, Natur, Menschen, Tiere, Organisation des Zusammenlebens schubweise in Berührung. Große Schübe brachten die Schulzeit (das Reisen mit dem Blick im Atlas ist ein Hobby) und das Studium mit sich (Orte und Menschen). Die Familie meines Mannes rückte in den Vordergrund, Freunde, Studienkollegen aus aller Welt und Verwandtschaft in Frankreich. Später als mein Mann noch Vorsitzender des Geschichtsvereines war noch Geflüchtete Menschen aus allen Berufen. Durch seinen Studienschwerpunkt Allgemeine Agrarwissenschaften blieb man auch immer sehr nah an der Natur geerdet. Ein Riesenschub erfolgte durch die Kinder und deren Lebenskreis, Kirche, Schule, Freizeit. Man lebte als Zeit- und Zweitzeuge.

Zu Beginn der 80er-Jahre kamen viele kurdische Familien nach Kenzingen. Unsere Straße war internationale Spielstraße (heute wegen viel Verkehr nicht mehr). Eines Herbstspätnachmittags kam unsere mittlere Tochter einfach nicht vor der Dunkelheit nach Hause und wir suchten sie mit großer Sorge. Auch das Telefonat mit Nachbarn brachte keinen Erfolg. Der Verzweiflung und Telefonat mit der Polizei nahe, kam sie doch sehr spät, ganz ruhig und mit einem Fladen unter dem Arm und 3 kurdischen Freunden. *„Mami, ich musste kurz helfen heiße Tücher tragen, stell dir vor, ein Baby ist geboren!"* Die Freunde und sie strahlten. Und danke – das sollen wir auch probieren! Überglücklich gaben wir unser Brot und Kuchen als Gruß mit. Später hatte ich die Familie als Eltern in meiner Klasse und bekam immer wieder eine leckere Pizza oder Döner als Gruß geschenkt, denn die Familie hatte sich prima integriert. Ein Beispiel von vielen.

Später hatten wir besondere Begegnungen und Aha-Erlebnisse mit Menschen aus dem Irak und Iran, China (durch 8 Jahre Aufenthalt der ältesten Tochter und ihrem Mann). Es ist normaler Alltag, mit „weit entfernt" zu chatten, zoomen usw. – aber es war im Kopf nie „jetzt Kontakt mit China" oder so ein Gefühl.

Sehr überrascht waren wir allerdings, im Gespräch mit irakischen Ärzten um 2017 zu hören, sie würden gerne mal eine Bibel anschauen und das Alte Testament besonders, da es jüdisch sei und sie noch nie die Gelegenheit dazu hatten. Sie stammten aus Bagdad und erzählten von der schwierigen Situation der gegensätzlichen religiösen Strömungen in ihrem Land.

Den Kongo bekamen wir vom Mann meiner Brieffreundin als Bürgerkriegsgeschütteltes Land mit. Sie konnte die Familie ihres Mannes, der noch einen Vater mit mehreren Frauen und deshalb viele Halbgeschwister hatte, nur einmal besuchen. Als Geschenk beim Rückflug erhielt sie eine getrocknete Gazelle um den Hals.

Von unseren französischen Verwandten und vielen wundervollen Freunden in der Normandie und Bretagne (über Wohnungstausch) waren wir immer im Austausch, was politisch lief, auch bis nach Dom-Tom.

Deshalb finde ich die grenzüberschreitenden Beziehungen, die von Widen the Circle- Mitgliedern gemacht werden so wichtig und fördere selbst, wo ich Gelegenheit sehe. Nicht zuletzt ergab mein Französischunterricht viele bleibende Beziehungen.

Das Thema Inge zu diesem Kapitel ist fast in einem Satz zu definieren: Inge ist Weltbürgerin und ihre Perspektive auf Leben ist. *„Ich wünsche jedem Kind, in Freiheit und ohne Hass aufzuwachsen ..."* Das sagt sie mit dem Erfahrungshorizont ihrer kurzen Kindheit, dem KZ-Erlebnis, der Auswanderung und deren Aufbau eines neuen Lebens, ihrer Melting-Pot-Straße und ihrem zweiten Elternhaus, in dem das alles archiviert ist und sie umgibt. Inge wurde für mich Vorbild, die Menschen zu sehen, mit denen man zu tun hat, nicht in erster Linie deren Herkunft oder Religion! Ihr Gedicht über die Freiheit als „Vogel" zeigt, wie sie über allem stehen möchte.

Eine besonders schöne Aussage, eine Weisheit ist für mich der Spruch: *„Geh in den Mokassius der anderen."* Indianische Weisheit.

10.7 Besondere Herausforderungen

Erinnerungskultur als Aufgabe zu sehen, kann keine einfache sein: Das Thema ist zu komplex, mit so viel Gräueln und Verachtung von Menschenrechten beladen, dass man sich fragt, ob dieser Nazi-Terror in unserem zivilisierten Land überhaupt möglich war.

Wir meinen doch gerne, gute Ratschläge geben zu können. Und in unseren Tagen meinen wieder viel zu viele Menschen, es gäbe so einfache politische Lösungen für hoch schwierige europäische bzw. Weltprobleme. Die große Bequemlichkeit, sich echt zu interessieren für die Ursachen der Probleme oder die Kompromisslösungen, die nötig sind, ist erschreckend für jeden, der sich für die Gesellschaft, die Demokratie verantwortlich sieht. Es kann nicht sein, dass Mythen, Fakes, Gerüchte, Lügen unsere Meinung prägen und schon gar nicht KI ungeprüft. Und wenn das unsere Zeit so prägt, dann müssen vor allem Eltern und Schule die Kinder damit umgehen lernen. Dazu müssen sie es selbst können.

Das ist sehr schwierig, da wir einen **rapiden Wandel** haben. Die **Kommunikation** allgemein ist in der Krise. Die Menschen kommunizieren weniger miteinander, aber online übereinander. Und – manchen fehlen schon differenzierende Wörter, weil man oft nur noch eine Minimalsprache benutzt.

Dann das Thema **Umgang**. Respekt scheint unzumutbar. Respekt zu lehren, ist eine der größten Herausforderungen, weil unendlich im Detail. Und da erlaube ich mir heute, mit Jahrgang 1952 und 30 Jahren Erfahrung als Lehrerin in unterschiedlichen Klassenstufen und genauso langer Kooperationserfahrung mit weiterführenden Schulen zu sagen: Liebe Eltern, über das Elternsein gibt es Regallängen voller Fachbücher und Eltern sein verlangt einem viel ab.

Ich möchte die negative Seite nicht verschweigen: **Die Gruppe derjenigen**, die ein erfolgreiches Schulkind wollen und die Kigas, Schulen, Dozenten sollen es richten und alle Arbeitgeber danach das Verständnis haben für Desinteresse, Unzuverlässigkeit und Unpünktlichkeit, von den Kompetenzen in den Fächern ganz zu schweigen – ist groß. **Die Gruppe der Eltern**, die ihren Kindern nicht vorlesen, die Kids im Großmarkt fragen, was sie brauchen/wollen und ihr Kind die Goldene Regel und einige Bestimmungsregeln **nicht** lehren, rauchend und telefonierend, sich selbst postend mit dem Kinderwagen unterwegs sind, sind nicht cool, sondern unwissend und verantwortungslos.

Man ist als LehrerIn über jeden Erziehungsberechtigten glücklich, der/die das Bild des pädagogischen Dreiecks Kind-Eltern-Lehrer als gut funktionierendes Modell sieht. **Damit wollen alle 3 nämlich, dass man in Dialog und Respekt zusammen den besten „Schulweg ins Leben" für das Kind sucht.** Und dass es auch Schwierigkeiten gibt und diese dann miteinander gelöst werden. Ich möchte allen Eltern Mut machen zu diesem pädagogisch schwierigeren Erziehungs- und Erfahrungsweg.

Herausfordernd ist alles, was freiwillig getan wird. Mut zu haben. Neue Wege in der Schule zu gehen natürlich im Konsens mit der Schulleitung und dem Kollegium, verlangt Arbeit/klares Ziel vor Augen, Geduld, KollegInnen, Rektorin, Elternschaft „mitnehmen", Kooperationen pflegen, Öffentlichkeitsarbeit selbst machen, gute Presse pflegen, je nach Zielsetzung den politischen Rahmen sehen/pflegen durch Kommunikation, selbst sich fortbilden, aktuell sein durch MentorIng sich immer evaluieren und ausrichten. Sich als BotschafterIn des Zieles zu sehen. Selbstwertgefühl und Selbstbewusstsein haben. Ausdauer und Disziplin. Geerdet und dankbar bleiben, respektvoll. Politik und Gesellschaft beobachten, eigene Meinung bilden. Zivilcourage haben. Der Lehrerberuf verlangt viel Kraft, Wissen und Energie. Und viel mehr Wertschätzung. Der politische Rahmen muss Fachkräfte dafür ausbilden und vor allem in genügender Anzahl.

Weiterhin ist es eine Herausforderung, als Mensch mit diesem Themenziel immer den Punkt im Alltag zu sehen, zu realisieren – wo es möglich ist, den Bezug zum Heute zu schaffen (damit es nicht beim Erinnern bleibt). Und damit der Schüler der Mensch von Heute überhaupt das Verbindende erkennt (und daraus zum Beispiel beim Wahlverhalten überhaupt eine Lehre ziehen kann). Ich muss als

Mensch vom Kind „eingeschätzt" werden können, d. h. ich muss authentisch bleiben, verlässlich (Regeln, Zuwendung) mit und vom Kind lernen, Fehler eingestehen. Bin ich als Person sozusagen **so** vorbereitet, wissend, dann ist sicher eine große Herausforderung – die Erwartungshaltung des Zeitzeugen zu erkennen und damit umzugehen.

Was kann sie und wie – leisten? Wo, wie kann ich sie einbinden? Wie müssen die Schüler oder die Zuhörer vorbereitet sein? Traditionen beim Essen/Religion/ usw. Was geht gar nicht? Wie Kann/soll/muss ich mich als Person auf sie/ihn einlassen?

Gerade bei Grundschülern ist es wichtig, dass der Zeitzeuge die Sprache der Kinder spricht, sonst geht es über sie hinweg und bringt gerade keine Empathie bzw. Wirkungen hervor. Und ein Zeitzeuge hat gewisse Erwartungen an das Programm der Begegnung. Die Moderation bildet die Basis, wenn sie sensibel darauf eingeht.

Inge zum Beispiel wollte immer viel Begegnung mit den Kindern, Zeit für Fragen. Und Unterricht erleben, denn sie war ja nicht lange Schülerin, wie sie erzählt. Natürlich war es ihr wichtig, ihre Familie, ihren Lebensweg vorzustellen wie es jeder gerne tut. Und am wichtigsten, eindringlich zu werben, Mut zur eigenen Meinung zu haben, zu den menschlichen Werten, Respekt, die Welt als Geschenk zu sehen in ihrer ganzen Vielfalt. Es machte die Kinder glücklich („ja, was kann **ich** tun?") wenn sie jedem die Aufgabe zuwies, Verantwortung zu haben. Gerecht sein zu wollen. Es war jedesmal eine Stärkung der Persönlichkeiten und sie hielt lange an!

Daran sehen wir doch, dass wir auch als Eltern Vorbild sind für Verantwortung und Respekt – damit er für das Kind selbstverständlich wird. Für mich waren das die wichtigen Paragraphen. Und, ich bin überzeugt, so hätten Menschen Urvertrauen.

Kinder nehmen das ganze Spektrum der Kindheitserlebnisse in sich auf, um sich daran ihr Weltbild zu formen, und Regeln zu lernen, gibt ihnen Freiheit, verantwortungsvoll zu handeln. Es ist falsch, Regeln als Freiheitsberaubung zu sehen (natürlich gibt es bei allem die Übertreibung).

Inge wollte unsere Erfahrung hören und es gab immer viel Gesprächsbedarf im Kollegium. Dadurch, dass sie überall auf der Welt, seien es Kinder, Erwachsenen, Tätergeneration oder Täterenkel, Politiker oder Dirigent, Indigenes Volk oder Australier, bei den Menschen war, brachte sie bei jedem der Besuche (10 insgesamt) Mengen an Erfahrung und Geschichten mit, war wieder irgendwo ausgezeichnet worden und hatte überall bei den Airlines Freunde. Und sie blieb Inge, egal wie viele Ehren dazukamen.

In Begegnungen mit der Tätergeneration – zum Beispiel meiner Mutter als DRK-Krankenschwester in Lazaretten – nahm sie die Berührungsangst. Das Friedenstiften – nicht hassen – stand im Vordergrund. Kinder fragten sie einmal, ob sie jemanden hasse. Sie meinte, ja vielleicht die Menschen, die sie als ganz schlimme Täter gesehen, erlebt habe. Und sie möchte den Millionen Ermordeten eine Stimme geben.

10.8 Wirkung und Nachhaltigkeit

Als Ehrenamtliche bzw. in einem bestimmten Berufsfeld tätig hofft man, durch das Handeln auf der Basis Erinnerungskultur, dass irgendein Detail auf Mitmenschen wirkt, damit auch ein „Funke" überspringen kann.

Im Laufe der 30 Jahre Projekt hatte ich meist kaum Zeit, mir Gedanken zu machen, wie nachhaltig Details wirkten. Bei den wichtigen Stationen war es sowieso schnell klar, dass es **so** war:

Zum Beispiel Verankerung im Gesamtprofil der Schule, eigene Lernmaterialien entwickeln

- Der jährlich festgelegte Inge-Auerbacher-Tag
- Authentische Begegnungen
- Die Idee des Erinnerungskoffers
- Das Kollegium trägt alles mit.

Bei Beendigung meines täglichen Schuldienstes 2015 stellte ich erstaunt fest, dass sich eine ganze Menge „installiert" hatte:

- Grundschule und Gymnasium auf unserem Campus arbeiten beim Thema enger zusammen.
- Praktikanten und Referendare werden Netzwerk
- Seit 1993 werden schuleigene Lernmaterialien entwickelt und wurden digitalisiert.
- Seit 1993 haben zig Eltern/Großeltern das Profil mitgetragen und Inge erlebt (viele Dankschreiben).
- Andere Schulen der Umgebung übernahmen Teile des Profils.
- In den wiederkehrenden Buchausgaben Die Pforte der AgGL meines Mannes sind die Beiträge zu den Profilpfeilern dokumentiert.
- Die Presse der Regio fördert das Thema, dazu ist Kontaktpflege wichtig.

- Der Bürgermeister stand der Thematik offen gegenüber und gab oft finanzielle Mittel für Übernachtungskosten der Zeitzeugen.
- 2022 wurde das Projekt zum Modell erklärt und bekam die Aufmerksamkeit der Abgeordneten unseres Landkreises und Bundestages.
- Sie waren bei meinem Netzwerktreffen und der Würdigung der Lebensleistung Inge Auerbacher zugegen (2022).
- Die Aktivitäten der ebenfalls vertretenen Gedächtnisstätten Breisach und Emmendingen nahmen danach rapide zu.
- Durch die Mitorganisation Inges Deutschlandreise hatte ich Einfluss auf die Verwaltung in Kippenheim (Ehrenbürgerin Inge) und Göppingen (Ehrenbürgerin) und Verein Haus Lauchheimer/Erhalt und Förderung des jüdischen Kulturerbes e. V. in Jebenhausen, bzw. Jüdisches Museum Göppingen (dort werden meine Sonderdrucke über das Projekt ausgelegt).
- Es bestehen sehr gute Kontakte zum Antisemitismusbeauftragten Baden-Württemberg (übernahm die Gesamtkosten des o. g. Sonderdrucks 2023) und Antisemitismusbeauftragten des Bundes über die Rolle des Lehrers.
- Die Stadtkapelle Kenzingen, Abt. Jugend führte in Eigenregie und Motivation ein musikalisches Werk für Inge auf und der Moderator stellte die Bedeutung der Erinnerungsarbeit heraus beim offiziellen jährlichen Jahreskonzert vor großem Publikum 2022.
- Lesung Igal Avidan in der Ehemaligen Synagoge Kippenheim
- Impulse zu Kooperationen von Schulen in Freiburg und Friesenheim mit Förderverein Ehemalige Synagoge Kippenheim e. V.
- Gewinnung von Mitgliedern für W the C
- Enge Kontaktpflege mit Zeitzeugen und deren Nachfahren im Ausland, Information und Einbeziehung in Aktivitäten
- Mein Mann Klaus Weber und ich konnten 2022 in unserem Urlaubsort in der Normandie die offiziellen Reden am 08. Mai am dortigen Denkmal halten zum Thema Europa – Brücken zu Nachbarn.
- Nicht zuletzt fördern unsere Töchter das Thema in ihrem Lebensumkreis.
- Die älteste Tochter ist Mitherausgeberin dieses Buches.

10.8.1 Stimmen zum Engagement

Bianca Christina Weber-Lewerenz

„Congratulations on winning an award for your work. With all the unrest in the world and the rise in antisemitism, what you are doing is more important than ever. We are all fortunate to have you so involved in this."
Alice Goldstein, Jüdische Zeitzeugin und ehemalige Bürgerin der Stadt Kenzingen, Dezember 2023

„Ich freue mich über das Material, das Sie mir mit Informationen über Ihre hervorragende Arbeit zugesandt haben. Besonders freut es mich, dass Sie mit anderen Netzwerkmitgliedern und Preisträgern wie dem Blauen Haus zusammenarbeiten. Mit großer Dankbarkeit."
Joel Obermayer, Executive Director von Widen the Circle und Director der Obermayer Stiftung, Mai 2024

„Vielen Dank für Ihr Engagement. In einer Zeit, in der die Wertehaltung und der Anstand in Deutschland leider Tiefen erreichen, die ich bisher in meiner Lebensspanne nicht erleben musste, wird Ihre Arbeit umso wichtiger! Viel Kraft dafür weiterhin!"
Martin Ries, Schulleiter Max-Planck-Gymnasium Lahr

„Ich glaube, dadurch, dass ich das schon so früh gelernt habe, kann ich besser damit umgehen, ich habe Argumente, kann etwas dagegen sagen."
Julia Kleinstück, ehemalige Schülerin von Roswitha Weber, GS Kenzingen (Quelle: https://widenthecircle.org/obermayer-awards/ceremony-2023)

„Frau Weber hat erkannt, dass Kinder schon in der Grundschule verstehen können, was Leid ist. Es ist wichtig, etwas über das Judentum zu lernen. Jeder Mensch hat Vorurteile, aber man sollte den Menschen kennen. Und dadurch, dass Kinder die Zukunft sind, muss man doch gerade bei ihnen anfangen."

Mariam Yassin, ehemalige Schülerin von Roswitha Weber, GS Kenzingen
(Quelle: https://widenthecircle.org/obermayer-awards/ceremony-2023)

„Was ich immer faszinierend fand, diese Sichtweise durch eine Person, die eigentlich genauso alt war, wie wir damals als Schüler. Das ist eine direkte Verbindungsperson. Gerade an anderen GS wird das 2. Reich gar nicht angesprochen oder behandelt, oder es wird für die höheren Klassenstufen aufgehoben, aber da sagt Frau Weber, das gehört zu unserer Geschichte und damit müssen wir uns auseinandersetzen."

Tristan Römer, ehemaliger Schüler von Roswitha Weber, GS Kenzingen
(Quelle: https://widenthecircle.org/obermayer-awards/ceremony-2023)

Dr. Norbert Giovannini, Dossenheim, Obermayer Award Preisträger 2020,[2] schenkt – nach der Begegnung zu einer weiteren Projektarbeit in Breisach im Blauen Haus im Mai 2024, gemeinsam mit der Obermayer Award Preisträgerin und Ersten Vorsitzenden des Blauen Hauses Breisach Christiane Walesch-Schneller,[3] im Rahmen des Starts des bisher größten Projekts in der Geschichte des Fördervereins Ehemaliges Jüdisches Gemeindehaus Breisach e. V.: „Brücke für die Zukunft";[4] und weil es über den Rhein ins Elsass reichen wird: „Pont pour l'avenir". – sein persönliches feedback zur Erinnerungsarbeit:

Es ist bewundernswert, wie ihr aus einem Erinnerungskeim gewissenmaßen einen ganzen Kosmos von Ideen, Recherchen, Aktionen und Angeboten entwickelt, der hoffentlich langzeitig wirken wird. Dein pädagogischer Antrieb und der Fokus auf Kenzingen prägen die Reichweite eurer Arbeit in wirklich eindrucksvoller Weise. Sie erreicht alle Generation, und ist von der Tiefe biographischer Rekonstruktion ebenso gekennzeichnet wie durch aktuelle und greifbare Begegnungen. Gegen allen Tendenzen der Geschichtsvergessenheit und der Vernachlässigung von Anteil nehmenden, auf die nachkommenden Generationen wirkenden Erinnerungsarbeit setzt ihr Maßstäbe und beispielhaftes Engagement. So lösen wir Emanuel Kants Paradigma ein: Es gibt eine Pflicht zur Hoffnung.

---

[2] https://widenthecircle.org/de/norbert-giovannini.
[3] https://widenthecircle.org/de/profiles/christiane-walesch-schneller.
[4] https://blaueshausbreisach.de/veranstaltungen/7410/pressekonferenz-16-juli-2024-bruecke-fuer-die-zukunft-pont-pour-lavenir/.

Widen the Circle unterstützt dieses neue Modellprojekt nach dem Besuch und Austausch im „Blauen Haus" in Breisach im April 2024

Mitte April besuchte ich (Lena Senoner) zusammen mit Roswitha Weber und Norbert Giovannini Christiane Walesch-Schneller und das Blaue Haus in Breisach. Das Blaue Haus war das ehemalige Gemeindehaus der jüdischen Gemeinde, das der Förderverein „Ehemaliges Gemeindehaus jüdisches Breisach" im Jahr 2000 aus Privatbesitz erwarb, renovierte und nun als Ort der Begegnung, der Dokumentation, des Gedenkens und des Lernens nutzt. Als besonders bewegend und eindrucksvoll empfand ich die Dauerausstellung „Jüdisches Leben in Breisach 1931", die den Alltag der Kantorenfamilie Eisemann in den ehemaligen Wohn- und Gemeinderäumen lebendig werden lässt. Sie vermittelt Geschichte und lässt gleichzeitig den Ort selbst wirken. In Erinnerung geblieben ist mir vor allem das fröhliche Familienporträt. Am nächsten Tag führte uns Sandra Butsch noch durch das historische Freiburg. Vielen Dank für diese schönen Begegnungen und eine Reise nach Breisach und Freiburg kann ich nur wärmstens empfehlen!

Foto v.re.n.li: Roswitha Weber, Christiane Walesch-Schneller/Blaues Haus, Dr. Norbert Giovannini und Lena Senoner/Widen the Circle. (Quelle: Widen the Circle)

Der Vertrieb des Thalia Buchhandels, Hagen, antwortet im November 2023 auf die Anregung eines Israel gewidmeten Büchertisches:

vielen Dank für Ihre Nachricht. Gerne antworte ich Ihnen auch im Auftrag der Geschäftsführung. Das Leid unschuldiger Menschen in Krisen- und Kriegsgebieten berührt uns zutiefst. Daher verurteilen wir jedwede Form von Terrorismus, menschenverachtender Gewalt, Hass und Antisemitismus aufs Schärfste. Unsere Gedanken sind bei den Menschen vor Ort.

Wir danken Ihnen für die Anregung eines Büchertisches. Unsere Buchhandlungen haben diverse Buchtitel aus unserer Zentrale empfohlen bekommen, diese für ihre Buchhandlung vorrätig zu halten.

10.8.1.1 Grußwort zur Bedeutung der Erinnerungskultur und den Herausforderungen für die Politik

Alexander Schoch

„Ich darf Sie, Frau Auerbacher ganz herzlich hier in Kenzingen auch im Namen der Landtagspräsidentin Muhterem Aras begrüßen. Frau Aras hätte Sie sehr gerne persönlich begrüßt und wäre mit Ihnen hier ins Gespräch gekommen.

Zu Ihrer Ehrung möchte ich Ihnen herzlich gratulieren und möchte mich für Ihre emotionale Rede, die sie anlässlich des Holocaust Gedenktages im Bundestag gehalten haben, ganz herzlich bedanken. Sie haben den Holocaust überlebt, Sie wurden der Kindheit und Jugend beraubt, durch die Folgen der Deportation und durch die schlimmen Erlebnisse in Theresienstadt. Ich danke Ihnen dafür, dass Sie nach dem Krieg und Ihrer Auswanderung in die USA, trotzdem regelmäßig in das Land der Täter zurückkehren und mit Ihrem Engagement zur Erinnerungsarbeit und Gedenkstättenarbeit beitragen.

Von deutschem Boden ging mit der Shoah das wohl grauenvollste Menschheitsverbrechen der Geschichte aus. Entsprechend ist auch der deutsche Umgang mit der Vergangenheit, das kollektive Gedächtnis, von diesem Zivilisationsbruch geprägt. Es hat sehr lange gebraucht bis wir nach 1945 mit der Aufarbeitung unserer Geschichte begonnen haben. Inzwischen erinnern bundesweit Gedenkstätten, Mahnmale, Stolpersteine und Gedenktafeln an die Verbrechen der NS-Zeit – sie mahnen wider das Vergessen und dass sich Ähnliches nicht wieder ereignen darf.

Hinzu kommen Bildungs- und Aufklärungsarbeit, wie es viele Organisationen, Inititiativen und in Baden-Württemberg die Landeszentrale für politische Bildung leisten. Die Gedenkstätten und NS-Dokumentationszentren sind maßgebliche Akteure der außerschulischen historisch-politischen Bildungsarbeit. Sie bereiten mit ihren Aktivitäten einen fruchtbaren Boden für ein kritisches Geschichtsbewusstsein sowie für die Entwicklung von Haltungen zu gegenwartsrelevanten Themen, wie etwa zum Wert von Demokratie und Rechtsstaatlichkeit. Mehr als 75 Jahre nach dem Ende der nationalsozialistischen Gewaltherrschaft gibt es immer weniger Zeitzeuginnen und Zeitzeugen, die über ihre Erfahrungen und die Schrecken dieser Zeit noch aus eigenem Erleben berichten können. Umso wichtiger ist eine lebendige Erinnerungskultur, die an die Verbrechen an den Verfolgten erinnert und nicht in Ritualen und Formeln erstarrt, sondern die breite Bevölkerung und insbesondere die junge Generation emotional anspricht.

Erinnern ermöglicht, sich seiner eigenen Existenz zu vergewissern und es dient der Orientie-rung in der Gegenwart und für die Zukunft.

Angesichts des Aufstiegs von Populisten und Extremisten ist das öffentliche Erinnern vor der Gefahr politischer Manipulation zu schützen. Erinnerungskultur ist daher eine wesentliche Aufgabe von bundes-, landes- und kommunaler Kulturpolitik. Somit fördert eine Erinnerungskultur das Geschichtsbewusstseins und stärkt auch Demokratiefähigkeit und Zivilcourage.

Umso wichtiger war und ist es, dass sie mit ihrem Engagement das Gespräch mit den Kindern und Jugendlichen zu suchen, eine unersetzliche und nachhaltige Arbeit gegen das Vergessen geleistet haben und noch immer leisten.

Ich danke Frau Beck der Rektorin der Grundschule in Kenzingen und insbesondere Frau Weber, die dieses heutige Multiplikatoren-Treffen initiiert und organisiert hat. Erinnerungskultur und Gedenkstättenarbeit liegen der Landtagspräsidentin und auch mir am Herzen! Frau Aras ist als Landtagspräsidentin für die Gedenkstättenarbeit, Erinnerungskultur und die politische Bildung gemeinsam mit dem Landtag verantwortlich, der auch die notwendigen Finanzmittel zur Verfügung stellt. Leider gibt es aber im Landtag eine rechte Partei die gerade bei den abgeschlossenen Haushaltsberatungen die Kürzung bzw. Streichung der Mittel für die Gedenkstättenarbeit gefordert hat. Genau diese Entwicklungen, verbunden mit einem zunehmenden Antisemitismus, erfordern umso mehr die Beschäftigung und Aufarbeitung unserer Vergangenheit. Erinnerungskultur zu pflegen heißt die Zukunft gestalten und die Demokratie fördern.

Sehr geehrte Frau Weber, sehr geehrte Frau Auerbacher was sie geleistet haben, kann man nicht hoch genug anerkennen. Es ist schön, hier zu erfahren und zu lernen wie Sie mit den Schüler*innen der Grundschule diese schlimme Vergangenheit aufarbeiten und dadurch mit dazu beizutragen die Erinnerungsarbeit fortzuführen und dem Antisemitismus und Fremdenhass entgegenzuwirken. Ich darf ihnen für dieses Engagement nochmal herzlich Danken und Ihnen von unserer Landtagspräsidentin Muhterem Aras noch einen persönlichen Brief überreichen und ein kleines Präsent in Erinnerung an ihren Besuch hier in Kenzingen."

(Rede zum 1. Multiplikatoren Netzwerktreffen am 02. Februar 2022)

10.8.1.2 Stimme zum Engagement
Johannes Fechner

Am 28. Januar 2022 durften wir an den Besuch von Inge Auerbacher im Herzen Berlins nachfassen (Abb. 10.5):

Am Donnerstag hat die aus Kippenheim stammende Holocaust-Überlebende Inge Auerbacher im Deutschen Bundestag die Gedenkrede anlässlich des nationalen Holocaust-Gedenktages gehalten. Dies nahmen die Bundestagsabgeordneten Yannick Bury und Johannes Fechner zum Anlass, Frau Auerbacher im Bundestag zu treffen. Beide Abgeordneten übermittelten Inge Auerbacher die Grüße aus Kippenheim und berichteten ihr von dem Respekt und der Freude in der Ortenau,

Abb. 10.5 Dr. Yannick Bury (li) und Dr. Johannes Fechner (re) empfangen Inge Auerbacher (Mi) im Bundestag Berlin am 28. Januar 2022. (Bild- und Textquelle: Dr. Johannes Fechner Website, 28.01.2022, Bericht von Manuel Meissne am 28. Januar 2022)

dass sie die Gedenkrede gehalten hatte. Im Gespräch berichtete Auerbacher von vielen Erlebnissen und Erinnerungen an Kippenheim. „Dem Ort, in dem man aufwächst, ist man ein Leben lang mit dem Herzen verbunden.", berichtete Inge Auerbacher. Fechner und Bury zeigten sich beeindruckt, dass Inge Auerbacher trotz der Verbrechen der Nazis gegen ihre Familie ohne Groll über ihre Heimat spricht und enge Kontakte nach wie vor pflegt. Nächste Woche wird Inge Auerbacher in Kippenheim zu Besuch sein. „Ich freue mich schon sehr, meine Geburtsstadt wiederzusehen", zeigte sich Inge Auerbacher voller Vorfreude.

Textquelle: Dr. Johannes Fechner/Website

10.8.1.3 Stimme zum Engagement

Peter Weiß

Am 08. Juli 2021, noch vor der Rede von Inge Auerbacher vor dem Deutschen Bundestag, fasste eine Presseinformation des Büros von Peter Weiß für die veröffentlichte Mitteilung in den Regiotrends im Ortenaukreis – Kippenheim wie folgt zusammen:

„Inge Auerbacher (Überlebende des KZ Theresienstadt und gebürtige Kippenheimerin) wird zu Gedenkrede vor dem Deutschen Bundestag eingeladen – Initiative von Ehepaar Roswitha und Klaus Weber aus Kenzingen sowie CDU-Bundestagsabgeordnetem Peter Weiß war erfolgreich.

Die gebürtige Kippenheimerin und Überlebende des KZ Theresienstadt, Inge Auerbacher, wird zur Gedenkrede anlässlich der Gedenkstunde zum Tag des Gedenkens an die Opfer des Nationalsozialismus am 27.01.2022 vor dem Deutschen Bundestag eingeladen, wie jetzt Bundestagsabgeordneter Peter Weiß bekannt geben konnte. Auerbacher emigrierte nach dem Zweiten Weltkrieg mit ihren Eltern in die USA und lebt seither in New York City. Neben ihrer medizinischen Berufstätigkeit schrieb sie Gedichte und Geschichten, mit denen sie ihre Erlebnisse des Holocausts verarbeitete. Der Gedenktag wurde 1996 durch eine Proklamation des damaligen Bundespräsidenten Roman Herzog eingeführt.

Auf Initiative des Ehepaars Roswitha und Klaus Weber aus Kenzingen sowie des Bundestagsabgeordneten Peter Weiß fiel die Wahl für die nächste Gedenkstunde durch das Präsidium des Bundestags auf die Jüdin aus Kippenheim. „Ich freue mich sehr, dass im nächsten Jahr ein großer Lebenswunsch von Inge Auerbacher in Erfüllung geht", sagte Bundestagsabgeordneter Peter Weiß. „Durch ihre Rede wird mit Sicherheit auch die jahrhundertealte Geschichte des Judentums in der Ortenau wieder mehr Aufmerksamkeit erfahren."

Der Tag des Gedenkens an die Opfer des Nationalsozialismus am 27. Januar jedes Jahres bezieht sich auf den 27. Januar 1945, den Tag der Befreiung des Ver-

nichtungslagers Auschwitz-Birkenau. Inge Auerbacher durfte bereits 2019 vor der UNO am Remembrance-Day eine Rede halten. Bei mehreren Besuchen in ihrer ehemaligen Heimat Kippenheim hat sie über ihr Schicksal berichtet und hat die Fragen vieler Schülerinnen und Schüler beantwortet.

An der Grundschule an der Kleinen Elz in Kenzingen, an der jährlich der „Inge-AuerbacherTag" stattfindet, war sie bereits zehn Mal zu Gast. Dort wurde von Roswitha Weber, einer ehemaligen Lehrerin an der Grundschule an der Kleinen Elz in Kenzingen, ein fächerübergreifendes Projekt zur Toleranz- und Friedenserziehung im Grundschulalter entwickelt (Abb. 10.6 und 10.7). Ihr Mann, Klaus Weber, ist seit 40 Jahren Vorsitzender der Arbeitsgemeinschaft für Geschichte und Landeskunde Kenzingen e. V."

Als Unterstützer und Förderer dieses außergewöhnlichen Projektes durfte ich bei der Rede von Inge Auerbacher vor dem Deutschen Bundestag in Berlin am Holocaust-Gedenktag 2022, beim 1. Multiplikatoren Netzwerktreffen im Februar 2022 in Kenzingen (Abb. 10.9 und 10.10), sowie der Auszeichnung von Roswitha Weber mit dem Obermayer Award 2023 in Berlin (Abb. 10.8) zugegen sein. Das Multiplikatoren Netzwerktreffen mit fachübergreifenden Machern, Mitgestaltern unserer Gesellschaft, Bildung und Politik, Schulen und einzigartigen Orten der Er-

Abb. 10.6 Rede von Peter Weiß beim 1. Multiplikatoren-Netzwerktreffen „Projekt Inge & Roswitha" am 01. Februar 2022, Grundschule an der Kleinen Elz Kenzingen. (Bildquellen: Bianca Weber-Lewerenz)

Abb. 10.7 1. Multiplikatoren-Netzwerktreffen, v.l.n.r. Alexander Schoch, Birgit Beck, Yannick Bury, Roswitha Weber, Klaus Weber, Inge Auerbacher, Peter Weiß, Matthias Guderjan, Detlef-Herbert Freßle. (Bildquelle: Bianca Weber-Lewerenz)

Abb. 10.8 Verleihung des Obermayer Awards an Roswitha Weber, 23. Januar 2023 im Abgeordnetenhaus in Berlin, v.l.n.r. Yannick Bury, Bianca Weber-Lewerenz, Roswitha Weber, Hansjörg Deng, Dennis Buchner (Präsident des Abgeordnetenhauses), Peter Weiß, Jörn Lewerenz. (Bildquelle: Bianca Weber-Lewerenz)

innerungskultur und insbesondere der hierin ehrenamtlich Engagierten durfte ich um einen Redebeitrag ergänzen:

„Echte Versöhnung ist nicht möglich, wenn man die Vergangenheit einfach „zuschüttet". Echte Versöhnung gelingt nur, wenn man die Vergangenheit offen und ehrlich aufarbeitet. Und so erwächst aus der Erinnerung die Chance zu echter Versöhnung. Deshalb sind wir so dankbar dafür, dass heute Überlebende des Holocaust wie Inge Auerbacher bereit sind, zu uns zu kommen, lebendig und anschaulich darüber zu berichten, was sie an Grausamkeiten, Demütigungen, Gewalt und Todesangst durchlitten haben. Und dass sie bereit sind, auf Fragen zu antworten, vor allem auch auf die Fragen der jüngeren Generation. Überall wo Inge Auerbacher spricht oder wo andere Zeitzeugen des Holocaust sprechen, treffen sie auf eine hoch interessierte und aufmerksame Zuhörerschaft vor allem junger Leute. Das zeigt, wie wichtig die Zeitzeugenarbeit ist.

Inge Auerbacher konnte vor wenigen Tagen, am 31. Dezember 2024, ihren 90sten Geburtstag feiern. Auch andere letzte Überlebende des Holocaust sind in einem ähnlichen Alter. Und das zeigt, dass nach allem menschlichen Ermessen die Zeit sich langsam, aber sicher dem Ende neigt, in der Zeitzeugengespräche wie die mit Inge Auerbacher noch möglich sind. Alle, die sich in der Erinnerungsarbeit engagieren, bewegt daher die Frage: Wie weitermachen, wenn uns die Generation des unmittelbaren Überlebens nicht mehr als Zeitzeugen und Gesprächspartner zur Verfügung steht?

Eine Antwort ist: Das, was wir heute noch von Zeitzeugen erfahren können, gut für die Nachwelt dokumentieren. Die Erinnerungsarbeit der Zukunft wird sich auf gute schriftliche Dokumente, Bild- und Tonaufnahmen wie Videos und weitere Materialien stützen müssen. Dazu haben wir jetzt letztmalig eine Chance, die wir intensiv nutzen sollten."

10.8.1.4 Stimmen zum Engagement
Robert Krais

Robert Krais, damaliger Leiter des Deutsch-Israelischen Arbeitskreises Südlicher Oberrhein e. V., schreibt 2020:

„Frau Roswitha Weber war 1993 erste und einzige Grundschullehrerin, die das Angebot des 1974 gegründeten Deutsch – Israelischen Arbeitskreises Südlicher Oberrhein (DIA) zu einer Führung „durch das ehemals jüdische Kippenheim mit Besuch der Synagoge" mit ihrer Klasse aus der Grundschule an der Elz im 15 km entfernten Kenzingen angenommen hat. Die altersgerechte Vor- und Nachbereitung dieser Führung bewirkte bei den Kindern einen nachhaltigen Eindruck, so dass Frau Weber trotz anfänglichem Misstrauen bei Kolleginnen und Unverständnis bei vielen Eltern auch in der Folgezeit das Thema des hier ausgelöschten jüdischen Lebens in ihren Klassen behandelte.

Dass zu der 1934 in Kippenheim geborenen und in New York lebenden Inge Auerbacher, deren Buch „Ich bin ein Stern" (Beltz Verlag) neben Anne Franks Tagebuch zur Grundlektüre von Hauptschulen zählt, dann auch der persönliche Kontakt über den DIA hergestellt werden konnte, förderte eine Erkenntnisgewinnung und Rezeptionsaktivitäten zur Shoa auf emotionaler Ebene.

Mit Inge Auerbachers Geschichte und ihrer als greifbares Symbol der Hoffnung dienenden Puppe Marlene können sich Jugendliche identifizieren und eine Ich – Beteiligung zur eigenen Welt herstellen. Inge Auerbacher lässt in ihrem Buch das Kind sprechen und gibt dabei auch aus der Sicht der Zeitzeugin Hinweise zum ehemals heute aber ausgelöschten jüdischen Leben in der Ortenau und im Breisgau.

In vielen Schüler- und Pressemappen, Briefen, Plakatwänden … sind die Eindrücke der Begegnungen mit Inge persönlich oder mit ihrem Buch festgehalten.

Roswitha Webers besonderer Verdienst ist die Tatsache des Beweises, dass auch das Thema „Shoa" Kinder im Grundschulalter im Prozess ihrer Selbstfindung fördern kann. Um das weiterhin zu gewähren, hat sie an der Schule den „Inge Auerbacher-Tag" eingeführt (Abb. 10.9 und 10.10).

Roswitha Weber engagierte sich 2014 auch bei der Herausgabe durch den DIA der „22 Gedichte zu ‚Ich bin ein Stern'", die im Beltz-Verlag nicht in deutsche Sprache übersetzt waren.

Ferner wirkte sie federführend bei den Besuchen der 1931 in Kenzingen geborenen und in den USA lebenden Jüdin Alice Dreifuss – Goldstein in den Jahren 2002 und 2019 in Kenzingen mit und unterstützte den Vertrieb der vom DIA in deutsch herausgegebenen Autobiographie von Alice Goldstein „Normale Bürger – widrige Zeiten" (Originalausgabe in Englisch „Ordinary People, Turbulent Times"). Dieses Buch ist eine anschauliche Beschreibung der antisemitischen Situ-

Abb. 10.9 und 10.10 Robert Krais, Vertreterin Landeszentrale Politische Bildung Stuttgart und Roswitha Weber (v.l.n.r) beim Inge Auerbacher Tag 2015 in der Grundschule an der kleinen Elz Kenzingen. *(Bildquelle: Bianca Weber-Lewerenz)*

Abb. 10.11 Presse- und Arbeitsgespräch, im Vordergrund der „Erinnerungskoffer", v.l.n.r. Birgit Beck, Anne Öttlin, Roswitha Weber, Robert Krais. (Bildquelle: Grundschule an der Kleinen Elz Kenzingen)

ation in den 30er-Jahren in Kenzingen, die Alice in die „Jüdische Zwangsschule" nach Freiburg und danach die Familie zur Auswanderung in die USA zwang.

Roswitha Weber hat sich uneigennützig, intensiv und kontinuierlich dafür eingesetzt, dass schon Kinder im Grundschulalter behutsam und mit Empathie an die Erinnerungsarbeit auch zur Shoa herangeführt werden und hat diese Erfahrungen in vielen Auswertungen beispielgebend für andere DIA – Mitglieder und für alle interessierten Lehrkräfte festgehalten (Abb. 10.11).*"*

10.8.2 Erfahrung als Modell – Kindertagesstätten als Startrampe

Bianca Christina Weber-Lewerenz

---

[5] Mehr dazu unter: www.gescherhachaim.de.

Noch während der Buchherstellung in 2024 zeichnet sich ein weiterer Meilenstein ab, nämlich der Entstehung der allerersten Gescher Ha Chaim Kindertagesstätte in Freiburg mit der Namensgebung „Inge Auerbacher".[5]

So, wie Inge Auerbacher für das Miteinander von Menschen, das Tolerieren und Respektieren des Anders-Sein, der jeweiligen Kulturzugehörigkeit, der vielfältigen Sprachen steht und die Vielfalt der Gesellschaft fördert, auf eine damit vergleichbare Art und Weise leben Bildungseinrichtungen ab Kleinkindalter die Vielfalt des Lebens und der Gesellschaft. Das miteinander Feiern von Festen wie Neujahr, Purim, Fasching, Pessach, Ostern, Shavuot, Pfingsten, Rosh Ha Shana, Jom Kippur, Sukkot, Channuka, St. Martin, Nikolaus, Weihnachten, Ramadan lassen diese gerade für Kinder im frühesten Alter greif- und erlebbar werden.

Silvia Schliebe, die seit Jahren diese Idee der vorschulischen Bildung engagiert lebt, kann nun hier diesen Kiga verwirklichen. Dazu teilt sie mit:

„Gescher Ha Chaim – Kita Inge Auerbacher, eine Pädagogik gegen Antisemitismus, eine Pädagogik zur Stärkung demokratischen Denkens von Anfang an.

Der Verein Gescher ha Chaim wurde 2004 als Gescher e. V. in Rottenburg in einer Reaktion auf die Anschläge von 9/11 gegründet. Ausgangspunkt war eine gesellschaftliche Prognose des Abbaus demokratischer Strukturen und einem Zuwachs an Populismus verschiedenster Art.

Pädagogik und Bildung in Verbindung mit einem Erziehungsverhalten, welches Resilienz, Ambiguitätstoleranz und Kreativität fördert. Eine gute Balance zwischen klaren Regeln und Flexibilität, Vertrauen in sich und Fürsorge für andere, Wissen über die Welt und über sich selbst, mithin Stärkung und Entwicklung individueller Integrität, kann eine solide Grundlage bilden, Herausforderungen der Gegenwart und Zukunft, auch und gerade in Krisen, zu bewältigen und einen Blick auf Vergangenheit ermöglichen, um aus dieser zu lernen, ohne sie als bedrohlich oder romantisierend beiseitezuschieben.

Diese pädagogischen Grundhaltungen, die weit über die Pädagogik hinaus gehen, haben wir in Inges Rede vor dem Deutschen Bundestag wiedergefunden. Vor allem im Resümee am Schluss ihrer Rede und ihrem Ausblick auf das, was wirklich wichtig ist, erkennen wir die Parameter, die für eine Pädagogik nach Auschwitz zentral sein sollten. Die Mahnung Adornos „… dass Auschwitz nicht mehr sei", war schon immer für uns ein Leitfaden darauf zu achten, worauf es im Kern wirklich ankommt.

Wir vermitteln bereits ab den ersten Lebensjahren die Grundlagen der abrahamitischen Religionen und der sie je umgebenden Kulturen in ihrer Differenz, aber auch in ihrer Gemeinsamkeit. Wir ergänzen dieses Wissen durch ein breites naturwissenschaftliches und ebenso breites Literacy Angebot. Musik, Kunst und viele Feste runden unseren Alltag ab. In der Kita finden sich nicht wenige Elemente der

Reggio-Pädagogik. Durch Eltern- und Quartiersarbeit schaffen wir den Strukturen unserer Arbeit einen Raum nach draußen. Nun stehen wir kurz vor der Eröffnung unserer ersten Kita in der Basler Landstraße in Freiburg St. Georgen. Hier können wir erneut praktisch zeigen, dass die Theorie auch konkrete nachhaltige und positive Auswirkungen auf junge Menschen und ihre Familien hat.

Inges Überlebensgeschichte, ausgehend von der Fürsorge für ihre Marlene und der gekoppelten Fürsorge ihrer Eltern für Inge und Marlene, dient uns als Beispiel für die Wirkmächtigkeit der Solidarität und Sorge, nicht nur um sich selbst, sondern auch um andere ungeachtet ihrer sozialen, ethnischen, kulturellen oder sonstigen Herkunft.

„Wenn ich nicht für mich bin, wer dann? und bin ich nur für mich, was bin ich dann? und wenn nicht jetzt, wann dann?" Rabbi Hillel, Talmud, Pirke Avod (Sprüche der Väter)

Inges Namen ist uns Ehre und Verpflichtung gleichermaßen."

Forever present

Bianca Christina Weber-Lewerenz

Im Folgenden wird ein zeitgemäßes, mit modernsten Technologien aufgesetztes Projekt dargestellt, die allen kommenden Generationen zugänglich sein wird:

- Die Ausstellung „Frag nach!" mit dem digitalen interaktiven Zeitzeugnis von Inge Auerbacher im Deutschen Exilarchiv der der Deutschen Nationalbibliothek (DNB) in Frankfurt a. M. (https://fragnach.org). Die interaktiven Zeitzeugen-Interviews ermöglichen Interaktionen mit virtuellen Zeitzeugen des Holocaust. Das Projekt entstand aus der Zusammenarbeit des Deutschen Exilarchivs mit der USC Shoah Foundation

11.1 Interaktives Zeitzeugnis von Inge Auerbacher in der Ausstellung „Frag nach!"

Am 7. September 2023 wurde in Frankfurt am Main die Ausstellung des Deutschen Exilarchivs 1933–1945 „Frag nach!" eröffnet. Im Zentrum der Ausstellung stehen digitale interaktive Interviews mit Inge Auerbacher und Kurt S. Maier. Die Ausstellung ist bis März 2027 in Frankfurt am Main zu sehen. Ortsunabhängig kann auf eine digitale Version der Ausstellung und der Interviews zugegriffen werden (Abb. 11.1).

B. C. Weber-Lewerenz (✉)
Aichtal, Deutschland

Abb. 11.1 Ausstellungseröffnung „Frag Nach!" am 7. September 2023 mit den beiden ZeitzeugInnen Inge Auerbacher und Kurt S. Maier in der Deutschen Nationalbibliothek Frankfurt a. M. (Foto: DNB/Stephan Jockel)

QR-Code zur Webseite fragnach.org (Quelle: https://www.dnb.de/DE/Kulturell/Fragnach/fragnach_node.html)

Um die wichtigen Berichte der ZeitzeugInnen nicht zu verlieren, werden sie bereits seit Jahrzehnten aufgezeichnet. Das ermöglicht auch nachfolgenden Generationen die Beschäftigung mit ihnen. Die fortgeschrittene Technik erlaubt es heute, mit digitalen Zeitzeugnissen in eine Interaktion zu treten. Das ist kein Ersatz für reale Gespräche mit den Zeitzeug*innen – und will es auch nicht sein. Möglich wird aber eine neue Form der Auseinandersetzung.

Die USC Shoah Foundation hat das Programm Dimensions in Testimony entwickelt und für die interaktiven Interviews mit Kurt S. Maier und Inge Auerbacher mit dem Deutschen Exilarchiv kooperiert. Sind diese digitalen

Zeitzeugnisse ein zukunftsfähiges Format? Das möchte das Deutsche Exilarchiv mit der Ausstellung „Frag nach!" herausfinden.

Über die Ausstellung „Frag nach!"

Die Ausstellung „Frag nach!" folgt den Biografien von Inge Auerbacher und Kurt S. Maier. Animierte Graphic Novels führen in die Lebensgeschichte von Kurt S. Maier und Inge Auerbacher ein. Persönliche Fotografien, Dokumente und Medienstationen zeigen, wie Kurt S. Maier und Inge Auerbacher aufwuchsen und wie sich ihr Leben durch den Nationalsozialismus veränderte: Sie erlebten Entrechtung, Verfolgung und Deportation und gelangten später mit ihren Familien in die USA. Die Ausstellung ermöglicht es, diese Themen mit der eigenen Lebenswirklichkeit zu verbinden. Auf spielerische Weise lädt die Ausstellung zudem dazu ein, Fragen zu sammeln, die später an die digitalen Zeitzeugnisse von Inge Auerbacher und Kurt S. Maier gerichtet werden können. Sie sind der Mittelpunkt der Ausstellung (Abb. 11.2 und 11.3).

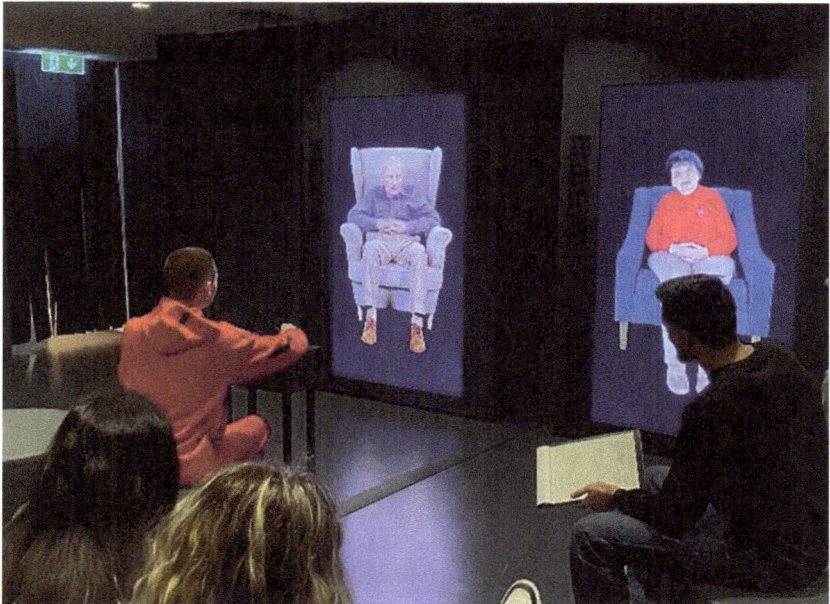

Abb. 11.2 Die digitalen interaktiven Interviews von Inge Auerbacher und Kurt S. Maier in der Ausstellung „Frag nach!" in Frankfurt a. M. (Foto: DNB/Marc Wurich)

Abb. 11.3 Die Ausstellung „Frag Nach!" im Deutschen Exilarchiv 1933–1945 der Deutschen Nationalbibliothek Frankfurt a. M. (Foto: Alexander Paul Englert)

Produktion der digitalen Zeitzeugnisse

Inge Auerbacher und Kurt S. Maier haben in umfangreichen Interviews ihre Geschichte erzählt: Die Aufzeichnung der Interviews fand in speziell ausgestatteten Studios in den USA statt. Das Interview mit Kurt S. Maier wurde im Juli 2021 in Washington D. C., das Interview mit Inge Auerbacher im Oktober 2022 in New York, den heutigen Wohnorten der beiden ZeitzeugInnen aufgenommen. Insgesamt fünf Tage dauerte jedes der beiden Interviews, 8 bis 9 h täglich verbrachten die beiden im Studio und beantworteten der Direktorin des Exilarchiv Dr. Sylvia Asmus über 900 Fragen.

Die interaktiven Zeitzeugnisse sind Teil des Dimensions in Testimony[SM] Programmes der USC Shoah Foundation (https://sfi.usc.edu/dit) und wurden mit dem Ziel entwickelt, dass die Geschichten der ZeitzeugInnen der Shoah auch künftige Generationen erreichen. Mit eigens dafür aufgezeichneten Interviews ermöglicht Dimensions in Testimony[SM] mit ZeitzeugInnen in eine Frage-Antwort-Interaktion zu treten. Diese Interaktivität ist ein integraler Bestandteil der Erfahrung von Dimensions in Testimony[SM], denn die Aussage der Zeitzeug-

Innen wird erst dann aktiviert, wenn zuvor eine Frage gestellt wurde. Dimensions in Testimony^{SM} ist das weltweit erste Projekt dieser Art.

Seit September 2023 sind die beiden digitalen interaktiven Interviews lebensgroß in der Ausstellung „Frag nach!" zu sehen. Mehr als 30.000 Fragen wurden bereits an die digitalen Zeitzeugnisse gestellt. Mehr als 60 Schulklassen haben die Ausstellung besucht. Die Ausstellung wird begleitet von einem umfassenden Bildungsangebot, das vor Ort gebucht werden kann (https://fragnach.org/termin-buchen). Zusätzlich zur stationären Präsentation stellt das Exilarchiv eine virtuelle Ausstellung zur Verfügung (https://ausstellungen.deutsche-digitale-bibliothek.de/frag-nach). Auch die interaktiven Interviews können in den Klassenraum geholt und online befragt werden (https://fragnach.org/wie-kann-ich-das-interview-online-nutzen). Kostenlose Bildungsmaterialien stehen hier zum Download bereit (https://fragnach.org/materialien) (Abb. 11.4).

Abb. 11.4 Die Zeitzeugin Inge Auerbacher und Sylvia Asmus, Direktorin des Exilarchivs, während der Aufzeichnung des Interviews im Oktober 2022. (Foto: DNB/Theresia Biehl)

Der Zeitzeuge Kurt S. Maier

Kurt S. Maier (Abb. 11.5) wurde 1930 in Kippenheim geboren und floh mit seiner Familie als 11-Jähriger in die USA. Teil seiner Lebensgeschichte ist nicht nur die Erfahrung des Exils, sondern auch die Zwangsdeportation der badischen JüdInnen in das französische Lager Gurs im Herbst 1940. Sein Splittervorlass wird im Deutschen Exilarchiv 1933–1945 der Deutschen Nationalbibliothek aufbewahrt.

Die Zeitzeugin Inge Auerbacher

Inge Auerbacher (Abb. 11.6) wurde am 31. Dezember 1934 in Kippenheim (Baden) geboren. Am 22. August 1942 wurde Inge Auerbacher zusammen mit ihren Eltern nach Theresienstadt deportiert. Die Familie blieb dort inhaftiert bis zur Befreiung durch die Rote Armee am 8. Mai 1945. Nach einem kurzen Aufenthalt in einem Lager in Stuttgart kehrte die Familie Auerbacher zunächst in die badische Heimat zurück, fühlte sich in der deutschen Nachkriegsgesellschaft jedoch nicht mehr heimisch. Im Mai 1946 emigrierte die Familie in die USA.

Abb. 11.5 Kurt S. Maier. (Foto: DNB/Theresia Biehl)

Abb. 11.6 Inge Auerbacher. (Foto: DNB/Sylvia Asmus)

12. Der Sauerbraten

Roswitha Weber

Ende Januar 2023. „Lutter und Wegner", in Berlin, wirbt mit dem besten Sauerbraten Deutschlands, serviert mit Püree und Rotkraut! Wir dürfen ihn im Rahmen der Feierlichkeit der Obermayer-Award Preisverleihung genießen.

Sommer 2023. „Lutter und Wegner" in Berlin – auch Inge genießt ihr Leibgericht, wenn sie aus den USA anreist und in Deutschland zu Besuch ist. Bei dieser Gelegenheit kam sie zu einem Kurzbesuch nach Frankfurt, wo im Exilarchiv der Deutschen Nationalbibliothek das virtuelle Interview „Frag nach" mit Inge vorgestellt wurde.

Davon unabhängig, so konnte ich während der Entstehung dieses Buches feststellen, hat das Gericht „Sauerbraten" seinen Stellenwert und erscheint immer wieder wie ein roter Faden an wichtigen Stellen, an Kreuzungen für das Bewusstwerden unseres Lebensthemas. Insbesondere ist es sowohl bei Inge als auch bei mir wichtiges die Familie verbindendes Familienessen. Es nährt das Gefühl von Heimat, Wärme, Vertrautheit, Kindheit, weckt Erinnerungen an wohlbekannte Gerüche und an Feste, Familien, Traditionen. Verwurzelung, eine friedliche Welt, Kippenheim, Jebenhausen – heute für Inge heimatliche Erinnerung in ihrer Heimat New York.

Im ersten Brief von Inge an meine Klasse, 1993, antwortete sie meinen SchülerInnen, dass der Sauerbraten ihr Lieblingsessen sei.

Auch bei mir ist Sauerbraten immer Erinnerung an Sonntage, Geburts- und Festtage mit langen festlichen Tafeln und vielen Gästen. Dabei wurden wichtige

---

R. Weber (✉)
Kenzingen, Deutschland

© Der/die Autor(en), exklusiv lizenziert an Springer Fachmedien
Wiesbaden GmbH, ein Teil von Springer Nature 2025
I. Auerbacher et al. (Hrsg.), *Erinnerungen für HEUTE und MORGEN*,
https://doi.org/10.1007/978-3-658-48390-6_12

Gespräche geführt, wurde die Sprache lockerer, tiefgründiger, dank einem „Mauchener Roten" (*Anmerkung: die Weinsorte Mauchener Sonnenstück, Blauer Spätburgunder*). Der Sauerbraten verbindet Erinnerungen an Erzählungen, Tradition und Moderne. Das Gericht ist typisch deutsch, heute Teil einer internationalen Speisekarte, und ein Sehnsuchts- und Kindheitsessen unzähliger Holocaust-Überlebenden, wie ich schon feststellen konnte.

Zeigt den SchülerInnen von heute: Juden sind Menschen wie wir alle. Sie haben Lieblingsessen, sogar zum Teil dieselben. Essen verbindet durch alle Kulturen hinweg. Essen stimmt friedlich. Essen ist Gastrecht, welches in manchen Regionen der Welt heute noch Gäste vor Übergriffen schützt.[1] Essen kann Genuss bedeuten oder Überleben.

Es schenkt Teilhabe, integriert, löst Probleme, ist existenziell, schenkt Familien- und Freundschaftscode, ist Erinnerungskoffer-Thema und pädagogischer „Zugangscode".

Im Lager[2] gab es nichts dergleichen. Da bedeutet das Kartoffelküchlein aus Kartoffelresten und Lebensmittelabfällen, von den Eltern unter Lebensgefahr gesammelt, das Glück eines Kindergeburtstages. Es soll nicht der Eindruck entstehen, in einem Buch wie diesem sei der Beitrag „Sauerbraten" bestimmend. Vielmehr solle es zeigen, dass Essen die Vielfalt der Kulturen präsentiert, überall grundlegend und lebenswichtig ist. Diese Vielfalt kann man anhand des Themas „Essen in aller Welt", wie zum Beispiel bei einem Schulfest, erkennen. Als Kompetenz erwartet man dann das „Verarbeiten der Informationen" und Handeln. Zum Beispiel in der Weise, dass das Kind probiert, einen Zugang findet, offen ist, und nicht gleich bei einem fremden Gericht sagt: „komisches Essen".

Ein Kind kann sich zum Beispiel bei einem festlichen Essen des Überflusses klar werden, dass es im Lager für Inge oft nur eine menschenverachtende dünne Suppe als Tagesration gab. Oder, dass die Befreiung untrennbar mit Butterbrot verbunden ist. Bei den sogenannten Arbeitsessen mit KollegInnen, wenn Inge zum Inge-Auerbacher-Tag an unserer Grundschule zu Besuch war, fielen diese zweierlei Welten sofort allen auf: Man erfreute sich am Gericht und parallel erzählte Inge von Mangel, Schikanen und Verhungern. Heute sind diese „Doppelbilder" für mich vertraut und bei jedem Telefonat mit Inge zugegen.

Es hat etwas Tröstliches, dass in Inge beide Erlebniswelten gegenwärtig sein können. Und man beachte, das ist ihre heutige, ganz aktuelle Welt, in der sie jeder-

---

[1] Mit der Herausgeberin geteiltes Erlebnis des Kenzinger Stadtpfarrers Pf. Gebhard Heil bei seinem Aufenthalt in 1990 in Anatolien, Türkei.

[2] Gemeint ist das Konzentrationslager Theresienstadt.

zeit am Puls der Zeit ist, denn sie interessiert sich für alles und kann mit ihrer Lebenserfahrung alles einordnen.

Miteinander kochen und Essen teilen sind eine wunderbare Sache bei Besuchen von und gemeinsamen Momenten mit ZeitzeugInnen. Es ist gelebte Willkommenskultur und Integration; es verbindet Menschen, Orte und Generationen. Gestern – Heute – Morgen.

Ausblick – allgemein und persönlich   13

Roswitha Weber

Zukunft braucht Erinnerung. Erinnerungen für HEUTE und MORGEN.

Zu jedem Ausblick gehört der Rückblick auf Momente der Erfahrungen, Erlebnisse, Erkenntnisse und die realistische – soweit möglich – trotzdem visionäre, hoffnungsvolle Perspektive auf die Zukunft. Allgemein und persönlich. Dieser Pressvorgang kann bestärkend oder niederschmetternd sein. Meine Erfahrungen waren und sind eine Mischung!

In Kindheit und Jugend, Beruf und Familie, Ehrenamt und Hobby durfte ich so viele Lebensmuster herausragender, origineller, aber auch fanatischer Persönlichkeiten erleben.

Ich konnte widerstandsfähige Einstellungen erwerben, zu netzwerken, informieren, überzeugen wollen, auch wenn etwas aussichtslos erschien. Dabei hat Inge einen großen Anteil, natürlich als Basis meine Familie und seit 2019 auch Widen the Circle mit seinem Netzwerk. Nie hat das Schreckliche über Inge gesiegt, im Gegenteil: voller Freude und Dankbarkeit hat sie ihr Lebensmotto bewahrt:

Jeder kann ein Stern sein – als Verfolgter wie auch als Stern, der Empathie und Willkommen ausstrahlt, Mut macht. Verantwortung tragen zu wollen für eine friedlichere Welt, macht unendlich viel Arbeit im Kleinen, stärkt Mut und Bewusstsein für den Pegelstand unserer Gesellschaft, bereichert, stärkt den Gerechtigkeitssinn, begeistert Mitmenschen – das ist aber Geschenk und unverhofft.

Man muss sich klar werden – ein Leben reicht nicht aus, diesen Aufgaben gerecht werden zu können.

R. Weber (✉)
Kenzingen, Deutschland

© Der/die Autor(en), exklusiv lizenziert an Springer Fachmedien
Wiesbaden GmbH, ein Teil von Springer Nature 2025
I. Auerbacher et al. (Hrsg.), *Erinnerungen für HEUTE und MORGEN*,
https://doi.org/10.1007/978-3-658-48390-6_13

Gerade als LehrerIn kann man sich einen Schwerpunkt geben im Bildungsauftrag, aber aus Zeitmangel kaum im politischen Bereich. Daraus folgt – gerade JunglehrerInnen brauchen deshalb ein Basiswissen „Erinnerungskultur", Coaching durch erfahrene Leute, RektorInnen, dem Thema aufgeschlossen. **Jeder Einzelne braucht aber auch Basiswissen, Ermutigung, das ist Absicht dieses Buches.**

Denn Erinnerungskultur ist zugleich Willkommenskultur und nicht die Arbeit oder das Hobby einer bestimmten Gruppe Mensch. Sondern die tägliche Herausforderung „Umgangsformen in unserer Gesellschaft." Nur so strahlen Wertebewusstsein einer Gesellschaft nach außen, in die Welt.

Wie wäre ein regelmäßiger Dialog von Vertretern aller Religionen/Generationen verschiedener Herkunft und Hautfarbe? Wie wäre eine Weltfriedenskonferenz regelmäßig (Evaluation)?

Denn jeder möchte für sich ein win-win! In Respekt, globaler Gesellschaft, neben- und miteinander, ohne Machtanspruch. Wie wären interreligiöse, interkulturelle Kindergärten, wie zum Beispiel Gescher Ha Chaim e. V. – Bildung gegen Antisemitismus, Freiburg – und Tagesstätten, wie zum Beispiel die gerade im Jahr 2024 entstandene „Kindergarten Inge-Auerbacher" in Freiburg St. Georgen, eine Herzensangelegenheit der dortigen Initiatorin Sylvia T. Schliebe?

Es macht mich hoffnungsvoll, dass das Netzwerk der großartigen Obermayer-Stiftung so viele Initiativen in Deutschland seit 2020 so intensiv verbindet und ein Miteinander-Arbeiten ermöglicht bzw. Kooperationen mit USA, Frankreich u. a. auf den Weg gebracht hat.

- Zuversichtlich macht mich das hohe Engagement so zahlreicher junger Menschen in den vormalig erwähnten Initiativen und wie sie durch ihr Aufwachsen mit medialen Möglichkeiten jetzt in ihrem Engagement so viele Gruppierungen unserer Gesellschaft erreichen.
- Es bestärkt, dass mehr und mehr die Einsicht in der Politik und Gesellschaft wächst, dass SCHULE ein Lebensraum sein muss „ein Haus des Lernens, des Wir-Gefühls" – weil er immer mehr als Familienersatz dient …
- Dass die Bedeutung, frühkindlicher Bildung für Toleranz, Empathie, Respekt bewusstwird, von Soziologen, Politikern gefordert wird und Kinder als Entscheidungsträger der Zukunft ein Recht haben, interreligiöses – und – kulturelles Wissen vermittelt zu bekommen.
- Wenn also die Vielzahl der Eltern auch in die Pflicht genommen werden, dem Kind Werte und Regeln zu vermitteln, damit es dann in den Bildungseinrichtungen mit konstruktivem Willen zum Lernort beitragen kann.
- Dass also die Lehrerausbildung so aktualisiert werden **muss**, damit sie auch Vermittler und Manager dieser Kompetenzen sein können.

13 Ausblick – allgemein und persönlich

- Es lässt einen strahlen, auf jedem Widen the Circle-Forum, Zoom, Beitrag bestärkt zu werden, nicht zu verzagen und immer noch Pionierarbeit zu leisten, hartnäckig zu bleiben in der Forderung nach demokratischen Werten.
- Amtsträger und Verwaltungen zu finden, die das Werteprofil ihrer Gemeinde/Stadt/Einrichtung über das rein finanzielle stellen.
- Die das „jüdische Kulturerbe pflegen" auch konkret umsetzen und diese BürgerInnen würdigen durch Sichtbarmachen in Form von EhrenbürgerIn, Ehrenmedaillen und – plaketten, Straßennamen oder Namensgebung für Schulen, Kindergärten u. a. Bildungseinrichtungen. Indem nicht wieder begründet wird „das brauchen wir nicht" oder „im Ausland wohnend" oder „sie haben doch nicht wirklich Verdienste in ihrem Geburtsort erworben". Indem Leistung gewürdigt wird, nicht nach Zugehörigkeit zum Staat oder Heimat.
- Auch die sogenannte Nachbarschaft – gerade in kleinen Ortschaften ist gefragt, die „Fremden" einfach zu grüßen, zu lächeln, auch wenn die Antwort anders klingt.

An vielen Stellen dieses Buches kam ich auch auf die Idee, die Überschrift zu wählen:
„Es fehlte das Lächeln."
Es ist zu hoffen, dass dieses Buch inspiriert und ein Lächeln zaubert, und in einfacher Sprache die Potenziale Chancen der dieser für das Themenfeld zuträglichen und einzigartigen „Schnittstellenarbeit" aufzeigt,

- Biographie und Gesellschaft,
- Disziplinen unter sich,
- Vergangenheit, Jetzt-Zeit und Zukunft,
- Start für Weiterentwicklung.

Es zaubert einem ein Lächeln, wenn man sieht, da spielen Kinder einfach miteinander, auch unterschiedlicher Herkunft; da gehen Tausende für Demokratie auf die Straße; da gibt es Jugend- und auch Seniorenforen, da stehen Menschen nach interkultureller Woche beim ökumenischen Friedensgebet zusammen; da singt, trainiert, unterrichtet ein „MENSCH" aus Ghana, Peru oder sonst woher in Deutsch. Könnten wir selbst es auch in Russisch, Chinesisch, Hindi?
Shalom, auf das Leben!

Schlussworte

14

Inge Auerbacher, Roswitha Weber und
Bianca Christina Weber-Lewerenz

14.1 Schlusswort

Bianca Christina Weber-Lewerenz

Dieses Buch versteht sich als demokratischer Ort des sozialen und politischen Lernens. Ein besonderer Stellenwert kommt dabei der frühestmöglichen Bildung zu, die weder Belehrung noch allgemeine Vorgabe verfolgt und das allgemeine Engagement für demokratische Werte, Menschenrechte und gegen Fundamentalismus, und mehr Toleranz, Respekt und Miteinander fördert. In den in einer Grundschule angebotenen Lernräumen können Urteilsfähigkeit und Handlungskompetenzen frühestmöglich erfahren und entwickelt werden. Auf diese lässt sich im Geschichts-, Politik-, Ethik- und Religionsunterricht in den fortführenden Schulen wie z. B. Haupt-, Werkreal- und Realschule und Gymnasium aufbauen.

Das Programmangebot am Beispiel des Inge-Auerbacher-Tages und Projektes ist breit angelegte und umfasst sowohl soziale, gemeinschafts- und naturkundliche, wie auch gesellschaftliche, interkulturelle, sprachliche, geschichtliche, religiöse, sportliche, psychologische und pädagogische Themen. Bildung für nachhaltige

---

I. Auerbacher (✉)
New York, USA

R. Weber
Kenzingen, Deutschland

B. C. Weber-Lewerenz
Aichtal, Deutschland

© Der/die Autor(en), exklusiv lizenziert an Springer Fachmedien
Wiesbaden GmbH, ein Teil von Springer Nature 2025
I. Auerbacher et al. (Hrsg.), *Erinnerungen für HEUTE und MORGEN*,
https://doi.org/10.1007/978-3-658-48390-6_14

Entwicklung, Bildung zur Meinungsbildung, kritisches Hinterfragen und Globales Lernen sind wesentliche gesellschaftliche Aufgaben. Die Grundschule Kenzingen an der Kleinen Elz hält hier erstmals ein breites Angebot zur Information, Diskussion und zum aktiven Handeln vor und bindet SchülerIn, Familie und Großfamilie mit ein. Das auf das Grundschulalter zugeschnittene Projekt ist geprägt durch den offenen Gedankenaustausch, soziales Engagement, Empathie, Offenheit, Respekt und Toleranz, in sachlichen und kontroversen Diskussionen, zur gemeinsamen Erarbeitung von Kenntnissen und Hintergrundinformationen mit spannenden, kreativen Herangehensweisen, um gezielt Unwissen, Intoleranz und Hass zu begegnen. Denn Hass ist keine Meinung.

So bekräftigt die Schulleiterin Birgit Beck die längst überfällige Umsetzung der Leitperspektive „Demokratiebildung", die an sich bereits im Bildungsplan für die Grundschulen Baden-Württemberg verankert ist, deren tatsächliche Umsetzung jedoch im Hinblick auf die aktuelle Situation an den Schulen immer dringlicher wird. Die Gründe sind vielfältig:

- Große Herausforderungen: nicht nur Hoffnungen, sondern auch Ängste und Unsicherheiten der Schüler werden in die Klassenzimmer getragen (Spannungen auf der weltpolitischen Bühne, Krieg Ukraine, Bürgerkrieg Syrien), wirtschaftliche Unsicherheiten in den Familien
- Hoher Anteil von Migrationskindern- dort auch zum Teil Spannungen auch der Schüler untereinander
- Allgemeiner „Religionsverlust": nicht nur hohe Zahl an Kirchenaustritten, sondern im gleichen Maße Abmeldungen vom Religionsunterricht- wie sollen Kinder da noch etwas von den Weltreligionen, dem Thema Toleranz und Respekt erfahren-Verlagerung in andere Schulfächer (*Anmerkung: Inge's Buch in Deutsch ist ein Ansatz*)
- Enormer Einfluss durch die sozialen Medien: an was orientieren sich Kinder, welche Realitäten erleben sie?
- Steigende Anzahl von Kindern mit Aufmerksamkeitsstörungen: die Sonderpädagogische Bildungs- und Beratungszentren (SBBZ) laufen über Fazit: weniger Kinder als in den Jahren zuvor sind „in der Lage" komplexe Themen zu erfassen Dies einige Gedanken einer Schulleiterin, die seit 34 Jahren an der gleichen Schule unterrichtet und viele Generationen auch mit dem Thema „Inge" begleitet hat.

Ein derartiges Projekt fällt und steht mit seinen Mitgestaltern und Unterstützern.

In diesem Zusammenhang sei die wichtige Stütze des Schulsystems durch das ehrenamtliche Engagement von Eltern, Großeltern, KollegInnen, Schulleitung, fachübergreifenden Experten und Mitgestaltern und projektübergreifenden Netzwerken hervorgehoben. Mitgestalten, junge Menschen in ihrer Persönlichkeitsbildung mitbegleiten und damit ein Stück Bildung weit über den Unterricht hinaus sicherstellen, dies ist nur durch freien Willen, ein hohes Maß an Hingabe und einer gemeinsam verbindenden Wertevorstellung erst möglich. Das glückliche Zusammenwirken dieser Menschen und Faktoren ist Fundament dieses Projektes und seiner Nachhaltigkeit.

14.2 Schlusswort

Roswitha Weber

Dieses Schlusswort kann – als Zusammenfassung und Ausblick in die Zukunft – gar nicht kurz sein. Und das Thema muss immer wieder aktualisiert werden, damit es in der Gesellschaft konkret verankert wird und bleibt. Inges Lebensweg ist mit so viel Extremen gepflastert – behütete Kindheit in Kippenheim, Schock, Kristallnacht und Flucht nach Jebenhausen. Dort einerseits Kinderfreundschaften, jüdische Traditionen, Tod des Opas, Bewährung auf der täglichen Busfahrt in die weit entfernte Zwangsschule. Schock durch den Abtransport der Oma nach Riga bzw. in die Todeswälder, der eigene Transport mit den Eltern nach Theresienstadt. Ende der Kindheit, KZ-Schrecken und trotzdem der Lebenswille – und Kunst des Überlebens, Befreiung durch die Russen, Butterbrot und Krankheiten.

Gibt es nach einem KZ ein „Danach"? Sind irgendwo im Menschen dann noch heile Welt, Reste? Hoffnung Ja, ganz stark. Bis heute stehen sich Kindheit – die religiösen Regeln des Judentums, Vorlieben für Sauerbraten (und heute, nachdem sie sich in New York zuhause fühlt – auch Burger), schwäbisch-badisch reden – neben Hungern und schwer ertragbaren Bildern von schwarzen Männerstiefeln und Festungsmauern – gegenüber. Das Schweigen der Familien über alles KZ-Schreckliche, nebst Bücherschreiben, Vorträgen halten und internationale Friedensreisen gestalten, auch nach Kenzingen, Grundschule an der Kleinen Elz, Ankommen im Familienkreis Weber, das sind unglaubliche Gegensätze und Emotionen. Vor allem in Telefonaten ist zwischen all dem Aktuellen – Zeitgeschehen – Planungen – und großem persönlichen Vertrauen – diese Vergangenheit zu spüren durch plötzliche Erinnerungen!

Das ist das ganz Besondere, wenn man das Lebensgeschenk haben darf, eine Frau wie Inge so nah kennenlernen zu dürfen. Es zieht Kreise wie ein Stein, der ins Wasser fällt (dieses Bild liebten meine Schüler*Innen besonders, wenn wir uns fragten, was jeder tun kann, damit sich Friedensarbeit ausbreiten kann).

Die ganze Vielfalt ihrer Lebensstationen ist total abrufbereit vorhanden. Die größten Schrecken, die Schweigezeiten und das Verarbeiten durch Dokumentieren. Und wohl am wichtigsten – das Weitertragen der Folgerungen für ein friedvolles Miteinander der Menschen. Am wichtigsten, weil das für den Menschen Inge das tägliche Atmen ist, über die Vergangenheit hinaus, in die Zukunft zu leben!

Mögen die Menschen diese Aura spüren und annehmen, nur dann sind sie berührt und können selbst daraus handeln, konkret, spontan, den Alltag friedlich gestalten zu wollen, aus dem Innersten. Das gilt für uns alle oder „HeldInnen" des Alltags in unserer nächsten Umgebung oder Region.

An vielen Stellen dieses Buches wurden von verschiedenen VertreterInnen des Bildungsbereiches und der Politik „Schlüsse" gezogen oder vor allem dazu angeregt, seinen eigenen Schluss zu ziehen.

Die Seele der Vergangenheit – Katastrophen wie der Holocaust, Errungenschaften menschlicher Größe als Highlight müssen im Bewusstsein bleiben im Kulturraum der Konfessionen, Nationen. Allen wünsche ich die Zuversicht und Hoffnung, dass „die Welt" immer wieder Lösungen zum Guten finden möge. Uns allen Energie, Verantwortung – Kinderfragen Antwort zu geben. Wir sind oft die erste Anlaufstelle und als Zeitzeugen großer Veränderungen immer noch Pioniere und gefragt.

Biographie eines Traumes vom Frieden
Jetztzeit gestalten
Geschichte kennen
Zukunft formen
Alle

Inge wollte:
den Millionen achtlos Ermordeten, herzlos Gequälten, Verachteten, einfach eine Stimme geben, dem brutalen, tiefen Hass gegen jüdisches Kulturerbe und Willen zu dessen Vernichtung das friedliche Miteinander entgegensetzen, in Europa, in der ganzen Welt! Vielleicht geht dieses Buch „ans Herz", vielleicht setzt es Impulse dass ein neues Bewusstsein wachsen möge, mitten aus unserer Gesellschaft heraus. Die Säulen für den Erfolg der Vermittlung eines Bewusstseins und Handeln für Demokratie sind seit der Antike heftigsten Diskussionen ausgesetzt und das wird sich vermutlich auch nicht ändern. Eines ist eigene Erfahrung: Faktenwissen löst keine Probleme des Miteinanders und ist zu einseitig, zu wenig.

Humboldt sieht, dass Bildung durch Kommunikation geschieht, weil der Mensch wissensdurstig ist. Aber dieser Mensch muss sich ganzheitlich zur Persönlichkeit entwickeln, dann bereichert er die Gesellschaft.

Das Evaluationsergebnis „unsere Erinnerungsarbeit hat versagt" würde ich persönlich nicht gerne allzu lang betrachten. Sondern weitermachen, viele Menschen an vielen kleinen Orten, bewirken etwas, sagt uns das afrikanische Sprichwort.

In diesem Buch hoffe ich, in einfacher Sprache Impulse weitergegeben zu haben, den Blickwinkel geschärft, Mut gemacht und bitte den Dialog für die Zukunft angeregt und die Forschung verpflichtet haben, die vielen Puzzleteilchen immer wieder aktualisierend zusammen zu setzen. Und jedem Menschen an seinem Platz auf dieser Welt in die Verantwortung genommen zu haben, einen Anfang zu machen.

14.3 Schlusswort

Inge Auerbacher

> *„We are one! Shalom."*
> *„Wir sind eins! Shalom."*

Danksagung

15

Inge Auerbacher, Roswitha Weber und
Bianca Christina Weber-Lewerenz

Der Schlüssel liegt im WIR, deshalb gilt unsere Danksagung
- Inge! Wir danken Dir, dass Du bist wie Du bist und dass sich unsere Leben gekreuzt haben. Das ist ein Geschenk! Danke für die mehr als 40 Jahre Freundschaft, Zusammenarbeit und Vertrauen!

I. Auerbacher (✉)
New York, USA

R. Weber
Kenzingen, Deutschland

B. C. Weber-Lewerenz
Aichtal, Deutschland

- Ein unendliches Dankeschön an alle Kinder, die den Inge-Auerbacher-Tag immer mitgestaltet haben und es immer noch tun, und die Eltern und Großfamilien, die sich in diesem Projekt so wertvoll einbringen und die Schule zu einem Ort des Friedens, der Toleranz, des Miteinanders und des Respekts machen.
- Ein großes Dankeschön geht an die Macher hinter den Kulissen des Springer Verlages: Für ihre mit Herzblut gefüllte Unterstützung danken wir herzlichst Cheflektor Frank Schindler, Humanities & Social Sciences, Britta Laufer und Thomas Hortmann mit Projektteam. Unser herzlichstes Dankeschön geht an Frieder Kumm, Senior Editor i.R., Lektorat Bauwesen Springer Verlag, der bereits im August 2023 – im Rahmen seiner Kooperation zu Büchern mit Bianca Weber-Lewerenz – sofort die zündende, nun zum Erfolg führende Verbindung zur Abteilung „Humanities & Social Sciences" herstellte.
- Karen Jungblut, die Inge bei allen Besuchen und Reisen in Deutschland und damit in Verbindung stehende Reisen persönlich assistierte, organisierte und bis ins letzte Detail koordinierte, die Projekte initiierte und Netzwerke dafür begeisterte, die das dauerhafte und nachhaltig stets zugängliche Lebenswerk von Inge, in verschiedensten medialen Formen bewahren. Karen, you are a treasure!
- David Dodt, der Wolfgang Schäuble's Grußwort – im Memoriam – bis zur Fertigstellung tatkräftig begleitete
- Jan Fahlbusch, der die protokollarische Vorplanung von Inge's Holocaust-Gedenkrede vor dem Deutschen Bundestag und alle damit zusammenhängenden Begegnungen ein Jahr im Voraus, den Ablauf und die Umsetzung vor Ort detailliert, Hand in Hand mit allen Involvierten und unter Berücksichtigung aller Bedürfnisse und ständig neu hinzukommenden Programmpunkten und Spontaneinladungen sicherstellte.
- Allen Büro-Teams der Buchbeitragenden, die dem Austausch immer wohlwollend und mit Zeit zur Verfügung standen und zeitintensive Rücksprachen hielten.
- Unsere höchste Wertschätzung und Dankbarkeit geht an all die, die dieses Projekt durch ihr Zutun, ihr Erkennen in der Gemeinsamkeit und Synergien und dem steten gesellschaftlichen Vorantreiben des Themenfeldes in dieser Form haben entstehen lassen. Wir danken ganz besonders für die finanzielle Förderung des Projektes im Zeitraum 2025 und 2026 durch die Stiftung Erinnerung, Verantwortung und Zukunft (EVZ). 2. Genauso erfüllen uns die Förderungen des Projektes durch die Maximilian-Kolbe-Werk Stiftung, Freiburg, und die Landeszentrale für Politische Bildung Baden-Württemberg mit unschätzbar großer Freude.
- Allen Unterstützern, ideeller und finanzieller Förderer und Mitstreitern für dieses unsere gemeinsamen, gesellschaftlichen Anliegen danken wir recht herzlich.

15 Danksagung

- Danke, liebe Familien und Großfamilien, dass Ihr uns Herausgeberinnen die Zeit gelassen und somit größtmöglichen Freiraum zum Schreiben, Ausarbeiten, Archivieren, Suchen und Koordinieren an 7 Tagen die Woche geschenkt habt. Passion kennt keine Pause.
- Dank an alle, die dieses Buch als Inspiration und Orientierungsgeber in ihrem Schaffen und Tun betrachten
- Danke an alle, die Mensch sind
- Danke an alle, die stets ein offenes Ohr schenkten und konstruktive, wertvolle Empfehlungen gaben, damit dieses Buch entstehen konnte

Auf dem Weg zum Buch ... 16

Inge Auerbacher, Roswitha Weber und
Bianca Christina Weber-Lewerenz

Inmitten der hektischen Vorbereitungen von Roswitha zu Inge's Deutschlandbesuch mit ihrer Rede vor dem Deutschen Bundestag 2022, und mitten in den Drehtagen zu Roswitha's Profilfilm als Preisträgerin des Obermayer Awards, bestärkte Bianca zur Motivation zu diesem passionierten Buchprojekt.

Für Roswitha eine logische Schlussfolgerung ihres Grundschulprojektes und Anliegens, noch dazu für alle Folgegenerationen und das Bildungswesen und alle Interessierten zugänglich und damit ein nachhaltiges Nachschlagwerk.

Für Inge ein Lebenswerk, als Bianca in Aichtal am Dienstag, 10. Januar 2023 per Video mit Inge in New York telefonierte und ihr die Buchidee vorschlug, meinte sie: „*Let's go for it. Great idea, I am in!*" Mit Blick auf die Sichtung von Inge's Dokumenten, Zusammenstellung von Bild- und Fotomaterial bei ihr zuhause in New York, Jamaica, meinte Bianca zu Inge: „*Auf geht's. Du mußt Deine Arbeits- und Küchentische freiräumen. Wir machen zusammen eine Schwarzwälder Kirschtorte bei Dir! Danach legen wir mit dem Buch los!*"

I. Auerbacher (✉)
New York, USA

R. Weber
Kenzingen, Deutschland

B. C. Weber-Lewerenz
Aichtal, Deutschland

Und seit Weihnachten 2024 hat Inge die passende Formulierung zu uns drei Buchherausgeberinnen gefunden, nämlich *„die drei Zwillinge sind am Werk"*.

So sind wir seit 2023 auf dem Weg zum Buch aber schon weit davor am Gedanken ordnen und auf eine Vision hinarbeitend. Auf diesem Weg ...

… sind Enkel zur Welt gekommen

… wurden Ladenfenster von Grundschülern zum „Inge-Auerbacher-Tag-Projekt" gestaltet

16 Auf dem Weg zum Buch …

… wurden Nikolaushäuser gebaut

… wurden parallele Buchveröffentlichungen präsentiert

… durften Erfolge gefeiert werden

16 Auf dem Weg zum Buch …

… Interviews gegeben

… und Awards entgegengenommen

… stand das Telefon und Videotelefonie 24/7 nicht still

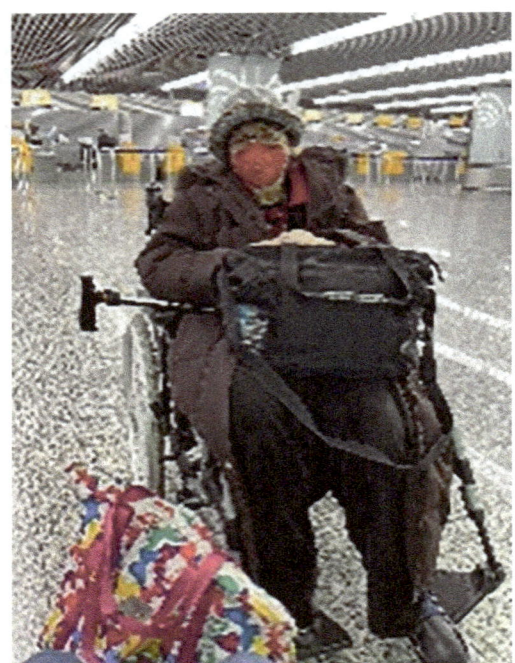

… und Inge reiste um den Globus

… … Ausstellungen wurden eröffnet

… Gedenkreden gehalten

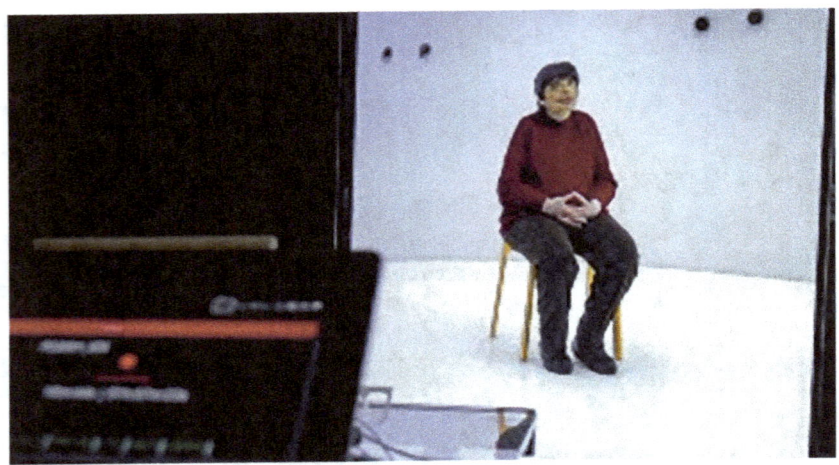

… im Babelsberger Studio volumetrische (3D) Zeitzeugnisse von Holocaustüberlebenden angefertigt

Es wurde geliebt, geschrieben, umformuliert, ein lieber Enkel Nino geboren und die Großfamilie erweitert, Spätzle und Sauerbraten gegessen, es wurden Menschen verabschiedet, auf ihrem letzten Weg begleitet, es wurde sich mit Wertschätzung begegnet, sich gegenseitig inspiriert und begeistert, Freundschaft zelebriert, angeregt, neue Perspektiven aufgezeigt, Wege ganz neu beschritten, Schreibtische gekauft, Ordner intensiv bearbeitet, Tesafilm und Stifte leergemacht, Ordner nachgekauft, der Locher ständig neu befüllt, Literatur und Quellen gesammelt, Bildmaterial archiviert.

Zu jeder Zeit wurde ein intensiver Austausch und das sich gegenseitige Bestärken im Multiplikatoren-Netzwerk gepflegt. Wo es menschelt, wo gemeinsam eine Vision beackert und möglich gemacht wird, dort kann man die Welt mitgestalten.

Während dieses Buch entstand,

- wird durch neue Forschungsergebnisse belegt, dass die Weltbevölkerung verwandt miteinander ist.
- mahnen Zeitzeugen – und Kinder stellen Fragen.
- dauert der Ukraine-Krieg weiter an.
- wählt Deutschland mit einer über 80 % igen Wahlbeteiligung eine neue Regierung und dabei ist das Stimmergebnis der rechten Partei so hoch wie nie zuvor.

- komponiert und konzertiert der Klavierkünstler Miraslav Rac für Ausschwitz-Birkenau.
- feiert 2025 Widen the Circle/US – Obermayer Foundation ihr 25-jähriges Jubiläum.
- wird erkannt, dass KI „menschengeführt" bleiben muss.
- wird eine Cousine Inges in Philadelphia entdeckt.
- gehen Tausende und Hunderttausende in deutschen Städten endlich gegen Rechtsextremismus, Hass, Antisemitismus und jegliche Ausgrenzung zu Demonstrationen in deutschen Städten.
- werden durch Wahlen wichtige Fragen der Geisteswissenschaften nach der Bedeutung von Frieden, Klima, Armut u. a. in den Hintergrund geschoben „zu Gunsten von Ökonomie und Technik". Dabei können sie wieder Attraktivität gewinnen, wenn sie sich der Aufgabe stellen „der Vieldeutigkeit der Veränderungen Raum zu geben, Rollen und Verantwortung zu benennen". (*Michael Hüther, Direktor Institut der deutschen Wirtschaft/Köln – FAZ, 19.02.2025, Plötzlich vermeidbar?*)

Glossar

AfD Die Alternative für Deutschland (Kurz: AfD) ist eine rechtspopulistische und rechtsextreme politische Partei in Deutschland, gegründet in 2013. Nach Einschätzung des Soziologen Wilhelm Heitmeyer wendet sich die AfD „gegen die offene Gesellschaft und die liberale Demokratie". Basierend auf einer gruppenbezogenen Menschenfeindlichkeit werde Diskriminierung und Gewalt etwa gegen Einwanderer als Notwehr ausgegeben. Die Partei unterhält Verbindungen zur extremen Rechten. 2024 stufte das Bundesamt für Verfassungsschutz zahlreiche Personen als Rechtsextremisten ein. Am 13. November 2024 brachten 113 Abgeordnete mehrerer Fraktionen einen Antrag auf Entscheidung des Deutschen Bundestages über die Einleitung eines Verbotsverfahrens gegen die AfD bei Bundestagspräsidentin Bärbel Bas ein.

AI „Artificial Intelligence" (engl.). Siehe „Künstliche Intelligenz (KI)".

Antisemitismus Nach der Definition der International Holocaust Remembrance Alliance ist Antisemitismus „eine bestimmte Wahrnehmung von Juden (…)". Das ist schon der Kern, auf den es ankommt: Eine, ganz bestimmte Sicht dominiert, anstatt die jeweilige Person in ihrer Unterschiedlichkeit und Individualität wahrzunehmen. Wer sich über jüdische Menschen eine Meinung bildet, die von ihrem Judentum abgeleitet wird, anstatt von ihrem konkreten persönlichen Verhalten, handelt antisemitisch. Juden und Jüdinnen haben außer ihrem Jüdischsein erst einmal nichts gemeinsam – sie sind genauso unterschiedlich wie Angehörige anderer Religionen und Kulturen. Auf dieses Verhältnis zwischen Individuum und Gruppe kommt es an: Antisemitismus fängt da an, wo aus der Gruppenzugehörigkeit Eigenschaften Einzelner abgeleitet werden und umgekehrt. Wenn Juden als Gruppe Eigenschaften zugeschrieben werden, die über ihr faktisches Jüdischsein hinausgehen, ist das antisemitisch. Das gilt auch für positive Attribute, wenn etwa behauptet wird, Juden seien besonders klug, oder für das jahrhundertealte Klischee der „schönen Jüdin". Solche philosemitisch genannten Verallgemeinerungen sind ebenfalls eine Form von Antisemitismus. Antisemitismus ist eine bestimmte Wahrnehmung von Juden, die sich als Hass gegenüber Juden ausdrücken kann. Der Antisemitismus richtet sich in Wort oder Tat gegen jüdische oder nichtjüdische Einzelpersonen und/oder deren Eigentum sowie gegen jüdische Gemeindeinstitutionen oder religiöse Einrichtungen. Der Begriff legt nahe, dass er bedeutet, gegen Juden zu sein: Judenfeindschaft, Judenhass. Dabei hat Antisemitismus mit realen jüdischen Menschen nichts zu tun, er entsteht unabhängig von ihrem tatsächlichen Verhalten.

Augmented Reality „AR" (engl.). Die erweiterte Realität die computergestützte Erweiterung der Realitätswahrnehmung. Diese Information kann alle menschlichen Sinnesmodalitätenansprechen.

Ausländer Als Ausländer werden natürliche Personen, juristische Personen, Personengesellschaften oder auch sonstige Wirtschaftseinheiten bezeichnet, die nach bestimmten, kontextbezogenen, Kriterien einem bestimmten Staat oder Territorium nicht zugehörig sind. Eine Person, welche ausschließlich über eine ausländische Staatsangehörigkeit verfügt.

Award Ein von einer Jury vergebener Preis, eine Auszeichnung für ein besonderes Engagement (engl. „Awardence": verleihen oder schenken, wenn es verdient ist)

Bar Mizwa „Sohn der Pflicht". Mit 13 Jahren ist ein Junge religionsmündig und für sein Tun selbstverantwortlich.

Bat Mizwa „Tochter der Pflicht". Mit 13 Jahren ist ein Mädchen religionsmündig.

Chanukka Einweihung. Das Chanukkafest ist ein Fest zur Erinnerung der Wiedereinweihung des Tempels durch den Makkabäer Juda, achttägiges Lichterfest.

Chat GPT „Chatbot Generative Pre-trained Transformer" (engl.). Ein Chatbot, der künstliche Intelligenz einsetzt, um mit Nutzern über textbasierte Nachrichten und Bilder zu kommunizieren und um menschliche Sprache zu verstehen und so eine der menschlichen Sprache ähnelnde Antwort zu erzeugen. ChatGPT ist der Prototyp eines dialogbasierten Chatbots. Dieser wurde 2022 von OpenAI entwickelt. Vgl. auch „GPT".

Christentum Das Christentum ist eine der fünf großen Weltreligionen. Die anderen vier sind Judentum, Islam, Buddhismus und Hinduismus. Es ist aus dem Judentum hervorgegangen. Wesentlich im Christentum ist der Glaube an einen Gott, das Bekenntnis zu Jesus Christus, die Gemeinschaft der Gläubigen in der Kirche und der Glaube an das ewige Leben. Dazu gibt es Vorschriften, nämlich die Zehn Gebote, die man im Leben befolgen soll. Über zwei Milliarden Menschen bekennen sich heute weltweit zum Christentum. Christliche Kirchen seht ihr in fast allen Städten und Dörfern Europas und Amerikas.

Christ sein Christsein heißt, Jesus Christus mit ganzem Herzen zu vertrauen. Eine zentrale Erkenntnis dafür ist: Jesus ist gestorben, weil wir als Menschen immer wieder an Gott schuldig werden. Christ zu sein bedeutet mehr als sich mit einer bestimmten Religion zu identifizieren oder ein bestimmtes Wertesystem zu bejahen. Christ zu sein bedeutet, dass man sich das zu eigen gemacht hat, was die Bibel über Gott, den Menschen und die Erlösung sagt.

Churban „Churban" ist ein hebräisches Wort, das auch im Jiddischen verwendet wird („churbm"). Es bedeutet etwa „Verwüstung" oder „Vernichtung" und bezeichnet große historische, von Menschen gemachte Katastrophen. Bereits während des Zweiten Weltkriegs sprach man in der jiddischen Presse von einem „Churbm Poyln" – der völligen Vernichtung der großen jüdischen Gemeinschaft in Polen. Mit dem Begriff wird betont, dass sich die Verfolgung von Jüdinnen und Juden in der Geschichte wiederholt. Insofern erhält der Begriff Holocaust/Shoah damit eine theologische Komponente und wird in die Reihe anderer existenzieller Bedrohungen für das jüdische Volk im Laufe der Geschichte eingereiht.

CSR Corporate Social Responsibility „CSR" (engl.) Vgl. Gesellschaftliche Verantwortung

Curricula/Curriculum Der Begriff *Curriculum* (im Plural: „*Curricula*") stammt vom lateinischen Wort „currere" ab, das „Laufen", „Laufweg" oder „Laufkurs" bedeutet. Curriculum bezeichnet also einen Kurs, der absolviert werden muss, um ein bestimmtes Ziel zu erreichen. Das Curriculum ist ein auf einer Theorie des Lehrens und Lernens (Didaktik) aufbauender Lehrplan. Der Lehrplan ist eine auf Standards basierende Abfolge geplanter Erfahrungen, in denen die Schüler Inhalte und angewandte Lernfähigkeiten üben und sich diese aneignen. Der Lehrplan ist der zentrale Leitfaden für alle Pädagogen, der festlegt, was für das Lehren und Lernen wichtig ist, damit jeder Schüler Zugang zu anspruchsvollen akademischen Erfahrungen hat. Schulen und Lehrer entwickeln ihre Curricula, um diese Standards zu erfüllen. Im *Kerncurriculum* steht, welche Kompetenzen von den Schülern zu erwarten sind, welche nicht nur fachspezifischer, sondern auch prozessbezogener Natur sein sollten. Besonders personale und soziale Kompetenzen werden explizit erwähnt.

Deep Learning „DL" (engl.). Tiefgehendes Lernen, eine Klasse von Optimierungsmethoden künstlicher neuronaler Netze, die zahlreiche Zwischenlagen (engl. hidden layers) zwischen Ein- und Ausgabeschicht haben und dadurch eine umfangreiche innere Struktur aufweisen. In Erweiterung der Lernalgorithmen für Netzstrukturen mit sehr wenigen oder keinen Zwischenlagen ermöglichen die Methoden des DL auch bei zahlreichen Zwischenlagen einen stabilen Lernerfolg.

Demokratie Demokratie ist ein Begriff für Formen der Herrschaftsorganisation auf der Grundlage der Partizipation bzw. Teilhabe aller an der politischen Willensbildung. Es handelt sich um einen zentralen Begriff der Politikwissenschaft, der ursprünglich aus der Staatsformenlehre stammt und in der Demokratietheorie erörtert wird. Demokratie ist ein politisches Prinzip, nach dem das Volk durch freie Wahlen an der Machtausübung im Staat teilhat. Zu den Prinzipien der Demokratie gehört die freie Meinungsäußerung. Nach Artikel 20 des Grundgesetzes ist die Bundesrepublik eine Demokratie. In dieser Staatsform übt das Volk die Herrschaftsgewalt aus. Demokratien zeichnen sich unter anderem durch Achtung der Menschenrechte, Gewaltenteilung, Verantwortlichkeit der Regierung, Unabhängigkeit der Gerichte, Gesetzmäßigkeit der Verwaltung, ein Mehrparteiensystem sowie freie, gleiche und geheime Wahlen aus. Die Bundesrepublik ist eine repräsentative Demokratie, in der das Volk durch gewählte Volksvertreter „herrscht". Diese Volksvertreter bilden den Bundestag, der das einzige unmittelbar demokratisch gewählte Verfassungsorgan ist.

Digitale Technologien Sie beschreiben Technologien, die auf (Computer-)Hardware, Software und Vernetzung beruhen, und heben sich von klassischen Technologien durch ihre Flexibilität und hohe Verfügbarkeit ab.

Digitaler Zwilling „Digital Twin (DT)" (engl.). Ein digitaler Zwilling ist eine digitale Repräsentanz eines materiellen oder immateriellen Objekts aus der realen Welt in der digitalen Welt. Digitale Zwillinge ermöglichen einen übergreifenden Datenaustausch. Sie sind mehr als reine Daten und bestehen aus Modellen des repräsentierten Objekts oder Prozesses und können daneben Simulationen, Algorithmen und Services enthalten, die Eigenschaften oder Verhalten des repräsentierten Objekts oder Prozesses beschreiben, beeinflussen, oder Dienste darüber anbieten.

Digitalisierung Für den Begriff gibt es keine eindeutige Definition. Digitalisierung bezeichnet im ursprünglichen Sinn das Umwandeln von analogen Werten in digitale Formate. Diese Daten lassen sich informationstechnisch verarbeiten. Eine weitere Bedeutung von Digitalisierung ist die digitale Revolution, auch als digitaler Wandel oder digitale Transformation bezeichnet.

Empathie Bereitschaft und Fähigkeit, sich in die Einstellungen anderer Menschen einzufühlen.

EhrenbürgerIn TrägerIn eines von einer Stadt oder Hochschule für besondere Verdienste verliehenen Ehrentitels.

Erinnerungsarbeit Erinnerungsarbeit ist ein Prozess der Auseinandersetzung mit der Vergangenheit, der sowohl eine ethische als auch eine historische Dimension hat. Unter Erinnerungspflege oder Erinnerungsarbeit versteht man eine angeleitete Verarbeitung von Lebenserinnerungen- und Erfahrungen. Durch sie wird eine Verbindung von Vergangenheit, Gegenwart und Zukunft geschaffen. Sie ist generell für alle Altersgruppen geeignet. Ohne Erinnerung gäbe es keine Zivilisation, keine Gesellschaft, keine Zukunft. Ob als Individuum oder Gesellschaft: Erinnern ist entscheidend für unsere Identität und schafft ein Gefühl der sozialen Zugehörigkeit. Im Idealfall folgt die Erinnerungsarbeit vielfältigen Zielen: sie erlaubt die Übertragung und Aneignung der Geschichte durch die perspektive einer staatsbürgerlichen Bildung. das Entgegenbringen von Respektbezeugungen gegenüber Personen, denen das Gedenken gilt, die geehrt werden.

Erinnerungskultur Unter Erinnerungskultur wird das gemeinschaftliche Wissen einer Gesellschaft über ihre Vergangenheit beschrieben. Heißt also, dass wir uns an die Geschichte unseres Landes erinnern und daraus für unsere Zukunft lernen. Sich erinnern und an etwas gedenken bietet die Chance, an Ereignisse und Persönlichkeiten zu erinnern, die für eine auf Menschenrechte und Frieden verpflichtete Gesellschaft besonders wichtig sind und Orientierung geben können.

ESG Environmental, Social and Corporate Governance (kurz „ESG"; englisch für: Umwelt, Soziales und Unternehmensführung) sind Kriterien und Rahmenbedingungen der Vereinten Nationen (UN) und Finanzinstituten für die Berücksichtigung von Umwelt-, Nachhaltigkeits- und Sozialfragen innerhalb von Unternehmensführungen, öffentlichen Körperschaften, Regierungen und Behörden. Neben den Interessen und Bedürfnissen der Unternehmen weltweit sollen laut ESG-Kriterien auch die Bedürfnisse aller Stakeholder (engl. für Interessengruppen) wie Mitarbeiter, Kunden, Lieferanten, Finanzinstitute, NGOs, Sozial- und Umweltvertreter zukünftig berücksichtigt werden. Die ESG-Kriterien sind so konzipiert, dass sie zukünftig in die Strategie aller Unternehmen weltweit eingebettet werden sollen. Die weltweite wirtschaftliche Wertschöpfung soll also zukünftig unter allen Stakeholdern umverteilt werden. ESG umfasst drei Schlüsselbereiche, die bei der Analyse der Nachhaltigkeitsleistung eines Unternehmens bewertet werden:

1. Umwelt (Environment): Dieser Aspekt bezieht sich auf die Auswirkungen eines Unternehmens auf die Umwelt, einschließlich Themen wie Klimawandel, Energieeffizienz, Ressourcenverbrauch, Abfallmanagement und Umweltverschmutzung. Unternehmen, die sich auf umweltfreundliche Praktiken konzentrieren und ihre ökologischen Auswirkungen minimieren, werden positiv im ESG-Rating bewertet.

2. Soziales (Social): Der soziale Aspekt von ESG betrifft die Beziehungen eines Unternehmens zu seinen Mitarbeitern, Kunden, Lieferanten, Gemeinschaften und anderen relevanten Stakeholdern. Dazu gehören Themen wie Arbeitsbedingungen, Menschenrechte, Vielfalt und Inklusion, Gesundheit und Sicherheit am Arbeitsplatz sowie das Engagement in der Gemeinschaft. Unter-

nehmen, die sozial verantwortlich handeln und sich um das Wohlergehen ihrer Stakeholder kümmern, erhalten positive Bewertungen.

3. Governance: Governance bezieht sich auf die Art und Weise, wie ein Unternehmen geführt und kontrolliert wird. Dies umfasst die Unternehmensführung, ethische Grundsätze, Integrität, Transparenz, Vorstandszusammensetzung, unabhängige Prüfung und die Einhaltung von Vorschriften. Unternehmen mit guter Governance-Struktur und -Praxis werden als vertrauenswürdig angesehen und erzielen eine höhere ESG-Bewertung.

Ethik Die Ethik befasst sich mit den Voraussetzungen und der Bewertung menschlichen Handelns und ist das methodische Nachdenken über die Moral. Im Zentrum der Ethik steht das spezifisch moralische Handeln, insbesondere hinsichtlich seiner Begründbarkeit und Reflexion (Ethik beschreibt und beurteilt Moral kritisch). Bei der Ethik stehen die drei Fragen nach dem höchsten Gut, dem richtigen Handeln in bestimmten Situationen und der Freiheit des Willens im Zentrum.

Evangelisch „Evangelisch" kommt vom Evangelium, der Bezeichnung für die Frohe Botschaft. Alles, was evangelisch ist, hat einen Bezug zum Evangelium. Das Evangelium bezeichnet sehr verkürzt die Geschichte von Jesus Christus, wie sie sich in der Bibel wiederfindet. Die katholische Kirche (katholisch = allumfassend) versteht sich als alleinige wahre Kirche – weltumspannend, unter der Führung des Papstes. Die aus der Reformation hervorgegangenen Kirchen hingegen (evangelisch = dem Evangelium entsprechend) betrachten sich trotz ihrer Verschiedenheit alle als gleichwertig.

Flüchtling Person, die aus der begründeten Furcht vor Verfolgung wegen ihrer Rasse, Religion, Nationalität, Zugehörigkeit zu einer bestimmten sozialen Gruppe oder wegen ihrer politischen Überzeugung sich außerhalb des Landes befindet, dessen Staatsangehörigkeit sie besitzt, und den Schutz dieses Landes nicht in Anspruch nehmen kann oder wegen dieser Befürchtungen nicht in Anspruch nehmen will.

FuE „Forschung und Entwicklung", auch als „F&E" bezeichnet. Im Englischen als Research and Development „R&D" benannt.

Gaza Gaza, auch Gasa, im Gouvernement Gaza ist die größte Stadt im Gazastreifen, der seit 1994 de jure unter Verwaltung des Staates Palästina bzw. der Palästinensischen Autonomiebehörde steht; die Stadt stand de facto von Juni 2007 bis Anfang 2024 unter der Verwaltung der Organisation Hamas.

Genozid Der Begriff bezeichnet den Völkermord an den europäischen Jüdinnen und Juden während des Nationalsozialismus.

Gerechtigkeit Gerechtigkeit regelt die Beziehungen von Menschen zu anderen Menschen. Sie enthält immer ein Moment von Gleichheit in dem Sinne, dass jedem Menschen „sein Recht" (ius suum) zusteht. Zentrale Frage ist, wie dieses Recht bestimmt wird. Das „Gerechtsein" ist ein Prinzip eines staatlichen oder gesellschaftlichen Verhaltens, das jedem gleichermaßen sein Recht gewährt.

Gesellschaftliche Verantwortung von Unternehmen ist ein Konzept, bei dem Unternehmen ihre große soziale Rolle anerkennen und über die gesetzlichen Anforderungen hinaus einen Beitrag zu einer nachhaltigen Entwicklung leisten. Corporate Social Responsibility, kurz: „CSR" (engl.)

Ghetto Der Begriff „ghetto" bezeichnet eine Gasse, ein ärmlicher Wohnbezirk; er bezeichnet ein in sich geschlossenes jüdisches Wohnviertel, zuerst für Venedig belegt (1531), wo 1516 ein Ghetto gegründet worden war. Als Minderheit zogen es Juden schon in der Antike (Rom, Alexandria) und im frühen MA vor, in Straßen oder in Stadtvierteln zusammenzuleben. Im Nationalsozialismus handelte es sich um abgeschlossene Stadtviertel, in dem die jüdische Bevölkerung abgetrennt von der übrigen Bevölkerung leben musste.

GPT „Generative Pre-Trained Transformer" (engl.). Ein von OpenAI erstelltes multimodales, großes, KI-basiertes Sprachmodell. Vgl. „Chat GPT".

Hass Feindselige Abneigung, starkes Gefühl der Ablehnung und Feindschaft. Während Hass die Vernichtung des Anderen verlangt, hat Wut ihr Ziel im Prinzip erreicht, sobald sie den Gegner vertrieben oder in seine Schranken verwiesen hat. Während Wut im Affekt gelegentlich Totschlag begeht, begeht Hass systematische Morde. Hass ist ein komplexes Gefühl, das aus Antipathie, Ärger und Abwertung besteht. Hass entsteht dort, wo wir unseren Ärger nicht kanalisieren können und uns daher ohnmächtig fühlen, uns nicht wehren können. Hass ist etwas Statisches. Hass und Liebe sind extrem intensive Gefühle.

Hawdala (Hebräisch „Unterscheidung") Segensspruch und Abschlußzeremonie zu Hause und in der Synagoge am Sabbatausgang (Weinsegen, Gewürzsegen, Lichtsegen).

HI Humane (= menschliche) Intelligenz

Holocaust Der Holocaust (engl.), auch als Schoa, Shoah oder Shoa für „die Katastrophe", „das große Unglück/Unheil" bezeichnet, war der staatlich organisierte, nationalsozialistische Völkermord an 5,6 bis 6,3 Mio. europäischen Juden während des Zweiten Weltkriegs, rund zwei Drittel aller damals lebenden europäischen Juden. Der Begriff ist seit den 1970er-Jahren international gebräuchlich. Das Wort kommt aus dem Griechischen und heißt „Brandopfer" oder „vollständig verbrannt". Der Begriff „Holocaust" wird von Jüdinnen und Juden teilweise abgelehnt. Sie empfinden die Bezeichnung „Holocaust" als problematisch, weil das Wort in seiner biblischen Bedeutung eine religiöse, kultische Handlung meint. Der Holocaust im Nationalsozialismus war jedoch ein systematischer Massenmord.

Von vielen Jüdinnen und Juden wird deshalb das Wort „Shoah" (sprich: Scho'ah) verwendet.

Im Rahmen des Internationalen Tag des Gedenkens an die Opfer des Holocaust findet in Deutschland jedes Jahr am 27. Januar der „Tag des Gedenkens an die Opfer des Nationalsozialismus" statt. Dieser wurde 1996 vom damaligen

Bundespräsidenten Prof. Dr. Roman Herzog eingeführt. Seither findet jährlich am oder um den 27. Januar eine Gedenkstunde im Bundestag statt. Der Tag nimmt historischen Bezug zum 27. Januar 1945 an dem das Vernichtungslager Auschwitz von sowjetischen Soldaten befreit wurde. Am 27. Januar 2022 war Inge Auerbacher Gastrednerin.

Inge-Auerbacher-Tag Ein kind- und altersgerechtes Gemeinschaftsprojekt, gegründet von Roswitha Weber an der Grundschule an der Kleinen Elz Kenzingen zusammen mit der Zeitzeugin und Holocaust-Überlebenden Inge Auerbacher. Sie ist die Namensgeberin. Der Tag und die Feierlichkeit selbst, die schulische Vor- und Nachbearbeitung sind Teil der Erinnerungsarbeit und Erinnerungskultur. Der Inge-Auerbacher-Tag findet immer am 9. Mai, dem Befreiungstag von Theresienstadt statt. Das Schulprojekt bietet den SchülerInnen die Möglichkeit einer authentischen, persönlichen Begegnung mit Zeitzeugen und lässt sie auf deren Spurensuche gehen. Nachdem im Bildungsplan dem Thema „Friedens- und Toleranzerziehung" im Fach Religion und Deutsch viel Platz eingeräumt wird, gibt diese Grundschule diesem Auftrag Zeit und Raum. Im ev./kath. Religionsunterricht der 4. Klassen wird zeitgleich das Thema „Die großen Weltreligionen" (Christentum, Judentum, Islam) behandelt. In den meisten 4. Klassen wird außerdem die Lektüre „Ich bin ein Stern" von Inge Auerbacher behandelt. Dabei sind unsere Ziele: 1.) verständliche Informationen, 2.) Förderung eines altersgemäßen Geschichtsverständnisses, 3.) Bruchstückwissen in Zusammenhänge bringen, 4.) Ängste aufarbeiten, sowie 5.) das Gefühl für Gerechtigkeit und die menschliche Würde zu unterstützen.

Inklusion „Inclusion" (engl.). Inklusion bedeutet Einbeziehung und, dass Menschen mit Behinderung ihr Leben nicht mehr an vorhandene Strukturen anpassen müssen. Vielmehr ist die Gesellschaft aufgerufen, Strukturen zu schaffen, die es jedem Menschen – auch den Menschen mit Behinderung – ermöglichen, von Anfang an ein wertvoller Teil der Gesellschaft zu sein. Gelebte Inklusion bedeutet, das Umfeld so zu gestalten, dass alle teilhaben können. Übertragen auf den Unternehmenskontext bedeutet das: Wahrscheinlich gibt es in einem Team mindestens eine Person, die sich selbst zurücknimmt.

Interdisziplinäre Zusammenarbeit Eine fachliche, soziale Zusammenarbeit über Fachgrenzen hinweg, mit dem Ziel Wissen auszutauschen, neues Wissen zu gewinnen, Ansätze und Denkweisen weiterzuentwickeln. Jede Fachrichtung kann davon profitieren, einen hohen Mehr-Wert schaffen und Wert schöpfen.

Israel Der Name Israel geht auf den hebräischen Namen יִשְׂרָאֵל jiśrā'ēl zurück. Israel ist ein Staat in Vorderasien. Israel bezeichnet das Volk der Juden im Alten Testament
„das Volk Israel". Israel (auch Israël) ist ein Familienname und ein beliebter männlicher Vorname.

Jude, Jüdin Angehörige/r eines semitischen Volkes, das seine historisch-religiöse Grundlage in den Schriften des Alten Testaments und der rabbinischen Tradition hat. Laut Halacha, den jüdischen Religionsvorschriften, gilt eine Person als jüdisch, wenn sie eine jüdische Mutter hat, unabhängig davon, ob oder wie sehr sie die jüdischen Glaubensvorschriften befolgt oder nicht. Dabei ist Bedingung, dass die Mutter bei der Empfängnis Jüdin nach der Halacha war.

Judentum Mit „Judentum" sind sowohl die Religion gemeint als auch alle Menschen, die zum jüdischen Volk gehören. Der Begriff „jüdisch" steht also für viele unterschiedliche Dinge: für die Religion der Juden, für eine besondere Tradition, für eine bestimmte Lebensweise, für eine eigene Kultur und eine gemeinsame Geschichte.

Katholisch Der Begriff „katholisch" stammt aus dem Griechischen und bedeutet: allumfassend, total, universell. Das Wort katholisch (griech. Allumfassend) bedeutet, dass die Kirche von Jesus Christus zu allen Menschen gesandt wurde. Die katholische Kirche (katholisch = allumfassend) versteht sich als alleinige wahre Kirche – weltumspannend, unter der Führung des Papstes. Die aus der Reformation hervorgegangenen Kirchen hingegen (evangelisch = dem Evangelium entsprechend) betrachten sich trotz ihrer Verschiedenheit alle als gleichwertig.

KI „Künstliche Intelligenz", mit „KI" abgekürzt, ist der Überbegriff für Anwendungen, bei denen Maschinen menschenähnliche Intelligenz wie Lernen, Urteilen und Problemlösen bereitstellen. Die Entwicklung, Anwendung und Pflege solcher datengetriebenen Technologien erfordert Orientierung, um die damit verbundenen digitalen Verantwortlichkeiten erfüllen zu können. Unter KI wird die Fähigkeit von Maschinen verstanden, menschliche Intelligenz nachzubilden und eigenständig dazuzulernen, ohne dabei auf Anweisungen eines menschlichen Entwicklers angewiesen zu sein. Hierzu wertet eine Software durch maschinelles Lernen große Datenmengen nach Übereinstimmungen aus und zieht daraus Schlussfolgerungen.

Ethische Grundsätze geben sowohl dem Entwickler von KI-Methoden Orientierung, als auch in der praktischen Anwendung in Unternehmen, mit dem Ziel, den Menschen sinnvoll zu unterstützen, menschliche Arbeit noch sicherer und effizienter zu gestalten und komplexe Daten übersichtlich und transparent durchstrukturiert für den Menschen aufzubereiten.

Das Thema KI ist ein zentraler Bestandteil der Digitalisierung und berührt eine Vielzahl von gesellschaftlichen, politischen und sozialen Aspekten. Die Brandbreite reicht dabei von intelligenten Robotern bis hin zu lernfähigen Geräten und Produkten. Vgl. „Digitalisierung". Vgl. „Artificial Intelligence (AI)".

Kippa kleines rundes Käppchen für Männer und Jungen.

KriegsenkelIn KriegsenkelInnen sind Kinder von Kriegskindern des Zweiten Weltkriegs. Der Begriff entstammt der populärwissenschaftlichen Literatur und beschreibt Personen, die durch während der NS-, Kriegs- und frühen Nachkriegszeit von ihren Eltern erlittene, unverarbeitete psychische Traumata indirekt traumatisiert wurden. Als Kriegsenkel werden all diejenigen beschrieben, deren Eltern noch zu Kriegszeiten geboren wurden. Das sind zum größten Teil in den 1960er- und 1970er-Jahren Geborene. Das können aber auch Menschen sein, die in den 1950er- oder 1980er-Jahren zur Welt kamen, solange die Eltern zu den Jahrgängen bis 1945 gehören.

KZ Konzentrationslager (oft abgekürzt als: KZ, Lager)

Metaverse „Metaverse" (engl.). Das Metaversum ist ein Konzept, bei dem ein digitaler Raum durch das Zusammenwirken virtueller, erweiterter und physischer Realität entsteht. Hauptaspekt ist es dabei, die verschiedenen Handlungsräume des Internets zu einer Wirklichkeit zu vereinigen.

Migranten Personen, die von einem Wohnsitz/Land zu anderen Wohnsitzen/Ländern wandern.

MINT „Mathematik, Ingenieurs- und Naturwissenschaften, Technik". Sogenannte MINT-Fächer (engl. STEMs).

ML „Machine Learning" (engl.).

Moodle Ein freies Kursmanagementsystem und eine Lernplattform. Die Software bietet die Möglichkeiten zur Unterstützung kooperativer Lehr- und Lernmethoden.

Moral Der Begriff steht für die in einer Gesellschaft gültigen Normen und Werte, Regeln und Gebote. Moral steht für die Gesamtheit von ethisch-sittlichen Normen, Grundsätzen, Werten, die das zwischenmenschliche Verhalten einer Gesellschaft regulieren, die von ihr als verbindlich akzeptiert werden.

Normativ Normative Führung, normatives Handeln wird bestimmt durch die Identität eines Menschen in Werten, Zielen, Verhaltensweisen und fasst diese Elemente in einer Mission zusammen. Sie sichert die Lebens- und Entwicklungsfähigkeit. Normatives Handeln ist dem strategischen Handeln übergeordnet.

Nachhaltigkeitsziele 17 politische Zielsetzungen für nachhaltige Entwicklung der Vereinten Nationen (UN), welche weltweit der Sicherung einer nachhaltigen Entwicklung auf ökonomischer, sozialer sowie ökologischer Ebene dienen sollen (engl. Sustainable Development Goals, SDG's of the United Nations). Sie wurden in Anlehnung an den Entwicklungsprozess der Millenniums-Entwicklungsziele (MDGs) entworfen und traten am 1. Januar 2016 mit einer Laufzeit von 15 Jahren (bis 2030) in Kraft. Im Unterschied zu den MDGs, die insbesondere Entwicklungsländern galten, gelten die SDGs für alle Staaten.

Zu den Zielen gehören: Gesundheit, Energie/Klima/Wasser, Bildung, Armut, Ernährung, Wirtschaftliches Wachstum, Technologie, Ungleichheit, Gleichstellung der Geschlechter, Hunger, Gerechtigkeit, Regierungsführung, Menschenwürdige Arbeit, Frieden, Saubere Energie, Landökosysteme, Ozeane/Meere/Meeresressource, Soziale Inklusion.

Der offizielle deutsche Titel lautet Transformation unserer Welt: Die Agenda 2030 für nachhaltige Entwicklung (kurz: Agenda 2030); synonym wird Globale Nachhaltigkeitsagenda, Post-2015-Entwicklungsagenda, Globale Ziele der UN und Weltzukunftsvertrag verwendet.

Basis für die Umsetzung der SDGs in Deutschland ist die im Januar 2017 von der Bundesregierung verabschiedete Deutsche Nachhaltigkeitsstrategie. Zur konkreten Messbarmachung wurde unter Beteiligung u. a. des Deutschen Statistischen Bundesamts ein Katalog von Indikatoren erarbeitet, der im März 2016 von der UN-Statistikkommission beschlossen wurde. Vgl. „SDGs".

Nachkriegskind Nachkriegskinder sind in etwa die Jahrgänge bis 1960 – in West und Ost.

Nazi Ist ein Kurzwort für einen Anhänger des Nationalsozialismus, im engeren Sinne: Anhänger Adolf Hitlers oder Mitglied der Nazipartei (NSDAP). Der Nationalsozialismus ist eine radikal antisemitische, rassistische, ultranationalistische, völkische, sozialdarwinistische, antikommunistische, antidemokratische und antipluralistische Ideologie. Als Nationalsozialismus bezeichnete sich eine politische Bewegung, die in Deutschland nach dem Ersten Weltkrieg, der 1918 zu Ende war, entstand. Die Nationalsozialisten machten sich die Not der Menschen zunutze und verfolgten ihre undemokratischen Ziele mit großem Fanatismus.

Ökumene Der Begriff „Ökumene" kommt aus dem Griechischen und meint ursprünglich „die bewohnte Erde". Als sich das Christentum in den ersten Jahrhunderten und darüber hinaus immer mehr ausbreitete, bekam „Ökumene" die Bedeutung „zur Kirche als Ganzer gehörig" bzw. „allgemeine kirchliche Gültigkeit besitzend". Die ökumenische Bewegung ist eine Bewegung im Christentum, die eine weltweite Einigung und Zusammenarbeit der verschiedenen Konfessionen anstrebt. Die Bewegung begann nach irenischen Ansätzen schon in der Reformation.

Palästina Heute umfasst die Bezeichnung Palästina üblicherweise das Gebiet zwischen Mittelmeer und Jordan – also das Staatsgebiet Israels, den Gazastreifen sowie die die seit 1967 von Israel besetzten Palästinensergebiete (Westjordanland einschließlich Ostjerusalem).

Personen mit Migrationshintergrund Alle nach 1949 auf das heutige Gebiet der Bundesrepublik Deutschland Zugewanderten, sowie alle in Deutschland geborenen Ausländer und alle in Deutschland als Deutsche Geborenen mit zumindest einem zugewanderten oder als Ausländer in Deutschland geborenen Elternteil.

Sabbat Ruhe, siebenter Tag der Woche, Tag der Ruhe und Heilung zur Erinnerung an die göttliche Weltschöpfung und an die Befreiung Israels aus der ägyptischen Sklaverei.

Salam Arabisches Grußwort für Wohlbefinden, Heil, Friede

SDGs Vgl. „Nachhaltigkeitsziele".

Shalom Hebräische Begrüßungsformel. „Schalom" bedeutet im Tanach zunächst Unversehrtheit und Heil. Doch mit dem Begriff ist nicht nur Befreiung von jedem Unheil gemeint, sondern auch Gesundheit, Wohlfahrt, Frieden, Ruhe und Glück.

Schoah/Shoah Im Hebräischen spricht man von Holocaust oft von „Schoah", was auch „große Katastrophe" bedeutet. Verfolgung der Juden im Nationalsozialismus.

Synagoge (griech.) Gemeinde, (hebr.) Knesset, Gemeindehaus, Lehrhaus, Schule, Tempel, Bethaus.

Rechts Teil der Politischen Rechten. Die politische Rechte ist der Teil des politischen Spektrums, der von einer Ungleichheit der Menschen ausgeht und daher eine gesellschaftliche Hierarchie befürwortet oder akzeptiert. Ungleichheit wird von ihr als unausweichlich, natürlich, normal und wünschenswert betrachtet. Politische Rechte wollen die traditionelle gesellschaftliche Ordnung sowie deren Werte und Normen wesentlich bewahren (konservative Rechte), in einen früheren Zustand zurücksetzen (reaktionäre Rechte) oder grundlegend erneuern (revolutionäre Rechte).

Religion Religion ist ein Sammelbegriff für eine Vielzahl unterschiedlicher Weltanschauungen, deren Grundlage meist der jeweilige Glaube an bestimmte transzendente Kräfte sowie häufig auch an heilige Objekte darstellt. Für religiöse Menschen bietet die Religion eine Möglichkeit, die Welt zu verstehen und sich im Leben zu orientieren.

Respekt Eine auf Anerkennung und Wertschätzung beruhende Achtung des Gegenübers und von Institutionen. Der Begriff „Respekt" stammt von lateinisch „respectio" (Rückschau, Einschätzung) und von französisch „respect" (Hochachtung)

Schmetterling Für Inge hat der Schmetterling eine ganz besondere Bedeutung. Sie war selbst Kind, als sie den Holocaust überlebte. Jedes Kind, das dem Holocaust zum Opfer fiel, ist für sie ein Schmetterling. Inge trägt in dieser Erinnerung bei jeder Veranstaltung und jedem Schulbesuch eine Schmetterlingsbrosche.

StoryFile Eine immersive, konversationelle WebXR-Anwendung, die auf den Erinnerungen der Holocaust-Überlebenden Inge Auerbacher basiert. Vgl. „Erzähl mir, Inge ..." unter https://inge.storyfile.com/de/about/

Soziale Verantwortung Soziale Verantwortung ist ein ethischer Rahmen, in dem eine Person zum Wohle der Gemeinschaft mit anderen Menschen und Organisationen zusammenarbeitet und zusammenarbeitet. Unternehmen und Einzelpersonen haben die Pflicht, im besten Interesse ihrer Gemeinschaften und der Umwelt zu handeln.

Toleranz Toleranz bedeutet, dass man auch andere Meinungen, Anschauungen oder Haltungen neben seiner eigenen gelten lässt. Toleranz, auch Duldsamkeit, bezeichnet als philosophischer und sozialethischer Begriff ein Gewähren lassen und Geltenlassen anderer oder fremder Überzeugungen, Handlungsweisen und Sitten.

Tora Lehre, Weisung, Bezeichnung der fünf Bücher Mose (Pentateuch), für den Gottesdienst handgeschrieben auf Pergament, bei Beschädigung wird die Torarolle bestattet, „Simcha Tora" = Fest der Gesetzesfreude.

VR „Virtual Reality (VR)" (engl.) bedeutet „Virtuelle Realität"; sie bezeichnet die Darstellung und gleichzeitige Wahrnehmung der Wirklichkeit und ihrer physikalischen Eigenschaften in einer in Echtzeit computergenerierten, interaktiven virtuellen Umgebung. Eine Vermischung der virtuellen Realität und der reinen Realität wird gemischte Realität (engl. Mixed Reality, auch Augmented Reality) genannt.

Weltkrieg Als Weltkrieg wird ein Krieg bezeichnet, der durch sein geographisches Ausmaß über mehrere Kontinente und durch den unbegrenzten Einsatz aller verfügbaren strategischen Ressourcen weltweite Bedeutung erlangt oder der im Ergebnis eine grundsätzliche Neuordnung der weltweiten internationalen Beziehungen mit sich bringt. Von einem „Weltkrieg" spricht man, wenn die Kämpfe zwischen vielen Staaten stattfinden und sich über die ganze Welt erstrecken. Millionen von Menschen sind daran beteiligt. Viele furchtbare Waffen werden eingesetzt, die fast überall schwere Zerstörungen anrichten. 1. Weltkrieg: 1914–1918. 2. Weltkrieg: 1939–1945

Zeitzeugin, Zeitzeuge Zeitzeugen sind Personen, die von bestimmten historischen Ereignissen Zeugnis geben können, weil sie zu der betreffenden Zeit gelebt haben. Als ZeitzeugInnen werden in der Regel Menschen bezeichnet, die eine historische Begebenheit beobachtet oder erlebt haben, der im Nachhinein Bedeutung zugeschrieben worden ist, und die in einem öffentlichen Raum zum Zweck der wissenschaftlichen Erkenntnis oder der historischen Bildung davon berichten. Es handelt sich um einen Menschen, der etwas erlebt hat, was es heute nicht mehr gibt und uns davon erzählen oder schreiben kann. Zeitzeugen sind für das Verständnis von Geschichte besonders wichtig.

Die Stimmen von Überlebenden des Nationalsozialismus, wie zum Beispiel von Inge Auerbacher, Margot Friedländer, Kurt S. Maier sind derzeit sehr gefragt. Doch von ihnen gibt es immer weniger. Wie die Claims Conference, ein Zusammenschluss jüdischer Organisationen, ermittelt hat, gibt es derzeit weltweit nur noch rund 245.000 Holocaust-Überlebende. In vielen Gemeinden/Städten ist es möglich, einen Kontakt über regionale Gedenkstätten oder über den Verband der Verfolgten des Naziregimes herzustellen. Auf der Webseite der Gedenkstätten können Sie sich einen Überblick über Einrichtungen und potentielle Ansprechpartner in Ihrer Umgebung verschaffen.

Enger gefasst ist dagegen der Begriff „Augenzeuge", d. h. jemand, der ein Ereignis vor Ort persönlich miterlebt hat.

Zweitzeuge, Zweitzeugin Zweitzeugen sind Personen die Geschichten von den Menschen dokumentieren, die z. B. in der Zeit des Nationalsozialismus lebten. Der Begriff „Zweitzeuge" wird meist im Zusammenhang mit Holocaust-Überlebenden verwendet. Bald wird es keine Überlebenden mehr geben, die als Zeitzeugen z. B. über den Holocaust berichten könnten. Zweitzeugen sind deshalb umso wichtiger, um eine Lebensgeschichte zu adoptieren und so zum Sprachrohr der Geschichte werden zu lassen. Zweitzeugen machen Geschichte so erlebbar. Sie vermitteln jungen Menschen die Geschichten von Zeitzeugen und deren Leben, welche durch den Einschnitt „Holocaust" tief geprägt sind. Damit werden (junge) Menschen ermutigt und befähigt, durch das Weitergeben der Geschichten von Überlebenden des Holocaust selbst zu zweiten ZeugInnen, zu ZweitzeugInnen zu werden, und sich gegen Antisemitismus und andere Diskriminierungsformen im Heute einzusetzen.

Zeitzeugnis Ein Zeitzeugnis ist eine Über-Setzung – hinweg über Epochenschwellen und Erfahrungsgrenzen. Zeitzeugen werden als Repräsentanten einer anderen Zeit geschätzt; da sie auch der Gegenwart angehören, können sie zu Vermittlern fremd gewordener Erfahrungen werden.

Literaturempfehlungen

Adorno, Th. W. (1966): Erziehung nach Auschwitz in (1971) Erziehung zur Mündigkeit, Frankfurt S. 88–104

Magazin für Jüdisches Leben in Forschung und Bildung, Direction Overseas Education and Training, Departments an der Internationalen School for Holocaust Studies in Yad Vashem

Imber, Shulamit, Dr. MKayton, Noa: Gern wär ich geflogen – wie ein Schmetterling, Pädagogisches Konzept, www.yadvashem.org als pdf herunterzuladen, 2006

Sachsenhausen/Oranienburg/Tagung Austausch über das Bundesprogramm „Jugend erinnert", u.a. mit A. Baerbock => Die Förderung wird fortgesetzt und ausgebaut, 05/2024

Facebook: Mahnmal Neckarzimmern, Ökumenisches Jugendprojekt für die deportierten Jüdinnen und Juden aus Baden www.mahnmal-neckarzimmern.de

Deutsch Kron: Inge, Papa Weidt, Butzon und Bercker-Verlag; Kevelaer, 2001

Schrader, Ulrike: Unterrichtsmaterialien zum Bilderbuch „Papa Weidt, Er bot den Nazis die Stirn", www.ns-gedenkstaetten.de/nrw/wuppertal

Lebensbeschreibung Janusz Korczak, http://Korczak.com/Korczak/Leben-04.htm

Amadeo Antonio Stiftung: Chronik Todesopfer und Übergriffe rechter Gewalt seit 1990, info@amaden-autonio-stiftung.de

SABRA: Servicestelle für Antidiskriminierungsarbeit, Beratung, Fortbildung

Demokratiebildung: zsL-bw.de oder www.schule-bw.de oder Km.baden-wuerttemberg.de PDF

Lebensgeschichten

Avidan, Igal: Mod Helmy, ISBN 978-3-423-28146-1, dtv, 2017

Avidan, Igal: „… und es wurde Licht!" Jüdisch-arabisches Zusammenleben in Israel, ISBN 978-3-949203-59-6, Berenberg V.,2003

Bauer, Sonja-Maria: Ganz normale Leute, ISBN 978-3-95505-320-8, Verlag regionalkultur GmbH&Co.KG, 2022

Ulitz Kaja, Ljudmila: Die Erinnerung nicht vergessen, ISBN 978-446-27630-7, Carl Hauser Verlag, 2023

Salamon, Yvonne: Geboren im KZ Bergen-Belsen, Aus dem Französischen von Hans Zier, fe-medienverlag GmbH, 2021

Ohler, Annemarie und Norbert: Kinder und Jugendliche in friedloser Zeit (1939–1949), ISBN 978-3-402-12831-2, Aschendorff Verlag, 2010

Sendak, Maurice; Kushner, Tony: Brundibar, ISBN 3-8067-5073-4, Gerstenberg Verlag, 2003, Aus dem Englischen von Mirjam Pressler,

Engelhardt, Marc: Starke Frauen für den Frieden, ISBN 978-3-451-06488-3, Herder Verlag, auch ebook!

Worzella, Ruth: … es fehlte die Puppe, ISBN 3-87885-329-7, Waldkircher Verlag, 1999, Büchernachlass Dr. Gertrud Luckner, Freiburg, freidoc.uni-freiburg.de

Wette, Wolfram: Ernstfall Frieden, Lehren aus der deutschen Geschichte seit 1914, ISBN 978-3-943425-31-4, Donat Verlag, 2016

Butsch, Sandra: Eine Reise nach Gurs. Zukünfte der Erinnerung, modo Verlag, Freiburg GmbH, 2023

Butsch, Sandra, Hainmüller, Bernd u.a.: Mickey im Lager Gurs, Der Comic von Horst Rosenthal (1915–1942), Blaues Haus Breisach (Hrsg.), 2025

Frank, Anne. Das Tagebuch der Anne Frank. S. Fischer Verlag, München, 1980

Kerr, Judith, Als Hitler das rosa Kaninchen stahl, Otto Maier Verlag, Ravensburg

Brum, Alexa, Heuberger, Rachel, Levi, Manfred: Kovar Verlag, 1996 Kinderwelten, ein jüdisches Lesebuch

Literatur – Handeln …

Sis, Peter: Nicky&Vera, Aus dem Englischen von Brigitte Jakobeit, ISBN 978-3-8369-6151-6, Gerstenberg Verlag, 2022

Lpb-Landeszentrale für politische Bildung BW, Materialien: 75. Jahrestag der Deportation nach Gurs, Evangelische Landeskirche in Baden/Evangelische Kirche der Pfalz, 2015. Viel weitere Literaturangaben -> Mahnmal Neckarzimmern

Zeitgeschichte Jüdisches Leben in Deutschland, Zwischen Selbstbehauptung und Verfolgung, DIE ZEIT/Geschichte, Abo, Nr. 6/2021

ZfBeg 1/2, 2020: Zeitschrift für christlich-jüdische Begegnung, im Kontext: Erinnerungskultur im Wandel, ISBN 2513-1389, Freiburger Rundbrief

Kiesel, Doron, Sznaider, Natan, Zimmermann, Olav: Dokumentation der Fachtagung 75 Jahre Befreiung des KZ Ausschwitz, 2020

Yilmaz, Burak: Ehrensache, Kämpfen gegen Judenhass, ISBN 978-3-518-47171-5, suhrkamp nova, 2021

Shakine, Eran: A Muslim, a Christian anda Jew Knocking an Heaven`s Door, ISBN 978-3-7774-2713-3, Hirmer Verlag, 2016

Bd. 179, H. L. Worm/M. Schlecht: Religion – 4. Schuljahr, Verlag Sigrid Persen, Homeburg, 1998, Bergedorfer, Best. Nr. 2207, Viele Religionen

SPUREN, Arbeitshilfen für einen ganzheitlichen Rel-unterricht an Förderschulen, Themengruppe Nr. 5, Andere Religionen, Teil 1: Das Judentum, IRP Freiburg, Habsburger Straße 107, 79104 Freiburg Verlage: Zum Beispiel Verlag an der Ruhr

Literaturempfehlungen

Friedländer, Margot: Versuche, dein Leben zu machen, Rowohlt E-Book, 2010, ISBN 978-3-644-10481-5 u.a.

Assmann, Aleida: Das neue Unbehagen an der Erinnerungskultur, C. H. Beck, 2016 Paperback

Saba-Nur Cheema, Meran Mendel, Muslimisch jüdisches Abendbrot, prime Kiepenheuer + Witsch, 2024

Sis, Peter: Nicky und Vera, Aus dem Englischen von Brigitte Jakobeit, Gerstenberg, 2022, ISBN 978-8369-6151-6

GPSR Compliance

The European Union's (EU) General Product Safety Regulation (GPSR) is a set of rules that requires consumer products to be safe and our obligations to ensure this.

If you have any concerns about our products, you can contact us on

ProductSafety@springernature.com

In case Publisher is established outside the EU, the EU authorized representative is:

Springer Nature Customer Service Center GmbH
Europaplatz 3
69115 Heidelberg, Germany

www.ingramcontent.com/pod-product-compliance
Lightning Source LLC
LaVergne TN
LVHW020136080526
838202LV00048B/3952